营销思想史论

高等学校应用创新型人才培养系列教材

/ 市场营销专业·新课程体系

营销思想史论

郭国庆　编著

高等教育出版社·北京

内容简介

营销思想史是研究营销思想和学说的产生、发展和变化历史的科学，是基础营销学的一个重要分支学科，也是营销专业学生的一门必修课程。

全书在内容上分为三篇：发展篇、学派篇、专题篇。第一篇历史发展篇以时间为线索，按照营销思想发展脉络，介绍营销思想的萌芽时期、古典营销学时期、现代营销学形成时期和营销思想的扩展时期。第二篇思想学派篇，对营销思想发展历史中所出现的十个主要学派逐一进行详细的介绍，即商品学派、职能学派、机构学派、区域学派、组织动力学派、管理学派、系统学派、消费者行为学派、宏观营销学派和社会交换学派。第三篇专题演进篇，选取营销思想发展中的量化研究与营销工程、国际营销、服务营销、城市营销、消费者增权、互动导向与体验营销等专题，介绍其研究发展及其最新进展。通过纵向、横向和侧面的篇章安排方式，方便读者对营销思想史的发展历程进行整体而系统的了解，为推进营销理论创新奠定坚实基础。

全书各章由本章学习目标、本章知识结构图、小百科、本章回顾、关键术语、即测即评、讨论与思考组成，并通过二维码关联在线教学资源，便于读者自学和教师讲授。

本书适用于营销专业本科生、研究生，也可作为管理类各专业学生的参考读物。

总 序

市场营销学及其他相关课程重新引入中国以来，中国的市场营销教育事业有了迅速的发展。师资队伍的数量和质量，相关科研成果和教学实践的社会影响，专科、本科、硕士、博士、博士后等人才培养项目的推出和完善，都展示了一代又一代中国营销学人的历史性贡献和未来洞察力。各类各层级的营销专业毕业生在不同的岗位上，借助所学的营销知识和技能在增进社会福祉、满足人类需求、繁荣市场经济等各方面进取创新，积极做出贡献，赢得了社会各界对当代营销人的赞誉和认同，彰显了营销人的风采和营销科学的威力。

目前，我国社会经济发展仍面临不少风险和挑战，经济增长下行压力和产能相对过剩的矛盾有所加剧，企业生产经营成本上升和创新能力不足的问题并存。因此，加强产品创新、品牌创新、产业组织创新、商业模式创新，已成为企业界和教育界的共识。中国营销学人应该为国家强盛、民族振兴和人民幸福做出应有的贡献。为了适应社会对创新型营销人才的需求，营销教育工作者必须持续不断地实施教学方式和人才培养模式创新。其中，推进教材的创新是极其重要的一环。

正是在这一时代背景下，我们推出了这套"高等学校应用创新型人才培养系列教材/市场营销专业·新课程体系"，计16种。本系列教材既充分适应营销专业人才培养的一般规律，强调理论基础的夯实和实践技能的培养，又在知识创新、课程创新等方面做了一些积极的尝试，推出了若干新课程。

营销思想史是研究营销思想和学说的产生、发展和变化历史的科学，是基础营销学的一个重要分支学科。营销思想史以营销思想或营销学说本身为研究对象，专门研究各个历史时期具有代表性的营销观点、营销思想和营销学说，及其产生发展的背景和对后世的影响，所占的历史地位，以及各个人物、各个学派之间的承袭、更替、对立的关系等。就像作为人类的我们对于自己的身世来历有着天生的好奇一样，对于一门学科而言，对学科自身历史的探究和反思，是这门学科成长和发展过程中所不可缺少的。对学科思想史研究的深度和广度，是衡量一门学科成熟程度的一个重要指标。为此，我们推出了既传统又创新的《营销思想史论》一书。说它传统，是因为任何一门学科、一个专业要想发展壮大，都不能不注重其思想史的教育；说它创新，是因为目前国内营销学界类似的教材确实鲜见。

营销策划、市场调研、国际营销、广告学、销售原理与实务、消费者行为学、公共关系、渠道与物流管理、品牌营销是大多数高校都已陆续开设的成熟课程，其中，品牌营销在个别院校可能开设时间不长。与课程相配套的这些教材，我们力求将国内外最新的理念、实践和方法奉献给读者，重在旧瓶子装新酒，令人有耳目一新的感觉。

《整合营销传播》可作为促销课程的升级版，体现了把广告、促销、公关、直销、CI、包装、新闻媒体等一切传播活动都涵盖于营销活动范围之内的创新思想。《网络营销》、《营销信息分析与决策》和《营销决策模型》的推出，则体现了移动互联网、微信、微博等信息技术不断发展的时代背景下企业营销实践的最新需求。

从教材体系的整体布局看，既充分照顾到原有课程教材的延续和衔接，又体现出中国营销学人与时俱进、不断创新的精神境界。每一种教材都力求具备如下特点：

（1）系统性。由浅入深，分量适中，结构合理，全面系统地介绍市场营销专业各门课程的基本概念、理论和方法。

（2）科学性。采用定性与定量相结合的方法，准确地阐述相关原理，充分体现市场营销学科的科学性，尽量采用数量方法加以分析、说明。

（3）前瞻性。阐述市场营销专业各门课程的最新理论及其发展，充分考虑中国和全球营销环境的新发展，超前预判信息化社会给市场营销带来的新机会和新挑战。

（4）实践性。从我国发展社会主义市场经济的实际出发，在充分借鉴国内外营销学界最新成果的基础上，面对中国企业市场营销实践的现实，论述各门课程的基本概念、原理和方法，使学生容易掌握、消化、吸收和应用。

教材的主编和参编者大部分都是国内营销学界的知名学者、后起之秀。大家以高度的社会责任感和敬业精神，参与了整套市场营销系列教材的多次论证,又按照分工负责有关教材的编写。尽管在整个过程中,我们反复协商沟通,强调质量至上的理念,但是由于水平所限,难免出现谬误。恳请有识之士批评指正。

郭国庆

2014年1月

前言

作为一门独立的学科,营销学发展至今,已经有百余年的历史。在营销思想史这幅波澜壮阔的历史画卷上,有着萌芽时期的弱小稚嫩,初创时期的筚路蓝缕,成长时期的高歌猛进,转型时期的迷茫阵痛,更有着扩展时期的激情澎湃。在此期间,无数思想巨子都曾在营销思想创新发展的画布上留下浓重的一笔。海杰帝、克拉克、肖、韦尔德、布莱耶、奥德逊、霍华德、麦卡锡、莱维特、科特勒,等等,这一个个响亮的名字闪耀星空。因为他们,营销理论、营销学科和营销教育才有了今天的局面。而他们所提出的思想学说,正是本书营销思想史所要阐述的内容。

一般来讲,思想是指人作为社会存在物对外界的观点、态度、情感、判断、界定的综合;而理论则是指对在社会实践中总结出来的各种知识进行概括所形成的系统性的论述。

营销思想史是研究营销思想和学说的产生、发展和变化历史的科学,是基础营销学的一个重要分支学科。营销思想史以营销思想或营销学说本身为研究对象,专门研究各个历史时期具有代表性的营销观点、营销思想和营销学说及其产生发展的背景和对后世的影响,所占的历史地位,以及各个人物、各个学派之间的承袭、更替、对立的关系等。

习近平总书记曾经指出:"人事有代谢,往来成古今。历史研究是一切社会科学的基础,承担着'究天人之际,通古今之变'的使命。世界的今天是从世界的昨天发展而来的。今天世界遇到的很多事情可以在历史上找到影子,历史上发生的很多事情也可以作为今天的镜鉴。重视历史、研究历史、借鉴历史,可以给人类带来很多了解昨天、把握今天、开创明天的智慧。所以说,历史是人类最好的老师。"[①] 站在21世纪的今天,伴随着中国改革开放40年的

---

① 习近平.人事有代谢 往来成古今.致第二十二届国际历史科学大会的贺信.人民日报,2015-08-24.

到来,营销学在中国的发展也度过了它的不惑之年。在这个历史节点上,中国的营销学术界和教育界呼唤着一本系统完整的营销思想史论的出现。在此时代背景下,《营销思想史论》一书应运而生。

全书在内容上分为三篇:发展篇、学派篇、专题篇。第一篇营销思想的历史演变篇以时间为线索,共分为6章,按照营销思想发展脉络,介绍营销思想的萌芽时期、古典营销学时期、现代营销学形成时期和营销思想的扩展时期。第二篇营销思想的主要学派篇,从本书的第7章到第11章,对营销思想发展历史中所出现的十个主要学派逐一进行详细的介绍,它们分别是:商品学派、职能学派、机构学派、组织动力学派、区域学派、管理学派、系统学派、消费者行为学派、宏观营销学派和社会交换学派。第三篇营销思想发展的若干专题篇,选取营销思想发展中的量化研究与营销工程、国际营销、服务营销、城市营销、消费者增权与体验营销专题,介绍其研究发展及其最新进展。通过纵向、横向和侧面的篇章安排方式,方便读者对营销思想史的全景获得整体且系统的了解。

在本书的编著过程中,参阅了大量的相关论著、资料和网站论文,书中未能一一列出,谨向各位著者深致感谢与敬意。另外,为我们提供案例素材、统计数据、翻译资料和学术成果的同行有:李瑞芹、赵怡君、陈占军、魏海蓉、魏福元、安卫康、姬春华、郭玉梅、安立刚、任锡源、郭溪月、张中科、汪晓凡、姚亚男、孙乃娟、周健明、李佳、郑锐洪、叶锦萍、李光明、刘彦平、陈炜、郭钰、王玉玺、杨海龙、黄铁军、刘艳红。在此对他们一并表示感谢!

最后,衷心感谢长期以来给予我们各种帮助的领导、老师、同事,你们的关怀帮助是本书得以顺利完成的重要保证。还要感谢高等教育出版社的编辑们为本书出版付出的辛勤劳动。

由于编著者水平有限,书中疏漏和不足之处在所难免,恳请各位专家、学者和读者不吝指正。

郭国庆
2019年1月于中国人民大学

目 录

- 第一篇　营销思想的历史演变

- 003　第一章　绪论
  - 004　第一节　营销思想史的发展轨迹
  - 008　第二节　营销思想学派的概貌
  - 011　第三节　营销实践的演变

- 021　第二章　营销与营销思想的肇端
  - 023　第一节　营销的起源
  - 027　第二节　营销对国家的贡献
  - 032　第三节　营销视角的整合
  - 037　第四节　中国营销思想的萌芽

- 045　第三章　营销学科的初创
  - 046　第一节　营销思想的破茧
  - 054　第二节　营销学科的创立
  - 064　第三节　营销学科的成长

- 071　第四章　早期的营销学派
  - 072　　第一节　古典学派
  - 074　　第二节　威斯康星学派
  - 078　　第三节　哈佛学派
  - 082　　第四节　中西部学派与纽约学派
  - 086　　第五节　古典学派综述

- 091　第五章　现代营销学科的形成
  - 092　　第一节　现代营销学科的起步
  - 097　　第二节　奥德逊的贡献
  - 100　　第三节　营销学科的成熟

- 109　第六章　营销思想的扩展
  - 110　　第一节　时代是思想之母
  - 115　　第二节　科特勒的贡献
  - 118　　第三节　营销思想的扩展

第二篇　营销思想的主要学派

- 131　第七章　商品学派与职能学派
  - 132　　第一节　商品学派的萌芽
  - 135　　第二节　商品学派的成长
  - 139　　第三节　商品学派的衰退
  - 142　　第四节　职能学派的兴起
  - 146　　第五节　职能学派的消亡

- 155　第八章　机构学派、组织动力学派与区域学派
  - 156　　第一节　机构学派的问世
  - 162　　第二节　机构学派的鼎盛
  - 166　　第三节　组织动力学派
  - 170　　第四节　区域学派的数理模型
  - 172　　第五节　区域学派的概念构建

- 177 第九章 管理学派与系统学派
  - 178 第一节 管理学派的兴起
  - 186 第二节 营销范式的扩展
  - 189 第三节 系统学派的贡献
  - 193 第四节 宏观和微观营销系统

- 203 第十章 消费者行为学派
  - 204 第一节 消费者行为学派的发轫与兴盛
  - 213 第二节 消费者行为学派的扩展
  - 216 第三节 消费者行为学与营销学的并行发展

- 223 第十一章 宏观营销学派与社会交换学派
  - 224 第一节 宏观营销学派的贡献
  - 228 第二节 宏观营销概念的争论
  - 230 第三节 宏观营销学派的变迁
  - 235 第四节 社会交换学派的产生
  - 240 第五节 一般交换概念的走红

- 第三篇 营销思想发展的若干专题

- 247 第十二章 营销量化研究与营销工程的发展
  - 248 第一节 营销量化研究的兴起
  - 250 第二节 管理科学的应用
  - 258 第三节 营销决策模型的应用
  - 261 第四节 营销工程的发展

- 269 第十三章 国际营销的发展
  - 270 第一节 国际营销的先驱
  - 273 第二节 国际营销的发展和传播
  - 275 第三节 比较营销研究方法
  - 279 第四节 国际营销中的市场选择
  - 283 第五节 国际营销的创新

- - - 295　第十四章　服务营销
　　　296　　第一节　服务营销的兴起
　　　307　　第二节　服务质量与服务补救
　　　309　　第三节　服务便利理论
　　　311　　第四节　服务营销研究的进展

- - - 323　第十五章　城市营销的发展
　　　324　　第一节　城市营销的发展过程
　　　327　　第二节　城市营销研究的热点
　　　333　　第三节　城市品牌化
　　　341　　第四节　城市品牌指数与品牌化模型

- - - 349　第十六章　消费者增权与体验营销的发展
　　　350　　第一节　消费者增权的界定
　　　352　　第二节　消费者权力的类型
　　　356　　第三节　消费者增权的应用
　　　357　　第四节　互动导向与体验营销

- - - 369　参考文献

第一篇
营销思想的历史演变

第一章 绪论

在以往的实践中存在可以在明天使用的历史教训；川流不息的事件和思想将昨天、今天和明天连接在一条不间断的河流。我们占据的只是历史长河中的一点：我们能够非常清楚地看见遥远的过去，但当靠近现在时，我们的目光就不那么清晰了。新的思想、主题的微妙转变以及环境中的各种新兴事件，将影响不断发展和演变的管理思想。

——丹尼尔·A.雷恩

本章学习目标

1. 了解营销与营销思想史的基本内涵与发展阶段
2. 了解营销思想学派及其主要代表人物
3. 了解营销实践演变的过程

本章知识结构图

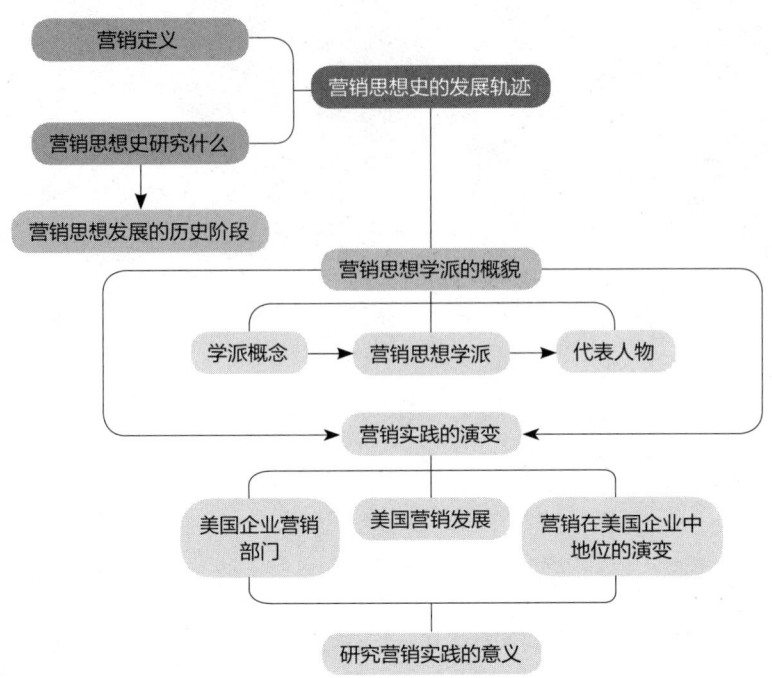

作为一门学科,营销学迄今已有百余年的发展史。而营销的实践和对营销实践的思考则更早,可以说,从人类文明的开端就有了,伴随着人类文明发展的进程,有着数千年的历史。唐太宗李世民有言:"以铜为镜,可以正衣冠;以古为镜,可以知兴替;以人为镜,可以明得失。"在21世纪的今天,了解营销思想的发展历史和营销先驱们的学术贡献,对于解决当今营销学所面临的重大问题,对于推动中国特色营销学理论不断创新发展,具有十分重要的科学价值和实践意义。中国营销学者应牢记习近平同志的号召,"立时代潮头,通古今变化,发思想先声,繁荣中国学术,发展中国理论,传播中国思想"。[①]

---

① 习近平.致中国社会科学院建院四十周年的贺信(2017年5月17日).人民日报,2017-05-18.

第一节 营销思想史的发展轨迹

在进入营销思想史的王国进行探险之前,有必要先获得一张地图,了解营销思想史的发展轨迹,明确什么是营销,营销思想史都研究什么内容,营销思想发展的历史阶段、主要学派及其代表人物。

一、什么是营销

习近平同志指出:"时代是思想之母,实践是理论之源。"[1] 习总书记的这一科学论断,在营销思想的发展史上也得到了充分的印证。以营销的界定为例,对于什么是营销这个重大的概念问题,在营销实践的不同的发展阶段,学者们给出的回答也不尽相同。在不同的时代背景下,产生了千姿百态的营销思想。伴随着时代的发展和实践的深化,营销理论也在不断地走向完善。关于营销的界定,我们可以列举出不同历史时期的具有代表性的定义:

营销是使产品从种植者转移到使用者的各种活动。(Clerk & Weld, 1932)

营销是引导产品或服务从生产者流转到消费者或用户所进行的一切企业活动。(AMA,1960)

营销是关于构思、货物和服务的设计、定价、促销和分销的规划与实施过程,目的是创造能实现个人和组织目标的交换。(AMA,1985)

营销是包括教育机构、医疗机构、行政管理机构等在内的各种组织,基于与顾客、委托人、业务伙伴、个人、当地居民、雇员及有关各方达成的相互理解,通过对社会、文化、自然环境等领域的细致观察,而对组织内外部的调研、产品、价格、促销、分销、顾客关系、环境适应等进行整合、集成和协调的各种活动。(JMA,1990)

营销既是一种组织职能,也是为了组织自身及利益相关者的利益而创造、沟通、传递客户价值,管理客户关系的一系列过程。(AMA,2004)

营销是创造、沟通、传递和交换对于顾客、客户、合作伙伴乃至整个社会有价值的供给物的一系列活动、机制和过程。(AMA,2007)

营销就是识别并满足人类和社会需要并获得应有的利润回报。[2](Kotler,2017)

在本书中,营销的定义并不是唯一确定的。以上定义在各自所处的历史时期都是学术界主流的营销定义。由于营销概念具有历史性,因而在营销思想史的学习过程中也需要注意这一特点。也就是说,对营销思想和营销现象的考察,要置于当时的历史背景当中,运用历史的眼光来观察和分析营销问题。

二、营销思想史研究什么

营销思想史是研究营销思想和学说的产生、发展和变化历史的科学,是基础营销学的一个重要分支学科。它以营销思想或营销学说本身为研究对象,专门研究各个历史时期具有代表性的营销观点、营销思想和营销学说及其产生发展的背景和对后世的影响,

---

[1] 习近平.在省部级主要领导干部"学习习近平总书记重要讲话精神,迎接党的十九大"专题研讨班开幕式上的讲话(2017年7月26日).人民日报,2017-07-28.

[2] Philip Kotler. My Adventures in Marketing: The Autobiography of Philip Kotler. Houston: Idea Bite Press, 2017.

所占的历史地位，以及各个人物、各个学派之间的承袭、更替、对立的关系等。营销思想史这门学科的基本任务，是通过研究历史上各种营销学说的基本特征、主要内容、思想渊源揭示营销思想产生和发展的规律性。

现在，思想史之所以得不到应有的重视，一方面可能由于高校课程中本来就缺乏对思想史的重视，另一方面可能是由于当今社会对知识的"实用性"的过度重视所致。从就业的角度来说，思想史可能不是一门直接"有用"的学问，尤其是，仅仅懂得思想史而不晓得古为今用、灵活变通、与时俱进、创新发展的人，其表现可能会更糟。这就有如一名"上通天文，下知地理"的大学问家却比不上会做一把椅子的木匠一样。

但是，要真正学好一门学科，不论是自然科学还是社会科学，学科史，或者说该门学科的思想史，将是重要的一环。这和古人"以史为鉴"的道理其实是一样的：只有了解学科的思想史，才能知道学科的"兴替"，知道其发展的历史轨迹、已有成就，知道该学科的发展方向，才会真正了解这个学科，了解这个学科的魅力，从而在已有的基础上不断创新。

恩格斯说："一个民族要想站在科学的最高峰，就一刻也不能没有理论思维。"我们要推动理论创新，推动营销理论更多地体现中国特色、中国智慧、中国方案、中国元素、中国气派，就必须重视营销思想史的研究，强化营销思想史的理论思维。诚如习近平同志所说的那样：观察当代中国的营销理论和营销问题，"需要有一个宽广的视角，需要放到世界和我国发展大历史中去看"①。建立中国特色的营销理论，必须坚定文化自信，关注中国市场营销实践的新发展，扎根中国大地，直面中国现实，从世界和我国营销发展大历史的视角去观察问题，分析问题。

所谓营销思想，是营销思想家对客观营销世界认知的理论观点。其基本特征如下：

第一，营销思想是对营销的认识。如果一种思想所表达的内容与营销没有关系，它再美妙也不是营销思想。

第二，营销思想是对营销实践能动的反映。能动的，意味着人对营销实践的反映是有意识的、有目的的反映，而非心理系统在环境刺激下的被动运转。具体地讲，营销思想作为对营销实践的一种认识，既可以是对过去营销实践的一种总结，又可以是对现实营销实践的一种评判，也可以是对未来营销实践的一种理想。②

第三，营销思想是理性的认识。也就是说，能被称为营销思想的认识，一方面必然是人们对营销实践抽象思维的结果，另一方面必然是有益于人们在营销实践领域意图实现的。

第四，营销思想是系统的认识。系统特征，应是区别一般看法和思想的重要标准。凡与营销有关的人，都有可能对营销有所感觉，并会有些自己的看法，但偶然的、被动的、零碎的看法是算不得营销思想的。人类对实践的认识通常包括两个方面，即本体论认识和方法论认识。营销思想也应该包括营销的本体思想和营销的方法思想。

---

① 习近平.在哲学社会科学工作座谈会上的讲话（2016年5月17日）.人民日报，2016-05-18.

② Shelby D. Hunt, Doctoral seminars in marketing theory: For incorporating the history of marketing practice and thought, Journal of Historical Research in Marketing Vol. 2(4), 2010, pp. 443-456.

三、营销思想发展的历史阶段

按照发展阶段特征的不同,可以将营销思想史大致划分为如下四个历史时期:

(1)营销思想的萌芽时期。这段时期从人类文明史上最早的营销思想起源开始到1900年左右规范的营销学创立之前。

(2)古典营销学时期。这段时期大致上是从1900年到1955年,这个时期的营销学主要是传统的商品—职能—机构研究方法。

(3)营销范式转移时期。也即现代营销学的创立时期,这主要是由于奥德逊的学术成果的推动,时间上大致上是从1955年到1975年。

(4)营销范式扩展时期。这场思想革新主要是由科特勒所引发,时间上大致是从1975年开始并一直延续至今。

在营销学形成一门独立的学科之前,在漫漫的历史长河中,已经有许多的哲人学者对营销现象和营销问题进行过思考。最早可以追溯到古希腊的苏格拉底学派学者柏拉图和亚里士多德对一些宏观营销议题的讨论,如营销如何被整合进社会当中。在欧洲中世纪时期,从圣·奥古斯都·希波到圣·托马斯·阿奎那的经院学者,也曾经思考过一些微观营销的问题,如人们如何符合道德和没有罪恶的从事营销实践。[①]

不过,大多数历史学家认为,营销作为一门学科最早是作为应用经济学的一个分支产生的。众多经济学派为当时的营销研究提供了理论支持,尤其是古典经济学派、新古典经济学派、德国历史学派和美国制度学派。除了经济学是营销学的一个母学科之外,管理学也作为营销学的姊妹学科产生于20世纪早期。泰勒和吉尔布雷思的领导的科学管理团队研究了工人任务、成本、实践和动作,极大地提高了工厂的效率。工厂系统的显著改进和大规模生产导致了大规模的分销的出现,分销问题成为亟待解决的学术问题,引发了营销学的创立。[②]

在古典营销学时代,理解营销思想的传统研究方法产生。在20世纪初,美国的商业呈现爆炸式的成长。持续不断的移民涌向城市,全国性品牌和连锁商店开始出现,郊区施行免费的信件和包裹递送服务,报纸和杂志广告迅速增长,横跨大陆的铁路的完成创造了空前数量的干线,许多小城市都通了铁路,较大的城市出现了公共交通,持续增长的汽车和卡车行驶在大大延伸的公路上。这些发展将农村的农民通过代理商和经纪人与城市消费者连接起来,连接起制造商和批发商、批发商和零售商,这时的零售商已经不仅仅是小型的专门店,而包括了崭新的大型百货店和全国性的邮购公司,最终到达家庭消费者。思考市场分销改进的时机已经成熟。

为了将营销中不同的论题有机组织起来,形成一门完整科学的学问,营销先驱们依循着职能、商品和机构三种路径(approach)对营销现象进行了深入全面细致的研究,由

---

① Christine Domegan. The History of Marketing Thought: A Teaching Reflection. Journal of Historical Research in Marketing, 2010, Vol. 2(4), pp. 457–466.

② Eric H. Shaw, Boca Raton. Reflections on the Dixon Seminar: The Development of Marketing Thought and Theory. Journal of Historical Research in Marketing, 2009, Vol. 3(1), pp.131–143.

此也形成了职能学派、商品学派和机构学派三个古典学派。其研究发现对于澄清当时流行的"中间商加剧了农民和消费者之间的产品价差""营销导致高成本、浪费和低效率""中间商无用"等模糊认识，发挥了重要作用。尤其是职能学派提出，由专业的营销机构（贸易公司、商店、超市等）在将农产品和制造品从供应地转移到需求地的过程中所从事的分销和交换活动，不仅对社会大众生活素质的提升有益，而且还具有重要的经济价值和效用。

第三个时期，大约是1955年到1975年，被称为是范式转化时期。这场从传统研究方法向现代营销思想学派的范式转化运动推动了营销学的进步。在第二次世界大战之后，美国军用产能向消费品生产的转化，有力地促进了美国经济的成长发展，出现了市场商品供给过剩的问题。在此形势下，从事需求创造活动的中间商对于生产企业乃至整个国民经济的重要性和必要性日益凸显出来。范式转化运动也同样受到了福特基金会和卡耐基基金会的1959年报告的影响，这个研究报告呼吁商科教育必须重视商业实践，从实践中发现问题，运用系统、科学的方法有效地解决问题。这两个基金会还为一些大学商业课程的变革提供了基金支持。不过，引发营销范式转化的最重要原因却是那个时代最权威的学者奥德逊的思想贡献。奥德逊的论文、演讲、研讨会、通讯稿和开创性的著作，造就、催生或影响了众多的营销学派，诸如营销管理学派、营销系统学派、消费者行为学派、宏观营销学派和社会交换学派等。

第四个时期，大约从1975年至今，被称为营销学的范式扩展时期。在消费者行为研究领域之外的学者，特别是心理学的学者开始进入营销学科。在除了消费者行为学派的其他学派中，推动营销范式扩展的主要动力是科特勒的惊人构想和他的多位学术合作伙伴。这场范式扩展运动使得营销管理学派、社会交换学派和消费者行为学派这三个营销思想学派中的每一个学派里都形成了两个分支。营销范式扩展运动将营销思想的疆界从传统的商业活动延伸到与社会交换有关的各种类型的人类活动，从而使得营销学的研究领域更加广阔，营销学对于经济发展、社会进步、人类福祉的推动和促进作用更加显著。

第二节 营销思想学派的概貌

在营销思想的发展演变过程中，不同学派提出了各具特色的概念、原理和论题，或者采用了不同的研究方法、视角和路径。正是各个不同学派的贡献和努力，才有了今天概念界定科学、知识系统严密、体系结构完整的营销理论。营销思想学派的形成、发展和变迁是营销思想史的一个重要组成部分。

一、如何理解学派

学派是由于学说师承不同、学者地域不同以及关注问题不同而形成的群体和派别,是科学理论发展中的普遍现象。由于学派的形成有赖于三种因缘:即师承、地域、问题,因而大体上学派可分为"师承性学派""地域性学派"和"问题性学派"三种类型。三者互有联系,它们之间的划分界限绝非泾渭分明。其中,问题性学派的形成,对于理论创新尤为重要。习近平同志曾经指出:"问题是创新的起点,也是创新的动力源。"①

一般说来,一个学派的形成应具备三项条件:① 有一个或几个有威望的学术领头人或宗师;② 有一部或数部反映这派观点的传世之作,并保持该学派的研究方法和学术风格;③ 有一大批跟随宗师的弟子,他们本身也必须是具有一定学术水平的科学人才。

---

① 习近平.在哲学社会科学工作座谈会上的讲话(2016年5月17日).人民日报,2016-05-18.

二、营销思想学派

本书认为,作为一个营销学派还需要具备如下特征:① 主体知识体系内容丰富;② 该理论体系由多位学者贡献、参与、创新、发展而成;③ 该学者群体所研究的问题涉及营销活动的内容、方式、人员、原因、时间和地点等。

在美国营销思想产生与发展的历史进程中,也形成了许多具有鲜明理论特色和独特研究方法的不同学派。"孤举者难起,众行者易趋。"② 各学派之间互相影响、互相促进,有力地推动了营销思想和营销理论的丰富和发展。

这里需要区别的是营销思想学派和营销子领域。营销子领域包括广告学、推销学、定位学、市场调研预测、渠道管理、销售管理、国际营销、服务营销、非营利机构营销、营销伦理、营销原理、营销管理、营销战略、营销工程、营销决策模型等。营销思想学派代表的是一种看待营销整体或者大部的视角,而营销子领域则是一个营销学派内的构成要素,这些营销子领域多发生在营销管理学派之内。

---

② 习近平.在二十国集团领导人第十次峰会第一阶段会议上的发言(2015年11月15日).人民网,2015-11-20.

三、营销思想学派及其代表人物

本书的第7章到第11章,将对营销思想发展历史中所出现的十个学派进行详细的介绍。它们分别是:商品学派、职能学派、机构学派、组织动力学派、区域学派、管理学派、系统学派、消费者行为学派、宏观营销学派和社会交换学派。

商品学派所关注的是如何对营销的商品进行科学分类,不同类别的产品如何营销等问题。其主要代表人物有查尔斯·帕林（Charles Parlin）、梅尔文·科普兰（Melvin T. Copeland）、利奥·阿斯平沃尔（Leo V. Aspinwall）、本·M. 伊内斯（Ben M. Enis）、肯尼斯·J. 罗因（Kenneth J. Roering）、帕特里克·E. 墨菲（Patrick E. Murphy）等。

职能学派关注的是批发商、零售商及其他各种营销机构要承担哪些职能，对这些职能应如何进行科学的分类。其主要代表人物有阿奇·W. 肖（Arch W. Shaw）、L. D. H. 韦尔德（Louis D. H. Weld）、克拉克（Fred E. Clark）、梅纳德（Harold M. Maynard）、埃得蒙德·麦加利（Edmund D. McGarry）、理查德·J. 路易斯（Richard J. Lewis）、利奥·G. 埃里克森（Leo G. Erickson）、贝克曼（Theodore N. Beckman）等。

机构学派将研究重点聚焦于执行营销活动的机构，如批发商、零售商、代理商等各类中间商以及从事仓储物流的辅助商（facilitators）等。其主要代表人物有L. D. H 韦尔德、拉尔夫·斯达尔·巴特勒（Ralph Starr Butler）、拉尔夫·F. 布莱耶（Ralph F. Breyer）、保罗·D. 肯沃斯（Paul D. Converse）、哈维·W. 休吉（Harvey W. Huegy）、马伦（Bruce Mallen）、斯腾（Louis W. Stern）、巴克林（Bucklin）、麦克伊内斯（McInnes）、菲斯克（George Fisk）、鲍尔德斯顿（F. E. Balderston）等。

组织动力学派侧重于从行为学的角度探讨渠道成员的目标、需求、结构和行为，致力于说明某项营销职能如何由不同的渠道成员来执行，探究不同文化背景下的渠道结构差异等理论与实践问题。其主要代表人物有斯腾（Louis W. Stern）、马伦（Bruce Mallen）、理奇韦（Valentine Ridgeuay）等。

区域学派研究的重点是营销活动中的地点或区域问题。其主要代表人物有威廉·J. 雷利（William J. Reilly）、戴维·L. 赫夫（David L. Huff）、E. T. 格雷特（E. T. Grether）等。

管理学派的特色是从管理的视角来研究企业应该如何营销其产品或服务。其主要代表人物有尤金·凯利、威廉·雷泽、温德尔·斯密（Wendell Smith）、西奥多·莱维特（Theodore Levitt）、菲利普·科特勒（Philip Kotler）、切斯特·沃森（Chester Wasson）、乔尔·迪安（Joel Dean）、约翰·F. 麦基（John F. Magee）、罗伯特·J. 拉维奇（Robert J. Lavidge）、加利·A. 斯坦纳（Gary A. Steiner）、西德尼·J. 莱维（Sidney J. Levy）、休吉（Huegy）等。

系统学派则用系统的观点来看待营销，探讨营销系统的构成、存在原因、组成人员和运行机制等。系统是由相互作用相互依赖的若干组成部分结合而成的，具有特定功能的有机整体，而且这个有机整体又是它从属的更大系统的组成部分。其主要代表人物有乔治·弗斯克、里德·莫耶、艾尔弗雷德·库恩、丹尼尔·卡茨（Daniel Katz）、罗伯特·L. 卡恩（Robert L. Kahn）、迪克逊（Dixon）、博迪温（Boddewyn）、巴克林（Bucklin）、斯腾（Stern）、雷泽（William Lazer）等。

消费者行为学派在开始主要探讨的是消费者的购买和消费行为，目前已经扩展到几乎所有的人类行为。其主要代表人物有马斯洛（Maslow）、费斯廷格（Festinger）、霍曼斯（Homans）、罗杰斯（Rodgers）、奥斯古德（Osgood）、西蒙（Simon）、卡托纳（Katona）、卡茨（Katz）、拉泽菲尔德（Lazerfield）、尼科西亚（Nicosia）、恩格尔（Engle）、科拉特（Kollat）、布莱克威尔（Blackwell）、霍华德（Howard）、杰格迪什·谢斯（Jagdish N. Sheth）、卡萨瑞恩（Kassarjian）、罗伯逊（Robertson）、霍洛威（Holloway）、科恩（Cohen）、罗姆·J.马金（Rom J. Markin）、詹姆斯·G.马奇（James G. March）、赫伯特·A.西蒙（Herbert A. Simon）、菲什拜因（Fishbein）、霍尔布鲁克（Holbrook）、威尔基（Wilkie）、莫尔（Moore）等。

宏观营销学派关注的是总体水平的营销、营销对于社会的影响和社会对于营销的影响。主要代表人物有弗雷德·爱默生·克拉克（Fred Emerson Clark）、拉尔夫·F.布莱耶（Ralph F. Breyer）、罗兰·S.范利、格雷瑟（Grether）、菲利普·科特勒、莱维斯·柯克斯、罗伯特·霍洛韦、罗伯特·汉考克、里德·莫耶、查尔斯·斯莱特、谢尔比·亨特、奥德逊、菲斯克、迪克逊（Dixon）、威尔金森（Wilkinson）、E. A.达第（E. A. Duddy）、D. A.诺弗赞（D. A. Revzan）、柯克斯（Cox）、雷泽（Lazer）、凯利（Kelly）、巴特斯（Bartels）、詹金斯（Jenkins）、伯内特（Burnett）、查尔斯·斯莱特（Charles Slater）、索洛里（Thorelli）、马特森（Mattson）、古德曼（Goodman）、费钱德勒（Fichandler）、豪尔（Hall）、纳普（Knapp）、温斯顿（Winsten）、布里格斯（Briggs）、史密斯（Smyth）、田岛义博（Yoshihiro Tajima）、阿伯特（Abbott）、格里格斯（Griggs）、安德森（Anderson）、莫尼尔森（Monieson）、拉克尼克（Laczniak）、费雷尔（Ferrell）、米德（Meade）、内森（Nason）、塞吉（Sirgy）、奥维亚（Ahuvia）、弗里德曼（Friedman）、罗杰·A.雷顿（Roger A. Layton）、桑福德·格罗斯巴特（Sanford Grossbart）等。

社会交换学派则研究的是构成交换的双方，促使交换双方达成协议的动机和交换的内容。其代表人物有威廉·麦克伊内斯、马丁·W.麦尔斯（Martin W. Miles）、菲利普·科特勒、奥德逊、理查德·P.巴戈兹（Richard P. Bagozzi）、费雷尔（Ferrell）、皮若奇奥尼（Perrachione）、豪斯顿（Houston）、盖森赫门（Gassenheimer）、加勒特（Garrett）、拉茨尼尔克（Laczniak）、米奇（Michie）、法玛（Farmer）等。

习近平同志指出："对历史人物的评价，应该放在其所处时代和社会的历史条件下去分析，不能离开对历史条件、历史过程的全面认识和对历史规律的科学把握，不能忽视历史必然性和历史偶然性的关系。"[①]我们评价营销思想史中各学派代表人物的学术贡献，也应秉持这种科学的客观的态度。

---

① 习近平.在纪念毛泽东同志诞辰120周年座谈会上的讲话（2013年12月26日）.人民日报，2013-12-27.

第三节 营销实践的演变

营销实践是营销思想的载体和发展源泉。考察营销思想史的发展历程，有必要先了解美国企业的营销实践。美国的企业营销活动主要是由营销部门来承担的,因此,研究营销部门的发展、演变,可为我们正确认识营销在企业管理及社会进步中的重要作用提供有益的启示。

一、美国企业的营销部门

美国企业的营销部门是由20世纪初期的营销研究部门发展而来的。1911年,克蒂斯出版公司在查尔斯·帕林的指导下设立了第一个营销研究部门(当时称为商务研究部门)。随后,美国橡胶公司和斯维特公司也分别于1916年和1917年设立了营销部门。这些部门最初被当作销售部门的附属组织,其任务是为销售部门提供市场信息,使销售部门很容易地把产品推销出去。后来,一些营销部门陆续接受了其他的新任务,如销售分析、营销管理等。不久,广告、顾客服务及其他繁杂的营销职能也被并入营销部门。

从总体上看,美国企业的营销部门大致经历了单纯的销售部门、兼有附属职能的销售部门、独立的营销部门、现代营销部门、现代营销企业五个阶段。

(一)单纯的销售部门

20世纪30年代以前,美国企业以生产观念作为指导思想,大部分企业都采用这种形式。一般说来,所有企业都是从财务、生产、销售和会计这四个基本职能部门开始发展的。财务部门负责资金的筹措,生产部门负责产品制造。销售部门通常由一位副总经理负责,管理销售人员,并兼管若干营销研究和广告宣传工作。在这个阶段,销售部门的职能仅仅是推销生产部门生产出来的产品,生产什么,销售什么;生产多少,销售多少。产品生产、库存管理等完全由生产部门决定,销售部门对产品的种类、规格、数量等几乎没有发言权。

小链接

美国企业早期的销售部门

像马歇尔·菲尔德公司(现为一家大零售公司)这样的大批发公司,是19世纪末期重要的企业。大批发公司通常都有几个部门,如采购部、贮藏部、销售部和商品运输部。批发公司有很大的,甚至是国际化的采购网络,可以采购来自不同生产企业的产品。在采购和销售商品的时候,通常是批发公司说了算。尽管推销员在确定最后价格方面常常还有一些小的权力。批发公司还聘用业务经理监督商品的实际运输——有时是从成百上千的小生产企业到成千上万的客户手中。信贷和代收款项从信用咨询公司和公司推销员那里收集信息,以便给各个客户制定交易的条款。到19世纪70年代,信用咨询公司R. G. 邓氏公司和布拉德斯特里特公司是两家有活力的公司(后来合并为邓布氏公司)。邓氏公司聘用了大约1万名调查员(亚伯拉罕·林肯也曾是其中一员),每天能收到大约5 000

份信息咨询。

销售总经理负责监督和评估所有的推销员。大批发公司还聘请销售副经理主管不同的领域。比起直接向农户推销产品的机构的推销员数量，批发公司聘用的推销员往往更少一些，因为他们的客户是零售商和地区批发公司，其数量远远少于农户。营业部常常包括广告部，广告部负责整理公司的商品目录以及不定期地在报纸上刊登广告。

资料来源：沃尔特·A.弗莱德曼.一个推销员的诞生.方海萍，等，译.北京：线装书局、中国社会科学出版社，2005.

（二）兼有附属职能的销售部门

20世纪30年代大萧条以后，市场竞争日趋激烈，企业大多数以推销观念作为指导思想，需要进行经常性的营销研究、广告宣传以及其他促销活动，这些工作逐渐变成专门的职能。当工作量达到一定程度时，便会任命一名营销主任负责这方面的工作。

（三）独立的营销部门

随着企业规模和业务范围的进一步扩大，原来作为附属性工作的营销研究、新产品开发、广告促销和为顾客服务等营销职能的重要性日益增强。于是，营销部门成为一个相对独立的职能部门，作为营销部门负责人的营销副总经理同销售副总经理一样直接受总经理的领导，销售和营销成为平行的职能部门。但在具体工作上，这两个部门是需要密切配合的。这种安排常常应用在许多工业企业中，它向企业总经理提供了一个全方位、多角度分析企业面临的机遇与挑战的机会；例如，销售失败后，总经理向销售经理询问解决办法，销售经理常常会提出应雇用更多业务员、增加销售费用、开展销售竞赛或降低成本以有利于产品销售。而总经理从营销部门经理那里得到的答案则可能与销售经理大相径庭，营销经理常常从消费者角度而不仅仅从当前产品的价格和销售人员的角度入手寻求解决问题的办法。比如，营销经理会提出企业的市场定位是否正确？目标市场消费者是怎样看本企业及其产品的？在产品的特点、风格、包装、服务、配送及促销手段等方面是不是有变化？这些变化是否合理？显然，这种分析比仅从促销的角度进行分析对解决问题更为有效。

（四）现代营销部门

尽管销售副总经理和营销副总经理需要配合默契和互相协调，但是他们之间实际形成关系往往是一种彼此敌对、互相猜疑的关系。销售副总经理倾向于短期行为，侧重于取得眼前的销售量；而营销副总经理则多着眼于长期效果，侧重于制定适当的产品计划和营销战略，以满足市场的长期需要。销售部门和营销部门之间矛盾冲突的解决过程，形成了现代营销部门的基础，即由营销副总经理全面负责，下辖所有营销职能部门和销售部门。

（五）现代营销企业

一个企业仅仅设立了现代营销部门，还不等于是现代营销企业。现代营销企业取决于企业内部各种管理人员对待营销职能的态度,只有当所有的管理人员都认识到企业一切部门的工作都是为顾客服务,营销不仅是一个部门的名称而且是一个企业的经营哲学时,这个企业才能算是一个以顾客为中心的现代营销企业。这种企业也称为营销导向型企业。

小链接

宝洁的品牌经理制

1931年,麦克尔罗伊引发建立了宝洁品牌经理体制和内部品牌竞赛机制。这种破天荒的管理使得传统的职能管理形式在包装消费品行业受到很大的挑战。

在产品众多的包装消费品公司甚至是产业公司,产品经理的管理方式得以广泛应用。传统上以职能形式的营销使各职能部门都竞相争取预算,而又不对产品的市场负责任。产品经理开始以一个"总经理"的形式对一个产品的全面市场表现负责。所以,要搞好品牌/产品的营销,他就必须学会与公司其他部门沟通,寻求职能部门的合作。由于所接触的面较广,做过品牌经理之后,他们便能上升为市场营销部经理,全面负责公司的营销活动。第二次世界大战后,一个又一个的宝洁品牌在消费者心中占据着重要空间,这与品牌管理形式分不开。

随之,世界上大大小小的消费品或产业性公司都或多或少地引入了品牌/产品管理模式,如庄生公司、花王公司、杜邦公司、联合利华公司等,这说明了品牌管理模式的威力。

当然,品牌经理制管理也不是万能的。因为品牌经理处于不断协调之中,他虽然对品牌负全责,但又无权指挥其他部门,必须依赖相关部门的协助。所以,他处于看似"总经理"又不过是个基层管理者的地位。同样,由于品牌经理有一个工作的期限,在他调离去负责另一个品牌之后,原来的品牌市场表现又可能受到影响。如果公司品牌太多,则有太多品牌经理,同产品不同品牌经理间为争夺预算容易产生矛盾。不少公司品牌经理制管理形式正受到威胁。

新近的发展是品牌经理制的变种,如品类经理制(产品大类经理),指派一个人负责一个产品大类的营销;或把某些小的产品归入其他产品经理管理。甚至有的公司还把享有同一分销渠道等营销资源的产品交由某一产品经理管理。由于零售商更多采用"一揽子采购"方式,为适应这一环境的变化,消费品公司采用的是品类经理而不再是品牌经理。

资料来源:卢泰宏、王海忠、杨晓燕、陈晶,《销售与市场》杂志,2000年第1期。

二、美国营销的发展

营销在不同的时期内引起了不同行业的注意。一些公司,如通用电气公司、通用汽车公司、西尔斯公司、宝洁公司等较早地认识到了营销的重要性，营销依次在包装消费品公司、耐用消费品公司、工业设备公司内扩展开来。其他行业，如钢铁业、化工业、造纸业等都对营销认识得较晚，至今仍有一段距离。进入20世纪80年代以来，消费服务行业尤其是航空业、银行业等已经逐渐接受了营销思想。航空公司开始研究顾客对其所提供的各项服务的态度，包括时刻表的安排、行李的处理、飞行过程中的服务、态度是否友好、座席是否舒适等，它们很快就抛弃了自己"隶属于航空业"的观念，而代之以"隶属于整个旅游业"的经营思想。那些起初极力拒绝营销的银行家，到头来还得满腔热情地接受它，同时，保险业和股票经纪业也开始对营销感兴趣。事实上，进入20世纪70年代之后，随着服务业的不断发展，服务市场学作为营销学的一个重要分支而独立发展起来。

现在，美国营销已渗入到形形色色的非营利部门，如学校、医院、警察部门、博物馆、交响乐团等。营销在这些行业中已引起了不同程度的兴趣，得到了不同程度的了解。为学生越来越少而烦恼的美国大专院校，试图将营销理论运用于大学招生。为数渐多的医院，在患者越来越少的情况下，也开始运用营销原理认真研究提高其顾客满意度和市场占有率的有效途径，如伊利诺伊州伊凡斯顿城的伊凡斯顿医院，20世纪80年代初就聘用了世界上第一位医院营销副总裁。

促使美国企业意识到营销重要性的主要因素包括以下五方面：

（1）销售额下降。对于大多数企业而言，销售额是衡量企业绩效的重要指标。销售额的变化作为一种预警信号，提醒企业主管某个经营环节尤其是营销环节是否出了差错。例如，当越来越多的人将注意力转向社交媒体新闻时，报社便马上觉察到报纸发行量在减少。一些发行人员开始意识到，过去他们对读者为什么读报以及想从报纸上得到什么，简直是了解得太少了。于是，这些发行人员开始进行市场调查，基于调查研究的结果，重新设计一种时间性强、言语中肯、版式新颖、能引起读者兴趣的报纸。

（2）成长缓慢。任何一个行业的发展都存在一个增长极限，当企业达到了其所在行业的增长极限，增长就会放缓，因此，企业必须考虑转向新市场。开拓新市场对许多企业而言是一个挑战，他们逐步认识到，要想成功地识别、评价和选择新机会，就必须具备更多的营销知识，就必须进行市场研究。

（3）购买行为的改变。消费者购买行为的改变也是一种预警信号，它提醒企业重新检查并调整其经营战略。事实上，许多企业已经意识到，消费者购买欲望和消费需求的急速改变将引起市场的不稳定。为了保证从购买者身上获得认同并取得利润，这些企业就不得不采取营销导向。

（4）竞争的加剧。一个稳健成长的公司可能突然会遭受到竞争对手的打击，而这些竞争对手通常都有较强的营销能力。因此，各个企业不得不认真学习营销以迎接挑战。例如，20世纪50年代末，当宝洁公司打入纸制品市场时，斯格特纸业公司并没有太在意。起初，宝洁公司为了生产卫生纸、面巾纸和纸尿布等产品，花费了13亿美元用于营销调研和产品研发、市场推广。经过一个时期的发展，宝洁公司取得了巨大成功，其年资金利润率高达10.3%；而斯格特公司虽然也在营业，但其年资金利润率却只有4.3%。

（5）销售成本的提高。一个公司的广告、销售促进、市场研究、顾客服务等项成本费用可能会无限制地增加，一旦管理部门觉察到这种现象，就会立即感到必须改进企业组织管理，严格控制各种营销职能。

三、营销在美国企业中地位的演变

营销最初是作为企业的一项职能而出现的，这种职能的出现注定要同企业的其他职能产生矛盾和冲突。然而，随着市场经济的不断发展，营销在企业中的地位经历了由微不足道到颇受重视这样一个发展演变过程。

发展初期，一些财务部门、生产部门的经理往往将营销当作小贩叫卖的伎俩，看成对自己权力、地位的威胁。之所以造成这种现象，是由于有些营销人员过分积极地强调一切成果都应归功于营销。此时，销售职能与营销职能处于平等的地位，被认为与财务、生产、人事等其他部门同样重要。

在需求不足的情况下，营销人员主张其职能要比其他部门的职能重要。更有甚者，一些激进的营销人员强调，没有顾客也就意味着企业的消亡，所以营销应是企业的主要职能。他们将营销置于中心位置，而将其他职能当作营销的辅助职能。这种观点激起了其他职能部门经理的反感和不安，他们不甘心充当营销部门的配角。一些热心于顾客服务的营销人员则主张，公司的中心应当是顾客，而不是营销。他们认为必须采取顾客导向，而且所有职能性业务部门必须协同工作，以便更好地为顾客服务，使顾客需要得到满足。

然而，市场竞争的加剧使得营销在企业中的重要地位最终得以确立。按照现代营销管理理论，企业面对的是外部环境，包括政治、经济、文化和法律等，企业的生存发展取决于企业自身外部环境的交换（见图1-1）。而市场营销作为边缘性职能，是直接连接市场需求与企业的桥梁和纽带。因此，营销成为企业参与市场竞争的有力武器。企业要想有效地满足顾客需要，就必须将营销置于重要的地位。

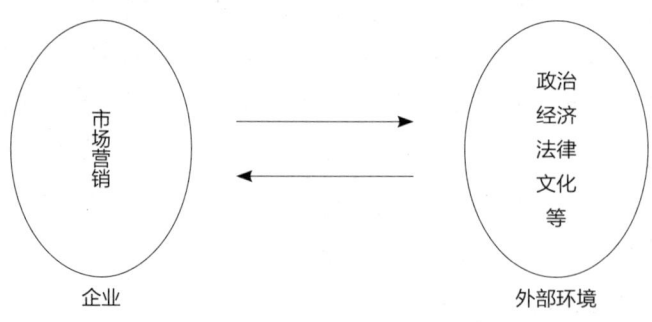

图1-1　企业与环境的交换：营销的边缘性职能

从美国企业营销地位的发展，我们可以得到许多有益的启示。尤其需要注意的是，在营销管理、生产管理、财务管理、人事管理等众多企业职能中，唯有营销管理是在市场上或企业外部进行的，而其他管理基本上属于内部管理。因此，社会公众往往从一个企业营销工作的好坏就能判断其整体管理水平的高低。而从企业管理实际情况看，营销工作的好坏，确实决定着企业总体效益的高低。

小链接

美国历史上的旅行推销者

在小商贩和图书代理人试探他们在农民中的销售市场状况的同时，另一类推销员也正穿梭在各个农场之间。他们被称为商业旅行者、旅行销售员，或者旅行推销员。他们一般受雇于大批发公司，很多没有固定工资，光靠提取佣金生活。旅行推销员与小商贩希望招揽的客户类型并不相同。旅行推销员一般会把商品卖给零售商，所以他们所采取的推销策略和小商贩并不一样。在心理上，他们并不像小商贩那样急于立刻做成交易，相反，他们更注重与客户建立一种长期的合作关系。在现代推销术的发展过程中，旅行推销员同小商贩一样，起了重要的作用。

在19世纪的大部分时间里，大多数生产企业并不直接把产品卖给零售商，而是通过大批发商进行销售。这样，生产企业就不必费力去组建庞大的销售网络，可以把所有的资源都用到产品的改进上。批发商通常被叫作"中间商"，他们拥有货物的批发销售权，而不仅仅是拿点销售提成。批发商通常在美国东海岸的大城市里开展业务，但在内战后的几年里，他们开始进入一些内陆城市，如辛辛那提、圣路易斯，尤其是芝加哥。铁路、电报机和轮船的出现，使得批发商有可能建立起庞大的采购网络，采购来自国内外各个生产厂家的产品。新的运输方式使批发商有可能建立一个大范围的、远距离的销售网络。这个网络还可以把生产企业的产品重新进行包装，分成相对较小的份额或"活儿"，然后发送到全国各地的各个遥远的角落。

内战后，纽约和费城的大批发公司的旅行推销员们，带着商品目录和装满样品的大箱子南下西进。他们携带着纺织品、威士忌、成药、珠宝、化学产品、五金器具和皮货，等等。

旅行推销员一般都向乡村十字路口的百货店推销商品。这种百货店经营的商品种类繁多，从水果到糖块、钉子、合页、马轭、灯、布料、电线、网、绳子、酒、油漆、皮货等，琳琅满目，应有尽有。店里堆满了各种各样的货物，甚至天花板都成了商品展示的地方。这种店的增多使得美国街头走街串巷的小贩逐渐销声匿迹。

在大批发公司的支持下，旅行推销员拓展了采购和销售的渠道。成功的旅行推销员掌握着和零售商之间的联系，因此有很大的权力。当旅行推销员离开一家批发公司时，有时能把客户带走——他们认为这些客户是自己的而不是公司的。旅行推销员非常了解商业趋势和信誉情况。实际上，旅行推销可以成为一些年轻商人的商业学校。波士顿基督教青年会的会长威廉·H.鲍德温在一次演讲中说过，旅行推销对国内的年轻人来说预示着极大的机会。

资料来源：沃尔特·A.弗莱德曼.一个推销员的诞生.北京：中国社会科学出版社、线装书局，2005.

四、研究营销实践的重要意义

马克思主义认识论告诉我们，认识与实践是辩证统一关系。习近平总书记在中共中央政治局第二十次集体学习时强调指出："要学习掌握认识和实践辩证关系的原理"，"要根据时代变化和实践发展，不断深化认识，不断总结经验，不断实现理论创新和实践创新良性互动。"[①] 认识与实践、理论创新和实践创新之间是辩证统一、互存互动的关系。研究营销实践的发展演变，有助于我们准确把握营销思想的发展脉络，理解营销理论构建和发展的基本规律。

实践是人们能动地改造客观世界的活动。实践构成了人们社会生活的基本内容，推进了人类历史的不断发展，正因为如此，马克思认为"社会生活在本质上就是实践"。在人类生活中，实践体现出鲜明特色。在不同的时代背景下，消费者的购买行为有所不同，企业的营销实践就有所不同，以此为基础构建的营销理论便随之不同。

实践具有客观现实性。列宁说得好，实践高于（理论的）认识，因为实践不仅有普遍性优点，并且有直接现实性的优点。实践又具有社会性。因为它是现实社会生活中人们的活动。实践还具有发展性。因为它是人们改造世界的活动，而客观世界的发展是无限的，所以人类改造世界的实践活动也是不断发展的。正是在人类社会实践活动的基础上，人们才总结出了这样或那样的知识，概括出了这样或那样的理论。马克思主义实践观告诉我们，实践是理论形成和发展的源泉。人们只有在改造世界的伟大实践中，才能逐渐认识自然界、社会和人类思维发展的规律，进而获得对客观事物的正确认识，形成体现社会发展规律的科学理论。营销学本身就是百余年来营销实践的概括、总结和理论升华。

实践是检验真理的唯一标准。理论来源于实践，但科学的理论形成之后又对实践产生重要指导作用，对人们从事新的实践活动提供必要理论指导。人类生活质量的提高，在很大程度上可以说其中有营销学的贡献。借助营销理论方法，不断发现人们尚未满足的需求，据此研发适销对路的产品，指导着企业管理不断发现新需求，推出新产品，及时有效地满足人民日益增长的美好生活需要。习近平总书记指出："必须高度重视理论的作用，增强理论自信和战略定力，对经过反复实践和比较得出的正确理论，要坚定不移坚持。"[②] 在运用科学理论指导社会实践的过程中，理论

---

① 习近平.在十八届中央政治局第二十次集体学习时的讲话（2015年1月23日）.人民网，2015-01-24.

② 同①。

本身也得到进一步检验，检验成功了，就证明它符合客观实际，是科学的理论；检验失败了，证明它不符合实际，就不是科学的理论。正是从这个意义上说，实践是检验真理的唯一标准。实践还是推进理论发展的根本动力。社会实践是不断发展的，科学理论也要随之而不断发展和创新。正因为实践之路常新，才能使理论之树常青，离开社会实践的不断发展，就不可能有理论创新的成果。

营销实践的发展给营销理论创新提供了源泉和活力。习近平同志曾说过："发展之路没有终点，只有新的起点。'往者不可谏，来者犹可追。'世界正处在快速变化的历史进程之中，世界经济正在发生更深层次的变化，我们要洞察世界经济发展趋势，找准方位，把握规律，果断应对。"① 我们今天研究营销思想史，也是为了总结营销实践、营销思想、营销理论的创新发展规律，更好地推进营销理论中国化，为中华民族伟大复兴梦的实现做出营销学者独特的贡献。

---

① 习近平.抓住世界经济转型机遇 谋求亚太更大发展——在亚太经合组织工商领导人峰会上的主旨演讲（2017年11月10日，岘港）.人民日报，2017-11-11.

本章回顾

营销思想史是研究营销思想和学说的产生、发展和变化历史的科学，是基础营销学的一个重要分支学科。它以营销思想或营销学说本身为研究对象，专门研究各个历史时期具有代表性的营销观点、营销思想和营销学说及其产生发展的背景和对后世的影响，所占的历史地位，以及各个人物、各个学派之间的承袭、更替、对立的关系等。

按照发展阶段特征的不同，可以将营销思想史大致划分为营销思想的萌芽时期、古典营销学时期、营销范式转移时期和营销范式扩展时期四个历史时期。

学派是由于学说师承不同、学者地域不同以及关注问题不同而形成的群体和派别，是科学理论发展中的普遍现象。营销思想发展历史中出现了十个学派：商品学派、职能学派、机构学派、组织动力学派、区域学派、管理学派、系统学派、消费者行为学派、宏观营销学派和社会交换学派。

营销实践是营销思想的载体和发展源泉。美国企业的营销部门大致经历了单纯的销售部门、兼有附属职能的销售部门、独立的营销部门、现代营销部门、现代营销企业五个阶段。

关键术语

营销　营销思想史　学派　营销学派　营销部门

即测即评

请扫描二维码，在线测试本章学习效果。

讨论与思考

1. 什么是营销和营销思想史？
2. 简述营销思想的基本特征。
3. 简述美国企业的营销部门发展的五个阶段。
4. 简述研究营销实践的意义。
5. 一个学派的形成应具备哪些条件？

第二章
营销与营销思想的肇端

> 营销学不仅适用于产品与服务,也适用于组织与人,所有的组织不管是否进行货币交易,事实上都需要搞营销。
>
> ——菲利普·科特勒

本章学习目标

1. 了解营销的起源
2. 了解营销对国家的贡献关系
3. 了解营销视角的整合历程
4. 结合实际,了解中国营销思想的萌芽

本章知识结构图

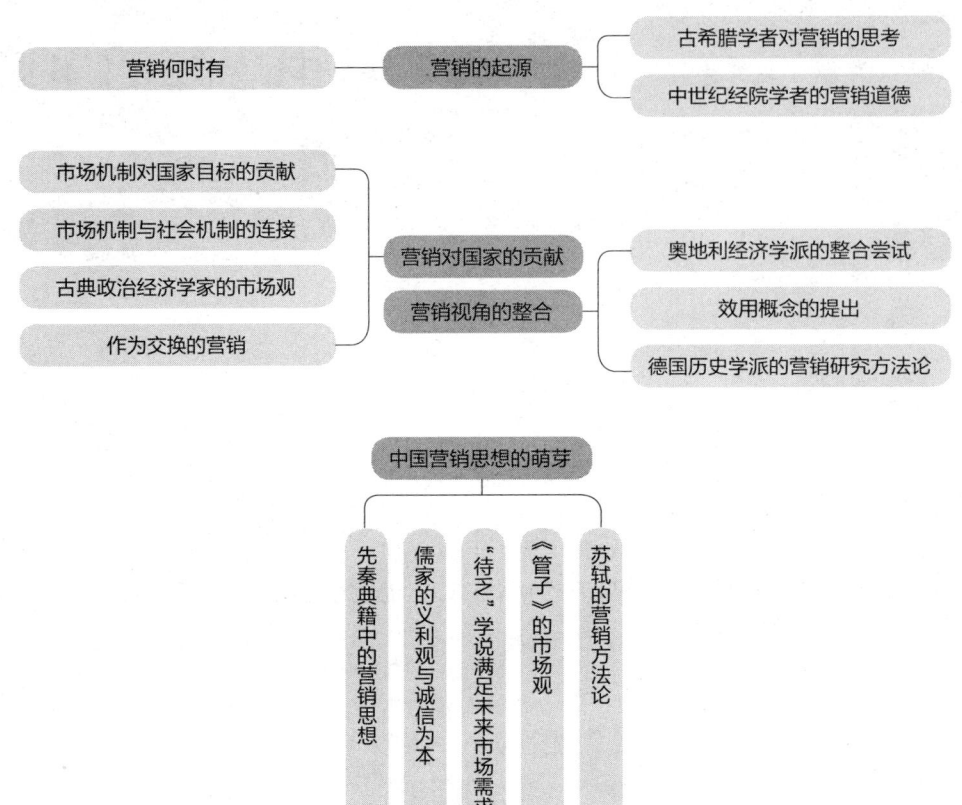

习近平同志指出:"问题是创新的起点,也是创新的动力源","理论创新只能从问题开始。从某种意义上说,理论创新的过程就是发现问题、筛选问题、研究问题、解决问题的过程"。① 如果说问题是时代的声音,那么,理论就是时代的作品。任何理论都是时代的产物,任何理论创新都是在一定程度上对时代问题的回应。营销理论也不例外。习近平同志指出:"只有聆听时代的声音,回应时代的呼唤,认真研究解决重大而紧迫的问题,才能真正把握住历史脉络、找到发展规律,推动理论创新。"② 研究营销思想史,也要站在时代的高度,以更宽广的视野和更长远的眼光来思考和把握时代所提出的营销问题。营销学者应具有历史和发展的眼光,把当代中国营销实践所遇到的问题放在过去、现在和未来的时间轴中来思考,以历史观照现在,从未来的发展趋势分析现在,以现在为中心反思营销理论发展的历史,以此为基础探索未来。

① 习近平.在哲学社会科学工作座谈会上的讲话(2016年5月17日),人民日报,2016-05-18.

② 同①。

第一节 营销的起源

一、营销何时有？

营销的历史究竟有多久？学术界众说纷纭。有人认为，自人类出现时就有了营销；也有人认为，营销的产生先于人类；还有人认为，营销是从人类最初的交换活动开始的，即当双方开始物物交换时，营销就产生了；也有人认为，早期文明的突出表现就是由物物交换发展成推销这种绝妙的艺术。本书认为，营销作为人类活动不断发展的结果，它首先是一种人类活动，其核心观念是交换，但是，它又不同于一般意义上的交换。营销是一种高层次的交换，它强调需要和欲望的满足，致力于潜在交换的实现，无论其活动领域还是观念意识都不同于一般意义上的交换，更不同于销售。

营销是与市场密切相关的概念。人们到市场上从事交换（即使是物物交换），首先要考虑以别人所需换得自己所需，否则便不能实现交换。而市场是历史的范畴。列宁曾经指出，"哪里有社会分工和商品生产，哪里就有市场"①。恩格斯也说过，"市场中的价值规律已经在长达5 000～7 000年的时期内起支配作用"②。而营销也正是从市场需要出发，策划产品、价格、渠道和促销，通过满足市场需要实现其经营目标的活动。因此，当商品交换得以存在、市场开始萌芽时，营销的活动就产生了。虽然营销学成为一门规范性的学科是在20世纪以后，但在漫漫历史长河中，不少思想家和学者很早就已经注意到了市场中的营销问题，对一些营销方面的命题进行了有益的思考。

据西方学者考证，位于小亚细亚半岛（现今土耳其）的吕底亚人在公元前7世纪最早使用了金币和银币来进行零售贸易。这种使用金币和银币进行市场交易的方式相对于传统的物物交换方式要更有效率，因而促进了市场交易范围的扩展和市场的繁荣。这种市场交易方式也迅速传播到邻近的位于地中海沿岸的古希腊城邦，在给古希腊带来繁荣的同时也引起了哲学家们的关注。

二、古希腊学者对营销的思考

最早的营销思想可以追溯到古希腊的苏格拉底派哲学家，这主要是由于他们经历了乡村生活的衰退和城镇生活与市场的兴起，市场活动引发了他们对于营销的初步思考。

古代希腊位于爱琴海与地中海之间，境内群山起伏，岛屿众多，不利于发展粮食生产，但园艺、畜牧、植果、养蜂业却十分兴旺。众多天然的良港使其具备了发展航海贸易的便利条件。对外来粮食的依赖和出口手工业产品和农产品的必要，使得以雅典为代

---
① 《列宁全集》第1卷，第8页。

② 《马克思恩格斯全集》第25卷，第1019页。

表的希腊沿海城邦不断扩大对外交往，与海外建立日益密切的贸易联系。随着古希腊中贸易程度的增加，兼职的旅行商人逐渐变成了全职的有固定经营场所的坐商，定期交易的集市变成固定的市场。生活在公元前5世纪的古希腊历史学家希罗多德（Herodutus）认为市场是希腊的一个创新："他们拥有市场来进行购买和销售，不像波斯人从不在公开市场上购买，在整个国家也没有一个单一的市场地点。"在公元前5世纪，雅典已经出现了一种成熟的市场交易类型，拥有固定的市场，零售交易在商店中进行。

在当时的古希腊民主社会中，主权由全体公民所有，每个公民都是平等的。然而，女人和奴隶却不是"公民"，因此这些群体中的成员并不能享受到平等的政治权力。但是，市场交换是一种获取个人利益的方式，而不是一种维持社会关系的手段。在市场中，每一个货币都是平等的，由买者所控制的资源并不依赖于社会地位。这种新的行为不再受到社会地位关系的制约，而是依循"契约"这一创新理念来运行。契约关系代表了对制度结构的侵蚀，威胁到了当时主流的社会秩序。

苏格拉底派哲学家将这种新近形成的市场机制与过上美好生活的理想人联系在一起。柏拉图（Plato，约公元前427年—公元前347年）是苏格拉底的学生，是古希腊哲学，也是全部西方哲学乃至整个西方文化最伟大的哲学家和思想家之一，曾到埃及、小亚细亚半岛和意大利南部游历。柏拉图在其著名的《理想国》一书中，对营销的产生和存在意义进行了思考。柏拉图指出人们不能自给自足，需要通过社会来满足人们的需要。由于个体有着不同的技能，他们各自具有的比较优势导致了劳动的分工，进而提高了生产的效率。然而，劳动分工却导致了生产者和消费者之间的分离。为了应对这种分离，市场交换（即销售和购买）便成为必要。交换过程需要工作，工作需要时间，而时间具有机会成本。由于在市场交易中具有高效率，专司营销的中间商便产生了。

伴随着市场交易，也产生了收益如何在参与双方之间分配的问题。这种分配必须符合公平的原则。然而，即使市场得以公平运作，由于市场机制本身的性质，在市场机制和其他社会机制之间同样会有冲突产生。在市场之外，财富是一种对美好生活而言必不可少的工具集合。工具是有限的，人们追求到的财富也是有限的。市场行为便导致了人们对于金钱的无限追逐。

柏拉图的学生亚里士多德指出，由于金钱是商业和贸易所使用的等价物，财富逐渐被认为是拥有一定数量的金钱，但是对于金钱的欲望却是没有自然限制的，因而有些人就认为他们生活的意义就在于，要么没有限制地增加他们的金钱，要么不惜代价地守护他们的金钱。市场和营销活动使得人们价值观念发生改变，对金钱的无限追求引起了哲学家们的担忧。

小百科

柏拉图

　　柏拉图是古希腊伟大的哲学家，也是全部西方哲学乃至整个西方文化最伟大的哲学家和思想家之一（见图2-1），他和老师苏格拉底、学生亚里士多德并称为古希腊三大哲学家。

柏拉图出身于雅典贵族，他的母亲是雅典立法者梭伦的后裔。柏拉图起初打算继承家族传统而从政，但后来情况发生变化。在与斯巴达的战争中，雅典民主制失利，随即"三十僭主"上台执政。"三十僭主"转而又被新的代议制政府取代。柏拉图青年时师从苏格拉底，在公元前399年，苏格拉底受审并被判死刑，柏拉图对现存的政体完全失望，于是开始游遍意大利、西西里岛、埃及、昔兰尼等地以寻求知识。

图2-1　柏拉图雕塑

柏拉图在四十岁时（约公元前387年）结束旅行返回雅典，并在雅典城外西北郊的圣城阿卡德米创立了自己的学校——阿卡德米学院（Academy），学院成为西方文明最早的有完整组织的高等学府之一，后世的高等学术机构也因此而得名，也是中世纪时在西方发展起来的大学的前身。阿卡德米坐落于一处曾为希腊传奇英雄阿卡得摩斯（Academus）住所的土地上，因而以此命名。学院存在了900多年，直到公元529年被查士丁尼大帝关闭。学院受到毕达哥拉斯的影响很大，课程设置类似于毕达哥拉斯学派的传统课题，包括算术、几何学、天文学以及声学。据说，柏拉图在学园门口立了块碑："不懂几何者不准入内。"学院培养出了许多知识分子，其中最杰出的是亚里士多德。

柏拉图在阿卡德米学院执教40年，直至逝世。他一生著述颇丰，其哲学思想主要集中在《理想国》和《法律篇》中。柏拉图的作品是西方文化的奠基文献。在西方哲学的各个学派中，很难找到没有吸收过他的著作的学派。在后世哲学家和基督教神学中，柏拉图的思想保持着巨大的辐射力，被称为是西方哲学的奠基人。

资料来源：百度百科，2011年7月16日。

三、中世纪经院学者的营销道德观

中世纪（Middle Ages，约公元476年—公元1453年），是西方文明史上的一个时代，开始于西罗马帝国被落后地区的民族攻灭，到文艺复兴时期（公元1453年）之后，资本主义抬头的时期为止。这个时期的欧洲，封建制度占据统治地位，但没有一个强有力的政权来统治，封建割据带来了频繁的战争，造成科技和生产力发展停滞，人民生活在毫无希望的痛苦中，所以中世纪或者中世纪的早期在欧美普遍称作"黑暗时代"，传统上认为这是西方文明史上发展比较缓慢的时期。在此期间，教会控制了西欧的文化教育，学校教育也是为了服务于神学，因而当时有名的学者多是经院出身的神学教授。

古希腊的苏格拉底学派学者已经意识到了要对营销活动进行规范，中世纪的经院学者则对营销活动的道德问题进行了更深入的探讨。中世纪经院学者认为社会必须是公正的，因此市场交易也应该是公正的。如果把等价交换界定为公正交易的话，那么接着就会产生一个问题。市场中间商在一项交易中获利是由于产品的出售价格要高于其购买价格。然而，如果再出售的产品看不出来有任何的变化时，消费者支付了额外的价格，却无法明显感受到从这项交易所获取的收益。经院学者圣·杰罗姆（St. Jerome，公元340年—公元420年）提出卖家的收益一定是买家的损失，因此市场交易是罪恶的活动。

5世纪的圣·阿奎那（St. Augustine）处理这个议题的方法，是将承担任务的人与任务本身区别开来。如果任务是有用的，那么承担这个任务的人就理应为他的劳动获得报酬。后来，学者的注意力开始聚焦于商人所做的事情上，其中的代表学者有13世纪的阿奎那提斯（Aquinatis）、亚历山大·黑尔斯（Alexander Hales）和15世纪的贝尔纳蒂尼（Bernardini）等。经院学者们发现，通过商人的辛劳和努力，再出售的商品事实上已经发生了改变。于是，他们提出了一个营销职能清单。比如，运输改变了产品的物理位置。储存改变了产品的时间位置，并保护了产品免遭损害和失窃。商人们还执行了风险承担的职能，在运输商品的过程中他们的生命常常遭受风险。甚至，由于需求估计失误，可能会不得不以亏损的市场价格出售商品。因此，商人理应因其劳动而获得收益，他们也承担了对社会十分有益而且必不可少的职能。

瑞卡德斯·米第·维拉（Ricardus de Media Villa）在公元13世纪将经院学者的观点加以整合，承认市场交易能够产生社会效益，指出参与双方都可以在一项交易中获益。由于商人在一个市场上购买，在另一个市场上出售，在每个市场上市场价格（market price）都能起到支配作用，交易在两种情形下都是平等的。商人获利是由于不同市场之间的价格差异，这种获利是理所应当、受之无愧的。而且，市场交易还导致了不同地区供给的均衡，因此整个社会从中受益。瑞卡德斯·米第维拉也指出当人们作恶时，市场交易会是不公正的，但这是由于人性的弱点，而并不是市场交易本身天生与之俱来的。作为一名经院学者，他提出，教会可以发挥社会治理机制，来管控人们的交易行为，克服其自私自利的弱点。

小百科

中世纪的经院学派

经院学派（scholasticism），亦称经院哲学，是中世纪知识界的主导哲学。它始于5世纪时波埃修斯对亚里士多德逻辑学著作的深有影响的评注，终于17世纪中叶。经院学派的鼎盛期在11至13世纪，当时建立了巴黎大学和牛津大学，通过解读古代著者的著作，尤其是对亚里士多德著作的阅读和注释过程，西方哲学传统得以再现自身。

经院哲学最著名的代表学者是圣·阿奎那，他也是亚里士多德著作的最大注释家。其他杰出的经院学者包括阿布拉、布里丹、邓斯·司各脱、奥康和苏亚雷斯等人。经院学派的主要特征是力图调和理性与信仰之间的冲突，即力图使希腊思想，尤其是亚里士多德的学说与基督教神学协调一致，并力图达到以哲学来支撑神学的目的。信仰和知识的关联开始于波埃修斯，奥康则论证道，它们之间结合的前途是没有希望的。正因如此，奥康被认为是最后一位经院学者。经院学派以善于争论有争议之点的细节为特色。这些形式的争论按照源出于亚里士多德逻辑学的一些公认的规则进行。在这种意义上，它对逻辑学做出了很大贡献。

经院学派之所以得到如此称谓，乃因为它是在大学中做成的哲学，因为只有在一个人有闲暇时间时，他才能学习与沉思。从文艺复兴时期以来，经院学派的声誉不好，是诸如笛卡尔、培根、霍布斯、洛克等近现代哲学家抨击的主要靶子。近现代的哲学和科学是作为它的对立物而开始的。但是，在21世纪，哲学家们更新了他们的评价，意识到经院学派对逻辑学、语言学和形而上学做出的贡献。

资料来源：奇迹百科，2011年7月16日。

第二节　营销对国家的贡献

在中世纪后期的欧洲，伴随着封建主义的衰落，民族国家的觉醒意识日益增强。人们对于城邦或公国的忠诚逐渐衰减，转而忠诚于有着自然疆界和共同语言、共同传统的民族所组成的国家。国王不再仅仅是拥有地产的封建领主，他变成了一个团结的象征。由此，国家传统得以传承和发扬，管制工商业的是国家，而不再是城邦或公国。

一、市场机制对国家目标的贡献

伴随着民族国家的兴起，商业竞争开始在民族国家内弥漫，重商主义成为一种新的爱国思潮和建立强大国家的政治理念。罗宾逊（H. Robinson）在其1649年出版的《关于贸易和航海进步的简要考虑》一书中指出："贸易量高的国家拥有侵蚀和挖空任何一个贸易量低的国家的能力……国家所具有的任何达到和持续最大贸易量和船舶数量的能力，将会使其获得和保持对海洋的主权，进而获得对世界的最大程度的统治。"与此同时，学者们对营销思考的重点开始转向市场机制对于国家目标的贡献。

对国家而言，首要的目标在于国家财富和实力的增长，这要求商品和服务出口不断增加。而实现出口增加的途径无非是投入更多资源，或者提高资源利用效率。一个国家的人口代表着基础的潜在资源，劳工的增加则要求投资的增加，而投资的增加则需要货币供给的增长。货币供给在当时主要是指贵金属，但是在一定时期内，世界上贵金属的总体数量是一定的，金和银的产品生产并不能快速的增长。因而，如果一个国家想要增加投资，就需要从其周边国家中获取金钱。尽管有时个别国家会通过掠夺和剥削的方式来获取金钱，但更多地还是采取向国外出售商品和维持贸易平衡的方式来获取金银。在此过程中，市场机制在国家政策里扮演了一个重要的角色。

重商主义学者认为，那些在国外市场上销售来自本国的"奢侈品"的商人，由于能给国家从国外带回金银，因而对于实现国家目标做出了贡献。市场机制不仅有助于信息搜集和物品分销，而且还有助于刺激需求。示范效应会导致产出的增加，通过增加雇佣带来的收入也会进一步扩大需求。道格拉斯·诺斯（Douglass C. North，1920—2015）指出，"平常人看到他们的朋友变得富裕了，受到刺激也去模仿他们所做的事情。一个商人看到他的邻居请了一个教练，他也会跟着请一个"。此外，商人倾向于将他们的金钱进行投资而不是购买消费品，因此他们的利润将会导致更大的投资。

由于对金钱认识发生的变化，曾经被苏格拉底派哲学家和中世纪学院派学者深切担忧的对金钱财富的追求，现在反倒受到人们的赞扬。

尽管国际营销活动对实现国家政策目标做出了贡献，但是本国内的营销活动却被认为干扰了这些目标的实现，有学者认为本国的营销活动应该受到限制。佩蒂特（William Petyt，1636—1707）在1680年指出，零售商"会通过低买高卖来提高他们的私人资产，但是（仅仅通过这种方式的贸易）不能为国家财富增加一便士，因此一个穷贸易商人在一年里为国家财富所增加的要比英国所有的零售商和店主们贡献得多的说法可能是正确的"。

小百科

重商主义

重商主义（mercantilism，也称作"商业本位"）是封建主义解体之后的16—17世纪西欧资本原始积累时期的一种经济理论或经济体系，反映资本原始积累时期商业资产阶级利益的经济理论和政策体系。它建立在这样的信念上：即一国的国力基于通过贸易的顺差，出口额大于进口额所能获得的财富。

15世纪末，西欧社会进入封建社会的瓦解时期，资本主义生产关系开始萌芽和成长；地理大发现扩大了世界市场，给商业、航海业、工业以极大刺激；商业资本发挥着突出的作用，促进各国国内市场的统一和世界市场的形成，推动对外贸易的发展；与商业资本加强的同时，西欧一些国家建立起封建专制的中央集权国家，运用国家力量支持商业资本的发展。随着商业资本的发展和国家支持商业资本的政策的实施，产生了从理论上阐述这些经济政策的要求，逐渐形成了重商主义的理论。

重商主义抛弃了西欧中世纪经院哲学的教义和伦理规范，开始用世俗的眼光，依据商业资本家的经验去观察和说明社会经济现象。重商主义又可分为早期的重商主义和晚期的重商主义两种。

早期的重商主义产生于15—16世纪中叶，以货币差额论为中心（即重金主义），强调少买。该时期代表人物为英国的威廉斯·塔福。早期重商主义者主张采取行政手段，禁止货币输出，反对商品输入，以贮藏尽量多的货币。一些国家还要求外国人来本国进行交易时，必须将其销售货物的全部款项用于购买本国货物或在本国花费掉。

16世纪下半叶到17世纪是重商主义的第二阶段，即晚期重商主义，其中心思想是贸易差额论，强调多卖，代表人物为托马斯·孟。他认为对外贸易必须做到商品的输出总值大于输入总值（即卖给外国人的商品总值应大于购买他们商品的总值），以增加货币流入量。16世纪下半叶，西欧各国力图通过实施奖励出口，限制进口，即奖出限入的政策措施，保证对外贸易出超，以达到金银流入的目的。

早、晚期重商主义的差别反映了商业资本不同历史阶段的不同要求。重商主义促进了商品货币关系和资本主义工场手工业的发展，为资本主义生产方式的成长与确立创造了必要的条件。重商主义的政策、理论在历史上曾促进了资本的原始积累，推动了资本主义生产方式的建立与发展。

资料来源：百度百科，2011年7月16日。

二、市场机制与社会机制的连接

在18世纪，随着人们对市场机制内部的相互关系逐渐有所理解，人们的注意力开始转向市场机制与其他社会机制之间的关系。詹姆斯·斯图亚特（James Steuart）在1767年提出了一个连接市场机制和社会机制的综合模型。在这个模型中他指出，如果一个国家想要成长，人们必须生产更多商品和服务。但是是什么导致人们生产超过他们自己所需要的东西呢？是营销努力使得奢侈品变得流行，并创造新的需求。"这个国家的人们，之前因为他们所有的需求都被提供了，因而会停止工作，但是在现在由于在他们的眼前出现了新的追求目标，因而他们愿意工作得更努力。"商人通过研究"工作和需求的平衡"和传播有关市场价格的信息来提高市场效率。商人们同样也使用市场调研："工人甚至被雇用来琢磨陌生人的品位，通过每一种可能的方式来满足他们的欲望。"

三、古典政治经济学家的市场观

17世纪至18世纪，欧洲大陆掀起了一场波澜壮阔的反封建的思想解放运动。一批先进的、新兴的资产阶级思想家前赴后继，口诛笔伐，对封建专制制度及其精神堡垒——天主教会展开猛烈抨击，对未来的资产主义社会蓝图进行展望和描绘。在这场思想革命中，启蒙思想家们宣扬的天赋人权、三权分立，自由、平等、民主和法制等思想原则得到广泛传播，形成了强大的社会思潮。在这场思想革命中，人们的注意力开始聚焦于社会机制中个体的角色,在政治领域中主要表现为对民主政治的追求,而在市场机制中则主要表现为消费者的需求成为关注的焦点。

经济学之父亚当·斯密(Adam Smith)于1776年发表的《国富论》一书与当时的哲学气氛相一致,重视个体的作用。亚当·斯密试图找到一个国家可以增加其财富的自然法则。亚当·斯密认为,市场机制的角色就是提高效率。由于效率是产出量的函数,市场机制通过开拓市场来鼓励行业发展,营销专家之所以能够促进行业发展,是因为他们相对于非专业人士而言,可以将营销工作做得更有效率。亚当·斯密提出了类似"市场营销观念"的阐述,他认为市场是由个体购买者所引导的,对一个工人施加影响最实际的和最有效的,不是他所在企业的规章制度,而是他的顾客的购买行为。

相对于亚当·斯密对市场的看法,英国经济学家托马斯·罗伯特·马尔萨斯(Thomas Robert Malthus)则在其1820年的《政治经济学原理》一书中提出了更为明确的营销观点。他认为一个国家的财富起源于并受到生产和分销的支持,生产和分销是财富的两个基础元素,两者缺一不可而且需要合理的匹配。马尔萨斯还提出市场扩展得越广阔,营销任务执行得越好,国家财富的价值就增加得越多。

古典经济学家们也认识到市场并不是完全自我管理的,而是受到其他社会机制的影响。个体并不能完全自由地按照他们所希望的去追求他们自己的利益,而是要受到公正法则的约束。亚当·斯密在1759年发表的《道德情操论》一书中也关注到了私人利益和公共福利之间的冲突,并没有断言一个竞争市场单独能够解决这个冲突。只有当人们达到一种道德认同,并拥有了一种权利和自由系统,同时建立起互惠责任时,每个人的自发行为才会为公共福利做出贡献。

小百科

亚当·斯密

亚当·斯密(1723—1790)是经济学的主要创立者(见图2-2)。1723年亚当·斯密出生在苏格兰法夫郡(County Fife)的寇克卡迪(Kirkcaldy)。亚当·斯密的父亲也叫亚当·斯密,是律师、也是苏格兰的军法官和寇克卡迪的海关监督,在小亚当·斯密出生前几个月去世;母亲玛格丽特(Margaret)是法夫郡斯特拉森德利(Strathendry)大地主约翰·道格拉斯(John Douglas)的女儿,亚当·斯密一生与母亲相依为命,终身未娶。

图2-2 亚当·斯密

1723—1740年,亚当·斯密在家乡苏格兰求学,在格拉斯哥大学(University of Glasgow)时期亚当·斯密完成拉丁语、希腊语、数学和伦理学等课程;1740—1746年,赴牛津大学求学,但在牛津大学并未获得良好的教育,唯一收获是大量阅读许多格拉斯哥大学缺乏的书籍。1750年后,亚当·斯密在格拉斯哥大学不仅担任过逻辑学和道德哲学教授，还兼任学校行政事务，一直到1764年离开为止；这时期，亚当·斯密于1759年出版的《道德情操论》获得学术界极高评价。而后于1768年开始着手著述《国民财富的性质和原因的研究》（以下简称《国富论》）。1773年，《国富论》已基本完成，但亚当·斯密又花三年时间润色此书，1776年3月此书出版后引起大众广泛的讨论，影响所及除了英国本地，连欧洲大陆和美洲也为之疯狂，因此世人尊称亚当·斯密为"现代经济学之父"和"自由企业的守护神"。

1778—1790年亚当·斯密与母亲和阿姨在爱丁堡定居，1787年被选为格拉斯哥大学荣誉校长，也被任命为苏格兰的海关和盐税专员。1784年斯密出席格拉斯哥大学校长任命仪式，因亚当·斯密的母亲于1784年5月去世所以迟迟未上任；直到1787年才担任校长职位至1789年。亚当·斯密在去世前将自己的手稿全数销毁，于1790年7月17日与世长辞，享年67岁。

亚当·斯密并不是经济学说的最早开拓者，他最著名的思想中有许多也并非新颖独特，但是他首次提出了全面系统的经济学说，为该领域的发展打下了良好的基础。因此完全可以说《国富论》是现代政治经济学研究的起点。亚当·斯密的经济思想体系结构严密，论证有力。亚当·斯密的接班人，包括托马斯·马尔萨斯和大卫·李嘉图等著名的经济学家对亚当·斯密的体系进行了精心的充实和修正（没有改变基本纲要），在今天被称为古典经济学体系。

资料来源：百度百科，2011年7月16日。

四、作为交换的营销

17世纪至18世纪的思想革命也刺激了当时的科学研究，引发了学者们对传统理论所基于假设的怀疑和检验。怀特利大主教（Archbishop Whately）在1831年提出人类的交换行为而不是交换的东西，应该成为研究的主题，并提出"政治经济学"这个术语应该被"交易学"（意为交换的科学）所取代。对于人类行为的关注导致这样一个结论，即价值并非是商品的一个属性，而是主观的。

在营销的历史上存在着这样一个古老的悖论，即如果交换是公平的，那么它一定是一个零和游戏，一方的获得要以另一方的损失为代价。虽然经院学者曾经尝试过解决这个悖论，但是零和观点依然存在。例如，法国著名思想家蒙田（Michel de Montaigne）在1588年论述道："除了以他人的损失为代价之外，没有利润能够获得……商人只能从年轻人的奢侈浪费中获益。"

威廉·N. 汉考克（William N. Hancock）在1851年指出了零和误解的损害效应。经济福利的损失产生于"那种认为在一个交换中任何一方的获得是另一方的损失的普遍观念"。信奉在一次交易中必有一方会损失的卖家，会在每一次交易中尽可能地从顾客那里获取多的利益。然而,"真实的经济原理是,在每一个明智和公平的交换中,参与双方都获益。因此,不管他们可能显得有多么的对立,从长远来看,卖家和买家的利益是一致的"。

早在18世纪孔狄亚克(Condillac)就提出一次交换交易本身就增加价值,但是直到19世纪这一论断才成为经济分析的一个显著的组成部分。蒙提佛特·朗费尔德(Montifort Longfield)在1835年指出交换行为本身提高了经济福利:"在每一个交换中,交换者获得了一件相同价值的物品,这件物品相对于他所交换的物品对他而言具有更高的效用,在大多数情况下,他交换的物品对他而言毫无用处。"威廉·斯坦利·杰文斯(William Stanley Jevons)在1871年也认为,"支付一个高价格的人对他所购买的东西具有高的需要,或者对他支付的东西具有低的需要;不管在哪一种情况下,交换都能获益"。这种对于交换行为的强调,不仅明晰了营销对经济福利做出贡献的方式,也对市场行为进行了深入的分析。行动者变成了全部的个体,不再局限于代理商。

第三节 营销视角的整合

古希腊的苏格拉底派哲学家和中世纪的经院学者主要是从宏观视角来探讨营销和市场机制对于人们生活以及社会的影响,中世纪后期欧洲的重商主义学者则关心营销在国家目标实现中的作用,到了17、18世纪欧洲思想革命之后,学者们对于营销和市场思考的视角开始转向微观,研究市场机制中个体消费者和市场交换的作用。而到了19世纪末和20世纪初,奥地利经济学派开始尝试整合宏观视角和微观视角,将营销作为一个系统来进行思考。

一、奥地利经济学派的整合尝试

奥地利经济学派是近代西方经济学边际效用学派中最主要的一个学派。它产生于19世纪70年代,流行于19世纪末20世纪初。奥地利经济学派经济学家的终极目标是理解国家经济是如何由个体决策发展而来。卡尔·门格尔(Carl Menger)是奥地利经济学派的创始人,他指出为了终极目标,需要对复杂的经济现象是如何从构成他们的元素中发展而来的方式进行研究。

奥地利经济学派将追求满意最大化的理性消费者作为分析的起始点。对于理性消费者而言,满意是可以排序的,由于满意的方法涉及未来,因而必然具有不确定性。一件商品的价值在于它对于最终消费者的满意的贡献。个体行为发生在家庭和其他群体之中,因而在群体间发生变化。家庭成员之间的互动不同于如市场契约这样的外部互动。市场契约订立双方之间的互相联系形成国家经济。因为他们共同形成了一个永不终止的链条，他们中的每一对都通过契约双方中的一方与前面一组和后续一组相互连接起来。经济通过社会机制来协调，比如市场。

然而，社会组织并不是自发产生的。尽管个体行为驱动了经济，普通的个人不太可能引发改变。在一个人的行为中，只有一部分是有意识地考虑之后的行为。奥地利经济学派认为人是他所处时代和环境，他的国家、他的社会阶层和他的职业的产物，需要、冲动、自我主义都受到社会权力的主导，从根本上讲，每个人所要求的都是他所在圈子的生活标准所推动他需求的东西。因此，变革的产生需要有领导者，企业家就是这样的领导者。中间市场就是当一些明智的人发现他们应该在交易中引入第三方的时候出现的。随着他们从中获益，越来越多的人开始使用这一过程。随着经济发展的进行，专业化开始增加，因此商品常常需要通过或多或少的中间商所构成的复杂路径进行流通。

随着个体习惯性的借碰面来交换商品和服务的普及，市场机制逐渐演化产生。尽管每一个特定的市场交易都是一个个体选择的问题，但是每一个参与方都受到其他市场参与方行为的影响。因此，市场机制并不是由有意识的深思熟虑的行动中产生，而是由个体决策的非计划中的结果。奥地利经济学派指出："这些领导者不管是在刚开始或是在后来，在他们的头脑从来就没有一个社会机制的概念。他们所追求的都局限于非常小的，更近期的目标。大量的这些的实践所形成的巨大影响将最终的结果扩展的远远超过他们的预期"。

二、效用概念的提出

奥地利经济学派的卡尔·门格尔被认为是第一个对营销职能和营销机构进行全面阐述的学者。门格尔的基本假设是：如果认为对满足人类需要做出贡献的任何人和任何机构都是有效益的，那么显然在大多数情况下，营销机构都是价值和财富的创造者。门格尔在1871年发表的《经济学原理》一书中指出，市场将人、数量、地点和时间段连接在一起，从而创造出占有、形式、地点和时间效用。门格尔也意识到，一件事情能否具有效用，只有在这个事情的所有组成部分共同产生一个总效用的情况下才能实现。门格尔的这一见解在20世纪中叶被著名的营销学者奥德逊重新提出。

在奥地利经济学派的效用理论基础上，美国的制度经济学家约翰·贝茨·克拉克（John Bates Clark）于1886年首次将效用类型明确地分解为四种，即基本效用、形式效用、地点效用和时间效用。基本效用指的是产出过程，如农业和采矿；而形式效用则与加工过程相联系，即生产者将原材料加工制造成各种不同样式产品所创造的效用。克拉克把商人的大批量进行采购、零散出售给消费者的行为也看作是一种生产者的形式效用。这种大批量采购、零散出售产生效用的观点在一个世纪后，演变为菲利普·科特勒教材中的"数量效用"的概念。

效用概念在营销学的发展过程中具有十分重要的地位。首先，效用概念的提出将营销活动与农业和制造业活动区别开来，农业和制造业活动主要创造形式效用，而营销活动则主要产生时间、地点和占有效用。其次，由于营销活动和其他经济活动一样，能够产生效用和创造价值，因而营销在本质上是具有效益的。效用概念为营销活动的合理性提供了理论基础，在营销学的发展史上具有极其重要的意义。

小百科

奥地利经济学派

奥地利经济学派起源于维也纳，而学派的名称则起源于奥地利经济学家与德国的经济历史学派的辩论，在辩论中奥地利人主张古典经济学着重于逻辑高于观察，而德国人则嘲笑他们为"奥地利经济学派"以突显他们远离了德国的主流思想，并且也是嘲笑他们的思想仅属于地区省份的层次（当时普鲁士统一了除了奥地利之外的德语地区，成立了德意志帝国，所以视奥地利为一个分离的地区省份）。

一般认为，奥地利经济学派的形成始于1871年卡尔·门格尔《经济学原理》的发表。当时还是个公务员的门格尔也因此书而成为维也纳大学的一名青年教师（见图2-3）。两位更年轻的经济学家，欧根·冯·庞巴维克（Eugenvon Böhm-Bawerk）和弗里德里克·冯·维塞尔（Friedrich von Wieser）虽非门格尔的学生，却成为门格尔这本成名之作新观点的热情支持者。在19世纪80年代，由于这两位追随者和门格尔一些学生不遗余力的写作，特别

图2-3　卡尔·门格尔

是由于门格尔本人发表了一本有关方法论的著作，门格尔及其追随者的观点引起了国际经济学界的重视。至此，奥地利经济学派成为一个公认的实体。

奥地利经济学派反对德国历史学派否定抽象演绎的方法，以及否定理论经济学和一般规律的错误态度，也反对英国古典学派及其庸俗追随者的价值论和分配论，特别是反对李嘉图的劳动价值论。它认为社会是个人的集合，个人的经济活动是国民经济的缩影。通过对个人经济活动的演绎、推理就足以说明错综复杂的现实经济现象。奥地利经济学派把社会现实关系中的"经济人"，抽象还原为追求消费欲望之满足的孤立个人；把政治经济学的研究对象从人与人之间的生产关系，改变为研究人与物的关系，研究消费者对消费品的主观评价，把政治经济学变成主观主义的个人消费心理学。

奥地利经济学派的代表著作有门格尔的《国民经济学原理》（1871），维塞尔的《自然价值》（1889），庞巴维克《资本与资本利息》中的第一卷《资本利息理论的历史和批判》（1884）、第二卷《资本实证论》（1889）。此外，庞巴维克的《马克思体系的终结》（1896）也有较大的社会影响。

资料来源：百度百科，2011年7月16日。

三、德国历史学派的营销研究方法论

在19世纪,许多追求更高级教育的美国学生被德国所吸引,据统计,在1820—1920年,有大约10 000名美国学生前往德国留学。这种学术迁移给人印象非常深刻,不仅表现在绝对数量上,而且也体现在美国学生在其他欧洲大学中的人数。美国的大学强调一致性和纪律,通过授课—背诵方法进行教学。而相反,德国的大学属于研究性院校,他们营造了一种学术自由和师生平等的氛围。在19世纪80年代或者更早些,德国学习经济学的学生会经常到各种各样的工业企业调研,通过第一手的资料来研究经济中的机构力量。在德国的学术氛围影响下,美国的学生培养出了一种类似于工匠对技术专业性的关注,对精确的无限追求和对应用知识与技巧于社会事务上的热心。

在19世纪后半期,一种历史主义的后来被称为历史学派的科学范式开始主导德国的社会科学研究。经济学中的历史学派是在19世纪中期作为对古典经济思想的反思而产生的。在那一时期伴随着德国经济的飞速成长,出现了诸如摆脱贫穷、产业振兴、金融发展等问题,历史学派的创立者们对古典经济学在解决这些问题上的无能为力深感不满。历史学派认为,要想解决现实经济问题,就必须创建一种独特而持久的教学体系,实行教学与研究并重。历史学派的独特之处在于其注重历史统计的方法论,强调实用主义和创新的发展理念,而不拘泥于现有的经济理论。

19世纪70年代,一批在德国受过学术训练的经济学家开始陆续返回美国,其中的代表学者有J. B. 克拉克(J. B. Clark)、E. R. A. 塞利格曼(E. R. A. Seligman)、S. N. 派腾(S. N. Patten)、F. W. 陶西格(F. W. Taussig)、埃德温·弗朗西斯·盖伊(Edwin Francis Gay)和理查德·T. 埃利(Richard T. Ely)等。1885年,理查德·T. 埃利领导一群在德国受过学术训练的经济学家创建了美国经济学会。埃利曾这样说过,美国经济学会的建立既代表着对自由放任经济学体系的反抗,也代表着对历史的统计研究的重视和强调。

19世纪末和20世纪初,正值美国经济社会处于大发展大变革之际,市场规模迅速扩大,生产能力不断增强,供求形势急剧变化,传统经济理论已经无法解决日益突出的营销问题。这些受德国历史学派影响的学者和他们所培养的学生,作为营销学的先驱,运用德国历史学派历史的统计的方法论来研究美国市场上涌现出来的营销问题,理所当然地就使得早期营销学打上了历史学派的烙印。

小百科

德国历史学派

德国历史学派是19世纪40年代至20世纪初期在德国出现的庸俗经济学流派。它强调经济发展的历史性和国民经济的有机体现,代表德国产业资本的利益,对抗英国古典政治经济学。

德国历史学派的先驱为F. 李斯特。此后,W. 罗雪尔将以萨维尼(F. K. von,1779—

1861）为代表的法学研究中的历史方法，应用到经济学方面，奠定了这一学派的基础。继之有B. 希尔德布兰德（1812—1878）和K. G. A. 克尼斯（1821—1898），形成了旧历史学派。1870年后，由于工人运动和各种社会问题的出现，在旧历史学派传统的基础上，形成了以施穆勒为首的新历史学派，其主要代表人物有L. 布伦塔诺（1844—1931）和A. 瓦格纳（1835—1917）。20世纪初期从内部批判历史学派，并促使历史学派的解体的主要人物有M. 韦贝尔（1864—1920）和W. 桑巴特。

19世纪前半叶，英国完成了产业革命，获得了世界工厂的地位。亚当·斯密的自由主义经济学说代表了英国产业资本的利益，而德国还处在封建割据的农业国阶段，为了发展德国本国的工业，对来自英国的工业品，必须采取保护贸易政策，并在意识形态上对抗英国的亚当·斯密理论。李斯特在《政治经济学的国民体系》（1841）一书中指责英国古典经济学不强调经济生活中国民有机体的重要，是"世界主义"和"个人主义"的经济学。他的国民经济学则强调经济生活中的国民性和历史发展阶段的特征。他反对古典学派的抽象、演绎的自然主义的方法，而主张运用从历史实际情况出发的具体的实证的历史主义的方法。在经济理论方面，李斯特提出发展国民生产力的理论，批判斯密的单纯"交换价值"的理论。在经济政策上则主张采取国民主义和保护主义的贸易政策。李斯特的这种历史主义的经济发展阶段论，形成了德国历史学派的传统和基本特征。

资料来源：MBA智库百科，2011年7月16日。

营销思想在西方国家的萌生是和这些国家的创新能力密不可分的。习近平同志曾精辟地分析说："16世纪以来，人类社会进入前所未有的创新活跃期，几百年里，人类在科学技术方面取得的创新成果超过过去几千年的总和。特别是18世纪以来，世界发生了几次重大科技革命，如近代物理学诞生、蒸汽机和机械、电力和运输、相对论和量子论、电子和信息技术发展等。在此带动下，世界经济发生多次产业革命，如机械化、电气化、自动化、信息化。每一次科技和产业革命都深刻改变了世界发展面貌和格局。一些国家抓住了机遇，经济社会发展驶入快车道，经济实力、科技实力、军事实力迅速增强，甚至一跃成为世界强国。发端于英国的第一次产业革命，使英国走上了世界霸主地位；美国抓住了第二次产业革命机遇，赶超英国成为世界第一。从第二次产业革命以来，美国就占据世界第一的位置，这是因为美国在科技和产业革命中都是领航者和最大获利者。"①习近平同志的重要论述对于我们深刻理解营销学科为何在美国肇端、正确认识创新和营销存在着何种关系指明了方向，对于中国营销理论工作者增强自主创新意识，推进营销理论创新具有十分重要的指导意义。

---

① 习近平.在省部级主要领导干部学习贯彻党的十八届五中全会精神专题研讨班上的讲话（2016年1月18日）.人民日报，2016-05-10.

第四节　中国营销思想的萌芽

习近平同志指出:"中华文明历史悠久,从先秦子学、两汉经学、魏晋玄学,到隋唐佛学、儒释道合流、宋明理学,经历了数个学术思想繁荣时期。在漫漫历史长河中,中华民族产生了儒、释、道、墨、名、法、阴阳、农、杂、兵等各家学说,涌现了老子、孔子、庄子、孟子、荀子、韩非子、董仲舒、王充、何晏、王弼、韩愈、周敦颐、程颢、程颐、朱熹、陆九渊、王守仁、李贽、黄宗羲、顾炎武、王夫之、康有为、梁启超、孙中山、鲁迅等一大批思想大家,留下了浩如烟海的文化遗产。中国古代大量鸿篇巨制中包含着丰富的哲学社会科学内容、治国理政智慧,为古人认识世界、改造世界提供了重要依据,也为中华文明提供了重要内容,为人类文明做出了重大贡献。"[1] 作为四大文明古国之一,中国很早就有了进行商品交易的市场,而作为致力于在市场中促进交易实现的营销活动在中国的历史上也源远流长。在中国古代,人们已经感受到了营销对其需要和欲望满足的重要性,交换使人们各得其所,尽管此时的营销思想尚处于萌芽阶段,尚未被人们所普遍重视。

---

[1] 习近平.在哲学社会科学工作座谈会上的讲话（2016年5月17日）.人民日报,2016-05-18.

一、先秦典籍中的营销思想

从《周易》《尚书》《诗经》《春秋三传》等古老典籍中,可以整理、挖掘出我国有成文史以来流传于社会中的许多基本的营销思想和原则,如天地乾坤、吉凶祸福、天道人道、阴阳五行、理财聚人等概念。传说中的神农氏时,"日中为市,致天下之民,聚天下之货,交易而退,各得其所"。此时所谓"天下"只能以日中为市,在数小时之内便能完成交易,各人满意而去,可见其"天下"之小。

西周时期,周文王遇到大荒旱,曾通过改善营销环境、促进市场交换来解决困难。他在《告四方游旅》中宣称,要给四方游商在交通上以便利,如认为这里的货币轻,可以另发重币；货物随到随卖,不耽误,早晚均可进行贸易等。固定设在王城中的市,每日三次。朝市在早上进行,以商贾间的买卖为主；大市在日中进行,以一般消费者为主；夕市在傍晚进行,以贩夫贩妇为主。此外,西周在满足市场需求方面还有一些基本原则,即"凡治市之货贿六畜珍异,亡者使有,利者使阜,害者使之,靡者使微"。若干重要商品,没有的要使其有,有利的要使其推广,有害的要加以排除,奢侈的要使其减少。对于不同类型的商品,采取不同的营销对策,如"五谷不时,果实未熟,不鬻于市；木不中伐,不鬻于市；禽兽鱼鳖不中杀,不鬻于市"。这些原则尽管有其阶级虚伪性,代表着封建领主阶级的利益,但就这些营销思想的自然属性而言,与当代世界著名营销权威菲利普·科特勒提出的"适应不同需求情况采取不同营销对策"的学说有异曲同工之妙。

另外,《诗经》和《周易》中的某些论述,对于我们研究古代营销思想也具有重要意义。例如,《诗经·卫风·氓》曾有这样的描述:"氓之蚩蚩,抱布贸丝;匪来贸丝,来即我谋。"就是说,青年人以从事商品交换为由,来交换场所会见心上人。在推销产品的同时,还推销自我。这一方面说明交换与人们的日常生活有着密切联系;另一方面也说明当时的人们已有了广义营销的初步认识。

《周易》则探究了天道与人道的关系,是概括天理与人道结合的"天人合一"的哲学,即"天人之学"。纵观历史,春秋、战国时代的儒、道、墨等诸子百家以及唐、宋以后儒、道、佛各家的学术思想,无不源于《周易》的"天人合一"、天人同德思想(即人与自然相亲相爱,万物皆有情)。这一思想对当今学术思想及管理科学的发展仍有着重要的影响。进入20世纪90年代以来,日益为世人所重视的"绿色营销"观念与《周易》的"天人合一"思想可以说是一脉相承的。

小百科

《诗经》与《周易》

《诗经》是中国第一部诗歌总集,收入自西周初年至春秋中叶五百多年的诗歌311篇。先秦称为《诗》,或取其整数称《诗三百》。西汉时被尊为儒家经典,始称《诗经》,并沿用至今。《诗经》按用途和音乐可分"风、雅、颂"三部分,其中的风是指各地方的民间歌谣,其中的雅大部分是贵族的宫廷正乐,其中的颂是周天子和诸侯用以祭祀宗庙的舞乐。《诗经》的主要表现手法是赋、比、兴。其中直陈其事叫赋;譬喻叫比;先言他物以引起所咏之物叫兴。

作为中国文学的主要源头之一,《诗经》一直受到历代中国读书人的尊崇,经历两千多年已成为一种文化基因,融入华夏文明的血液。《诗经》对中国两千年来的文学发展产生了深广的影响,同时也是很有文学和史料价值的古代史料。

《周易》是一部古老而又灿烂的文化瑰宝,古人用它来预测未来、决策国家大事、反映当前现象,上测天,下测地,中测人事。《周易》认为世界万物是发展变化的,其变化的基本要素是阴和阳,《周易·系辞》中说:"一阴一阳之谓道。"世界上千姿百态的万物和万物的千变万化都是阴阳相互作用的结果。《周易》研究的对象是天、地、人三才,而以人为根本。三才又各具阴阳,所以《周易》六爻而成六十四卦。正如《说卦》:"立天之道曰阴与阳,立地之道曰柔与刚,立人之道曰仁与义。兼三才而两之,故《易》六画而成卦。分阴分阳,迭用刚柔,故《易》六位而成章。"

《周易》堪称中国文化的源头。它的内容极其丰富,对中国几千年来的政治、经济、文化等各个领域都产生了极其深刻的影响。无论孔孟之道,老庄学说,还是《孙子兵法》,抑或是《黄帝内经》《神龙易学》,无不和《易经》有着密切的联系。一代大医孙思邈曾经说过:"不知易便不足以言知医"。

资料来源:百度百科,2011年7月16日。

二、儒家的义利观与诚信为本

在中国的营销实践中,义利之辩,古已有之。孔子曾说过:"义者宜也。"宜即合理之意,人的行为必须合理,要有"义的自觉""君子以义为上"。义和仁、礼、智合起来被儒家视为人的"四端"(端是为人的起点)。孟子也称:"义,人之正路也。"做人要讲义,而营销活动具有牟利性,这就是义利之争在市场营销活动上的具体化。如何对待义与利之间的矛盾,儒家的态度是:"见利思义""见得思义""义然后取""义,利之本也;利,义之和也",把义放在首位,义为利的前提。

孔子还有一句至理名言:"己所不欲,勿施于人。"这条准则对于现代市场营销思想的发展仍具有重要意义。经济利益的互补性和互存性,决定了人们必须为他人的利益着想。用现代市场营销理论的说法,就是通过满足目标市场的需要和欲望,来取得利润收入,求得企业的生存与发展。谈到欲望问题,孔子的高徒子产曾有过精辟的阐述。他说:"无欲实难,如果人们皆得其欲,便可以从其事而要其成。"(《左传·襄公》)

儒家在强调义利观的同时也很强调"信"。孔子认为,活政必须有"足食、足兵、民信"三条,在不得已的情况下可以去掉"兵"和"食",但"信"必须坚持。"自古皆有死,民无信不立。"荀子提出"诚为政本"的观点:"君子养心莫善于养诚,致诚则无它事矣。""不诚……民犹若未从也,虽从必疑……不诚则不能化万民,不诚是疏……不诚则卑。夫诚者,君子之所守,而政事之本也。"(《荀子·王制篇》)诚信才能取得人民的"从"即拥护,去建功立业,并且可以"化万民"而建立和谐的治理秩序。诚信不仅是立国为政之本,也是一切事业的治理通则。

三、"待乏"学说满足未来市场需求

范蠡是春秋时期越王勾践的重要谋士,在越国灭吴的过程中起到了重要作用。此外,范蠡还是位著名的大商人,他的经济思想在我国历史上占有十分重要的地位。其中,他所提出的经济循环理论可以被看作是现代市场营销理论中市场预测学说的雏形。他认为,自然气候的好坏一定会影响到农业劳动生产率,谷物的收获量就会有多有少,因此,谷物价格必然会随天时的变化而涨落。所以"八谷亦一贱一贵,极而复反"。(《越绝书·枕中第十六》)要想取得市场营销的成功,就必须顺应自然规律,根据自然规律掌握商情的变动。

他还提出著名的"待乏"学说,即所谓"水则资车,旱则资舟"(《史记·货殖列传》)。也就是说,市场营销的产品,不仅要考虑到满足目前的市场需要,更重要的,应从市场需求的未来发展趋势出发,制定营销计划,安排适应未来需要的商品供应上市。当水灾盛行时,不必以船作为主要的产品项目,而应预先做车的市场营销计划与方案,因为在水灾结束后，车将成为特别需要或缺乏的商品，其价格必将上涨。天旱时要做好船的市场营销准备工作。夏天要考虑皮毛商品的销售，冬天要准备葛麻商品的销售，都是同一道理。所谓水旱舟车，并不是具体的做法，不过用来说明这一市场营销原则而已。这个原则范蠡在《越绝书·计倪内经第五》中还有比较具体的提法："阴且尽之岁，亟卖六畜、货财，以益收五谷，以应阳之至也。阳且尽之岁，亟发粜，以收田宅、牛马、积敛货财，聚棺木，以应阴之至也。此皆十倍者也。"在这里，范蠡将所有商品分为两大类：一类是五谷，即粮食商品；一类是田宅、牛马等，即非粮食商品。他认为，这两类商品的价格动向是相反的，进而片面地从商品供求关系对市场商品价格的影响出发，认定在丰年五谷收成好、谷价贱时，人民对非粮食商品的需要增多，其价格必然上涨。如年景不好，谷价上升，人民对非粮食商品的需要就会减少，所以，要在适当的时候抛出粮食商品，购进非粮食商品，或抛出后者，购进前者，这便是获利十倍、五倍的秘诀。

范蠡还主张在所存商品价格已贵时，应把它当作粪土一样立即抛售，毫不吝惜；在物价便宜时，将便宜商品当作珠玉一样大胆收购。此即所谓"贵出如粪土，贱取如珠玉"（《史记·货殖列传》）。同时，他还提出要"无敢居贵"，即不主张贪求过分的高价，要从商品周转次数的增多中增加利润收入。

四、《管子》的市场观

《管子》是我国早期出现的一部伟大经济巨著，在现存《管子》76篇中有2/3以上都涉及经济问题；有近1/2是研究经济，这在先秦著作中是绝无仅有的现象。《管子》中的基本经济概念的奠基者是管仲。管仲曾担任齐国的国相，辅佐齐桓公成为春秋霸主。

《管子》一书中提出了许多关于市场的新颖独到的看法，主要包括：

（1）市可以济民乏，应普遍设立。其中提到，"方六里为命曰暴，五暴命之曰部，五部命之曰聚。聚有市，无市则民乏。五聚命之曰某乡"。每一乡都必须设五个市。如无市则不能使人民互通有无，就会感到物资匮乏，供不应求。在此之前，人们理解市的作用是"以有易无"，而《管子》提出"无市则民乏"，从解决人民的物资缺乏问题着眼，这意味着小商品生产有很大的发展。人们卷入交换的范围越广泛，对市场的依赖也就越大，越来越多的生活用品必须从市场取得，这些客观事实是形成"无市则民乏"这一新观点的条件。同时，市的设立必须普遍，才能真正解决物资缺乏问题。

（2）市是决定商品贵贱的场所。《管子》中写道："市者，货之准也。"万物之贵贱，必须通过市场活动才能得到最后的确定。尽管《管子》的作者不懂得商品有自己的价值，交换只不过是价值的实现，但在生产为私有者所掌握的条件下，只有在市场上看到价格的自我波动，商品生产者才知道与有支付能力的需求相比到底什么生产太多、什么生产太少时，所谓"市者，货之准也"这句话才有其道理。

（3）市场可以刺激生产发展。"市者，……可以知多寡，而不能为多寡。"通过市场的动态可以了解哪些商品生产太多，哪些商品数量太少，但市场本身不能生产商品，所以不能直接决定商品数量的多少。然而，市场能够起到刺激生产的作用。"市也者，劝也。劝者所以起。"即市场能起观摩、鼓励的作用，通过市场可以推动本身，即推动生产事业。在这里《管子》实际上是在说明"生产决定交换，交换反作用于生产"这样一个道理。

五、苏轼的营销方式论

苏轼是北宋著名的文学家、诗人和思想家。他曾就订购和赊卖等营销方式做过论述："夫商贾之事，曲折难行。其买也先期而与钱，其卖也后期而取值。多方相济，委曲相通。倍称之息，由此而得。"① 在此之前的思想家甚至那些代表商人阶级观点的思想家范蠡、《管子》作者等都不曾提及私人商业往来中的定购与赊卖等方式，可见宋初的商品经济的发展已达到相当高的水平，所以才在一些思想家头脑中得到反映，而苏轼则是明确提到这一问题的思想家。

关于市场领导者以巨额货币资金在竞争中压倒小商小贩的情况，他也有所论述："譬如千金之家，日出其财以罔市利。而贩夫小民终莫能与之竞者，非智不若，其财少也。是故贩夫小民，虽有桀黠之才，过人之智，而其势不得不抑而入于千金之家者，何则，其所长者不可以与较也。"② 他还提倡批发与零售相辅而行的市场营销方式，指出："且平时大商所苦以盐迟而无人买，小民之病以避远而难得盐。今小商人不出税钱，则所在争来分买；大商既不积滞，则轮流贩卖，收税必多。"③

总而言之，在中国很早就有了营销思想的萌芽，这些思想萌芽是中国源远流长的营销实践活动的反映和总结，这些营销思想对于中国甚至全球的营销实践和理论发展都具有重要的启示意义。诚如习近平同志所说的那样："中华文明绵延数千年，有其独特的价值体系。"④ "博大精深的中华优秀传统文化是我们在世界文化激荡中站稳脚跟的根基。"⑤ "不忘历史才能开辟未来，善于继承才能更好创新。"⑥ "传承中华文化，绝不是简单复古，也不是盲目排外，而是古为今用、洋为中用，辨证取舍、推陈出新，摒弃消极因素，继承积极思想，'以古人之规矩，开自己之生面，实现中华文化的创造性转化和创造性发展。""我们要坚持不忘本来、吸收外来、面向未来。"⑦

---

① 《苏东坡集·奏议集·上皇帝书》.

② 《苏东坡集·应诏集·策断》.

③ 《苏东坡集·应诏集·策别》.

④ 习近平.在北京大学师生座谈会上的讲话（2014年5月4日）.人民日报，2014-05-05.

⑤ 习近平.在纪念孔子诞辰2565周年国际学术研讨会暨国际儒学联合会第五届会员大会开幕会上的讲话（2014年9月24日）.人民日报，2014-09-25.

⑥ 习近平.在文艺工作座谈会上的讲话（2014年10月15日）.人民日报，2014-10-15.

⑦ 习近平.加快构建中国特色哲学社会科学（2016年5月17日）.习近平谈治国理政（第二卷），第339页.北京：外文出版社，2018.

小链接

张良卖剪刀

传说张良（见图2-4）在辅佐汉高祖刘邦成事之前曾做过铁匠，因为他打的剪刀质量都很好，因而刚开始卖剪刀的时候都只要一个价钱。但不少人拿起剪刀比来比去之后又放下了。张良后来琢磨透买剪刀人的心理，便把剪刀分成好剪刀、一般的剪刀和差剪刀。价格当然也应有高、中、低三档。看有钱人来买剪刀，便介绍高价剪刀的好处，对穷人来买剪刀，则卖最便宜的剪刀给他们，对一般人则卖中等价格的剪刀。这样把原本没有差别的剪刀人为地分出好、中、差三等，并分别以高、中、低价格叫卖，剪刀卖得很快。他既卖出了剪刀，又照顾了穷人，很令人钦佩。所以后来人们都传颂"张良卖剪刀，贵贱一种货"。

图2-4　张良像

按现代营销观点分析，张良对其剪刀实行差异化策略，避免了其剪刀的积压，也赚了更多的钱。市场营销讲究针对消费者的需求实行差异化的满足，否则即使产品质量很好，也可能没有销路。

资料来源：《读小故事，学营销》，营销资讯网，2010年9月12日。

本章回顾

营销是与市场密切相关的概念。人们到市场上从事交换，首先要考虑以别人所需换得自己所需，否则便不能实现交换。最早的营销思想可以追溯到古希腊的苏格拉底派哲学家，市场活动引发了他们对于营销的初步思考。中世纪的经院学者则对营销活动的道德问题进行了更深入的探讨。

市场机制在国家政策里扮演了一个重要的角色。詹姆斯·斯图亚特（Sir James Steuart）在1767年提出了一个连接市场机制和社会机制的综合模型。17世纪至18世纪，欧洲大陆思想解放运动中消费者的需求成为关注的焦点。19世纪，作为交换的营销成为研究的主题。

19世纪末和20世纪初，奥地利经济学派开始尝试整合宏观视角和微观视角，将营销作为一个系统来进行思考。

中国很早就有了进行商品交易的市场，中国古代的营销思想处于萌芽阶段，并没有被人们普遍重视。

关键术语

经院学派　重商主义　奥地利经济学派　形式效用　营销道德观　市场机制　交换　效用

即测即评

请扫描二维码，在线测试本章学习效果。

讨论与思考

1. 简述古希腊苏格拉底学派哲学家对于营销的认识。
2. 简述中世纪经院学者关于营销道德的观点。
3. 简述重商主义者有关市场机制对于国家目标贡献的观点。
4. 简述奥地利经济学派对于市场机制的分析。
5. 简述效用概念的提示过程及其在营销学中的意义。
6. 简述先秦典籍中的营销思想。
7. 简述《管子》的市场观。

第三章
营销学科的初创

> 营销是关于企业如何发现、创造和交付价值以满足一定目标市场的需求，同时获取利润的科学和艺术。
>
> ——菲利普·科特勒

本章学习目标

1. 了解营销思想产生和发展的背景
2. 了解营销学科创立与成长的过程

本章知识结构图

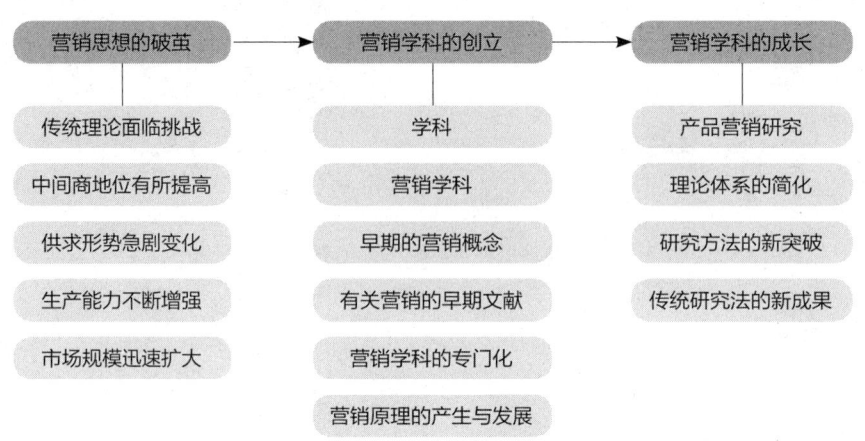

营销学作为一门独立的学科,诞生于20世纪初的美国。营销学为什么会最早诞生于美国,是哪些因素推动了营销学的产生和发展,早期营销学和早期营销思想学派具有哪些特征,本章将对这些方面的内容加以介绍。

第一节 营销思想的破茧

习近平同志指出:"实践没有止境,理论创新也没有止境。"① 无数事实证明,当不断变化的客观条件产生了新问题的时候,新的理论和思想流派就会产生;同时,新技术的发展需要各个方面的专家解决各种新问题。这既包括涉及公共政策的经济问题,也包括生产中的管理问题乃至最终的分配问题,于是便出现了三派经济学家——传统经济学家、管理工程师和营销学家。传统的经济学家一般是从宏观的和政治的角度来考虑市场问题的。例如,亚当·斯密最感兴趣的是如何通过增加英国的商业和贸易来加强其外交和军事力量。李嘉图则主要关注财富的分配,他探讨了竞争经济中制约价格和收入分配的规律。

到了19世纪末,随着工业化的进行,出现了一批新的经济学家,即管理工程师。他们致力于研究如何实现有效的企业经济性,进而建立并发展了著名的"科学管理"理论。企业组织规模的日益增大提出了许多新问题,这些问题只有靠周密的规划与实施才能解决,生产过程、生产方式和生产设备成为直接的研究对象。到了20世纪初,由于功能方面的原因,工程和管理之间逐渐有了差别。

研究科学管理的思想和文献大约出现于19世纪80年代。泰罗等人倡导的科学管理主要探讨了在工厂中提高劳动生产率的问题,提出了工作定额原理、标准化原理和计件工

---

① 习近平.决胜全面建成小康社会 夺取新时代中国特色社会主义伟大胜利.北京:人民出版社,2017.

资制度等。他们认为,要提高劳动生产率,就必须取得雇主和工人两方面的合作。雇主关心的是低成本,工人关心的是高工资。通过科学管理提高了劳动生产率,两者都可以达到自己的目的,这就是雇主和工人双方协调与合作的基础。1911年,泰罗出版了《科学管理原理》一书,美国管理教育也于1910年左右开始,在随后15年时间内,各知名大学相继建立起了这门学科。

但是,无论传统经济学家还是科学管理的领袖们,都没有在20世纪初去关注在当时已变得日益重要的分销问题和市场问题。传统经济学家注重考察具有广泛影响和政治重要性的企业问题;管理工程师则主要考虑企业组织的内部问题,尤其是有关生产过程的问题;分销和市场问题则留给一类新的经济学家(即营销科研工作者和实践工作者)去研究,他们发展了一种称为"营销"的思想体系。第三类经济学家的出现,是以下主要力量共同导致的结果:经济条件的发展变化、理论假设与现实之间分歧的日益扩大、理论研究所要求的新技术的兴起。所有这些因素在20世纪初期都激发了营销思想新体系的产生。而此时的美国开始从自由资本主义向垄断资本主义过渡,社会环境也发生了深刻的变化。工业生产飞速发展,专业化程度日益提高,人口急剧增长,个人收入上升,日益扩大的新市场为创新提供了千载难逢的好机会,人们对市场的态度开始发生变化。所有这些因素都催化着营销思想破茧而出,从而进一步推动了营销思想的理论化和体系化。下面我们就这些因素进行深入分析。

一、市场规模迅速扩大

根据古典经济学家假设,市场的范围是有限的,需求者和供给者彼此互相了解、熟悉,从而导致完全竞争。随着工业革命的出现,上述条件有所减弱,到19世纪末,美国广阔市场的现实条件已与大家普遍接受的经济理论的假设很不相同了。

1865—1875年,美国铁路增加了一倍。1869年,联合太平洋铁路和中央太平洋铁路在犹他州会合,美国第一条横跨大陆的铁路宣告完工。到1900年,已有5条横跨大陆的铁路把太平洋沿岸与密西西比河谷连在一起,铁路总长也由1865年的35 000英里[①]增加到193 000英里。到第一次世界大战,美国铁路总长已达254 000英里,铁路服务几乎遍及每一个城镇。

为开发西部而迅速进行的铁路建设,有力地促进了美国钢铁工业的发展和国内市场规模的扩大。到20世纪初,美国国内市场扩大到了历史上前所未有的程度。1860—1900年,美国的人口已从3 140万增长到了9 190万。19世纪60年代,美国21%的人口住在城市;1900年,这一数字达到41%,1920年则为51%。人均收入从1859年的134美元上升到1899年的185美元和1914年的285美元。

---

① 注:1英里=1.6千米。

小百科

美国历史上的西进运动

19世纪初,美国发生了重大变化。它的国土面积增加了一倍,成千上万的移民跨越阿巴拉契亚山脉涌入新成立的州和准州。这些拓荒者当中有许多人甚至越过美国的西部边界,在得克萨斯、加利福尼亚和其他属于墨西哥的西部领土上定居下来。"西部",以其开阔的土地、肥沃的农田、丰富的矿物和森林资源,总是吸引着冒险家、东部的贫农、失业工人和新移民前往(见图3-1)。所有这些人都勤劳勇敢,向往着更幸福的生活。

图3-1 美国西进运动

到1820年,美国的拓荒者们已经建立了许多边疆居民点,这些居民点向西分布,直到密西西比河。到了19世纪30年代,西进运动已将边疆扩张到了密西西比河对岸,进入艾奥瓦、密苏里、阿肯色和得克萨斯东部。40年代,大批拓荒者长途跋涉越过大平原抵达最远的西部。拓荒者们当中有来自北方和南方的东部人。其他拓荒者许多来自欧洲,他们为追求更好的生活而来。有些人西进是为了宗教信仰自由。这些人当中最著名的要算摩门教信徒,他们于1847年在犹他定居下来。

大多数拓荒者以务农为生。但随着边疆的西移,城市化的生活也在向西扩展。繁华的城镇在西部成长起来。在这些城镇里,教堂、银行、商店、旅店和学校纷纷建立起来。

随着白人的西进,密西西比河以东的印第安人开始了苦难的生活。19世纪30年代,被称为"五大开化部落"的东南部印第安居民,包括切罗基人、奇卡索人、乔克托人、克里克人和塞米诺尔人,在胁迫下离开家园,成群结队迁徙到现在的俄克拉何马。由于大约有4 000人因饥饿、疾病和寒冷死于途中,这次被迫的大迁移被称为"泪水之旅"。

资料来源:郝澎.美国历史重大事件及著名人物.海口:南海出版公司,2007.

市场规模的扩大,意味着买卖双方不再像过去那样相互了解、彼此熟悉了。大家都来自五湖四海,"你不曾见过我,我也不曾见过你"。交易的双方在一起,彼此有隔阂。卖方不知道其商品会有多少同类在市场上露脸,究竟有多少人真正需要,能否卖出去,卖多高的价格才合适,卖出多少才能收回成本。买方对于自己需要的产品谁能提供、价格几何等问题也是无从得知,一筹莫展。最郁闷的还是卖方。扩大的市场给大规模生产带来了机会,同时也引进了新的竞争因素,信息、促销等变得越来越重要。随着市场机会的增加,商人们发现新的竞争者也在不断涌现,因此,他们要求学习新理论、掌握新技能、采取新策略。最重要的是要用崭新的营销思想武装头脑,学会市场调查、市场预测、市场细分、市场选择、市场定位、营销组合、广告促销等理论、方法。

二、生产能力不断增强

（一）工业革命、科技创新促进了生产的高效率

英国的工业革命已对那时的经济理论产生了影响，19世纪末美国的工业化则更进一步推动了思想观念的更新。1860年以前的美国历史上，政府总共只批准了3 600项专利。但从1860年到1890年间，这个数字却是44万。

19世纪末，科学技术的进步，标准产品、零部件和机械工具的发展，食品储存手段的现代化，电灯、自动织机的应用等，促使美国的农业经济迅速向工业经济转化，政府也通过税收优惠等各种方式刺激工业生产。西部的牛、羊牧场为东部消费者和制造商提供了肉食、羊毛和皮革制品，农民种植的农作物在国内和国际市场上销售。

1866年，企业家塞勒斯·W. 菲尔德铺设了通往欧洲的海底电报电缆。后来十年中，亚历山大·格雷厄姆·贝尔发明了首台商用电话。到19世纪90年代，代表贝尔利益的美国电话电报公司在美国各城市安装了近50万台电话。1868年，克里斯多夫·L.肖尔斯发明了打字机。1879年，詹姆斯·里蒂发明了收银机和计算器。1900年，伊士曼柯达公司推出了布朗尼（Brownie）盒式相机。1901年，波士顿河岸的吉列安全剃须刀公司推出了吉列这个品牌。1901年，时年19岁的富兰克林·C. 马斯（Franklin C. Mars）开始推销甜食。1903年，莱特兄弟制成第一架飞机。同年福特汽车公司成立。1904年，查尔斯·罗尔斯（Charles Rolls）和亨利·罗伊斯（Henry Royce）成立了罗尔斯－罗伊斯公司（Rolls-Royce），公司雄心勃勃地提出，要制造"世界上最好的轿车"。1908年，威廉·克拉波·杜兰特（William Crapo Durant）在新泽西州成立了通用汽车公司。同年，福特公司推出了T型车。

（二）买方市场取代了卖方市场

大量商品开始涌入市场，国内市场也由卖方市场转变为买方市场。所谓买方市场是指市场商品供过于求，各生产者为卖出自己的产品相互之间展开激烈竞争，买方居于优势地位的市场形势。所谓卖方市场是指市场商品供不应求，各购买者为买到自己所需要的产品相互之间展开激烈竞争，卖方居于优势地位的市场形势。

到1914年，美国市场商品也日益丰富，所有制成品价值的54%来自食品、纺织、钢铁和木材业。原先以家庭为单位的作坊式生产日益向工厂生产转化，大量的资本被投入扩大再生产。工业扩张所需的资本也更容易地获得，个人储蓄、商业储蓄及外国投资都纷纷热衷于投资制造业，支持工业生产。不仅如此，政府还通过分散木场和矿场的方法刺激、鼓励工业发展。政府免费提供工厂场地、弱化企业管制、使用累计退税制、政治家们代表大企业或企业家参政等方式，也有力地促进了工业发展，加剧了市场商品供过于求的局势。买方市场由此形成。

小百科

福特与T型车

福特成长于家庭农场,他喜欢任何机械玩意儿。他曾在大底特律电器设施公司工作,最后成了该公司的总工程师。福特的第一辆车诞生于1896年,这是一辆不实用但别具一格的轻型车。他的第一家公司开办于1899年,后来失败了。第二家公司后来也不知去向。1903年,他做了第三次尝试,这次公司的名字是福特汽车公司,总投资28 000美元。

福特为人固执,但就其职业而言,固执使其受益匪浅。在另一方面,他富有远见地指出汽车成功的关键因素在于制造技术,虽然对于合理设计的考虑应该优先于有关低成本制造的考虑。福特大力宣传大规模生产的观点。早在1903年(当时汽车还处于以非常小的批量生产的阶段),福特就提出:"制造汽车的方法是使一辆汽车和另一辆汽车相似,使所有生产出来的汽车都相似——就像从大头针工厂出来的大头针没有差别,从火柴厂出来的所有火柴都相似一样。"

在1908年推出的T型车(见图3-2),代表了典型的标准化产品。它极其简洁——小、轻、结实,包含了最少的活动部件。与今天复杂的汽车相反,几乎所有人,甚至那些对于技术活儿只有一知半解的人也能修理T型车。但T型车远比市场上同一价格水平的商品要来得牢固耐用和可靠。在福特最终满意之后,他将公司所有的资源都集中到这种车型

图3-2　T型车

上。这项决定使得T型车能够经历一个良性循环:产品质量更好,生产数量更大,价格更低。随着价格的下调,T型车的产量加速上升。公司花了七年才达到了累计百万辆的产量,但18个月后就生产了第二个百万辆。

到20世纪20年代,福特汽车公司汽车产量占美国汽车总产量的60%以上,约占世界产量的一半。这种前所未有的规模导致了并依赖于生产过程中的一系列重点变化。最终的成果是在1914年正式实行的移动流水线。1913年10月,装配一个底盘需要12小时28分钟,而到1914年春天,通过流水线,所需时间缩短到了1小时33分钟。流水线对于大规模机器生产如此重要,以至它称得上是20世纪工业文明的标志。

资料来源:小阿尔弗雷德·D.钱德勒,等.管理的历史与现状.郭斌,译.2版.大连:东北财经大学出版社,2007.

(三)科学管理给市场带来新变化

到20世纪初,美国许多企业都开始实施"科学管理",以便使人类劳动符合机器时代的需求。1913年,贝尔电话公司、杜邦公司、通用电气公司、伊斯曼·柯达公司等50余家制造商每年投资成百上千万美元供自己的工程师和科学家从事科学研究。弗雷德里

克·温斯洛·泰勒鼓励企业家细分工种，改革生产程序，从而提高劳动效率。在技能专家的有效管理下，工人能够通过使用现代机械以更快的速度从事单项劳动，因而大大提高生产效能。

生产者越来越试图依其生产能力和计划而调节市场。生产者不再只是为一个局部的当地市场服务，而是为众多的充满了各种不确定性的外地甚至外国市场服务。以往的交易大多是建立在非常熟悉的当地市场上从事购买活动，买主有一种自信感和安全感。然而，随着市场规模的扩展，这一切都被削弱或不复存在了。城市将不同种族、不同民族、不同阶层的人们聚集在一起，既有从新工业时代中诞生的巨富之家，又有以移民为主体的广大工人阶层。所有人共同居住在人口密集、种族差别显著的居民社区内，加剧了买卖双方的陌生感。

（四）中间商崛起影响了消费者行为

随着生产的发展，大量新产品涌入市场，在生产者与消费者之间又介入了中间商，连锁店、邮购店和百花公司发展迅速。F. W. 伍尔沃斯于1879年在纽约尤蒂卡开张了第一家"五分十分店"，继而发展成为全国范围的纺织品连锁店。1887年创建于芝加哥的西尔斯·罗巴克公司，其邮购生意十分红火。该公司每年发行大量的商品目录，为其邮购产品打下了广阔的市场，将时尚新潮和家庭装饰带给了偏远地区的人民，还为他们带去了新的家庭工具、家庭机械和科学技术。大城市百货公司在美国的出现，改变了人们的消费行为，将购物转变成了一种诱人的享受。尤其是新商场的布置别具匠心，给人以奢华高雅的感受。其中还有餐厅、茶馆和舒适的休息间，显示出购物既是满足需求，同时也是一种社交活动。

随着工人工资的增加，整个社会阶层的消费需求也在与日俱增。19世纪末的几十年是一个突飞猛进的时期，其明显成果是巨富的出现，从整个社会看则是中产阶级的发展和繁荣。职员、会计、中层管理等白领阶层的工资1890—1910年平均增加了1/3。医生、律师及其他专业人士不仅社会地位大有改观，而且工资收入也在大幅增长。成衣的出现是这一时期消费水平提高的明显标志。19世纪初，大多数美国人都是自己做衣服，通常从商店买布，有的甚至自己织布，比较有钱的人找私人裁缝做衣服。但缝纫机的发明和内战军装需求对服装业的刺激，造就了庞大的成衣工业。世纪之交，几乎所有的美国人都到商店购置衣服。与此同时，市场上还出现了各种广告宣传、打折降价、免费赠品等促销活动。所有这些，都使得消费者有些困惑不解，他们盼望能有一门新的学科或理论来对此做出解释，以更有效地指导其生活实践。

三、供求形势急剧变化

长期以来，经济学界一个重要的论断就是"生产是基础"，生产所创造的价值在创造价值的生产要素之间分配，每人拿到的份额就成为市场上的需求。从社会某一静态的市场条件看，上述假设可能是正确的，但是对19世纪末20世纪初的美国市场而言，它并不是静态的。消费信用的广为使用推动了需求的增长、教育水平的提高以及通信事业的迅速发展，产生了一个不同于早期理论家们所描述的市场，一个需要重新分析的市场。1870—1910年，美国日报发行量增加了近9倍，从不足300万份增加到2 400万份，比人口增加比例要高出3倍。报纸本身开始成为一种必不可少的商业企业，在活跃市场、传播信息、刺激需求等方面发挥着日益重要的作用。

过去人们所进行的交易一直依赖于买者和卖者的相互理解和信任，当卖者规模小、具有地方性、了解市场时，买者的安全感很强，买者的安全感随着市场扩大而日益减弱。19世纪，随着讨价还价力量的减弱，买者的不安全感大为增强，从而阻碍了交易的顺利进行。因此，经济思想的另一基本假设无效了，而且，新产品的大量导入，市场上新的促销媒介的使用，都给消费者带来了众多的难题，迫切需要营销学者帮助解决。

四、中间商地位有所提高

在古典经济学发展的鼎盛时期，介于生产者和消费者之间的中间商对于当时的经济并没有多大意义。从个体角度看，它们是必要的，但从总体角度看，它们并不构成所谓的"分销系统"，而只是被动地为生产者服务，既不是市场的开拓者，又不是对于产品有序地流向市场所必需的仓储环节。当经济学家们分析生产要素、价值创造、定价政策时，并没有把中间商当作典型的企业组织。谈起企业家，人们往往指的是从事生产、制造的企业管理者，很少有人把商店看作是企业，商店的经营管理者也不被看作是企业家。

到了20世纪，中间商的作用和社会地位开始有所变化。在这个时期，直接出售家庭手工业品和农产品的现象逐渐减少，而通过正规的专门化分销渠道买卖商品的趋势日益明显。中间商执行了它们以往没有执行的职能，数量增加了，相互之间有了分工，在百货商店、邮购商店、连锁店等各类中间商组织中，出现了许多与知名制造商同样优秀的中间商。在20世纪初期，它们变得更为多样化，而且还代表了商业活动中的一个独特类型。新的分销体制向有关价值创造的传统理论提出了挑战，人们要求建立一个新的价值理论，承认包括采购、储存、运输、销售等在内的分销服务也参与了价值创造。

对于价格和定价行为的阐释也必须根据客观形势的变化进行理论上的创新。价格由生产要素成本构成这一概念已不足以解释分销系统中的定价和价格管理，价格已不仅仅是生产要素成本的总和。决定产品定价高低的不仅仅是供求形势。分销组织将价格作为实现其目标的手段，既可以用低价扩大销售，也可以用高价提高利润，还可以按消费者心理制定价格。

分销系统的发展与大型生产组织的兴起并驾齐驱，从而产生了专门的企业管理者阶层。庞大生产企业的管理一开始掌握在那些公司的创建人手里，他们中有希尔（J. J.

Hill)、哈里曼（E. H. Harriman）、古尔德（J. Gould）、万德比特（W. Vanderbilt）、安德鲁·卡内基（Andrew Carnegie）和摩根（J. P. Morgan）等。同样，在分销业中也有一些富有创新精神和管理天才的人，如约翰·华纳梅克（John Wanamaker）、亚当·金宝（Adam Gimble）、克罗格（B. H. Kroger）、理查德·W. 西尔斯（Richard W. Sears）、A. 蒙哥马利·华德（A. Montgomery Ward）等。正如大工厂需要一支专门的企业管理队伍一样，随着分销组织规模的扩大和分工的深化，分销组织也需要管理人员。但是，管理一个工厂与管理一个分销机构所要求的才能是不同的，培养这方面人才所需要的技能、知识和原理在现成的理论教科书中是找不到的。为了促进分销系统的发展和加强分销机构的管理，迫切需要新的理论问世。这就是营销思想和营销理论所要解决的问题。

五、传统理论面临挑战

整个19世纪，企业经营的环境在很大程度上是由企业主决定的。他们信奉个人主义，信奉商业寡头政治，信奉政府干预极小化而政府对企业的支持极大化。企业领导人坚持个人所拥有的权利和财富不能受到任何限制或干涉。他们强调积累规律和竞争规律，毫不理会"商业竞争是极大的浪费"的歪理邪说。当时，人们普遍认为，勤俭和努力工作是值得赞美的，贫穷来自懒惰和无能。这些观念助长了经济自由的思想，经济学家纷纷把希望寄托在市场竞争机制上。

20世纪初出现了一种论调，即完全的自由竞争并不能使社会总体利益达到最佳水平。这一观点引起了社会各界的广泛重视。1901年，西奥多·罗斯福在改革经济、社会和政治弊端的浪潮中当选为美国总统，进步党要求政府控制大型工业集团、金融集团和运输公司，大声疾呼企业兼并应该受到有关法律的制约。在此期间，对私人垄断的反对日益增长。1890年，有14个州出台了反垄断法律条款，13个州颁布了反垄断法。到1900年，这些数字已分别增加到了27个和15个。至此，自由竞争在市场上必然奏效的论断已经落伍过时，而市场上出现的新情况、新矛盾、新问题在现行经济理论中又无法找到现成的答案。

现实生活呼唤着新理论、新思想的诞生。正如习近平同志所说的那样："一种理论的产生，源泉只能是丰富生动的现实生活，动力只能是解决社会矛盾和问题的现实要求。"[①]在解决大量有关分销和市场问题的时代背景下，涌现出了一批新的理论家，那就是营销学家。

---

① 习近平.在党的十九届一中全会上的讲话（2017年10月25日）.求是网，2017-12-31.

小百科

美国的进步主义运动

20世纪之前的若干年美国已有许多人坚信，美国社会高速工业化和都市化发展已带来许多亟待解决的问题，国家急需在混乱中建立秩序，以遏制工业社会最为明显的不平等现象。20世纪初，这种思潮逐渐获得了一个名称：进步主义。

进步主义最初只是一种乐观的理想。进步主义者坚信进步思想，他们相信社会应该不断进步、不断发展，只有进取才是国家的真正未来。但进步主义者同时也坚信，进步和发展不能像19世纪末那样不计后果。市场的"自然法则"，以及符合这些法则的社会自由发展和社会达尔文主义，尚不足以带来发展社会所需的秩序、稳定和正义。人类有目的地干预社会经济发展才是健康良好社会的根本动力。在进步主义运动中，美国总统西奥多·罗斯福扮演了重要角色（见图3-3）。

图3-3　西奥多·罗斯福

进步主义者在干预社会的具体方式上没有统一意见。声势最大的一种动力是"反垄断"，他们担心社会权力过于集中，极力促使限制分化富人特权。这种思想与当初的平民党多有类似，不仅受到工人、农民的欢迎，而且得到了中产阶级的拥护。此外，这种思想赋予国家政府某种权力，使其出面管理或取消全国和州际范围的托拉斯集团。

另一种进步主义思想是坚信社会凝聚的重要：坚信个人而非自治的个体，而是巨大社会关系网中的一员，任何个人利益均依赖于整个社会的繁荣。这种思想导致人们对工业化发展的"牺牲品"的担忧。进步主义者提出的许多思想和从事的多项改革都涉及妇女、儿童、产业工人、外来移民和（一定程度上）非裔美国人。

资料来源：艾伦·布林克利.美国史.邵旭东，译.海口：海南出版社，2009.

　　营销思想最初的产生是自发的，是人们在解决各种市场问题的过程中逐渐形成的。直到20世纪30年代，人们才开始从科学的角度来解释这门学科。营销理论的出现，对美国社会和经济产生了重大影响。它给成千上万的企业高管带来了科学指导，为企业营销计划的制定提供了理论依据，还有力地推动了中间商社会地位的提高。商学院把那些反映了营销新思想的著作用作教科书，并将营销思想理论化，进而使之成为一门独立的学科，即营销学。该学科成为当时商业大学培养方案的核心课程。营销理论还改变了人们对社会、市场和消费的看法，形成了人们新的价值观念和行为准则。

第二节　营销学科的创立

一、学科

　　所谓学科，是指一定科学领域或一门科学的分支。例如，自然科学中的化学、生物学、物理学；社会科学中的管理学、经济学、法学、社会学、营销学等。学科是与知识相联系的一个学术概念，是自然科学、社会科学两大知识系统（也有自然、社会、人文之三分说）内知识子系统的集合概念。也可以说，学科是分化的科学领域，是自然科学、社会科学概念的下位概念。

学科是科学知识体系的分类，不同的学科就是不同的科学知识体系。构成一门独立学科的基本要素主要有：① 研究的对象或研究的领域，即独特的、不可替代的研究对象。② 理论体系，即特有的概念、原理、命题、规律等所构成的严密的逻辑化的知识系统。③ 方法论，即学科知识的生产方式。

学科发展的目标是知识的发现和创新。学科以知识形态的成果服务于社会，一般称之为科研成果，科研成果又可分为科学型和技术型两种。

二、营销学科

由于时代背景的变迁和营销实践的需要，20世纪初营销学这门边缘学科在美国应运而生。那时，除了个别论述营销某一特殊领域的著作出现外，尚不存在论述营销的一般性通用教材。然而，从早期的一些课程目录可以看得出如下论题曾被探讨过：商业组织、分销系统、营销方法、农产品营销、商品分类、销售和广告等。研究发现，这些课程的内容与20世纪50年代中国人民大学开设的合作社组织管理等课程十分相似，即专门论述操作方法，较少理论阐述。在此期间的最后几年，才出现"营销学"这门学科。进入21世纪以来，营销学科已发展成为包括营销原理、营销管理、营销理论、营销科学、营销战略、营销哲学、营销历史、营销工程在内的宏大的课程体系和专业人才培养体系。

三、早期的"营销"概念

在早期的教学和科研中，没有把"营销"分出来，因为"商业""商务"和"分销"已经完全覆盖了它的内涵，随着"分销"研究的不断深入和扩展，人们感到有必要采用一个更准确的术语来概括所研究的领域。于是，在1900—1910年，出现了"营销"这个专业术语。

威斯康星大学的拉尔夫·斯达尔·巴特勒教授，讲述了他使用"营销"这个名词的经过：在考察整个销售领域时，我感到推销员和广告最终解决的是销售问题。在宝洁公司工作的那段经历告诉我，在推销员出发和发布广告之前需要做大量的工作。我找遍了所有这方面的资料，发现这个领域的资料极少。于是，我决定开设这方面的课程。我所做的就是要告诉人们，在推销员和广告之前还有很多事情要做。这些事情可以用一个词概括——"营销方法"。

在早期的"营销"中，其内涵包括"分销"和"贸易"的意思，后来在教科书和出版物中逐渐归一（见表3-1）。

表3-1 早期的营销课程和教科书名称

年份	课程及教科书名称
1902	密歇根大学的选课表中将"营销方法"包含在"美国工业分销和管理"课中
1905	宾夕法尼亚大学开设由W. E. 克鲁希主讲的"产品市场营销课"
1909	匹茨堡大学开设"产品营销"课
1910	威斯康星大学开设"营销方法"课，由拉尔夫·斯达尔·巴特勒主讲。在此之前，他已出过六本有关小册子
1913	威斯康星大学开设"农产品营销"课，由D. H. 韦尔德主讲
1916	韦尔德出版《农产品营销学》一书
1917	巴特勒出版《营销方法》一书

四、有关营销的早期文献

最早的与营销有关的文献当属1901年约翰·富兰克林·克罗威尔（John Franklin Crowell）所写的《产业委员会农产品分销报告》（Report of the Industrial Commission on the Distribution of Farm Products）。该报告阐述了一些关于营销的创新见解。其中，以下两点对于营销理论的发展和营销学科的建立意义重大：

一是描述了农产品从生产者手中进入到消费者的分销体系。农产品不同于制成品，因而其分销系统也明显不同；而且，不同类型农产品，其分销系统也不尽相同。

二是揭示了消费者购买农产品所付出的货币在生产者和分销商之间的比例分配。也就是说，讲清楚了消费者在市场上购买粮食、米面、水果、肉食、海鲜时所支付的价钱，有多少是生产者（农场主、种植者）赚取的，有多少是被批发商、零售商拿走的。由此可以看出生产者和分销商的价值分配以及各自的社会经济地位。

这本著作的重要意义在于：它作为早期营销课程的教材一直使用到1920年。

小链接

约翰·富兰克林·克罗威尔

约翰·富兰克林·克罗威尔（1857—1931）于1887年至1894年担任美国杜克大学（Duke University）前身三一学院（Trinity College）的校长。在这之前，克罗威尔曾先后在耶鲁大学、哥伦比亚大学和柏林大学学习经济学。克罗威尔（见图3-4）最为人所知的是他推动了三一学院迁移到达位于北卡罗莱纳州的达勒姆市，而且他还与约瑟夫·L. 阿姆斯特朗（Joseph L. Armstrong）一道改革了三一学院的课程体系，使其与德国研究性大学的模式相一致。为了达到这一目的，克罗威尔劝说相互之间存在竞争的各学生文学社团将他们的图书汇总到唯一的学校图书馆，他亲自在图书馆将书籍分门别类，花了很多时间在咨询台鼓励适当的研究方式。他也修正了校训中的拉丁语。克罗威尔提高了三一学院访问学者的人数，帮助建立了一些学术性学生出版物，其中之一的文学杂志《档案》(The Archive) 是美国出版时间第二久远的同类杂志。克罗威尔还在1888年到1889年担任了学校足球队的主教练。从三一学院退职之后，克罗威尔成了史密斯学院经济学与社会学系的主任。1917年，克罗威尔从三一学院获得荣誉法学博士学位。

图3-4 约翰·富兰克林·克罗威尔

资料来源：美国杜克大学官网图书馆校史档案，2010年9月15日。

从总体上看，20世纪初的营销理论大多是以生产观念为导向的，其依据仍然是以供给为中心的传统经济学。但是，这些研究毕竟在经济学家所持有的生产观念和营销学家所持有的消费观念之间架起了一座桥梁。在此基础上，营销的许多概念得以明确。学者们借助产品研究法、机构研究法和职能研究法，对营销展开了深入全面的研究。阿奇·肖（Arch W. Shaw）、拉尔夫·斯达尔·巴特勒、韦尔德（Louis D. H. Weld）和切林顿（Paul T. Cherington）对整个营销理论体系的整合做出了主要贡献。

在20世纪一二十年代的美国，经济学得到了迅速发展，工业持续增长，批发业和零售业开始萌发。内燃机的出现使汽车、大型货车、飞机以及许多机械设备的制造变为可能。这一时期，电影不仅为世界平添了娱乐，而且带来了一系列创新的广告媒体。邮购商店发展迅速，连锁商店也开始扩张，薄利多销渐成风气。古董、纪念品、家电、收藏品大量特殊品的出现，对广告和推销提出了挑战。大型企业的发展，突破了传统分销渠道的局限，纷纷将已有的渠道成员进行一体化整合，形成新型的整合渠道系统，包括水平渠道系统、垂直渠道系统和多渠道系统等具体形式。

从学术界看，大量与营销有关的论著陆续问世，所涉及的领域有：

（1）广告学。它是研究广告的历史、理论、策略、制作与经营管理的科学，包括广告史、广告写作、广告策划、广告战略、广告战术、媒体选择、广告心理、广告摄影、广告设计、广告管理、广告道德规范等一系列原理和理论。这一时期的主要作者为切林顿、霍林沃（H. L. Hollingworth）、海斯（H. W. Hess）和霍尔（S. R. Hall）等。

（2）推销学。它是研究顾客心理与推销模式、寻找和识别顾客、约见和接近顾客、推销洽谈、处理顾客异议、成交与跟踪服务、推销人员素质、推销礼仪以及推销管理的科学。推销是指说服和诱导潜在购买者积极购买某种产品和服务，从而满足顾客需求、实现企业营销目标的活动。这一时期的主要作者为马克斯威尔（William Maxwell）、琼斯（J. R. Jones）海斯和道格拉斯（A. W. Douglas）等。

（3）销售管理。它是研究对销售队伍的目标、战略、结构、规模和报酬等进行设计和控制的科学，核心问题是对人员推销的计划、指挥和监督。销售管理的实质是计划、执行及控制企业的销售活动，以便实现企业的销售目标。销售管理的过程大致包括如下步骤：① 制定销售计划及相应的销售策略；② 建立销售组织并对销售人员进行培训；③ 制定销售人员的个人销售指标，将销售计划转化为销售业绩；④ 对销售计划的成效及销售人员的业绩进行评估等。这一时期的主要作者为琼斯、弗莱德里克（J. G. Frederick）和巴特勒等。

（4）信用与收账。它是研究在企业营销活动中如何通过信用评估和分析，制定合理的信用政策，对应收账款进行管理，以及对坏账进行准备和预防的科学。探讨的问题包括：向客户提供商业信用的审批依据，开票、收款、应收账款等实践环节，妥善处理销售折让问题，信用收账如何与销售、营销等部门互动合作，信用收账过程中的客户关系与客户拜访，信用证和其他担保物权的使用，影响信用决策的法律因素，如何处理应收账款客户的破产问题，信用管理工作的职业化等。这一时期的主要作者为海杰蒂、艾廷格（R. P. Ettinger）和高丽伯（D. E. Golieb）等。他们从不同的视角阐明，良好的信用与收账管理有助于企业在瞬息万变的市场竞争中做出正确判断，从而规避营销风险，赢得市场先机。

（5）零售学。它是研究零售战略规划、零售环境分析、市场选择与选址分析、零售财务管理、商品采购、商品定价、广告与促销、客户服务与零星销售、商店布局与设计、零售人力资源管理等问题的科学。涉及零售业态、零售环境、零售战略、商圈与选址决策、零售定位与特色经营、零售组织、商店管理、商店布局与商品陈列、零售商品规划、零售定价、零售采购与配送、零售促销、零售服务、零售绩效评估等具体内容。这一时期的主要作者为尼斯托姆。

值得注意的是，关于零售的界定，不同学者有其不同的理解和界定。例如，迈克尔·莱维（Michael Levy）和巴顿·A.韦茨（Barton A. Weitz）认为，"零售是将产品和劳务出售给消费者，供其个人或家庭使用，从而增加产品和服务的价值的一种商业活动。人们通常认为零售只是在商店中出售产品，其实零售也出售服务，比如汽车旅馆提供的住宿、医生为病人进行的诊治、理发、租赁录像带或是将比萨饼送货上门"。菲利普·科特勒则认为，"所谓零售，是指将货物和服务直接出售给最终消费者的所有活动，这些最终消费者为了个人生活消费而不是商业用途消费。任何从事这种销售的组织，无论是生产者、批发者和零售商都是在从事零售服务"。巴里·伯曼（Barry Berman）和乔尔·R.埃文斯（Joel R. Evans）认为，"零售是指向消费者销售用于个人、家庭或居住区消费所需商品和服务的各种活动。它是分销过程的最后环节"。

在当代中国，零售额是按最终消费者个人为生活消费品及其附带服务和社会集团为非生产性消费品及其附带服务所支付的价格计算的。零售被界定为向最终消费者个人出售生活消费品及其附带服务和向社会集团出售非生产性消费品及其附带服务的行为。零售活动出售的内容包括纯实物和附带服务，对象包括消费者个人和社会集团。其中，社会集团购买的零售额占社会商品零售总额的10%左右。

五、营销学科的专门化

到了20世纪二三十年代，美国的工农业产品产量迅速增加，新产品在零售市场上不断涌现。在政府鼓励下，农业生产合作社如雨后春笋，蓬勃发展。随着对批发商研究的深入，人们更加重视批发商在产品分销中的地位和作用。营销调研水平的提高，预示着营销新纪元的开始。由于人口从农场移入大城市，城市开始膨胀，百货商店迅速发展，零售连锁店通过合并而规模变大。

特别值得一提的是美国零售连锁店的发展。由于连锁商店实行薄利多销的营销政策，加之美国大多数家庭倾向于节省日常生活费用以购买汽车、收音机、电冰箱等新鲜事物，1920—1930年连锁商店以惊人的速度发展。这十年可以称为"伟大的连锁商店时代"。连锁商店主要出售食品、杂货、药品，其次出售建筑材料、汽油、鞋类、衣服、女帽等。总的来讲，各方面都呈现出繁荣景象，消费者组织也开始建立，并对忽视消费者利益的现象提出批评。学术界开始转向探索营销学科的专门化问题，类似营销基础或营销原理的论著也陆续问世。

小百科

沸腾的二十年代

20世纪20年代美国人们的生活节奏似乎被先前大大加快，因而得名"沸腾的二十年代"（Roaring Twenties）。这段时期的其他绰号有"爵士时代"和"金元时代"。第一次世界大战结束后，大批美国人希望忘却欧洲的纷扰，他们只想享受快乐的生活。从许多方面看，这10年标志着美国开始进入现代社会。20年代末，现代生活的特征如汽车、电话、收音机和洗衣机已进入千千万万个美国家庭。

20年代的发展开阔了千千万万美国人的眼界。越来越多的城市居民可以观看电影、戏剧和体育竞赛。妇女扮演的新角色也改变了社会。许多妇女走出家庭，从事职业，开始自认为与男人们地位平等，而不再仅仅是家庭主妇和母亲。

"沸腾的二十年代"是有才华的美国人大批涌现，由于成就卓著而备受赞扬的时代。1927年，查尔斯·A. 林白首创单人驾机不着陆飞跃大西洋的纪录，受到英雄般的欢迎。20年代的运动明星由于他们非凡的技艺而家喻户晓。电影明星的生活成为报纸的头版新闻。许多美国作家和美术家扬名世界。20年代，人们对大工商企业的态度也发生了变化，一度遭到许多人蔑视的工商界领袖如今也由于他们的成就而受到赞扬。

资料来源：郝澎.美国历史重大事件及著名人物.海口：南海出版公司，2007.

营销学科专门化的代表作有：① 凯莱普纳（O. Kleppner）、布鲁斯特（A. J. Brewster）、斯塔奇（Daniel Starch）（见图3-5）、霍齐思（G. B. Hotchkiss）和艾格纽分别出版的《广告学》；② 布利斯克（N. A. Brisco）、罗西尔·托斯达（Russell Tosdal）和艾维·罗西尔（Ivey Russell）编写的《销售管理》；③ 赛里曼（E. R. A. Seligman）编写的《销售中的分期付款》，杨（Young）编写的《工业信用》，斯坦纳（W. H. Steiner）、布利斯克、贝克曼和沙宾（A. F. Chapin）编写的《消费信用》等；④ 纽约大学出版的"零售学系列丛书"，收录了布利斯克、文杰特（J. W. Wingate）、赛夫拉（R. W. Severa）等人的著作；⑤ 贝克曼的批发学著作（1926年）等。总之，在此期间营销理论得到了丰富充实和多样化发展，营销学科体系、课程体系等逐步走向成熟。

图3-5　Daniel Starch（1883—1979）

六、营销原理的产生与发展

（一）营销原理的出现

20世纪20年代，在产品研究法、职能研究法和机构研究法大量采用，营销基础已经确立的环境下，"营销原理"首次以教材的形式出现。它以早期营销理论为基础，将一些分散的概念和有待完善的著作有机结合起来，并充实了大量的新资料。克拉克、肯沃斯、梅纳德、韦德勒和贝克曼成为最早将营销理论加以整合，形成逻辑严密、结构合理、体系完整的理论框架，进而著书立说的专家。此外，对整合营销理论做出贡献的学者还有邓肯、艾维、希巴德、西奥多·麦克林和摩亚里迪（W. D. Moriarity）。

虽然类似广告原理、零售原理和信用原理的论著早有出版，然而保罗·艾维（Paul W. Ivey）却是第一个出版"营销原理"的人。如同当代学者一样，艾维也从职能的角度对这一主题进行论述。他指出，中间商的职能有装货、分类、储存、运输、风险承担、融资和销售等，所有这些职能在一定程度上是商品营销的一般职能。为了绕开批发商和零售商，制造商有时可能会执行除配货外的所有职能。针对这种情况，艾维特别提出这样一个原理："中间商本人可以消失，但是其作用与职能却不能消失。"艾维在探讨营销机构时，分析了不同类型机构的本质特征以及通过改变职能来改变机构特征的趋势。他通过列举由批发商、零售商构成的中间商所执行的职能，来消除社会对批发商的误解，缓解对批发商的批评。当时，在新型营销机构中，人们把注意力越来越多地放在制造商、批发商、发挥批发职能的零售商和处于零售层次的批发商身上。

对营销学思想影响力最大的是保罗·肯沃斯（Paul D. Converse）、弗雷德·克拉克（Fred E. Clark）、哈罗德·梅纳德（Harold H. Maynard）、瓦尔特·韦德勒（Walter C. Weidler）和西奥多·贝克曼（Theodore N. Beckman）等。这些学者在20年代都编写了"营销原理"教材。其著作在此后三四十年的时间内一直对营销理论的发展产生着重要影响。这不仅是由于他们对营销理论结构性的创新，而且还由于他们不断对自己的著作进行修改完善。耐人寻味的是，在其各自的著作中总是存在着某些细节上的差异，但是它们之间的一致性比差异性更为重要。

总的来讲，借助巴特勒、肖、韦尔德、切林顿、艾维等学者的学术影响和勤奋工作，构筑营销理论体系的思路已经形成，而且这个思想体系具有严密的逻辑性、内在的联系性和高度的一致性。这些论著的核心内容涉及产品研究法、职能研究法和机构研究法的内在关联性，阐述了整个营销系统而不是任何一种营销活动的运行规则。

由于作者背景不同，这些论著也具有明显的不同特征。肯沃斯通过社会实践，丰富了自己的理论体系，并将更多的注意力放在农产品营销上。他生长于一个信仰宗教但提倡自由思考的家庭，这对促使他将理想与现实相结合多少有些影响，而且还促使他从自我兴趣、道德意识和政策角度来思考。肯沃斯在他的《营销方法和政策》一书中区别了"中间商职能"和"营销职能"。他认为，营销职能有集中、分类、分级、运输、储存、融资、风险、配货和包装，而中间商职能则因批发商、零售商、代理商的不同其应承担的职能也有所差异。他从历史角度考察了零售业的变化，并对拍卖、合作营销和消费合作社等问题进行了研究。在后来几年里，他运用职能研究法和产品研究法着重研究了工业品和服务的营销。

克拉克在其《营销原理》一书中，将营销定义为促使商品所有权转移物流而进行的各种努力。他特别注重从社会角度考察营销的作用与效率，认为广告具有教育价值，而且有时还是一种比人员推销更便宜的销售方法。他极力倡导消费品标准化，认为连锁店将成为商品销售的有效方法。

正当营销观念和结构得以确立之时，梅纳德、韦德勒和贝克曼出版了《营销原理》，其体系结构更具教学性，目的是提供"适合上课用的营销教材"。该书指出："由于我们比其他作者更富有实践经验，因而可以凭借更多有用的例证来丰富材料。"该书提出的营销分析模式很快为营销学界所接受。

这一时期，人们对营销职能的研究十分重视，其中对于销售这一职能的解释特别耐人寻味。克拉克和韦尔德认为销售就是寻找买主。亚历山大则提出，销售应该更富有主动性，来说服现有顾客和潜在顾客购买。1942年，克拉克又提出，销售是创造需求。从销售定义的演变中，我们可以窥见营销观念的雏形。

小链接

克拉克《营销原理》（1922）一书的目录

章节	内容
1	导论
2	营销职能
3	农产品批发
4	农产品批发市场中的中间商
5	营销原材料
6	营销制成品
7	制造商市场的批发中间商：经纪人
8	制造商市场的批发中间商（续）
9	制成品的直接营销
10	零售分销
11	大规模零售
12	分销合作
13	中间商的消除
14	物流
15	市场融资
16	市场风险
17	市场信息
18	标准化
19	竞争和价格
20	市场定价
21	价格维持 & 不公平竞争
22	营销效率的要素
23	营销成本
24	总结

资料来源：Clark, Fred E. Principles of Marketing. New York: Macmillan, 1922.

（二）营销原理的创新

1918年11月11日，第一次世界大战结束。停战后第二天，华盛顿居民发现无法打长途电话：线路全部被战争合同机构所用，他们在匆忙地取消政府的战时合同。起初，战时的繁荣仍在延续。但战后繁荣主要依赖于战争的迟延效应和临时的突发性需求，而且战后的经济繁荣一直伴随着严重的通货膨胀。1919—1920年，物价平均上涨了15%以上。

由此也带来了一系列的营销问题，迫使营销学者在原理上不断创新。

20世纪20年代，摩亚里迪的《市场营销和广告经济学》是一部具有代表性的著作。作者运用古典经济学原理解释了营销现象，研究了大量营销问题，诸如：在市场经济条件下供给和需求的关系；一般商品的过量生产和特殊商品的过量生产二者之间的对比；当产品生产与销售力量相匹配时，市场发展的无限性；信用购买造成的"可预见需求"对供不应求的影响；时间和空间效用的现实性；市场价格与边际购买者的关系等。这种分析方法对当时的经济学界和营销学界帮助甚少，因为它既没有改进流行的经济学理论，也没有满足营销从传统的经济研究法中分离开来的需要。但它毕竟代表了一种可能被营销研究所采取的更具理论性的方法。

弗罗德·瓦汉（Floyd L. Vaughan）从社会或公众的角度出发，对日益增长的营销成本提出了批评。他认为，某些成本是根据变化的市场环境而合理增长的，然而大量不断增长的营销成本却是由那些浪费严重、毫无意义的商业活动引起的。他提出，可通过如下途径降低营销成本：减少在产品质量、品种、服务和推销等方面的投入；密切产品生产和销售的关系；强化营销职能，减少对大众传播媒体的依赖；少做广告，做好广告。总的来说，瓦汉考察的是营销成本而不是营销价值，实际上，他是从保守的而不是积极的观点来评价企业营销活动，考虑的总是如何少花钱，而不是如何开拓市场，扩大销路，更多地挣钱。

麦尔文·科普兰（Melvin T. Copeland）的《营销问题》一书几经修订，在20世纪20年代整整采用了10年。其编写目的与其他教材相同，都是为了使营销原理得到发展。在讲授了三年的营销问题之后，他在1923年版中讲到，这是探索营销原理的最佳方式。总的来讲，营销问题与营销原理教科书上所论及的主题是相关的。由于环境变化的要求，新的论题也在增加。在1927年的一章中，删去了关于消费者观点的内容，增加了有关工业品的内容。1931年版的重点放在了不同营销活动之间的内在联系。

（三）营销读物的面世

在此期间，一些论述营销原理的读物开始出现。克拉克、莱特和兰顿（C. E. Landon）在20年代曾以读物的形式对营销理论的发展做出了贡献。在1949年迈克耐尔（M. P. McNair）和汉森（H. L. Hansen）出版《营销读物》之前，"读物"这个术语一直没有作为营销论著的标题出现。这些书体现了在营销理论的发展过程中的一个相当有趣的阶段。

克拉克谈到，编写读物的目的是为了给产品营销的研究提供详细的辅助资料、参考资料和实践案例，另外，也为营销学者提供一些反映营销原理及其应用的最新资料，这些营销原理和读物都遵从相同的编写格式，其种类有论文集、文摘、案例、专题研究报告等；莱特和兰顿所编集的读物颇具特色，他们根据营销职能、机构和政策，对文章加以合理安排，试图为学生和教师提供有关经济学和营销的最新资料；罗德斯（E. L. Rhoades）编写读物的一个指导思想，是防止营销原理成为"空洞的理论"，他提出了59种商品的营销方法，试图借此培养学生的"比较"研究能力和学习兴趣。

尽管早期的读物主要是一些案例、相关理论或具体的营销原理，但其中收录的论文要比当时的一般教材更具理论上的先进性。

第三节　营销学科的成长

在第一次世界大战以后的十几年间，美国消费经济结构发生了明显的变化。自1914年开始欧洲对美国产品需求增加，自1917年开始欧洲陆续加大对美国产品的进口，所有这些都有效地刺激了美国国内生产，美国进入了一个持续增长的繁荣时期。其主要标志是工业生产突飞猛进，就业率呈直线上升。由于经济的发展和国际地位的提高，国民收入迅速增加，生活水平显著提高，美国一跃而成为世界上消费水平最高的国家。

在此期间，有两件事对营销实践起到了重大的推动作用：一是公路运输日趋发达；二是超级市场的出现和发展。1937年，美国在加利福尼亚州建成了第一条长11.2千米的高速公路。第二次世界大战后期，美国政府认识到国防对公路建设的依赖性，在1944年美国国会又出台了联邦资助道路法案，确立了以联邦和州立法形式予以保障高速公路建设，规定凡列入国家规划的高速公路建设都能得到联邦政府的资金援助，由此加快了全美高速公路的建设步伐。对于短距离的货物运输而言，公路运输越发达，就越能节省费用，缩短时间，企业提升营销业绩就越有保障。美国消费经济结构的变化，再度引起学术界和企业界研究营销理论的热潮。20世纪三四十年代是营销理论发展的黄金时代，整合、统一古典营销学理论的任务已告完成，接下来的任务就是对已有的思想体系进行修改与补充。

小链接

最早的超级市场

在超级市场出现之前，人们买肉总得去肉铺、买蔬菜去菜市、买日用杂货到日用百货店……这种购物方法不仅不方便、效率低，而且商店用人多，经营费用也比较高。1930年8月，美国人麦克·古伦在纽约牙买加街上利用一家废弃的汽车库开设了一家开架自选、现款自运、经营食品杂货的金库仑联合商店，这被认为是世界上第一家超级市场，它具有以下几个特征：

（1）店铺大型化。虽然商店的设备较简陋（当时把罐头和盒装食品统统摆在没有油漆的货架上，有的甚至直接放到大纸箱里），但营业面积却达到6 000平方英尺①，而传统的食品杂货为800平方英尺。麦克·古伦的商品是从四面八方搜集来的，品种比较齐全。整个商店宽敞通风，并备有停车场。

① 1平方英尺=0.9平方米。

(2)自助服务。所经营的全部食品和杂货均开架售货、自助服务。由于面积大，经营品种较多，选购方便，能满足顾客的一次购齐，从而节约了顾客的大量时间，提高了购买效率。

(3)廉价销售。由于设备简陋，租金较低，进货批量大等因素，商品售价较低，毛利率仅为9%～10%，只相当于当时食品杂货店毛利率的一半左右。

(4)刺激性广告。开业时，在报纸上刊登了整整四页广告，声称商品价格之低为世界所罕见，麦克·古伦并称自己为世界上最大胆的价格破坏者。人们闻讯后，驱车数千米到此选购。因此，开张以后生意十分兴隆。

资料来源：褚福灵. 超级市场. 北京：中国经济出版社, 1996.

一、产品营销研究

学者们对特定产品营销的兴趣一直不减，有关非农产品和工业制成品的研究相当盛行。拉尔夫·布莱耶（Ralph F. Breyer）在运用产品研究法写出的《产品营销》一书中，借助大量案例论证了营销原理。布莱耶考虑到人们对除农产品之外的其他产品的营销关注较少，于是他设计了一种标准分析模式，用于无烟煤、原油、矿物、轧钢、棉纺织品、旅行车和电话服务等非农产品的营销中，并对其供求条件、产品特征、分销渠道、中间商职能、定价、分销成本、贸易惯例和市场中介等问题进行了深入研究。

内维尔·科米什（Newell H. Comish）的《制成品营销》一书中对工业制成品进行了专门研究。鉴于韦尔德在其农产品研究中，已对参与营销的机构提出了系统完整的分析方法，因此，科米什在此基础上对参与工业制成品营销的机构进行了高度专业化的探讨。他详细讨论了13种渠道，包括销售代理、经纪人、专卖店等。借助这些机构，产品的买卖双方得以联系在一起，共同致力于产品的转移。科米什分析了它们各自的优势与劣势，同时他还对特殊品、价格维持和市场调查等各种专门的营销问题进行了研究。这本书本质上是为制造商开展卓有成效的营销活动而准备的教科书。

二、理论体系的简化

简单即是美好。简单的理论容易懂，容易用，也容易传播、留存。为了便于开展教学以及营销知识的传播，不少学者纷纷致力于营销理论体系的简化。当然，在多次的修订中，营销原理教材的内容更加充实，但是许多作者对相关内容进行了压缩与简化。

一个明显的例子就是由艾格纽、詹金斯（R. B. Jenkins）和朱瑞（J. C. Drury）为营销专业的新生所写的《营销大纲》。它采用了营销的通用结构形式，但是该书各章节的比例安排与众不同。只有6页内容涉及连锁商店，3页涉及邮购商店，9页论及营销职能，而14页篇幅则用来介绍人口普查数据。书末列有营销词汇表，显示出学术界对统一术语的高度重视。术语是通过语言或文字来表达或限定科学概念的约定性语言符号，是思想和认识交流的工具，具有专业性、科学性、单义性、系统性、本地性等特点。营销术语的统一对于营销理论体系的传播、交流和科学化发挥了重要作用。

三、研究方法的新突破

习近平同志指出："时间是最客观的见证者。"① 这一时期，营销学者除了继续从经济学中吸取养料外，还开始转向社会科学的其他领域寻觅灵感。肯沃斯、梅纳德和菲利普斯的著作得到了修改，与此同时，大量与传统的营销解释不同的概念和方法不断涌现。看上去这些观点似乎在20年前就已经由摩亚里迪、瓦汉、布莱耶、奇罗和其他人表述出来，但是这些观点增添了新含义、采取了新形式，并不仅仅是对已有观点的重复表述。营销管理得到了进一步的重视，营销管理所涉及的内容已不只是对简单规则或原理的应用。学者们开始更多地从消费者观点和经济学分析方法入手，注重从总体上处理营销问题。

① 习近平.在春节团拜会上的讲话（2018年2月14日）.人民日报，2018-02-15.

（一）消费者导向的研究方法

在20世纪30年代，首先打破陈规，放弃传统模式，编写出与众不同的教材的人是查尔斯·菲利普斯（Charles F. Phillips），他的《营销学》于1938年出版。其成功所在就是以消费者为导向组织体系，进行写作，并增加了消费者权益的内容。大多数作者对消费者表示关注，而菲利普斯不只是对消费者的购买动机和影响消费者的条件感兴趣，对于指导消费者明智购买、节约消费等问题，他也倾注了一定的心血。尤其是消费者如何在购买过程中实现"物有所值"，在收入水平低的情况下如何购买等问题的论述上颇具特色。菲利普斯也比其他作者更多地介绍了经济分析方法。他将价格决策、价格行为等营销问题，与经济学中的边际收益、边际成本、平均收益、平均成本、垄断竞争定价等问题有机地结合在一起。他还从历史的角度对营销机构的演变给了解释。

（二）跨学科的研究方法

布莱耶的《营销机构》一书，率先打破了从经济学角度为营销下定义的传统做法，他是从物理学、社会学、心理学和其他社会科学的角度来描述各营销系统的整体运作。他认为，营销是一个整体，其中单个和综合的营销职能都在不停地发挥作用。他使用了营销"任务"（tasks）这个概念来代替营销"职能"（functions），"任务"包括接触、谈判、储存、包装、运输、付款、融资和风险承担。他将渠道比作电线，电流通过它可在两个方向流动。例如，商品流在一个方向，付款流则在另一个方向流动。时间、空间和成本都是决定渠道选择的基本因素。这本书的后面部分论述了营销的社会效应。布莱耶的书出版后，由于与传统观念相违背，曾一度遭到非议。传统的方法是运用经济学理论分析营销问题。而布莱耶所采用的概念在当时来讲往往给人以陌生和奇异的感觉。他试图强调营销中的商业化职能，而不主张各种职能彼此割裂。

（三）经济分析的研究方法

奇罗（H. B. Killough）在他的《营销经济学》中提出了另一种非传统的营销研究法。即在考察营销机构及其实务的演变时，着重从经济分析入手，这种做法与一般著作完全不同。该书中，作者用八章内容论述美国商业的经济和地理上的分布，进而表明变化是不断发生的。他提出10种营销职能，包括会计（通常是工厂的职能）和估算（更多的为营销职能）。他认为簿记存档和数字分析与储存、运输一样，都是具有同等重要地位的营销职能。他用23页的篇幅论述营销代理问题，还用200多页篇幅论述了通过科学方法在营销中的应用，以及营销调查问题。尽管奇罗介绍的一些新观点有其优点，但他的概念和术语并没有融入当时的营销理论体系。

四、传统研究法的新成果

这一时期，在涌现新的营销研究方法的同时，以职能—机构—产品研究法为代表的传统研究法也取得了一些新的成果。

（一）职能研究法的新成果

1940年，拉尔夫·亚历山大（Ralph S. Alexander）、萨菲斯（F. M. Surface）、艾尔德（R. F. Elder）和奥德逊在《营销学》中提出营销是一种管理职能，并以此为基础，发展了营销理论。他们不太赞成产品研究法，只是当论及特定产品时才指出其本质特征，因为这些特征对营销管理职能作用的发挥有着重要影响。他们更侧重研究营销计划、营销调查和预算控制，并将未包括在传统营销职能之内的许多管理职能概括为商品化职能，即"为满足消费者需求而调节商品生产或销售的各种活动"，其中包括产品计划、分级和包装等。还用专门的章节论述了如下主题：营销工作、开展营销工作的企业类型、营销管理的难题、营销活动规划和在营销系统中消费者的地位等。最后一章并未对营销做出整体评价，只是对当时流行的营销系统中的消费者问题进行了评论。这样，消费者利益问题和营销管理职能的结合便在营销理论体系中得到了进一步的重视。人们对这两方面日益增长的关注可在菲利普斯和邓肯最近一版的《营销：原理与方法》一书中得到证实。

罗兰·S. 范利、格雷瑟（E. T. Grether）和柯克斯（R. Cox）合著的《美国经济中的营销》一书反映了经济学对营销理论的影响，详细论述了营销如何进行资源配置，如何影响个人收入的分配，以及哪些因素影响人们的需求和购买等。作者认为，营销能够平衡供给和需求，并把营销当作一种分配稀缺资源的指导力量。他们依然把职能研究视为营销学的核心内容，提出营销职能应包括：购买、销售、定价以及地区内或地区间交换。

他们认为，营销是一个配置资源、指导消费的过程。营销的核心是在两个区域内或之间进行的商品交换和商品运动。他们将营销看作一个动态过程，而且特别强调了营销者（尤其是制造商）的重要作用，并指出，是制造商的促销活动才使得营销具有强烈的美国特色。组织、代理和渠道被认为是所有权转移和综合的结果。产品集中、挑选和分散过程，使企业得以进行专业化生产而又相互合作。管理过程的具体效果是实现了公司净收入的最大化，而整个营销的运行则促进了社会财富的增长。

（二）机构研究法的新成果

杜迪（E. A. Duddy）和莱夫赞（D. A. Revzan）采用了不同的营销分析方法，提出要对营销机构进行思索，要了解这些机构是由相互关联的部分组成的有机体。他们运用机构研究法，不仅研究了具体营销企业的管理问题，而且还对整体营销的运行，从社会现象的角度进行了探讨。杜迪和莱夫赞将营销定义为"通过商品和劳务的交换并由货币价格决定其价值的经济过程"。他们从空间、时间、理论和职能等角度对市场进行了分类，并通过法律、商品、理论、机构和职能等各种途径和方法，来研究营销问题，认为所有营销职能的发挥都要通过价格等管理工具的协调运用以及政府力量的控制与规范来进行。

（三）营销的新表述

梅纳德和贝克曼在《营销原理》一书中，把营销定义为"影响商品交换或商品所有权转移以及为商品物流服务的一切必要的企业活动"。他们还指出，从20世纪初以来，营销学已从描述性方法过渡到分析性方法。定义是十分重要的，营销学所包含的各个要素若无正确定义，便无法进行研究。营销原理则是对一般规律的阐述。人们在研究各种事实的因果关系时发现了某种规律，这些规律在特定条件下就会起作用。当营销原理组合在一起时，便构成了营销理论。

由此可见，对营销进行的许多新的解释，与多年来占据主导地位的概念框架有所不同。尽管这些分析方法并未取代其他方法，也没有影响传统方法的改变，但是毕竟揭示了传统的职能—机构—产品研究法的不足。这对于营销的教育和培训具有相当重要的意义，即新情况下的教育培训，应强调营销在社会机构中的作用。这种观念上的更新，比理论化的说教更为必要。这一观念在之后的十几年里被人们广泛接受。

众多学者的学术创新和不懈努力，"像涓涓细流汇成江海"（习近平语）[1]，共同促进了营销学科的成长。在20世纪中期以后，学术界更加强调营销与管理的结合（包括管理问题的解决和决策的制定）、营销与行为科学的结合、营销案例教学法的采用以及比较营销的研究等，营销思想的发展开始迎来现代营销学科时代的新曙光。

---

[1] 习近平.在春节团拜会上的讲话（2018年2月14日）.人民日报，2018-02-15.

本章回顾

营销学作为一门独立的学科,诞生于20世纪初的美国。市场规模迅速扩大、生产能力不断增强、供求形势急剧变化、中间商地位有所提高、传统理论面临挑战等因素都催化着营销思想破茧而出,从而进一步推动了营销思想的理论化和体系化。

由于时代背景的变迁和营销实践的需要,20世纪初营销学作为边缘学科在美国应运而生。随着对营销深入全面的研究,以广告学、推销学、销售管理、信用与收账、零售学等为代表的与营销相关的论著陆续问世。1920—1930年连锁商店以惊人的速度发展,学术界开始转向探索营销学科的专门化问题。营销原理开始出现并得以发展。

20世纪三四十年代,营销理论发展进入黄金时代,整合、统一古典营销学理论的任务完成,学者们开始对已有的思想体系进行修改与补充,包括产品营销研究、理论体系简化、研究方法的新突破以及传统研究法的新成果等。

关键术语

学科 买方市场 卖方市场 广告学 推销学 销售管理 信用与收账 零售 零售学

即测即评

请扫描二维码,在线测试本章学习效果。

讨论与思考

1. 简述营销思想体系化的背景。
2. 简述最早有关营销原理的论著并比较这些论著之间的差别。
3. 简述营销学成长的背景及其主要内容。
4. 简述营销新表述的特点。

第四章
早期的营销学派

21世纪的工作,已经从做一份工作、追求一项事业,转变到建立专业品牌。

——汤姆·彼得斯

本章学习目标

1. 了解主要的古典学派构成
2. 了解威斯康星学派、哈佛学派以及中西部学派与纽约学派及其主要代表人物

本章知识结构图

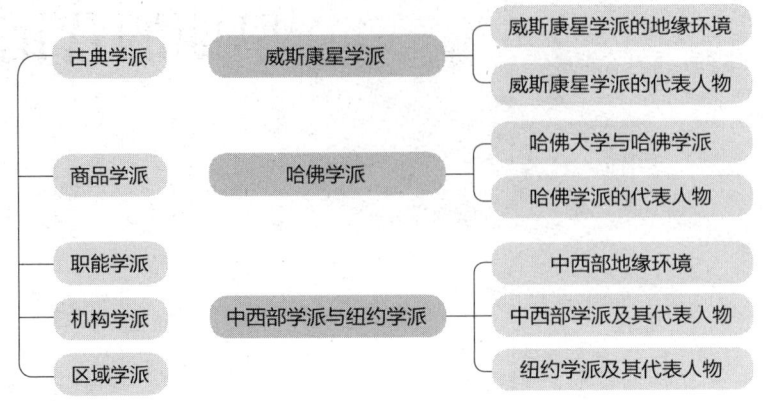

本书的第二篇将会对营销思想史上出现的重要学派逐一进行深入介绍,本章主要对早期的营销学派做一概括性的介绍。如果从结构层面和知识层面进行划分,早期的营销学界存在三个主要学派,即商品学派、职能学派和机构学派,它们构成了古典学派。此外,我们认为也可以把区域学派划归古典学派,因为它和上述三个学派一样都侧重于考察整体市场行为。如果从空间和个人层面进行划分,根据营销理论的发源地以及学者之间的师承关系,美国早期的营销学界存在四个学派,即威斯康星学派、哈佛学派、中西部学派和纽约学派。本章我们分别按照这两种不同的划分方式对美国的早期营销学派进行分析。

第一节 古典学派

20世纪初,世界各国正经历着广泛而深刻的社会变革,在影响社会经济运行的因素日益复杂的背景下,单一学科已经越来越难以对社会经济问题和现象做出全面而准确的分析、解释和预测,多学科交流融合势在必行。正是在这一时代背景下,古典学派从社会科学各个领域(包括经济学、地理学、人口学、统计学等)吸取了许多有用的概念和原理,如需求理论、消费者盈余、垄断竞争、非市场交易、交易网点设定、农村调查方法等,进而开启了商品分类、职能划分、机构效用等方面的研究,各学派的代表人物奋力开拓,把"优势和潜能充分发挥出来,聚沙成塔,积水成渊,持之以恒加以推进。"①

---

① 习近平.在中阿合作论坛第六届部长级会议开幕式上的讲话(2014年6月5日).习近平这样向世界讲述中国.光明网,2018-07-16.

一、商品学派

在古典学派中，商品学派流行时间最长。它将市场交易目标当作营销的中心环节，试图根据产品的物理属性以及消费者购买行为将产品划分为不同等级。最初，其研究重点是工农业产品，后来又增加了服务。科普兰对古典学派贡献最大，他于1923年提出了至今仍为学术界所称道的便利品、选购品和特殊品的分类。所谓便利品，是指消费者通常购买频繁，希望一旦需要即可买到，并且只花最少精力和最少时间去比较品牌、价格的产品，如香烟、报纸等。所谓选购品，是指消费者为了物色适当的物品，在购买前往往要去许多家零售商店了解和比较其花色、式样、质量、价格等的产品，如儿童衣料、女装、家具等都是选购品。所谓特殊品，是指消费者能识别哪些牌子的商品物美价廉，哪些牌子的商品质次价高，而且许多消费者习惯上愿意多花时间和精力去购买的产品，如特殊品牌和造型的奢侈品、名牌男服、供收藏的特殊邮票和钱币等。但在此之前，帕林于1912年曾提出将产品分三类：便利品、选购品、应急品。与其他古典学派相比，商品学派对当时的营销学者更具吸引力。特别值得一提的是，汉考克（R. S. Hancock）和霍华德（J. R. Howard）于1977年为科普兰的分类增加了第四种商品：偏好品。进入20世纪80年代以来，伊内斯（B. M. Enis）等人采用并重新定义了这一分类，指出它同样适用于服务业，进而论述了这四类产品的营销策略。商品学派认为，在营销实践中确认产品的属类是至关重要的，因为属于某一类型的产品，自然就有与之对应的行之有效的营销策略。这就犹如"看着药方抓药"一样，一旦确定了产品属于哪种类型，营销策略的选择和实施便一目了然，容易确定了。

二、职能学派

与商品学派同时出现的职能学派将营销行为作为研究的重点。营销者或中间商应承担哪些职能，明确了这一点便能显示出生产与营销的不同，由此便可彰显出营销的重要作用和地位。同时，明确了营销应执行的职能也便于中间商担当起相应的责任。学术界公认的职能学派创始人肖提出，营销职能包括分担风险、运输、融资、销售、备货、分等和再装运等。为了避免枯燥无味，肖并未列出很多职能，但他的早期工作却激起了其他人的兴趣。到20世纪30年代中期为止，至少有26本有关营销职能的论著出版，提出的营销职能达52种之多。职能学派的大部分学者其实并未分清营销过程固有的职能和营销职能中的特定活动。针对这种情况，麦加利（E. D. McGarry）提出了一种包括接触职能、商品职能、定价职能、宣传职能和物流职能的分类方法，其中心思想是营销职能可通过不同的特定行为而完成。麦加利之后，职能学派很少再受关注，只有刘易斯（R. J. Lewis）和埃里克森（L. G. Erickson）于1969年发表文章，试图将职能学派与系统方法相结合，并定义了两个主要职能：获取需求和服务需求。关于职能学派的兴衰过程，我们将在本书的第七章详加阐述。

三、机构学派

机构学派与前两种学派同时出现,该学派更注重研究承担营销职能的机构或组织。其出发点是为了反驳这样一种看法,即在营销实践中,中间商的介入只是增加了交易成本,却没有相应地增加产品价值。因此,学者们致力于研究营销中介的作用,以论证这些组织和机构存在的经济意义。机构学派的创始人韦尔德于1916年指出,批发商、零售商等中间商通过创造时间效用、地点效用和占有效用而提供了增值服务,他认为,职能专业化有助于营销效率的提高。

四、区域学派

区域学派将营销视为帮助买卖双方跨越地域或空间界限而进行的经济活动。该学派的出现晚于其他三个学派,其最具代表性的研究成果是雷利和肯沃斯的"零售引力定律",即借助数学公式来划分零售区间,并以此判断消费者最愿意去何处购物。戴维·L.赫夫(David L. Huff)继续了该领域的研究工作,与前三个学派相比,区域学派不太出名,在讨论营销学派时常常被忽略。然而,在差不多半个世纪里,区域学派的倡导者对区域间贸易进行了卓有成效的研究,丰富了区域学派的理论内容。

直到第二次世界大战前,古典学派一直占据着统治地位,其研究重点是整体市场行为。早期的消费者行为学家重视消费需求、生活标准、家庭计划等消费经济学问题的研究,同时认为相关群体是决定消费者行为的因素之一。此外,还借助案例分析、市场调查、数据分析等方法对自我服务、零售机构生命周期等问题进行了研究。在此期间,学术界对消费者研究和营销调研方法等颇感兴趣。

第二节 威斯康星学派

一、威斯康星学派的地缘环境

威斯康星州位于美国中部的中心地带,自然的森林、沙滩及起伏的草原形成了威斯康星州美丽的风貌。威斯康星州是美国最大的牛奶、乳酪及牛油的出产地，这里的乳酪生产可以追溯至早期的殖民地时期。威斯康星州的人民有着美国中部特殊的人情味，这里的居民也承袭了他们祖先德国人、波兰人、芬兰及英国人等强韧的个性，可能也只有具备这种个性的人们才能适应威斯康星州严酷的冬季。著名的威斯康星大学就位于威斯康星州首府麦迪逊市。

20世纪初，威斯康星大学成为激进的自由经济思想的论坛。当时，该校的著名学者有斯科特（W. A. Scott）、约翰·R. 康门斯（John R. Commons）、理查德·T. 埃利（Richard T. Ely）和泰罗（H. C. Taylor）。很自然，在营销理论发展史上，威斯康星大学扮演着开路先锋的角色。它吸引了许多早期营销先驱，如琼斯、海杰蒂、希巴德、麦克林、尼斯托姆、巴特勒、肯沃斯、科米什和瓦汉。由于他们中很多人都住得很近，所以经常相互探讨、辩论、激励和影响。

小百科

美国威斯康星大学

美国威斯康星大学（University of Wisconsin）坐落于美国密歇根湖西岸的威斯康星州首府麦迪逊市，有着风景如画的校园，是一所有着超过150年历史的悠久大学（见图4-1）。威斯康星大学是全美最顶尖的三所公立大学之一，是全美最顶尖的十所研究型大学之一。

威斯康星大学是美国威斯康星州的州立大学系统。威斯康星大学一般指坐落于威斯康星州首府麦迪逊市的威斯康星大学（麦迪逊）。与加利福尼亚大学、得克萨斯大学等美国著名公立大学一样，威斯康星大学是一个由多所州立大学构成的大学系统，也即"威斯康星大学系统"（University of Wisconsin System）。威斯康星大学系统由分布于威斯康星州各地的十所公立大学组成，而麦迪逊市的威斯康星大学则是威斯康星大学系统的发祥地，是威斯康星州第一所大学，同时也是威斯康星大学系统的旗舰，负有盛名。

图4-1 美国威斯康星大学校徽

1848年，威斯康星成为美利坚合众国第30个州，该州创立伊始就立法决定在州首府麦迪逊（Madison）成立威斯康星大学。1971年威斯康星州立法成立"威斯康星大学系统"（University of Wisconsin System），它吸收了威斯康星大学（UW-Madison）、威斯康星大学（密尔沃基）等13所大学、14所社区学院。

威斯康星大学（麦迪逊）已有18位教授或校友获得诺贝尔奖。2007年诺贝尔医学或生理学奖得主奥利弗-史密西斯就是因其在威斯康星大学执教的20年间所完成的基因剔除工作而获奖的。在获奖校友中，还有唯一两次获得诺贝尔物理学奖的著名凝聚态物理学家约翰·巴丁。

二、威斯康星学派的代表人物

（一）本杰明·H. 希巴德（Benjamin H. Hibbard）

希巴德之所以产生研究营销的动机主要是由于他的工作环境所致。住在艾奥瓦州北部时，他观察到农民总是以很低的价格销售产品，但同样的产品被转售时，价格却提高了许多。因此，1902年在艾奥瓦大学农业经济系任教时，尽管调研经费相当匮乏，他还是独自承担了对谷物市场的研究，并取得了令人瞩目的成果。1903年，希巴德被威斯康星大学邀请去负责营销的调查研究。在那里，他开设了也许是第一门经过精心组织的"农产品合作营销"课程；而且，他还在学刊上撰写了许多文章，尤其是关于日用品的营销。1921年，他出版了《农产品营销学》一书，并因此成为著名的营销学家（见图4-2）。

图4-2　本杰明·H.希巴德
（1870—1955）

（二）西奥多·麦克林（Theodore Macklin）

在希巴德任教于艾奥瓦大学后的几年，当时还是该校学生的麦克林对营销产生了兴趣。1911年，麦克林刚完成研究生课程就在大学担任讲师，并成为大学分校校长P. G. 霍顿的助手，这使得他有机会在全美国进行调查研究。同希巴德一样，麦克林也强烈地感觉到，农民的辛勤劳动并未在市场上得到等价回报。于是，他决定对营销进行进一步的研究。1913年他来到威斯康星大学对这个课题进行了研究，并于1917年获得哲学博士学位。麦克林之所以选择威斯康星大学，主要是由于希巴德也于同年调到那里。1915—1916年和1918—1919年他在堪萨斯农业学院讲授农业营销。1919—1930年，他一直是威斯康星大学的教授。之后，他去了加州，担任州政府市场部主任。后来，他又回到威斯康星大学，并写成了营销主要文献之一——《有效的农业营销》（1921年）。

（三）保罗·H. 尼斯托姆（Paul H. Nystrom）

在威斯康星大学时，尼斯托姆在将营销发展为一门管理学科方面起了奠基性作用。在尼斯托姆的学术生涯中，对营销的兴趣产生得相对晚些。1897年以前，他曾做过农场帮工和零售店店员，1908年前在威斯康星大学担任教师、系主任，1906—1908年曾担任威斯康星税务委员会特别调查员，所有这些经历都对他兴趣的产生有影响。与众不同的是，他对营销的兴趣是在相继获得威斯康星大学哲学学士、硕士、博士学位后才产生的。在此期间他也受聘于大学分校。此时，尼斯托姆的主要兴趣在经济学，尤其是税收。据说，他对营销的兴趣也部分来源于他对零售业税收的研究。1913年他在威斯康星大学政治经济学院担任助教时，出版了《零售与商店管理》一书。他于1914年完成博士学业，其博士论文则作为第二本书于次年出版，名为《零售经济学》。在明尼苏达大学任教一年后，他暂时中断了自己的学术生涯，在商海里遨游了几年。1928年，他重返讲坛，并出版了《时尚经济学》一书，该书大部分内容来源于自己的实际经历。后来他开设了"消费经济学"课程，并于1929年出版了《消费经济学》一书。如图4-3所示。

（四）拉尔夫·斯达尔·巴特勒（Ralph Starr Butler）

1910年巴特勒进入威斯康星大学，任商业管理系助教，并负责大学函授学院的发展工作。之前，他曾担任过宝洁公司东区销售部的经理助理，由此开始了他在营销领域的一次启蒙性经历。刚到威斯康星大学时，涉及具体商业活动的一些课程，如簿记、推销术、广告、商法等，都已在其他学校开设了。经过对现有商业文献进行系统研究，他惊奇地发现，没有一篇涉及商业销售战略背后的诸多问题。于是，在准备函授课程时，他特别强调了制造商在运用中间商和广告之前必须考虑的各种营销功能。为了给这种活动取个恰如其分的名字，巴特勒动了不少脑筋，最终定名为"营销方法"。1910年他出版了《营销方法》一书。次年，他以该书为基础，又充实进一些鲜活的营销素材，出版了《销售、购买与运输》（1911年）一书。后来，该书更名为《营销的方法与政策》（1917年）。作为此间该学科领域的唯一教材，被多家大学使用了好几年。1911年，他在威斯康星大学为商学专业的学生开设了《营销方法》这门课。尽管同样内容的课程在其他学校也有讲授，但值得注意的是，巴特勒首先使用了"营销"一词，并第一个在课本中采用了这一术语。如图4-4所示。

图4-3 保罗·H.尼斯托姆（1878—1969）

图4-4 Ralph Starr Butler（1882—1971）

（五）纽厄尔·H.科米什（Newel H. Comish）

科米什也是一个在威斯康星大学影响下成长起来的营销学者。他分别于1915年和1925年获得硕士和博士学位。日常工作中与希巴德和麦克林的接触使他受益匪浅。环境的影响，加之早先在农场的经历，促使他完成了《农产品的合作营销》一书。

合作营销是指两个以上的企业或品牌拥有不同的关键资源，而且彼此的市场有某种程度的区分，为了彼此的利益进行战略联盟，交换或联合彼此的资源，合作开展营销活动，以创造竞争优势。

合作营销的最大好处是可以使各成员以较少费用获得较大的营销效果，有时还能达到单独营销无法达到的目的。面对众多水平高、实力强的对手，任何一个企业都不可能在所有方面处于优势。在这种形势下，具有优势互补关系的企业便纷纷联合起来，开展合作营销，共享人才和资源，共同提供服务等，从而降低竞争风险，增强企业竞争能力。

（六）弗洛伊德·L.沃恩（Floyd L. Vaughan）

沃恩也是威斯康星大学早期学者之一，1923年在该校获得博士学位。之前他曾有过教学经历，并曾在联邦贸易委员会工作。1920年他与史蒂文森合著了关于谷物营销的《谷物贸易》（第1卷）一书。离开大学后，他于1929年出版了《营销与广告》一书。

总而言之，当时威斯康星大学的学生和教师都为营销学科的最终建立做出了贡献。出于学术研究或实际应用的需要，加之校园中活跃的学术气氛的影响，他们之间互相激励，最终创造出一些新的成果。他们将这一领域中的概念加以集中，并首先在课程和著作中使用了"营销"一词，第一次讲授了农产品营销课程，并通过对外联系，传播了营销知识，对学术和农业营销的研究都起到了促进作用。这所大学对美国早期营销理论的发展做出了重要贡献（见表4-1）。

表4-1 威斯康星学派的主要贡献

学者	时间	论著
本杰明·H.希巴德	1921年	《农产品的市场营销》（Marketing of Agricultural Products）
西奥多·麦克林	1921年	《有效的农业市场营销》
保罗·H.尼斯托姆	1913年	《零售与商店管理》（Retail Selling and Store Management）
拉尔夫·斯达尔·巴特勒	1915年	《零售经济学》（Economics of Retailing）
拉尔夫·斯达尔·巴特勒	1928年	《时尚经济学》（Economics of Fashion）
拉尔夫·斯达尔·巴特勒	1929年	《消费经济学》（Economics of Consumption）
纽厄尔·H.科米什	1929年	《农产品的合作市场营销》（Cooperative Marketing of Agricultural Products）
弗洛伊德·L.沃恩	1920年	《谷物贸易》（Grain Trade）
弗洛伊德·L.沃恩	1929年	《营销与广告》（Marketing and Advertising）

第三节 哈佛学派

一、哈佛大学与哈佛学派

哈佛大学（Harvard University）是一所私立的高等学校，始建于1636年，比美国作为独立国家的建立几乎要早一个半世纪。当年，移居美洲的英国清教徒，为其子孙后代的幸福，仿效当时英国剑桥大学的模式，在马萨诸塞州的查尔斯河畔，建立了这所美国历史上的第一所高等学校，始称剑桥学院。这个逐渐兴起的小镇，从此亦称剑桥，中文又翻译为坎布里奇。1639年，剑桥学校更名为哈佛学院，目的是永久纪念学校创办人之一和办学经费的主要捐献者、英国剑桥大学伊曼纽尔学院文学硕士约翰·哈佛。1780年，哈佛学院被马萨诸塞州议会破格升为哈佛大学，此名一直沿用至今，常被简称为哈佛。哈佛大学是美国常春藤盟校的八名成员之首。

对早期营销理论发展起到了重要影响的是哈佛大学商学院和经济学系。哈佛不但培养了自己学校的人才，也为去那里暂时就读的学生的日后发展助益甚大，该校对营销的贡献是杰出而又独特的。早期在哈佛对营销理论做出贡献的先驱有切林顿、肖、科普兰、托斯德、威德勒、梅纳德、麦克纳尔、博登。

小资料

哈佛大学营销学研究的起源

哈佛大学，特别是哈佛商学院的研究生部，是对美国营销思想发展产生早期影响的另一个中心。哈佛商学院创立于1908年，建立在把商业看作是一种专业、艺术和科学的理念基础之上。因此，它成为全球最早的学术性、专业性商学院之一。

和威斯康星大学一样，哈佛大学里讲授和研究营销的种子同样是由经济系培育的。例如，哈佛经济学家弗兰克·W. 塔西格（Frank W. Taussig）和埃德温·弗朗西斯·盖伊（Edwin Francis Gay）因为他们对于营销思想发展的贡献而著名（Bartels, 1951）。他们两位都对哈佛商学院的创建起到帮助，盖伊成为哈佛商学院的第一任院长。作为商学院的院长，盖伊是营销研究和教学的主要推动者。

盖伊认为哈佛商学院将要成为一个"单纯的科学推动力"（Cruikshank, 1987）。然而这个谦虚的目标，却产生了一些根本性的成就，成为哈佛对于营销思想发展的最主要贡献。第一，盖伊必须判断哪些内容是必须被讲授的；也即他必须定义商业的课程问题。第二，他必须判断这些科目如何被讲授。

盖伊对于第一个问题的应对，是将商业划分为"工业管理（制造）和商业组织或者营销两个基本功能"（由Hanford引证，1954）。在商学院被规划的那段时间，弗雷德里克·W. 泰罗和他的同事开发了商业的工业管理方面的主体知识，盖伊热情地将其应用于学院。泰罗通过对工作活动的时间与动作研究和对工作的深入观察和衡量，形成了他的科学管理原理。这些原理被认为是科学的，因为它们是"基于规律的一般化管理规则……是对事实的总结陈述或者说是对某一类事情所共有趋势的描述"（Thompson, 1917）。显然，作为起草项目、课程和安排等具体计划的委员会成员，盖伊在寻找和识别适用于商学院课程的材料。泰罗的开创性著作《金属切削艺术》（1906）和《工厂管理》（1903）就是最早的备用教材（Ely, 1907）。

工业管理仅仅是商业的两个基本功能之一。而另一个，根据盖伊的定义则是分销或者营销。当哈佛商学院于1908年成立时，有三门必修课程：《会计学原理》《商业合同》和《美国的经济资源》。根据科普兰（Copeland）所说（1958），最后一门课程的内容是盖伊基于他经济史的背景和对营销方法的兴趣而开发的。这门课首先由保罗·切灵顿（Paul Cherington）讲授，后来（在1914年）演化为名为《营销学》的课程。

在哈佛所形成的与众不同的营销科学哲学表现在三个独特的方面：案例教学法、商业研究所和阿奇·W. 肖（Arch W. Shaw）对营销基本功能的描述。

资料来源：D. G. Brian Jones, David D. Monieson.Early Development of the Philosophy of Marketing Thought.The Journal of Marketing, 1990, Jan., Vol. 54, No. 1, pp. 102-113.

二、哈佛学派的代表人物

（一）保罗·T. 切林顿（Paul T. Cherington）

在切林顿身上，自然和个人因素的影响体现得颇为典型。他对营销的兴趣源于他与海杰蒂的接触，当时切林顿是海杰蒂的学生。他为完成社会学博士论文，收集了很多有关营销渠道的资料。他在认识海杰蒂之前就对商业感兴趣，他承认，这种个人的关系和影响对他营销思想的形成有很大关系。1902年，切林顿获得理学学士学位；1908年，他又获得文学硕士学位，并担任了费城商业博物馆出版社的编辑；离开费城以后，他又去了哈佛大学，在那里讲授营销；之后，他全身心地投入到营销的研究工作中。作为一名早期的营销学者，他的名著有《广告的商业作用》（1912年）和《营销学概论》（1920年）。如图4-5所示。

图4-5　保罗·T. 切林顿（1876—1943）

（二）阿奇·W. 肖（Arch W. Shaw）

肖（见图4-6）受哈佛大学的影响是从1910年他去剑桥（此剑桥指的是哈佛大学所在的剑桥小镇，又译坎布里奇，下同）重建工商管理学院时开始的。在那里，他讲授过商业政策。1912年，他在《经济学季刊》上发表了《营销中分销的若干问题》的文章。1916年，他写成了《商业问题的出路》一书。对营销的兴趣是在他对商业实务做出贡献之后产生的。在与一个办公设备制造商的生意交往中，肖广泛而深入地观察了商业运行的全过程，并以此为基础对其系统和方法进行了改进。在很多方面，商业功能中体现出的统一性，要比市场需求的多样性

图4-6　阿奇·W. 肖（1876—1962）

更使肖注意。因此，他主要通过自己的刊物——《系统》，来增加商人之间思想交流的机会，因为他感受到，商人之间利益和经验的隔离阻碍了他们各自生意的发展。强调商业秩序性和统一性的观点在其以后的文章中有所体现。当时，系主任盖伊对他的影响也很大。盖伊在追溯贸易活动及其功能过程中，更强调商人在英格兰经济发展史上的作用。于是，在盖伊的要求下，肖在盖伊的课堂上讲授了他所知道的英国商人的作用。这次讲稿的精华部分体现于他在《经济学季刊》上发表的一篇文章中。

（三）梅尔文·T. 科普兰（Melvin T. Copeland）

在科普兰（见图4-7）的营销职业生涯中，个人因素的影响十分明显。1906年，他

作为F. W. 陶西格教授指导下的一名经济学研究生，从事过一项研究，并由此产生了对棉花行业的兴趣。通过平时在图书馆钻研和实地调查，他对棉花行业及营销活动已十分了解。以后的六年，他在哈佛教授"欧洲经济史和经济资源"课程。1912年，他出版了《美国棉花制造业》一书。同年，他返回哈佛商学院研究生院，并接手了开设"商业组织"课程的工作。两年后，这门课程更名为"营销"。回到剑桥以后，他的营销思想又进一步受到盖伊的影响，在早期教学生涯中，较早地实践了案例教学方法。1920年，科普兰出版了《营销中的若干问题》一书。经过不断研究和实践，又于1924年出版了《商业原理》一书。

图4-7 梅尔文·T.科普兰（1884—1975）

（四）哈里·R.托斯德（Harry R. Tosdal）

同许多其他营销作者一样，托斯德（见图4-8）也是从经济学进入营销领域的。1915年，他在哈佛获得博士学位。之后，他分别在麻省理工学院（1915—1916年）和波士顿大学（1916—1920年）教授经济学。1918—1920年他在哈佛任经济学讲师，1920年他成为工商管理研究生院的副教授。1921年，他出版了《销售管理中的若干问题》一书。

（五）尼尔·H.博登（Neil H. Borden）

图4-8 哈里·R.托斯德（1889—？）

博登的营销思想及其对营销理论的贡献，在某种程度上是由于他既是哈佛工商管理学院的学生，又是一名教师。他于1919年在科罗拉多大学获文学学士学位之后，来到哈佛，开始接触由科普兰等人已发展多年的案例教学法。因此，无论他的营销思想，还是他对案例教学的强调与钟爱，都极大地受到周围同事的影响和诱导。1922年，他获得MBA学位后，在商业研究所曾一度专门搜集营销案例。次年，他在科普兰的领导下讲授营销，并以科普兰的《营销问题》一书为教材。他还帮助丹尼尔·斯塔奇讲授广告学。斯塔奇离校后，博登立即承担起广告学的教学任务，并开始试行案例教学。博登于1927年出版了《广告问题》一书。

哈佛大学与威斯康星大学比较，后者的营销学者往往是完成学业后又到其他地方任教的人，而哈佛的大部分学者是在那里学习后又继续任教的人。哈佛的学者们是营销理论早期发展的重要参与者，但他们主要的贡献是对营销问题（包括一般性问题和专业化问题）的编辑整理（见表4-2）。

表4-2 哈佛学派的贡献

学者	时间	论著
保罗·T.切林顿	1912年	《广告的商业作用》
	1920年	《营销学概论》

续表

学者	时间	论著
阿奇·W.肖	1916年	《商业问题的出路》
梅尔文·T.科普兰	1912年	《美国棉花制造业》
	1920年	《市场营销中的若干问题》
	1924年	《商业原理》
哈里·R.托斯德	1921年	《销售管理中的若干问题》
尼尔·H.博登	1927年	《广告问题》

第四节 中西部学派与纽约学派

一、中西部地缘环境

美国中西部通常指的是美国地理上中北部的州，包括俄亥俄州、印第安那州、密歇根州、伊利诺伊州、威斯康星州、艾奥瓦州、肯萨斯州、密苏里州、明尼苏达州、内布拉斯加州、北达科他州及南达科他州。美国人口调查局将这个区域再细分为中北部东方（基本上指的是五大湖地区）及中北部西方（基本上指的是大平原区）。

美国中西部地区有着肥沃的土壤，盛产包括玉米、燕麦及小麦等各种谷物，其中以小麦最为重要，因此早期中西部也被称为美国的"面包篮"。密西西比河及其支流和连为一体的五大湖，促进了中西部地区的农产品运销，美国中西部的农业生产带动了世界最大的人口和经济成长并为日后的"新兴市场"（emerging markets）的出现奠定了基础。在美国南北战争时代（1861—1865年），中西部地区主要还是乡村，然而由于工业化、移民和城市化孕育了工业革命，再加之中西部便利的水陆运输条件和丰富的矿产，使得中西部大湖地区成为美国早期工业进步的中心。这些因素推动了营销学在美国中西部地区的产生和发展。

二、中西部学派及其代表人物

尽管早期"营销"课程大多在中西部的大学里讲授过，但除了威斯康星大学以外，其他大学对营销理论的发展并未做出太大贡献。虽然这些学校也有一些著名的经济学家，但并不像威斯康星大学和哈佛大学那么集中。然而，随着对营销兴趣的不断增大，在明尼苏达、密歇根、伊利诺斯及俄亥俄，个别学者也曾做出一些有价值的贡献。其中包括韦尔德、克拉克、艾维、肯沃斯、韦德勒、邓肯、梅纳德及贝克曼。

（一）路易斯·D. H. 韦尔德（Louis D. H. Weld）

韦尔德（见图4-9）是由于工作环境需要而对营销产生兴趣的。他于1922年去了明尼苏达大学，并在经济系工作了一年，之后去了农学院，因为那里正迫切需要如何让明尼苏达产品进入市场的知识。农民对营销很感兴趣，因此，韦尔德用大量时间研究产品在离开农场后的营销过程，并讲授了"农业营销"课程。当时在威斯康星大学，泰罗和希巴德也在

图4-9　路易斯·D. H. 韦尔德
（1882—1946）

讲授"农场管理"课程。1913年，韦尔德讲这门课时，还没有这方面的教科书，只能依靠自己的知识来发展这门课程，他实地研究了明尼阿波利斯商会的谷物流通过程及期货贸易的运作。为收集有关营销过程的信息，韦尔德甚至实地跟踪了黄油和鸡蛋的运输全过程，考察了通过纽约、芝加哥和其他地方的营销渠道企业（如批发商、零售商等）。他还对定价方法、商品交换、拍卖市场及明尼苏达联合运输协会进行了调查。通过这些调查活动，他一方面增长了营销教学的知识和才干；另一方面，也发展了自己的营销思想，进而出版了《农产品营销学》（1916年）一书。之后韦尔德去耶鲁大学谢菲尔德科学院又教了两年书，并继续从事营销研究。这时，他的研究兴趣已转向工业品领域。1914年，韦尔德有幸在美国经济学会上宣读了他的论文《营销学》，这是第一次将营销的题目公之于众。四年后，在里士满的一次会议上，他联合了五六位对营销感兴趣的人共同探讨教学问题。这个小团体以后每年聚会一次，并迅速壮大起来，成为日后成立的全国营销教师协会的核心。

（二）弗雷德·E. 克拉克（Fred E. Clark）

克拉克对营销的兴趣是受多种因素的影响而产生的。克拉克在农场长大，在英格兰大学学习后，又去了伊利诺伊大学攻读经济学研究生。在那里，他受到商学院和经济系负责人大卫·金雷（David Kinley）的影响，最终扩大了他对实用经济学的兴趣。同其他早期营销学者一样，他也受到威斯康星大学的韦尔德、尼斯托姆、巴特勒、肖等人的影响。1914—1919年，在完成他的学术培训后，克拉克接手了一项教学任务，这门课使他的兴趣由经济学转向营销学。1918年，他为自己的课程准备了第一份油印讲稿《营销学原理》。他的讲稿先后被密歇根、明尼苏达和西北大学用作教材，并于1922年出版成书。

（三）保罗·W. 艾维（Paul W. Ivey）

艾维的职业生涯与克拉克是并行的。在劳伦斯大学获得文学学士后，他与克拉克同时在伊利诺伊大学攻读硕士。他们同时于1913年获得学位之后，艾维也先后在密歇根、艾奥瓦、内布拉斯加大学任教。艾维同克拉克一样，在任教期间，对他的经历和经商经

验加以提炼，出版了《营销学原理》一书。之后，又出版了一系列著作，尤其是零售推销方面的著作。

（四）保罗·D. 肯沃斯（Paul D. Converse）

1915年在威斯康星的一次短期培训中，肯沃斯（见图4-10）首次接触营销课程。当时他对巴特勒的《营销学》一书中的有关材料进行了深入研究，也从巴特勒的实际经验中获益颇巨，这对他1915年在匹茨堡大学讲授"营销"课程十分有用。在匹茨堡，由于没有通用教材，他给学生指定的参考书是尼斯托姆的《零售经济学》。受上述学者的影响，他在1921年出版的第一本书《营销方法与政策》中，主要研究了中间商的作用等问题。1924年，他来到伊利诺伊大学，那里的营销理论正由李特曼和贝伦斯所发展。而肯沃斯则在另外两个领域产生了影响，他更清楚地认识到农业营销的重要性。由于农场远离大都市，他更强调营销原理的强化培训，而不是职业培训。

图4-10 保罗·D. 肯沃斯（1889—1968）

（五）沃尔特·C. 韦德勒（Walter C. Weidler）

海杰蒂创造了营销这一行当，而韦德勒就是他1905年开设这门课时被录取的早期学生之一。在哈佛攻读博士期间，他申请去听切林顿的营销课，但未能如愿。然而，他回俄亥俄时，向他敞开大门的是营销而非劳动经济学。后来，他与人合著了《营销学原理》一书。

（六）卡尔森·S. 邓肯（Carson S. Duncan）

早在19世纪90年代，邓肯就已经注意到营销问题，当时他在小镇百货店里当职员。其间，关于营销的一系列问题，他无法得到圆满的回答。直到他在俄亥俄大学教英语时读了韦尔普雷的《世界贸易》后，他报名参加了芝加哥大学切林顿讲授的"营销"课。邓肯认为这门课对他以后在这方面的思想和写作很有影响，也为他展现了进入这个既陌生又充满好奇的领域的可能性。从切林顿那里学到营销知识之后，他在芝加哥大学教了几年"营销"，并于1919年和1920年分别出版了《商业研究》《营销问题与方法》两部著作。

（七）哈罗德·H. 梅纳德（Harold H. Maynard）

1916年梅纳德（见图4-11）报名参加了由科普兰在哈佛开设的"营销"课程，并研究了科普兰1920年出版的《营销问题》一书的原稿。之后，他又师从切林顿，当时科普兰被召到华盛顿从事战时工作。受这两个人的影响，梅纳德战后也从事了"营销"的教学工作。他曾在华盛顿大学教过三年书，之后，他于1923年到俄亥俄开始讲授"商业导论"课程。其间，他不断利用各种机会学习营销。在华盛顿大学讲授"零售学"时，他写了《西北部苹果营销》的论文。在俄亥俄，他又参与了刚刚开设的

图4-11 哈罗德·H. 梅纳德（1889—1957）

"营销问题"课程的教学。在哈佛他遇到了韦德勒,并应邀去了哥伦比亚大学,与韦德勒和贝克曼共同撰写了《营销学原理》一书。

(八)西奥多·N. 贝克曼(Theodre N. Beckman)

贝克曼对营销的兴趣集中在信用学和批发学上,这归结于他所处的学校环境。贝克曼在讲授"营销"时,也为全美国信用人联合会信用研究院的哥伦比亚分院讲授"信用管理"课程,受到海杰蒂的鼓励,因为他对此也很感兴趣。1922年在大学开设这门课时,由于可供使用的资料和读物不足和不完整,贝克曼于1924年写成并出版了《信用和融资的理论与实践》。这本书后来成为他的博士论文。此外,他还花费大量时间从事一项关于批发业的专门研究,受到邓肯的支持。

中西部学派的主要贡献如表4-3所示。

表4-3 中西部学派的主要贡献

学者	时间	论著
路易斯·D. H. 韦尔德	1916年	《农产品市场营销》
弗里德·E. 克拉克	1922年	《市场营销原理》
保罗·W. 艾维		《营销学原理》(与人合著)
保罗·D. 康沃斯	1921年	《市场营销方法与政策》
沃尔特·C. 韦德勒		《营销学原理》(与人合著)
卡尔森·S. 邓肯	1919年	《商业研究》
	1920年	《市场营销问题与方法》
哈罗德·H. 梅纳德		《营销学原理》(与人合著)
西奥多·N. 贝克曼	1924年	《信用和融资的理论与实践》

三、纽约学派及其代表人物

尽管哥伦比亚大学和纽约大学对早期营销文献没有什么突出贡献,但也做了一定的奠基工作。1920年,休·艾格纽(Hugh Agnew)去了纽约大学。在此之前,他已拥有多年的教学经验,并成为日后该地区最早的营销思想家。20世纪20年代,尼斯托姆和亚历山大也到纽约地区教学。他们与当地其他营销学者的主要区别在于,其成就是从科学研究机构取得的。在艾格纽(见图4-12)思想和著作的形成中,职业因素起了很大作用,尤其在

图4-12 休·艾格纽(1875—1955)

广告和沟通方面。1902年艾格纽从密歇根大学毕业后，买下了一家地方报纸，成功的直邮广告诱发了他对这种推销方法的兴趣。1912年，他接手了伊利诺伊的一家报纸的管理工作，并发表了几篇关于广告的文章，由此引发的讨论使他写了更多的文章。1916年他去华盛顿大学短期任教，之后，他一直投身于广告业。

第五节　古典学派综述

一、中西部学派贡献卓著

以上分析可知，中西部学派对美国早期营销理论的发展贡献巨大，其主要贡献在于在1920年前后掀起了营销理论研究的第二次浪潮。第一次浪潮是在此之前8年到10年里，以巴特勒、切林顿、肖和尼斯托姆等为代表人物掀起的营销理论研究浪潮。上述学者开展了大量的开拓性工作，如对营销定义的确定、内涵扩展和专题研究等，最终形成和拓展了营销思想的早期理论框架。然而，早期的研究主要限于对一些营销新概念的切磋，从此，"营销"一词开始流行起来。20世纪初的营销学者是从总体上探索营销实践的，战后以来，学者们开始注重对营销职能的研究，因而，中西部学派的主要贡献在于对营销理论的集成与提炼，并展开了营销职能和原理的研究。他们将这门学科加以定型，并不断丰富了营销理论体系。

二、古典学派的启示

通过对美国早期古典营销学派的发展进行深入研究，我们可以得出如下结论：

（一）经济学与营销学的关系

营销研究是经济学研究的深化和扩展。因此，将经济学称作营销学的母学科，应该是当之无愧，恰如其分。

经济学是一门具有200多年历史的古老学科。其核心思想基于资源的稀缺性。经济学家早已注意到，人类需求无穷，而资源却十分有限。所以，社会必须决定在资源稀缺的情况下首先满足哪些需要。经济学家便对以下三个基本问题进行了研究：① 社会应生产哪些产品和服务？② 如何生产这些产品和服务？③ 谁可以获得这些产品和服务？

对于上述问题的回答，依社会制度（资本主义、社会主义或其他主义）的不同而有所差异。实际上，这些问题的核心是如何提高资源配置的经济效率，也即如何使现有资源的产出最大，进而有效地满足社会需要。因此，经济学乃是研究人们如何抉择，以便运用稀缺的或有限的资源来生产各种产品和服务，并将其分配给不同的社会成员进行消费的一门科学。

早期古典营销学派的创立者大多是出身于经济学领域。营销学至今仍与经济学有着密切联系。

（二）商学与营销学

从早期古典营销学者的成长发展轨迹看，他们对商学或商业活动的开拓性研究，奠定了营销科学早期发展的理论根基。实践是理论形成和发展的源泉。人们只有在改造世界的伟大实践中，才能逐渐认识自然界、社会和人类思维发展的规律，进而获得对客观事物的正确认识，形成体现社会发展规律的科学理论。国外营销先驱有许多在成为著名营销学者之前，就曾有过丰富的营销实践经验和深刻的经商体验。来自营销实践的许多感悟，后来都成了营销理论创新的源头，不少还发展成为至今行之有效的营销科学理论或原理。这些来自实践的经验和感悟，对于营销学者职业生涯的成功，尤其在理论创新、人才培养、学问传承方面取得举世认可的成就，发挥了极其重要的作用。

（三）教学相长与师生互济

不论是来自学术界还是来自实践领域的营销研究者，都受到多种主客观因素的影响。其中，教师对学生的影响之深，值得关注。习近平同志曾指出："人类社会需要通过教育不断培养社会需要的人才，需要通过教育来传授已知、更新旧知、开掘新知、探索未知，从而使人们能够更好认识世界和改造世界、更好创造人类的美好未来。"[1]营销思想史表明，许多著名的营销学者甚至营销先驱，都是受到老师的鼓励、教诲和引导，而走上营销学的学术之路的。中国营销教育者也应以此为鉴，行为世范，为人师表，以自己的学识品行影响和造就一代又一代的营销新人。只有这样，中国的营销学界才能充满希望。

（四）营销原理与中国特色

营销学的理论框架是在20世纪20年代逐渐形成的。当时，许多学者以"营销原理"为书名出版的教材、著作等奠定了营销理论体系的初级框架，对日后营销学教育和研究的发展提供了精神指引，起到了基础性的决定作用。习近平同志说过："推进中国改革发展，实现现代化，需要哲学精神指引，需要历史镜鉴启迪，需要文学力量推动。"[2]构建新时代中国特色营销理论，也需要密切联系中国特色社会主义的时代特征，借鉴国外营销理论建立、发展、创新的成功经验，在已有理论框架的基础上有所突破，有所发展。

构建中国特色营销理论既具有民族性，又具有世界性，是民族性与世界性的有机统一。首先，中国特色营销理论的首要属性是"中国特色"，从而必然具有民族性。一方面，构建中国特色营销理论应该尊重中国的传统文化，并从优秀的传统文化中吸取至今不失其应用价值的中华文明成果。另一方面，构建中国特色

---

[1] 习近平.致清华大学苏世民学者项目启动仪式的贺信（2013年4月21日）.人民日报，2013-04-22.

[2] 习近平.在考察北京大学时的讲话（2014年5月4日）.人民日报，2014-05-05.

营销理论的民族性还体现在要适应世情、国情的新变化，进一步健全和完善既成的思想和理论体系，从而创造出更多的民族特色和优势。其次，构建中国特色营销理论必须具有世界眼光，要在追求"中国特色"中充分吸纳世界文明的新成果。民族性与世界性是有机统一的。民族性不能排斥世界性，世界性即融于民族性之中。正如习近平总书记所说："强调民族性并不是要排斥其他国家的学术研究成果，而是要在比较、对照、批判、吸收、升华的基础上，使民族性更加符合当代中国和当今世界的发展要求，越是民族的越是世界的。"① 但是，"解决中国的问题，提出解决人类问题的中国方案，要坚持中国人的世界观、方法论。"② 最后，构建中国特色营销理论要主动促进国内与国际双向学术交流。在中外学术交流中，应该理直气壮地宣传中国营销理论的新发展，并勇于坚持自己的基本立场、基本方法识别，评判西方国家的营销理论的新成果，吸纳其正确的因素，而抛弃其消极部分。

构建中国特色营销理论要坚持继承性与原创性的辩证统一。构建中国特色营销理论既具有明显的继承性，即在总体上是沿着既定的方向和目标前进的，包含着对已有成果的保留和肯定，但同时又要看到这种保留和肯定不是机械的全盘继承，而需要坚持创新和变革，特别要鼓励原创性的研究和探索，使中国营销理论不断跃上新的台阶。首先，构建中国特色营销理论的性质是"变革"，是在继承基础上的健全和完善，即不是要根本推翻已经建立起来的学科或理论体系，不能完全"另起炉灶"，特别要注意肯定和继承既成的学科或理论体系的某种特色和优势。如具有突出的中国特色或民族特色，讲求中国风格、中国气派，体现中国的世界观和方法论，弘扬中国的优良传统。其次，构建中国特色营销理论必须以创新为引领，并特别鼓励原创性的探讨，以提升构建的水平和成效。构建中国特色营销理论虽然要继承优良传统和既有成果，但这不是机械的全盘照搬，而是包含着创造性的传承。讲求创新、特别是具有原创性，应该成为构建中国特色营销理论的主题和目标；对于中国业已形成的营销理论及其体系既要"不忘初心"，又要"继续前进"，增强问题意识，努力补齐短板，真正构建一个具有"原创"意义的、属于中国人自己的、能够向世人昭示中华民族智慧的营销理论体系。最后，构建中国特色营销理论要以继承为基础，以创新为根本，以实现"原创"为最高境界，努力推动三者相辅相成。

（五）营销先驱之与时俱进

研究发现，20世纪初的20年间对营销做出主要贡越的先驱后来大多仍是营销学界的杰出学者。这与这些学者具有扎实的理论功底，又善于不断创新、与时俱进地提出新理念、贡献新思想密切相关。习近平同志指出："历史只会眷顾坚定者、奋进者、搏击者，而不会等待犹豫者、懈怠者、畏难者。"③ 营销学发轫之初，在当时的时代背景下，正是杰出学者具有远见卓识和超前思维，才有可能带领同辈学者深入探索、坚忍不拔、百折不挠、执着进取、不懈努力，为这门学科奠定下坚实的理论基础。伴随着时代的进步、环境的变迁、实践的发展演

① 习近平.在哲学社会科学工作座谈会上的讲话（2016年5月17日）.人民日报，2016-05-19.

② 同①。

③ 习近平.在纪念孙中山先生诞辰150周年大会上的讲话（2016年11月11日）.人民日报，2016-11-12.

变，营销先驱们不满足于已有的成就贡献，继续开拓奋进，在新的历史起点上，著书立说，精耕细作，提出新的学说、新的观点和新的理论体系。这些伟大人物又进一步影响了时代，以他们的努力进取和恒久坚持，推动了时代进步和营销理论的创新发展，这才有了今天营销学科兴旺发达、人才济济的大好局面。

本章回顾

从结构层面和知识层面进行划分，早期的营销学界存在三个主要学派，即商品学派、职能学派和机构学派，它们构成了古典学派。区域学派同样侧重于考察整体市场行为，因此也可以划归为古典学派。

从空间和个人层面进行划分，根据营销理论的发源地以及学者之间的师承关系，美国早期的营销学界可以划分为四个学派，即威斯康星学派、哈佛学派、中西部学派和纽约学派。

关键术语

古典学派　商品学派　职能学派　机构学派　威斯康星学派　哈佛学派　中西部学派　纽约学派　经济学

即测即评

请扫描二维码，在线测试本章学习效果。

讨论与思考

1. 比较四大营销古典学派的异同点。
2. 比较四大营销地缘学派的异同点。
3. 简述哈佛学派的主要代表人物及其主要观点。
4. 简述威斯康星学派的主要代表人物及其主要观点。
5. 简述中西部学派的主要贡献。

第五章
现代营销学科的形成

> 市场营销观念：目标市场，顾客需求，协调市场营销，通过满足消费者需求来创造利润。
>
> ——西奥多·李维特

本章学习目标

1. 了解营销学科的起步
2. 了解奥德逊及其对营销学科的主要贡献
3. 了解营销学科成熟的发展历程

本章知识结构图

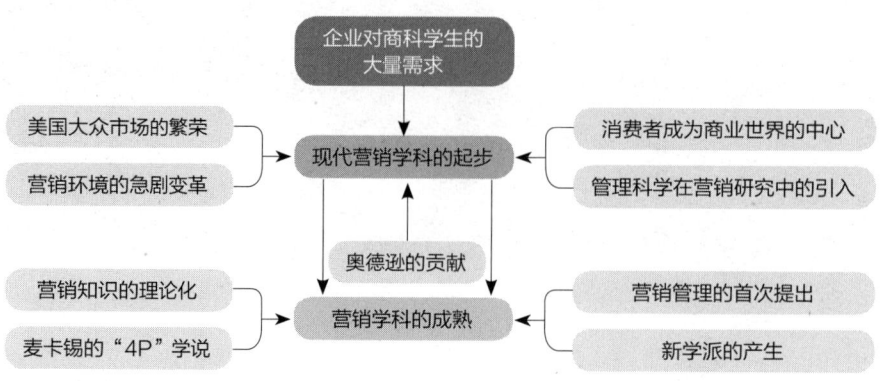

20世纪上半叶的古典营销学,形成了以产品—职能—机构研究法为核心的传统营销学范式。进入20世纪中叶,传统的营销学研究方法已经无法适应飞速变化的营销实践的需要,营销实践推动着新的营销学思想的产生,现代营销学科随之应运而生。

第一节 现代营销学科的起步

现代营销学区别于古典营销学的一个重要特征在于现代营销学具有明显的管理导向。之所以如此,这与现代营销学所产生的历史背景紧密相关。

一、美国大众市场的繁荣

(一)消费市场供需两旺

第二次世界大战之后,美国战时实行的消费品配给政策取消,美国民众在战争时期被抑制的消费需求一下子释放出来,大批战士的复员还家也推动了消费需求的上涨。人们对洗衣机、垃圾下水处理器、电视、高保真收音机、立体音响等新技术产品的反应热烈。同时,美国军工产业的产能开始向民用领域转移,大量的消费品涌向市场,美国市场出现供需两旺的局面。消费者信用从1945年到1957年增长了8倍。习近平同志曾指出:"供给和需求是市场经济内在关系的两个基本方面,是既对立又统一的辩证关系,二者你离不开我,我离不开你,相互依存、互为条件。没有需求,供给就无从实现,新的需求可以催生新的供给。没有供给,需求就无法满足,新的供给可以创造新的需求。"①将这一放之四

---

① 习近平.在省部级主要领导干部学习贯彻党的十八届五中全会精神专题研讨班上的讲话(2016年1月18日).北京:人民出版社,2016:30-31.

（二）婴儿潮助推消费需求

第二次世界大战结束对美国市场产生的另一个极为深远的影响是创造了婴儿潮一代。在经历了20世纪30年代的经济大萧条和40年代的第二次世界大战洗礼后，美国的经济繁荣兴旺，使得美国的出生率自1946年激增。从1946年开始，美国平均每年要增加400万名新生婴儿，直至1964年避孕药普及后，这股"热潮"才逐渐退却。这段时期，美国的人口统计曲线骤然激增，因此这批人被称为"蟒蛇腹中的猪"（pig in the python）世代，或"婴儿潮"。伴随着这批婴儿的成长，他们日益增长的消费需求对市场带来了巨大的冲击，到了19年之后的1965年总共产生了7 600万名新的消费者，为美国大众市场的繁荣注入了强劲的动力。例如，20世纪50年代末期呼啦圈曾在儿童、青少年甚至某些成年人中风靡一时。类似的消费时潮在世界各国也经常涌现。

（三）经济增长的"黄金时代"

从20世纪50年代至60年代，美国经济增长出现了一个西方经济学家所称的"黄金时代"。美国的国民生产总值经过"黄金时代"的发展从1961年的5 233亿美元上升到1971年的10 634亿美元；1965—1970年美国的工业生产以年均18%的速度增长。1971年美国拥有汽车1.11亿辆，83%的家庭至少拥有一辆汽车。1970年美国农产品比1950年增长了2倍，一个农民能养活47.1个人。1956年，美国政府迫于汽车、卡车和石油等工业迅速发展的压力，通过了历史上规模最大的公共设施建设计划"联邦高速公路法案"，拨出250亿美元在10年内建成了长达4万英里①的州际高速公路网，直通全国每个城市，而且从市区通到市郊，极大地缩短了交通运输时间和费用，制造业纷纷从市区搬往地价较便宜的市郊或乡镇，越来越多的消费者有能力住在离城镇相当远的地方而享受宽敞的住房和广阔的家宅空地，车库、秋千、烧烤炉和游泳池也逐渐普及起来。

---

① 注：1英里=1.6千米。

二、营销环境的急剧变革

（一）购物更加便利

20世纪五六十年代，美国人的生产和生活方式发生了巨大的变化，人口逐渐由市区迁往郊区，购物中心庞大的停车场给顾客带来了便利，城市中心区的百货公司也开始在郊外设立分支机构。例如纽约的柯卫公司（E. J. Korvette Inc.）和亚历山大公司（Alexander Co.）在1960—1969年分别在长岛和新泽西州设立了一些分公司，形成一种地区性的连锁百货公司。

（二）分销物流迅速发展

第二次世界大战后，随着美国经济的快速发展和为解决国内就业压力的需要，美国的公路建设速度明显加快。统计数据显示，1951—1979年的28年间，美国的公路总里程明显呈现快速增长的态势，共新增公路里程95.09万千米，年均新增里程达到3.4万千米，是1953年之前15年间年均新增里程的5.3倍。从20世纪50年代初到70年代末，美国的高速公路平均每年建成3 000千米。随着美国交通等基础设施的大发展，美国企业的分销渠道也面临着变革和重组，这些极大地促进了仓储、运输、配送、物流的迅速发展。

（三）电视广告刺激需求

20世纪五六十年代，对企业营销活动产生重要影响的另一个因素是电视这种新的传播媒介的迅速普及。1941年，美国联邦通讯委员会（FCC）通过了准许开办商业电视台的法令，电视业开始迅速发展起来。第二次世界大战后，彩色电视节目开始出现。美国广播公司（ABC）于1948年开始播出电视节目。1954年，由于取得"迪士尼乐园"和"米老鼠俱乐部"的播出权，美国广播公司一举成名，由此也刺激了美国消费者对米老鼠手表和米老鼠帽子等相关产品的大量需求，洛杉矶主题娱乐公园"迪士尼乐园"也因为能够再现迪士尼节目中的许多形象和场景而获得了空前的成功。迪士尼将成功的娱乐节目作为有效的营销手段，带给营销业者诸多启发和思考，许多厂家如法炮制。电视广告业随着电视媒体的发展而迅速成长起来。1953年，美国电视广告的收入已经到6亿美元，基本上和广播广告收入持平，但第二年就猛增到8亿美元，大大超过了广播广告收入。在20世纪五六十年代，在每天晚上的黄金时间，居住在美国各个地方的观众都会守在电视机前观看同样的电视广告，这给美国的企业创建全国性品牌、开展全国范围的广告宣传提供了重要的契机。

小百科

迪士尼乐园之父——华特·迪士尼

华特·迪士尼（Walt Disney，见图5-1）是美国动画片制作家、演出主持人和电影制片人，1901年12月5日生于美国伊利诺伊州的芝加哥。他以创作卡通人物米老鼠和唐老鸭闻名。他制作了世界第一部有声动画片《蒸汽船威利》（也译作《威利汽船》《威廉号汽艇》，1928年）和第一部动画长片《白雪公主》（1938）。他与其哥哥罗伊·O. 迪士尼（Roy Oliver Disney）创办了迪士尼兄弟动画制作公司。

图5-1 华特·迪士尼

在米老鼠诞生以前，迪士尼曾经创作过一只叫奥斯瓦尔德的长耳朵卡通兔形象，很受观众欢迎，1928年，就是米老鼠诞生的这一年，华特和设计师们一起讨论，如何创作一个更可爱的卡通形象。他们把奥斯瓦尔德画在纸上，然后开始修改：把耳朵变圆，给短裤加上纽扣，给大脚穿上鞋子，双手戴上手套，再加上一条可爱的尾巴……不一会儿，一个可爱的老鼠形象就跃然纸上了！华特眼前一亮，就是这只小老鼠！他的夫人莉莉连恩马上给它起了个响亮的名字"Mickey Mouse"（米奇老鼠），这就是米老鼠的诞生过程。

华特·迪士尼的很多事迹让他成为全球著名的人，包括他创造的《白雪公主》《木偶奇遇记》等很多知名的电影，还有米老鼠等动画角色，也是他，让迪士尼乐园成为现实，开创了主题乐园这种形式，而且他在电视节目《迪士尼奇妙世界》（原来叫 Disneyland）的主持让无数美国人民无法忘怀。他获得了56个奥斯卡奖提名和7个艾美奖。华特·迪士尼于1966年12月15日因肺癌医治无效死去，此时他还在为佛罗里达迪士尼世界操劳，该主题乐园于他去世几年后开幕。

资料来源：互动百科，2011年7月16日。

三、消费者成为商业世界的中心

第二次世界大战之后，美国及西欧经济从卖方市场过渡到买方市场。超大的生产能力致使产品出现过剩，产品销售越来越困难，每个行业出现巨头企业致使市场的竞争更加激烈。以往的企业营销观念具有明显的供应导向，企业生产什么，就向市场供应什么；企业能够生产多少就向市场供应多少；生产者只要保证质量，产品自然就会受到购买者的欢迎。市场形势的变化教育了越来越多的管理者。他们认为，在当今经济社会中，消费者理应成为商业世界的中心，企业必须围绕着顾客而不是其他运转。深入人心的顾客观念逐渐对商业运营产生深远的影响，进而演变成为管理思维的一场革命。

20世纪50年代末至60年代初，顾客导向的营销还处于初级阶段，一些管理比较先进的企业，如皮尔斯伯瑞、宝洁、通用食品公司等，已经认识到顾客导向是当今经济社会中决定企业前途命运的一个决定性的因素。

与此同时，人们逐渐认识到行为科学的许多领域的知识有助于完善营销学科的知识体系。纯科学开始将它们的专长和思想应用于商业未开发的领域，一大批行为科学、统计学、数学和社会科学学者开始将其研究重点转入品牌竞争、营销管理、决策模型等领域。

四、管理科学在营销研究中的引入

在20世纪50年代，美国企业的经理们很少受过专门的训练，普遍缺乏所在管理岗位的专业知识。为了改变这种情况，福特基金会在50年代初期开展了一个为期数年的项目，试图将科学的理论、方法和分析工具注入美国的商业系统中。这个项目的焦点在于改变美国商业学校中任教老师的研究计划、博士生培养和教学方法。卡耐基大学、哈佛大学、哥伦比亚大学、芝加哥大学和斯坦福大学是第一批试点的美国高校。一系列的研讨会在这五所高校召开，来自约300所高校的1 500名教师就商科教育问题展开讨论。福特基金会和卡耐基基金会资助的一项研究报告指出，商科教授在当前所进行的商科教育很大程度上是描述性的，缺乏定量分析和数理方法的应用；无论教科书还是授课内容，往往关注的是过去，而不是未来；不少大学教授本身就缺乏专门的科学训练和商业实践经验。

为了促进商科教育根本上的长期改变，福特基金会于1959年赞助了一个为期一年的专门项目，这个项目由哈佛大学和麻省理工学院的基础数学研究院进行，一批经过挑选的有希望的年轻商科教师在这里接受数学教师的深度培训。这个项目中营销方面的学员包括菲利普·科特勒（Philip Kotler）、弗兰克·巴斯（Frank M. Bass）、罗伯特·巴泽尔（Robert D. Buzzell）、威廉·莱泽（William Lazer）、E. 杰罗姆·麦卡锡（E. Jerome McCarthy）、埃德加·派斯米尔（Edgar Pessemier）、唐纳德·肖沃（Donald L. Shawver）、亚伯拉罕·舒克马（Abraham Schuchman）、克里斯·西奥多（Chris A. Theodore）、乔治·威尔森（George W. Wilson）等。这些学者将其学到的科学理论、方法和分析工具带到自己所在的大学里，应用在自己的营销研究与教学中，使得营销学具有明显的管理科学范式。除了他们个人对营销研究的重要贡献之外，这些人还通过撰写具有很大影响力的教科书、召开关于研究理论和研究方法的研讨会和用这种新方法来教育下一代青年学者等途径来促进研究新视角的扩散。

除了福特基金会的影响之外，20世纪60年代，计算机技术在产业和学术界的飞速发展也促进管理科学在营销学中的应用。这一新工具能够帮助研究者进行精密的运算，构建复杂的营销问题模型。比如构建物流、销售力量配置和广告预算的最优化模型等。此外，新的多元统计分析工具也得以应用于分析大众市场中的大型银行的信息。

五、企业对商科学生的大量需求

第二次世界大战之后，美国由战时经济转变为和平时期经济，人们的消费能力大量释放为企业带来了大量扩充机会。20世纪五六十年代，随着美国经济的飞速发展，急剧扩展的市场，不断扩大的企业规模，使得企业需要越来越多的受过专业训练的商科学生充实到企业的管理队伍中来。

值得注意的是，在企业对商科学生需求骤增的同时，各大学管理学院在教学目标、教学手段和教学水平上的诸多弱点也逐渐暴露出来。主要表现为理论与实践脱节、教学内容与企业需求脱节、学生分析问题解决问题的能力严重不足。这和我国商科教育目前存在的问题颇有几分相似。正因为如此，才更加显示出习近平同志教育思想的远见卓识。他指出要"深化人才培养模式、教学内容及方式方法等方面的改革，使各级各类教育更加符合教育规律、更加符合人才成长规律"[①]。这对于推进我国营销教育创新，避免国外商科教育所走过的弯路，

---

① 习近平.全面贯彻落实党的教育方针 努力把我国基础教育越办越好（2016年9月9日）.人民日报，2016-09-10.

不断提高人才培养质量具有十分重要的指导意义。

当时的美国，商科教育的"短板"也逐渐引起了政府部门、非营利机构、企业和高校的关注，各个部门和机构从不同角度及时采取了补救措施。1958年，卡耐基基金会和福特基金会先后公布了各自的研究报告，不约而同地强调了商科教育的实践性质，强化问题导向和实践效果，倡导着力培养学生的定量分析能力和实际操作能力，最终促成了影响全球商科教育界的结构化课程体系。

具体在营销领域，企业希望学校的营销教育能够更贴近美国商业的现实情况，为未来的营销经理们提供一整套的营销理论和分析工具，帮助他们解决在实际营销实践中出现的问题。企业对营销人才的期望和传统营销教育偏重描述性知识的缺陷，引起了营销学界的反思。一些营销学者开始尝试从研究整体市场行为的产品—职能—机构的传统研究法，转向从营销经理的管理视角来研究微观企业所面临的营销问题。同时，以奥德逊为代表的一批曾任职于企业的学者开始进入高等院校授课或进行营销理论研究。

当时，给营销同行留下深刻印象的是，奥德逊等具有实践背景的教师所开展的营销研究具有明显的管理导向，重在解决营销实践问题。习近平同志说过："宝剑锋从磨砺出，梅花香自苦寒来。人类的美好理想，都不可能唾手可得，都离不开筚路蓝缕、手胼足胝的艰苦奋斗。"① 营销教育不断发现问题、不断解决问题、不断发展完善的奋斗历程，也充分印证了习主席的英明论断。正是在多种因素、多种力量的共同推动下，现代营销学科得以形成。

---

① 习近平.在同各界优秀青年座谈时的讲话（2013年5月4日）.十八大以来重要文献选编（上）.北京：中央文献出版社，2014：280.

第二节 奥德逊的贡献

在营销学科的发展历程中，奥德逊（Wroe Alderson）是一个具有里程碑意义的人物。他在转变营销思想从分析整体层面的市场行为到从营销经理的视角出发，从狭隘的聚焦于应用经济学到采取行为科学的全景视角，再到从关注于描述和分类到着重于分析和理论构建的巨大变革中，起到了巨大的推动作用。奥德逊被公认为是20世纪中叶美国最伟大的营销思想家和理论家，现代营销学科的奠基人之一。

一、奥德逊其人

奥德逊的一生富有传奇色彩。1898年，奥德逊（见图5-2）出生于美国密苏里州圣路易斯市的一个农场。日出而作、日落而息的艰苦的农场生活磨砺了他的意志，也形成了他以后岁月的工作和生活习惯。他以每晚只需睡3～4小时而出名，醒着的时间便用于满足其旺盛的阅读欲望。在其人生历程中，阅读的习惯一直陪伴着他。而且，他涉猎广泛，包括经济学、人类学、生物学、社会学、哲学和心理学等。丰富的阅读积累为其后来在营销领域的天才创见，提供了源源不断的素材。

图5-2　奥德逊（1898—1965）

奥德逊在小学时即辍学，很小的时候就离家出走，在铁路沿线流浪。第一次世界大战期间他应征入伍，担当一名文员。在两次世界大战之间，他做了包括伐木工在内的多种兼职工作。后来，奥德逊进入今天的中央华盛顿大学读书，读了不久，他又转到乔治·华盛顿大学读书。他于1925年大学毕业，获得经济学和统计学学位。

大学毕业之后，奥德逊进入美国商务部工作，撰写了一些关于分销成本的具有影响力的报告。1936年，他举家搬到费城，加入柯蒂斯出版公司（Curtis Publishing Company），这是一家在营销研究领域全国领先的企业。在柯蒂斯工作期间，奥德逊在《美国营销学报》（《营销学报》的前身）和《营销学报》上发表了一些文章。第二次世界大战期间，奥德逊任职于美国物价管理办公室。

1944年，奥德逊创办了属于他自己的咨询公司，在第二年扩展为奥德逊和赛申斯公司（Alderson and Sessions）。这家咨询公司迅速成为全国领导者，为许多知名企业提供咨询服务，其中包括杜邦公司、新泽西标准石油公司（即现在的埃克森公司）、J. 沃尔特·汤普森公司、洛克菲勒公司、美国橡胶公司等。

1948年奥德逊担任美国营销协会的主席。他推动了从1951年持续到1965年一年一度的营销理论研讨会。1953年，他成为麻省理工学院的访问学者，并在其他一些大学有过短暂的任教。1959年奥德逊加入宾夕法尼亚大学的沃顿商学院，成为一名全职教授。1962年，奥德逊推动成立了管理科学协会。因为奥德逊对营销理论的贡献，他先后荣获众多的营销学奖项，其中包括一次帕林奖和两次肯沃斯奖。因为他在分销成本分析中的实际工作，他还被列入分销名人录。1965年美国阵亡战士纪念日当天，奥德逊在和几个博士生交谈的时候，心脏病突发，不幸离开人世，结束了他传奇的一生。

二、奥德逊与现代营销学科

奥德逊于1957年出版了《营销行为和经理行动》（Marketing Behavior and Executive Action）一书，这本划时代的著作的出版标志着现代营销学科的正式诞生。

在这本书中，奥德逊对"营销功能主义理论"进行了更深入的论述，分析了营销理论与其他社会科学之间的关系。他指出，市场行为是一种群体行为，而构成群体的个体要通过组织行为体系来实现其目标。

要讲清楚"营销功能主义",就需要了解什么是"功能主义"。而要说清楚"功能主义",就不可避免地会扯上"现代主义"。现代主义肇端于20世纪20年代,它是一个主张设计要适应现代大工业生产和生活需要,以讲求设计功能、技术和经济效益为特征的学派。其最为重要的理念便是功能主义。功能主义就是要在设计中注重产品的功能性与实用性,即任何设计都必须保障产品功能及其用途的充分体现,其次才是产品的审美感觉。简而言之,功能主义就是功能至上。

奥德逊认为,所谓市场行为,也就是解决问题的行为;而营销组织,也就是一个为市场服务的行为系统。以此为基础,他提出了如下原理:① 营销系统是一个投入–产出系统。② 每个企业都具有一定的独特性,因而可以凭借差别优势参与竞争。③ 谈判是营销系统实现经济价值和达到力量均衡的重要手段。④ 交换的实质是买卖双方不断完善商品配置的过程。奥德逊将社会科学和物理科学中的许多概念引入到其营销理论体系,并对营销理论加以系统化。

总体上看,奥德逊的《营销行为和经理行动》一书对于营销理论和思想至少有三个方面的重要贡献:一是推动营销思想从传统的关注市场分销问题转向关注营销管理问题;二是将营销学科的基础从经济学扩展到更为广阔的管理学、心理学、行为科学的视角;三是突破了传统营销学科偏重于描述和定义的局限,开启了构建现代营销学科的新时代。

这部巨著在营销学科发展史上产生了极其重要的指导作用和深远影响。尽管这本书的大部分是在探讨科学、理论和系统问题,但奥德逊将这本书的最后三章用于探讨营销中的管理决策制定。这是学界公认的第一本具有影响力的采取营销管理视角的著作。美国营销历史学派的奠基人罗伯特·巴特尔斯(Robert Bartels)这么评价这本书:"奥德逊用一种如此现代的方式将营销呈现出来,创造了一种注重营销管理的新范式。"

三、奥德逊的理论贡献

在奥德逊研究营销学的过程中,发现在传统的产品—职能—机构研究法主导下的古典营销学存在一个严重的缺陷,就是缺少能够整合营销学的系统理论,营销学在很大程度上只是经济学在分销环节的应用,缺少属于自身学科的系统性的一般理论。1954年,奥德逊在纪念营销学先驱查尔斯·帕林(Charles Parlin)的演讲中这样说道:"之前营销学的发展看上去对于关键营销决策并没有产生多少应用价值。在决定如何生产新产品和使用何种媒体对其进行广告宣传这些问题上,有许多知识比经济学更有用武之地。"因此,创建营销学自身的理论,便成了贯穿奥德逊学术生涯始终的孜孜追求。

奥德逊是第一位致力于创建营销理论并取得巨大成就的学者。在1957年的《营销行为和经理行动》一书中,奥德逊首次基于功能主义方法完整地提出了自己的营销理论。

在这之后，奥德逊对自己的理论进行了修改和完善，1965年奥德逊出版了《动态营销行为》(Dynamic Marketing Behavior)，进一步丰富了自己的理论。《营销行为和经理行动》和《动态营销行为》这两本著作形成了奥德逊原创的功能主义营销理论体系。在这个理论体系中，奥德逊使用一种系统方法围绕着三个核心概念——有组织的行为系统、异质市场和交易集合(transvections)来研究和分析营销问题。交易集合是由奥德逊独创的一个概念，在这里指的是一组有顺序的交易集合，起始于原材料的最初出售者，经过中间环节的购买和销售，直到完成品的最终购买者，每经过一次交易，产品的组合形态（包装、价格、批量等）就会有一次变化。奥德逊的营销理论体系，吸收了许多生物学、社会学、文化人类学、心理学和其他社会科学的概念。受益于奥德逊广泛的涉猎和天才的构想，营销学被注入了强劲的多学科血液，焕发勃勃生机。

"正所谓'独行快，众行远'"[①]，众人拾柴火焰高。"一个人的努力是加法，一个团队的努力是乘法。"[②]奥德逊认识到，一己之力还不足以创建和发展营销理论，因而他积极地引导其他重要的营销学者加入到这项运动中来，为此从1951年开始直到1965年奥德逊不幸去世，他每年都会组织年度营销理论研讨会，这是一个专门探讨发展营销理论概念的会议。20世纪60年代早期，奥德逊还发起成立了营销科学学会。通过奥德逊的研究、著书、组织会议和教学，越来越多的学者开始投入到营销理论构建的潮流中来。奥德逊亲密的学术伙伴雷维斯·柯克斯(Reavis Cox)在1964年这么形容奥德逊，说他是"推动我们完成创建一个有效的营销理论体系任务的支配力量"。营销历史学家斯蒂芬·布朗(Stephen Brown)在2002年撰文称，奥德逊就如同一个船长，航行在营销学科理论构建的河道上，尽其所能做好每一件事，来为营销理论开拓疆域。

---

① 习近平.在蒙古国国家大呼拉尔演讲（2014年8月22日）.人民网，2014-08-23.

② 习近平.在二十国集团领导人汉堡峰会上关于世界经济形势的讲话（2017年7月7日）.人民日报（海外版），2017-07-19.

第三节　营销学科的成熟

20世纪五六十年代，营销理论体系开始具有明显的管理导向，进而形成了现代营销学的理论框架，即以企业营销活动中目标市场的确定、营销组合的设计为基本研究内容。其间对营销思想和营销理论的丰富和发展做出卓越贡献的代表人物，当数奥德逊(Wroe Alderson)、约翰·霍华德(John A. Howard)和尤金·J.麦卡锡(Eugene J. McCarthy)等。

一、营销知识的理论化

（一）多学科视角阐述营销理论

在此期间，学术界关注的焦点是营销知识的理论化和系统化，并运用其他社会科学的概念来解释市场行为。实际上，在"销售管理"研究中，管理方法主要用于培养学生的销售才能，在"营销学"研究中，管理方法用来使学生（尤其是非营销专业的学生）熟悉和了解营销活动中职业经理们面临的各种营销难题和营销决策。总体上讲，从20世纪50年代到60年代，营销思想的发展趋势是，人们对营销理论的兴趣与日俱增。柯克斯和奥德逊《营销理论》一书汇集选编的论文，揭示了营销的各个方面，充分体现了营销与经济学理论、公共政策及其他社会学科之间的联系。其中社会物理学、心理学、行为科学、区域贸易和区际贸易等理论的阐述尽管有些不完善，但这毕竟是营销理论的起源，在以后的岁月里，这些理论得到了进一步的深化与发展。

（二）致力营销知识的系统整合

除了奥德逊的《营销行为和经理行动》和《动态营销行为》两本划时代的著作外，凯利和雷泽编辑的《管理营销：前景与展望》一书，对20世纪50年代盛行的各种观念进行了系统整理和归纳，其目的是启发读者对现存的营销问题展开创造性的思考和探索。书中特别强调了如下观点：消费者是营销努力的焦点，企业必须善于应变；营销规划对于实现营销目标至关重要；营销组合具有战略性作用；营销沟通日显重要。

凯利和雷泽的著作为营销理论的系统整合提供了理论框架。而留给其他学者的任务，就是对营销理论进行令人接受的系统整合。系统论创始人路德维希·冯·贝塔朗菲（Ludwig Von Bertalanffy，1901—1972）认为，系统是相互联系相互作用的诸元素的综合体。这个定义强调元素间的相互作用以及系统对元素的整合作用。可以表述为：如果对象集S满足两个条件（① S中至少包含两个不同元素；② S中的元素按一定方式相互联系），则称S为一个系统，S的元素为系统的组分。他认为，系统具有三个特性：① 多元性，系统是多样性的统一，差异性的统一。② 相关性，系统不存在孤立元素组分，所有元素或组分间相互依存、相互作用、相互制约。③ 整体性，系统是所有元素构成的复合统一整体。奥德逊、凯利、雷泽等人就是运用系统的方法对营销知识进行理论化和规范化的。为了获得更多学者的理解和认同，他们还出版了一些入门性的著作，为广大同行提供更加全面的理论阐释。

路德维希·冯·贝塔朗菲，美籍奥地利理论生物学家和哲学家。他从生物学领域出发，涉猎医学、心理学、行为科学、历史学、哲学等诸多学科，以其渊博的知识、浓厚的人文科学修养，创立了20世纪具有深远意义的一般系统论，使他的名字永久地与系统理论联系在一起。1972年，法国科学家委员会曾提名他为诺贝尔奖候选人，但是在诺贝尔奖评选委员会讨论这个提名之前，贝塔朗菲不幸与世长辞了。他被公认为20世纪最杰出的思想家之一。

（三）营销新概念加速理论化进程

营销知识理论化和系统化的另一重要表征，就是在营销学界出现了诸如产品生命周期、品牌形象、营销观念、营销审计等新概念。

1. 产品生命周期

20世纪50年代初，乔尔·迪恩最先提出产品生命周期的概念在营销理论史上占有很重要的地位。之后，西奥多·莱维特对这一概念给予了高度的评价，从而使产品市场生命周期在营销领域得到了广泛的运用。以后该概念经历了多次修正，至今依然是一个使人感兴趣同时又颇具争议的问题。目前比较流行的是把产品市场生命周期划分为四个阶段（介入期、成长期、成熟期、衰退期）或五个阶段（介入期、成长期、成熟期、饱和期、衰退期）等。

2. 品牌形象

1955年，西德尼·利维（Sydney Levy）提出了"品牌形象"概念。品牌形象是指企业或其品牌在市场上和社会公众心中所表现出的个性特征，它体现着社会公众和消费者对品牌的评价与认知。品牌形象与品牌不可分割，形象是品牌表现出来的特征，反映了品牌的实力与本质。品牌形象包括品名、包装、图案广告设计等。形象是品牌的根基，所以企业必须十分重视塑造品牌形象。利维的品牌形象概念得到了戴维·奥格威（David Ogilvy）的赞赏和肯定，以至在其讲话中经常引用它。不仅如此，这一概念还为众多的广告业者和公关界人士所偏爱，许多实践案例证明，将巨额的广告支出用于建立品牌形象对于提升促销的实际效果是非常有益的。

3. 营销观念

1957年，美国通用电气公司的约翰·麦克特里克（John McKitterick）提出了"营销观念"这一经营哲学，并称它是企业效率和长期赢利的关键。"营销观念"的核心是由过去的"以产定销"转变为"以销定产"。营销观念是对生产观念、产品观念、推销观念这三种传统观念革新和革命。

生产观念是指导销售者行为的最古老的观念之一。生产观念认为，消费者喜欢那些可以随处买得到而且价格低廉的产品，企业应致力于提高生产效率和分销效率，扩大生产，降低成本以扩展市场。显然，生产观念是一种重生产、轻营销的商业哲学。

生产观念是在卖方市场条件下产生的。在资本主义工业化初期以及第二次世界大战末期和战后一段时期内，由于物资短缺，市场产品供不应求，生产观念在企业经营管理中颇为流行。我国在计划经济旧体制时期，由于市场产品短缺，企业不愁其产品没有销路，企业在其经营管理中也奉行生产观念。具体表现为：工业企业集中力量发展生产，轻视营销，实行以产定销；商业企业集中力量抓货源，工业生产什么就收购什么，工业生产多少就收购多少，也不重视营销。

除了物资短缺、产品供不应求的情况之外，有些企业在产品成本高的条件下，其营销管理也受生产观念支配。例如，亨利·福特在20世纪初期曾倾全力于汽车的大规模生产，努力降低成本，使消费者购买得起，借以提高福特汽车的市场占有率。

产品观念认为，消费者最喜欢高质量、多功能和具有某种特色的产品，企业应致力于生产高值产品，并不断加以改进。这种观念产生于市场产品供不应求的"卖方市场"形势下。最容易滋生产品观念的场合，莫过于当企业发明一项新产品时。此时，企业最容易导致"营销近视"，即不适当地把注意力放在产品上，而不是放在市场需要上，在营销管理中缺乏远见，只看到自己的产品质量好，看不到市场需求在变化，致使企业经营陷入困境。

推销观念（或称销售观念）也是被许多企业所采用的另一种观念。这种观念认为，消费者通常表现出一种购买惰性或抗衡心理，如果听其自然的话，消费者一般不会足量购买某一企业的产品，因此，企业必须积极推销和大力促销，以刺激消费者大量购买本企业产品。推销观念在现代市场经济条件下被大量用于那些非渴求物品，即购买者一般不会想到要去购买的产品或服务。许多企业在产品过剩时，也常常奉行推销观念。

推销观念产生于西方国家由"卖方市场"向"买方市场"的过渡阶段。1920—1945年，由于科学技术的进步，科学管理和大规模生产的推广，产品产量迅速增加，逐渐出现了市场产品供过于求，卖主之间竞争激烈的新形势。许多企业家感到：即使有物美价廉的产品，也未必能卖得出去；企业要在日益激烈的市场竞争中求得生存和发展，就必须重视推销工作。

营销观念是作为对上述诸观念的挑战而出现的一种新型的企业经营哲学。尽管这种思想由来已久，但其核心原则直到20世纪50年代中期才基本定型。营销观念认为，实现企业各项目标的关键，在于正确确定目标市场的需要和欲望，并且比竞争者更有效地传送目标市场所期望的物品或服务，进而比竞争者更有效地满足目标市场的需要和欲望。西奥多·莱维特曾对推销观念和营销观念做过深刻的比较，指出：推销观念注重卖方需要；营销观念则注重买方需要。推销观念以卖主需要为出发点，考虑如何把产品变成现金；而营销观念则考虑如何通过制造、传送产品以及与最终消费产品有关的所有事物，来满足顾客的需要。从本质上说，营销观念是一种以顾客需要和欲望为导向的哲学，是消费者主权论在企业营销管理中的体现。

4. 营销审计

1959年，哥伦比亚大学的阿贝·舒克曼（Abe Shuchman）提出了"营销审计"的概念。他认为，众多的公司被关在生产产品或推销导向的圈子里，不知如何去寻找公司的发展机会和途径；许多公司濒临倒闭，或正在走向死亡却浑然不觉。公司应该定期进行营销审计，以检查它的战略、结构和制度是否与它们最佳的市场机会相吻合。此后，菲利普·科特勒进一步对营销审计进行了界定，指出"营销审计是对一个公司或一个业务单位的营销环境、目标、战略和活动所做的全面的、系统的、独立的和定期的检查，其目的在于决定问题的范围和机会，提出行动计划，以提高公司的营销业绩"。并详尽归纳了营销审计的六大组成部分——营销环境审计、营销战略审计、营销组织审计、营销制度审计、营销效率审计及营销功能审计的具体内容。

二、营销管理的首次提出

霍华德的《营销管理：分析和决策》一书主张从营销管理的角度论述营销理论及其应用。当时，以"管理"为题的论文、专著屡见不鲜，但在"管理"之前冠以"营销"尚属首创。该书有4个主要特点：① 具有明显的管理决策导向；② 采取了经济分析的研究方法；③ 强调经营运作经验的重要性；④ 引进了行为科学理论。霍华德指出，营销管理的实质是企业"对于动态环境的创造性适应"，营销管理的任务就是运用这些手段来实现最佳的环境适应。企业要在动态环境里生存和发展，就必须根据形势的变化采取相应的政策措施。

小百科

约翰·霍华德

约翰·霍华德（见图5-3）从小在一个中西部农场长大，由于不在城市，因而无法享受城市优越的教育条件。在布莱克本学院读了两年书之后，他进入了伊利诺斯大学，受到优秀教员特别是保罗·达德利·肯沃斯的教授和C. M. 汤普森院长的影响。他于1939年获得商业学士学位，在1941年获得硕士学位。他在第二次世界大战期间参军。

在战争结束后，霍华德进入哈佛大学做经济学研究生项目。他分别于1948年和1952年获得哈佛大学的硕士学位和博士学位。之后，他先后在伊利诺斯大学、芝加哥大学和匹兹堡大学任教，在此期间，他还在斯坦福大学做过访问学者。从1963年开始，他开始在哥伦比亚大学任教。

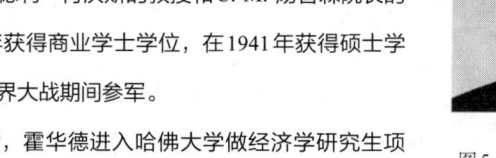

图5-3 约翰·霍华德

霍华德的第一本主要著作《营销管理：分析和决策》影响了整个营销学术界和实务界的思维方式。首先，它是管理和决策导向的。然后，它是分析性的，很少描述性的东西而更多操作概念。这本书也扩展了应用最近的行为科学成果于营销管理的过程。这本书重构了我们对于营销学的认识。

霍华德担任了许多专业职务，其中包括在美国市场营销学会博士联合会服务了四年，担任全国营销顾问委员会的顾问和担当行业和政府的咨询师。他于1968年被全国销售和营销经理协会授予年度营销教师，被后人视为营销学的领导者。

资料来源：Peter D. Bennett, John A. Howard. Journal of Marketing, 1970, Jan., Vol. 34, No. 1, pp. 75–76，编者译。

三、麦卡锡的"4P"学说

杰罗姆·麦卡锡的《基础营销：管理方法》是完整论述营销的著作之一。该书将管理营销的一般概念与社会历史导向的营销相结合，并从社会组织的角度加以评价。尽管其他书籍在论述营销的管理职能时，也对产品计划、地点或分销渠道、定价和促销进行了类似的研究（事实上，营销组合这个概念是由尼尔·博登（Neil Borden）最先提出的，他提出营销组合由12个因素构成），但是，是麦卡锡将营销组合中的这四个要素概括为"4P"，并以此为基础，建立了管理导向的营销理论体系。

据说，博登提出"市场营销组合"（Marketing Mix）这一术语是受其老师的启发。在大学时代，博登听他的老师讲过，企业家实质上是个"组合者"，善于把原材料、零部件、机械设备等加以组合，生产出样式各异的产品。博登认为，企业要得以生存发展必须直面各种影响因素，而这些因素大致可以分为两类，一类是存在于企业外部，企业不可控制的因素，如社会、经济、文化、法律、政治等；一类是企业可以控制的因素，如产品、包装、品牌、定价、中间商选择、物流、定价、广告、推销等。为了达到既定的营销目标，企业需要对这些可控制的要素进行有效的组合。此后，许多学者都围绕"营销组合"展开了深入的研究，纷纷从各自的角度提出了对"营销组合"的不同理解，形成了营销思想发展史上盛极一时的营销组合的扩充与演变热潮。

小百科

麦卡锡与4P理论

杰罗姆·麦卡锡（Jerome McCarthy，见图5-4）是美国密西根州立大学营销学教授，他于1958年获得明尼苏达大学博士学位。他是《基础营销：管理方法》这本产生了很大影响著作的作者。如今，这本书已经出版到了第17版（合著者：威廉·D. 贝罗特、约瑟夫·P. 卡农）。在1960年，麦卡锡教授将营销组合概念压缩为4个元素：产品（product）、价格（price）、渠道（place）和促销（promotion）。

图5-4　杰罗姆·麦卡锡

产品：营销学中的产品方面指的是实际产品或服务的具体规格，它如何与最终使用者的需要和欲望相联系。产品的范围一般包括如保证和支持等支持性元素。

价格：这方面指的是为一件产品设定价格包括折扣的过程。价格不应只理解成金钱，它可以是任何用来与产品或服务交换的东西，如时间、精力和注意力。设定最佳价格的方法属于价格科学研究的领域。

渠道或分销：指的是产品如何到达顾客，如销售网点布局或者零售。渠道所涉及的问题包括某种产品或服务如何被出售（比如在线或者零售），在哪个地域或者行业，到达哪个细分市场（年轻人，家庭或者商务人群），也包括产品被售卖的环境对于销售的影响。

促销：包括广告、销售促进、公共关系和个人推销，以及其他多种多样与提升产品、品牌或公司有关的方法。

资料来源：维基百科，2010年9月16日。

此外，麦卡锡还对美国营销协会定义委员会1960年给营销所下的定义进行了修正，进而提出自己的定义："营销就是指将商品和服务从生产者转移到消费者或用户所进行的企业活动，以满足顾客需要和实现企业的各种目标。"麦卡锡强调说："不是生产，而是营销决定了企业应该生产什么产品，制定什么价格，在什么地方以及如何出售产品或做广告。"麦卡锡在营销理论方面提出了新的见解。他首先把消费者看作一个特定的群体，称为目标市场。一方面考虑企业的各种外部环境，另一方面制定营销组合策略，通过策略的实施，适应和对环境的利用，满足目标市场的需求，实现企业的经营目标。

从上述分析可以看出，霍华德只是从企业环境和营销策略两者的关系来讨论营销管理问题，强调企业必须适应外部条件。而麦卡锡则提出了以消费者为中心，全面考虑企业内外部条件，以促成企业各项目标实现的营销管理体系。

四、新学派的产生

从20世纪初营销学创立到20世纪中叶，在整个营销学界占主导地位的是以商品学派、职能学派、机构学派和区域学派为代表的古典学派。这些营销思想学派以整体市场行为作为研究重点。到了20世纪五六十年代，由于美国大众市场的繁荣，营销环境的急剧变革，消费者成为商业世界的中心，管理科学在营销研究中的引入，以及企业对商科教育需求的转变等因素的推动，微观市场个体的行为日益成为学术界关注的重点，传统的古典学派已经无法适应营销学科发展的需要。习近平同志曾经提出："人类社会发展的历史证明，无论会遇到什么样的曲折，历史都总是按照自己的规律向前发展，没有任何力量能够阻挡历史前进的车轮。"[①] 也正是在这个营销思想大变革的时代，涌现了许多崭新的思想流派，呈现出百家争鸣的局面，共同促进了营销学的成熟和繁荣。

在20世纪五六十年代新出现的营销学派包括营销管理学派、营销系统学派、消费者行为学派、宏观营销学派和社会交换学派等。

营销管理学派以奥德逊、约翰·霍华德和尤金·J.麦卡锡为代表，将管理导向引入营销学中，营销管理学派是现代营销学的基石。

营销系统学派则是从系统角度研究营销和营销活动，探讨营销系统的特征、构成要素及其应用，其主要代表人物除了奥德逊之外，还有尤金·凯利、威廉·雷泽、丹尼尔·卡茨和罗伯特·L.卡恩。

随着消费者成为商业世界的中心，消费者行为研究日益成为一门显学，消费者行为

---

① 习近平.在俄罗斯莫斯科国际关系学院的演讲（2013年3月23日）.人民日报，2013-03-24.

学学派也成为一个影响力很大的学派，代表人物有杰格迪什·N.谢斯、莫里斯·B.霍尔布鲁克和罗伯特·凯斯、罗姆·J.马金等。

宏观营销学派则继承了古典营销学派的整体视野，着重研究营销活动对社会造成的影响和冲击以及社会对营销活动的反作用。该营销学派的代表人物有罗兰·S.范利、菲利普·科特勒、莱维斯·柯克斯和罗伯特·霍洛韦。

社会交换学派创立的较晚，于20世纪60年代中期才由一些学者创立。社会交换学派认为交换是营销的核心概念，试图通过对交换问题的研究来构建营销的一般概念和理论。其代表人物有威廉·麦克伊内斯、麦尔斯·W.马丁、菲利普·科特勒和奥德逊等。尤其值得注意的是，科特勒既是宏观营销学派的杰出代表，同时也为社会交换学派的创立和发展做出了重要贡献。

本章回顾

现代营销学区别与古典营销学的一个重要特征在于现代营销学具有明显的管理导向。美国大众市场的繁荣、营销环境的急剧变革、消费者成为商业世界的中心、管理科学在营销研究中的引入、企业对商科学生的大量需求等共同推动了现代营销学科的形成。

奥德逊是第一位致力于创建营销理论并取得巨大成就的学者，他在转变营销思想从分析整体层面的市场行为到从营销经理的视角出发，从狭隘的聚焦于应用经济学到采取行为科学的全景视角，再到从关注于描述和分类到着重于分析和理论构建的巨大变革中，起到了巨大的推动作用。

20世纪五六十年代，营销理论体系开始具有明显的管理导向，进而形成现代营销学的理论框架，即以企业营销活动中目标市场的确定、营销组合的设计为基本研究内容。奥德逊、约翰·霍华德和尤金·J.麦卡锡等为此做出了卓越贡献。

关键术语

市场行为　营销组织　系统　产品生命周期　品牌形象　营销观念　营销审计　生产观念　产品观念　推销观念　营销观念　营销审计　营销组合　营销系统学派

即测即评

请扫描二维码，在线测试本章学习效果。

讨论与思考

1. 简述现代营销学产生的背景。
2. 简述奥德逊对于营销理论的贡献。
3. 简述霍华德关于营销管理的著作和观点。
4. 简述麦卡锡的"4P"学说。
5. 简述20世纪五六十年代新出现的营销思想学派。

第六章
营销思想的扩展

> 21世纪的企业竞争将在一定程度上取决于文化力的较量,没有强有力的企业文化支撑的企业将会失去发展所必需的营养,企业发展就会面临困境。
>
> ——莱斯特

本章学习目标

1. 了解营销思想发展的时代背景
2. 了解科特勒及其对营销学的贡献
3. 了解营销思想扩展的具体表现

本章知识结构图

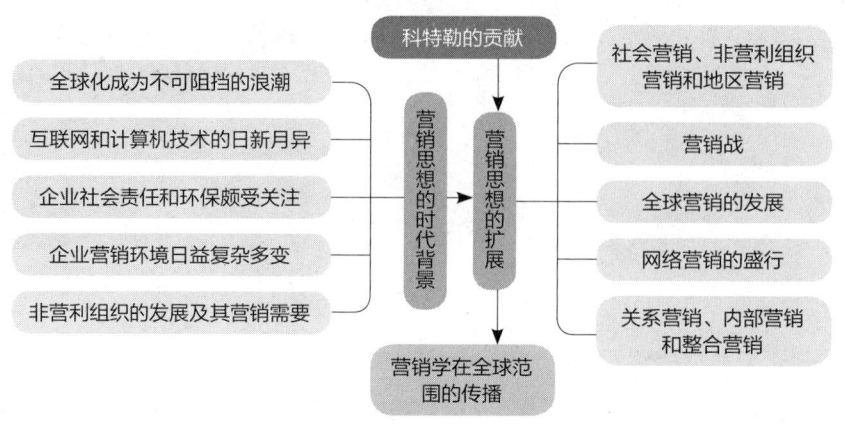

现代营销学于20世纪五六十年代形成之后，营销学者一直都没有放松对营销实践的关注、对营销思想的思考和对营销理论的创新。20世纪七十年代之后，宏观的社会经济环境和微观的企业营销环境都在发生着迅速的和深刻的变化，对于出现在新领域的新问题，需要有新的营销思想和营销理论进行指导。同时，营销学已经不再满足于解决商业范畴里的营销问题，而在寻求着思想和理论的扩展，一些营销思想领袖尝试对营销学进行新的革命，在更为一般的营销理论基础上，将营销学的知识运用于社会问题的解决当中。

第一节　时代是思想之母

回顾营销思想的发展历史可以发现，营销思想总是随着社会环境和营销实践的发展变化而不断发展的。进入20世纪70年代之后，社会环境和营销实践出现了许多重大的变化，这既为营销思想的扩展提供了肥沃的土壤，也在呼唤着营销思想的革新。

一、全球化成为不可阻挡的浪潮

全球化的历史由来已久，早在公元1492年哥伦布发现美洲新大陆时就开启了人类全球化的序幕。1967年，加拿大传播学家M.麦克卢汉在他的《理解媒介：人的延伸》一书中首次提出"地球村"（global village）这一概念。进入20世纪90年代以后，随着现代通信技术的发展，尤其是信息网络时代的到来，社会交往打破了原有的时空界限，全球的物质、资本、技术、劳务、信息等生产资料以更大的规模、更快的速度在世界市场上自由流动。世界出口贸易额从1950年的610亿美元增加到1975年的8 830亿美元，2000年增加到63 380亿美元，2016年全球整体的出口货物贸易额为15.464万亿美元。世界各国越来越深地被纳入了统一的世界市场体系当中，不同民族、国家和地区间的相互依存关系达到空前密切的程度。正如习近平总书记所指出的那样："在经济全球化的今天，没有与世隔绝的孤岛。同为地球村居民，我们要树立人类命运共同体意识。"①

全球化对于企业的营销实践而言都是一个重大的挑战。在全球化的背景下，企业的营销活动所面临的外部环境更为复杂。不同的国家和地区有着不同的政治、经济、文化和社会环境，在美国适用的营销方案不一定在其他国家同样适用，如何开展全球范围的营销活动日益成为企业热切关注的问题。

全球化对于营销学思想和理论的发展而言同样既是机遇又是挑战。一方面，通过全球化，现代营销学的思想和理论从美国和西欧等发达国家逐渐向中国、印度、巴西等新兴发展中国家传播，营销学从而具有了全世界范围的影响力，营销学被用于指导全世界企业的营销活动。但另一方面，发源于美国的营销学思想和理论如何与所传播国家的历史文化背景相结合，如何形成具有全球性特征的一般营销学理论，又如何形成符合所在国国情，具有所在国特色的营销学理论已经成为营销学全球化过程所面临的一个重大课题。

---

① 习近平.在二十国集团工商峰会开幕式上的主旨演讲（2016年9月13日）.习近平主席G20峰会金句.人民日报，2018-11-30.

二、互联网和计算机技术的日新月异

互联网最早来源于美国国防部高级研究计划局的前身美国国防部高级研究计划署（ARPA）建立的ARPAnet，该网于1969年投入使用。最初的互联网主要用于军事用途和大学的科学研究，后来随着互联网技术的进步，互联网开始转向民用。1993年9月，美国政府宣布实施一项新的高科技计划——"国家信息基础设施"（National Information Infrastructure，NII），旨在以因特网为雏形，兴建信息时代的高速公路，也即所谓的"信息高速公路"，使所有的美国人方便地共享海量的信息资源。

在互联网技术飞速发展的同时，美国的计算机技术也呈现爆炸式的发展。20世纪70年代中期，计算机制造商开始将计算机带给普通消费者。这时的小型机带有软件包、供非专业人员使用的程序和最受欢迎的字处理和电子表格程序。1981年，IBM推出个人计算机用于家庭、办公室和学校。20世纪80年代，随着超大规模集成电路技术的突破，使得计算机的体积和价格不断下降，而功能和可靠性不断增强，个人计算机的拥有量不断增加，计算机继续缩小体积，从桌上到膝上再到掌上。

20世纪90年代，美国抓住了知识经济到来的黄金十年，科学技术得到了迅猛发展。

对大多数美国人来说,最明显的科技变革是各行各业都在使用计算机。许多美国人都通过计算机管理银行账目,大多数零售交易都通过计算机信用体系完成,企业和学校都是用计算机储存数据,许多制造业开始使用计算机辅助设计和工业机器人。计算机革命造就出了成千上万的新兴企业,其中,既有计算机生产商(苹果、康柏、戴尔等),又有芯片制造商(如英特尔),还有软件公司(如微软)。

随着个人计算机和互联网技术的发展,人们的生活、工作、学习与互联网的关系日益紧密起来,以电子商务为代表的网络经济开始出现并迅速成长起来。企业日益需要借助互联网这个平台与消费者展开接触,发布产品信息、进行产品销售、开展网络信息传播和推广企业品牌等营销活动。营销学开始向虚拟的网络环境扩展,网络营销理论逐渐出现和完善。

三、企业社会责任和环境保护成为社会关注的主题

1962年,美国生物学家蕾切尔·卡逊出版了一本名为《寂静的春天》的书,书中阐释了农药杀虫剂DDT对环境的污染和破坏作用。由于该书的警示,美国政府开始对剧毒杀虫剂问题进行调查,并于1970年成立了环境保护局,各州也相继通过禁止生产和使用剧毒杀虫剂的法律。1972年由联合国发起,在瑞典斯德哥尔摩召开第一届联合国人类环境会议,提出了著名的《人类环境宣言》,环境保护成为全世界普遍关注的主题。

20世纪80年代,企业社会责任运动开始在欧美发达国家逐渐兴起,它包括环保、劳工和人权等方面的内容,由此导致消费者的关注点由单一关心产品质量,转向关心产品质量、环境、职业健康和劳动保障等多个方面。一些涉及绿色和平、环保、社会责任和人权等的非政府组织出面以及舆论也不断呼吁,要求企业社会责任与贸易挂钩。迫于日益增大的压力和自身的发展需要,很多欧美跨国公司纷纷制定对社会做出必要承诺的责任守则或通过环境、职业健康、社会责任认证应对不同利益团体的需要。

营销活动的社会影响也引起了人们的关注。人们期望营销者能在环境污染最小化、抵制对儿童市场的过度开发、帮助少数民族就业、保护消费者不受危险品的侵害并明确指出其危害性等方面有更多作为。在这种时代背景下,营销学者对营销与社会之间的关系问题展开深入的探究,注重营销的社会影响的社会营销观念和旨在解决社会问题的社会营销应运而生。

四、企业营销环境日益复杂多变

20世纪70年代初的石油危机触发了第二次世界大战之后最严重的全球经济危机。持

续三年的石油危机对发达国家的经济造成了严重的冲击，在这场危机中，所有的工业化国家的经济增长都明显放慢，陷入了经济停滞和通货膨胀并存的"滞涨阶段"。此时的美国制造业，虽然许多大型工业基地已经有了几十年的发展，但其效率却远不及日本和欧洲"二战"后兴建的新工业基地。日本和欧洲进口的汽车、钢铁和其他工业品开始在美国站稳脚跟。其间，遍布美国全国的上千家企业关门停产、解雇工人，新的就业机会开始转向科技、信息以及其他知识含量较高的领域。

20世纪八九十年代，美国社会的消费习俗发生着剧烈的变化。麦当劳、汉堡王等成为美国其实也是全世界最著名的西式快餐连锁店，凯玛特、沃尔玛、巴诺书店、百视达音像品出租店、盖普时装店等大型连锁店主宰了美国许多社区的零售业，好莱坞大片所吸引的观众人数空前，迪士尼和时代华纳等媒体公司推出的产品使其电影、电视在全世界家喻户晓。

进入21世纪之后，全球化日益向纵深发展，飞速发展的科学技术在改变人们生活习惯的同时也不断地创造着新产品，亚马逊和电子港湾等新兴互联网零售企业给传统的线下零售商带来了颠覆性的冲击，社交网站的兴起在将人们的社交活动延伸到互联网上的同时也提供了一种新的广告和品牌传播方式。企业间竞争的加剧使得营销战、整合营销、关系营销、内部营销成为企业所面临的新课题。持续而深刻变化着的企业营销环境，既为营销思想的创新提供了可能性，也成为营销思想扩展的巨大推动力。

小链接

Facebook 2010年广告收入近20亿美元

Facebook越来越像谷歌了，至少它的吸金能力在日趋逼近谷歌。拥有超过6.5亿全球注册用户的Facebook，商业模式看起来跟谷歌极其相似，利用其自助广告服务系统为大量中小企业提供了充足的广告机会。据悉，这种商业模式在过去10年已经为谷歌赚了2 000亿美元的收入。

根据监测机构 eMarketer的最新统计数据显示，Facebook网站2010年的全球广告收入为18.6亿美元，比2009年同期增长151%，其中大多数来自美国地区，约为12.1亿美元。不过，需要指出的是，Facebook2010年全年收入中的60%（11.2亿美元）来自小企业的投放，这些企业改变了以往委托广告媒体机构做营销的方式，直接与Facebook合作。此外，Facebook去年全年收入中的7.4亿美元来自大品牌公司，如可口可乐、宝洁等。

Wlliamson女士2009年曾对Facebook自助广告服务平台做过收入预测，2010年的这一收入比她当初的估值增长了3/4。不过，这并不表示Facebook从搜索巨头的地盘里夺取了显著的市场份额，事实上，在2010年前9个月里，谷歌的广告收入就超过了20亿美元。现在这种情况只是表明，在自助服务在线广告领域出现了双寡头局面，不再是谷歌一家通吃。目前，在整个网络广告投放中，社交媒体占据了将近5%的市场份额，预计，2011年该比例会增长到8%。

Facebook的广告前景也带动了网络广告服务性公司的成长，立足于美国加州的社交网站The Palo Alto的注意力已经从满足客户营销需求转向开发更多适合Facebook网站6.5亿注册用户的网络产品。由于Facebook采取开放合作模式，已经出现了一种围绕着Facebook的第三方服务经济。在美国新成立了两家公司Buddy Media和Context Optional，他们的主要职责就是帮助广告公司和客户更好地管理和呈现他们在Facebook网站的专区页面。由于许多品牌在Facebook可能会拥有各种各样不同的页面，如何管理这些页面就成了一项专业而复杂的工作。比如，像麦当劳这样的大品牌在Facebook网站都有自己的专区，既要保持页面自己的特色，又要符合Facebook基本页面的要求，这就需要由专业公司来完成。不过，即便如此，谷歌和Facebook都仍保留了强大的直销团队，直接负责大品牌如可口可乐、宝洁等公司的广告销售。

　　资料来源：晓雪.Facebook2010年广告收入近20亿.中国图书商报，2011年1月21日第X04版，有删减。

五、非营利组织的飞速发展及其营销需要

　　第二次世界大战之后，人们对两次世界大战进行了反思，认识到一方面战争给社会造成了空前的灾难和巨大浪费，另一方面民族间的、地区间的、国家间的差别和矛盾继续存在，并可能激化。人们发现，社会中的两大部门已不能满足社会经济活动与公共需求的平衡需要。于是，社会组织形态开始蛹化，逐渐出现了第三部门——非营利组织，也就是社会公益部门。例如，出现了联合国，以协调国家之间的关系；建立了世界银行，对不发达国家和地区做扶贫性质的援助性贷款工作；成立了世界卫生组织，关注支持不发达国家和地区的卫生与健康问题。除了这些新成立的全球性的非营利组织外，传统的高等教育机构、慈善机构、教会、图书馆和医院等组织也属于非营利组织。这些非营利组织为社会服务领域日益发挥着不可替代的作用。

　　进入20世纪70年代，发达国家以及部分发展中国家和地区的非营利组织数量激增，对社会生活的重要性日益凸显。同时，由于竞争的激烈、政府支持的萎缩，不少非营利组织内逐渐出现了顾客对服务不满、会员减少、成本上升、捐助缩减等难题。虽然非营利组织和企业在性质上存在差异，但非营利组织所面临的这些问题与企业面临的营销问题存在类似性，这也引起了营销学者们的关注和兴趣。当营销的思想和方法应用到非营利组织之后，马上显现出巨大的威力，非营利组织们希望能有一套系统的非营利组织营销理论来指导其开展活动。

第二节 科特勒的贡献

正如奥德逊在20世纪50年代现代营销学的形成过程中所扮演的奠基人的角色一样,在营销思想史的发展历程中,菲利普·科特勒(见图6-1)是另一个不可逾越的思想巨人。在20世纪70年代以来的营销思想扩展这场新的营销"革命"中,菲利普·科特勒是当之无愧的先驱者和领导者。

图6-1 菲利普·科特勒（1931— ）

一、菲利普·科特勒其人

菲利普·科特勒于1931年5月27日出生于美国的芝加哥。尽管菲利普·科特勒的名字和市场营销紧紧联系在一起,但他却是首先从经济学起步的,在相继获得芝加哥大学的硕士学位和麻省理工学院的博士学位后,他重返芝加哥大学从事行为科学的博士后研究。

在20世纪五六十年代,当时的营销学和高校商科教育正酝酿着一场变革。由于在大学从事管理教育的教授本身缺乏科学训练,所开展的商科教育局限于对历史资料和商业现象的描述和分类上,导致培养出来的学生缺乏解决实际管理问题的专业知识。为了改变这种情况,福特基金会在50年代初期开展了一个为期数年的项目,试图将科学的理论、方法和分析工具注入美国的商业系统中。这个项目的焦点在于改变在美国商业学校中任教老师的研究计划、博士生培养和教学方法。

在这一时期,福特基金会和卡耐基基金会资助的研究报告指出,传统的包括营销学在内的商科教学太过于偏描述性,应该将多个学科的理论方法整合进商科教育中。福特基金会尤其强调经济学、数学和行为科学对商科教育的影响。而科特勒因其经济学和行为科学的教育背景,因而正是新的商科教育所需要的教师。1959年,年轻的科特勒与其他被挑选出来的商科教师一起,参与了由福特基金会赞助的一个为期一年的专门项目,在哈佛和麻省理工学院的基础数学研究院接受数学理论知识的深度培训。1962年,科特勒进入美国西北大学凯洛格管理学院（Kellogg School of Management）,从此开始了令人尊重的执教生涯。

由于福特基金会的推动以及其他的原因,营销管理学派成为20世纪五六十年代占据统治地位的学派,以管理导向为特征的现代营销学在这时创立。科特勒也受到这股潮流的影响,并迅速成为这股潮流的引导者。1967年科特勒《营销管理》一书出版之后大受欢迎,而后不断再版,如今不仅成为美国管理学院最受欢迎的教材,而且是世界范围内使用最广泛的营销学教科书。

科特勒不仅是出色的营销学者,还是许多美国和外国大公司在营销战略和计划、营销组织、整合营销领域的顾问。这些企业包括：IBM、通用电气（General Electric）、AT&T、默克（Merck）、霍尼韦尔（Honeywell）、美洲银行（Bank of America）、北欧航空（SAS Airline）、米其林（Michelin），等等。

菲利普·科特勒现任西北大学凯洛格管理学院终身教授，西北大学凯洛格管理学院国际市场学S.C.强生荣誉教授。他的社会兼职还包括美国管理科学联合市场营销学会主席、美国市场营销协会理事、营销科学学会董事、管理分析中心主任、杨克罗维奇咨询委员会成员和哥白尼咨询委员会成员等，是当今世界公认的营销学权威。

小资料

菲利普·科特勒的个性与他的成功

加拿大皇后大学的莫林·布拉沙（Maureen Bourassa）和佩吉·坎宁安（Peggy Cunningham）两位学者合作研究了科特勒对于营销思想的贡献和其在营销学中取得如此巨大成就的原因。他们指出，科特勒的独特个性对于科特勒的成功具有重要意义。

莫林·布拉沙和佩吉·坎宁安访谈了科特勒本人和科特勒的9位同事与合作伙伴。在访谈中，科特勒的同事们觉得科特勒是一个"好奇者"或者说是一个"海绵"，有着巨大的吸收能力，可以将他周围的每一件事情都吸收进来。根据科特勒的同事介绍，科特勒经常会在和他人的谈话过程中拿出一支笔，简要记下他人所说的一些事情，这些笔记甚至会进入他的教科书中。科特勒对于多样化的视角有着真正的兴趣。科特勒特别喜欢学习和把问题应用到新领域中。科特勒的同事介绍了许多科特勒如何通过阅读和交谈来观察世界的例子。

科特勒不仅是一个"好奇者"和"倾听者"，也是一个出色的沟通者。科特勒公开演讲的风格非常富有效率，他总是能够将复杂的现象简单化。有人这样评价科特勒，正如在古典音乐中称赞一个演奏者可以将一段非常难的篇章处理得让人听上去非常简单，这对于演奏者而言是一种莫大的赞扬一样，在营销中同样如此。

科特勒对于现实世界有着浓厚兴趣的事实表明，他可以有效地收集信息，而他在与观众沟通方面的天赋则意味着他可以有效地传播信息。由于科特勒所具有的这种个性和技巧，不难理解科特勒为什么对营销界做出如此大的贡献以及为什么大家认为他如此成功。

资料来源：Bourassa, Maureen, Peggy Cunningham.Behind the Veil: Insights and Influences on Kotler's Contribution to Marketing Thought in Proceedings of 12th Conference on Historical Analysis & Research in Marketing, 2005, Ed. Leighann C. Neilson, pp. 16-24.

二、菲利普·科特勒的贡献

科特勒对营销学的贡献总体而言可以归纳为两个方面：一是在营销学思想和理论

的发展方面，他一生致力于营销学的科学化，努力提升营销学的学科地位，他所提出的营销学的一般概念，极大地扩展了营销学的研究范围；二是在营销学的传播方面，他的《营销管理》一书及其修订版对于营销学知识在全世界的传播和普及产生了巨大的推动作用，在学术界和实务界都有很大的影响力。

在20世纪60年代，许多营销学者感到焦虑，因为有人批评营销学更多的是一门艺术，而不是科学，因而他们总是不停地在为自己的职业辩护。科特勒试图通过将营销与科学连接在一起来为营销学获取合理性的地位。科特勒在1971年出版了《营销决策：一种理论构建方法》，将定量模型的科学方法应用于营销领域。此外，科特勒还通过在营销管理中使用数学语言作为一种减少与营销相关的神秘主义的方式。据科特勒自己所言，他过去30年的目标，一直是推动营销学成为一门科学，解释市场到底是怎样工作的，将经济学家们的理论应用于实际生活中来。

相对于科特勒致力于营销科学化的成就，他在营销思想扩展上的贡献更为巨大。1969年，科特勒在《扩展营销概念》（Broadening the Concept of Marketing）一文中提出营销概念可以延伸到非商业机构，如教堂、警署、医院以及学校等。1972年，科特勒在《营销的一般概念》（A Generic Concept of Marketing）一文中，提出每个学科都需要一个基础性的概念，交换（exchange）应该成为营销的基础或者核心概念，这里的交换已经不再局限于商业领域，科特勒提出任何社会单元之间的价值交换都应该属于营销学研究的范畴。科特勒的这两篇文章，引起了学术界极大的争论，但也开启了营销思想扩展的序幕。在这之后，非营利组织营销、社会营销和地区营销等的理论研究和实践开始蓬勃发展起来，科特勒在其中的贡献无比深远。他既是宏观营销学派的杰出代表，又是社会交换学派公认的关键人物。

在营销学的传播方面，科特勒的贡献是与他的《营销管理》一书紧密联系在一起的。1967年，科特勒出版了《营销管理》第一版，由于这本教科书突出的计划和战略导向，明确清晰便于解释和教学的模型和框架，使得这本教材在当时众多的描述性教材中脱颖而出，成为美国管理学院最受欢迎的教材。随着企业与时代的发展，菲利普·科特勒也不断充实与完善这本著作，在其后40余年的时间里，完成了13次的修订，被翻译成25种语言，畅销100多个国家，成为世界范围内使用最广泛的营销学教科书，营销学知识也随着这本教科书在全世界范围得到了传播和普及。

三、对营销思想扩展的争论

根据菲利普·科特勒所提出的营销一般概念，营销中所涉及的交易可以是任意双方之间的价值交换。有价值的事物不再仅仅局限于产品、服务和金钱，还包括其他的资源，比如时间、精力和情感。这种一般交换（generic exchange）涉及的是一些营销管理技术，特别是说服性沟通技术,是"如何"被应用于一种非商业领域比如社会的、政治的、宗教的,甚至是个人原因的情景下的。它超出了利润动机或者经济价值,将包括信念、情感和意见交换在内的任何参与方之间的任何动机和任何价值纳入进来。

针对科特勒的这种营销思想,有学者指出营销学会由于没有独特的研究主题而使得学科边界模糊化。很明显,几乎所有的人类相互作用都会在某种程度上影响人们的情感或者意见。因此,谢斯(Jagdish N. Sheth)和加勒特(Dennis E. Garrett)在1986年指出,营销学必须限制其自身于经济价值的交换,否则营销学很可能会与其他学科比如社会心理学和群体动力学相混同。拉茨尼尔克(Gene R. Laczniak)和米奇(Donald A. Michie)则在1979年举出了一些有关营销学主题模糊的例子,比如说结婚誓言的交换、一个重罪犯恳求减刑、朋友之间打电话等,如果把这些也视作营销学研究的课题是否合适呢?

通过将营销概念(尤其是营销管理技术)的范围扩大到所有的事业、议题和情景,营销从以前给人的不道德形象变得备受赞扬起来。过去,营销者给人的印象往往是斤斤计较的商人;而现在,营销者因为其在吸引顾客和赞助以及为慈善机构筹集善款等方面所具有的卓越才能而受到人们的推崇和景仰。但也有学者提出,将营销实践扩展到几乎所有的社会活动上,这种一般交换与营销学的历史背景不相匹配。一般交换或许可以作为社会学或者社会心理学的一般理论的基础,但是由于其排除了销售者和购买者、利润动机和经济评估等核心商业概念,将社会交换作为营销一般理论的基石曾一度让许多营销学者难以接受。

关于营销思想扩展的争论至今仍没有达成一致,但营销学依然在阔步向前。社会营销、非营利组织营销和地区营销等由于营销思想扩展而产生的新的营销领域,不管是从理论研究还是在实践操作上,都正在如火如荼地进行着。营销思想的扩展已经成了一种事实上的存在,随着科特勒《营销管理》等一系列著作的传播日益受到越来越多人的认同。从客观角度而言,营销思想的扩展促进了营销学的大发展和大繁荣,而且由于营销学在解决社会问题和推动社会进步上的突出贡献,营销学日益成为一门受人尊敬的学科。

第三节 营销思想的扩展

20世纪70年代中期至今的营销思想扩展表现在许多方面。从核心概念上,营销思想从传统的商品交换扩展到社会交换甚至是所有形式的人类行为;从应用范围上,营销思想从传统的商业领域扩展到社会领域,从企业扩展到非营利组织、地区甚至国家;从传播区域上而言,随着世界上越来越多的国家开始实行市场经济体制,营销思想和营销理论从欧美等发达国家逐渐向中国、印度、俄罗斯、巴西等新兴发展中国家传播和普及,营销思想从本国营销视角扩展到全球营销视角。此外,由于营销实践的日新月异,营销战、网络营销、关系营销、内部营销、整合营销等创新性的营销概念和思想不断涌现,营销思想迎来了大繁荣和大发展。

一、社会营销、非营利组织营销和地区营销的兴起

营销原理在商品和服务分销中的成功应用,促使人们将这一理论用于那些非经济、非营利性的社会机构(如医院、博物馆、教堂等)的价值交换。这实际上是一种特殊"商品"的营销。

(一)社会营销

1971年,杰拉尔德·蔡尔曼和菲利普·科特勒提出了"社会营销"的概念,促使人们将营销学运用于环境保护、计划生育、改善营养、使用安全带等具有重大的推广意义的社会目标方面,这一概念的提出,得到世界各国和有关组织的广泛重视,斯堪的纳维亚地区、加拿大、澳大利亚和若干发展中国家率先运用这一概念。一些国际组织,如美国的国际开发署、世界卫生组织和世界银行等也开始承认,这一理论的运用是推广具有重大意义的社会目标的最佳途径。

(二)非营利组织营销

1. 非营利组织的概念与主要类型

每一个社会,都是由个人和社会组织构成的。对于一个现代社会来说,社会组织可被分为三大类,即政府组织、营利组织和非营利组织。这就是所谓的现代社会"三元结构",而"三元结构"中的非营利组织又称为第三部门。

所谓非营利组织是指除了营利机构和政府机构以外的一切社会组织的全体。在我国,非营利组织这一概念,包括事业单位和社会团体。

非营利组织运行不产生利润的社会职能,专门提供那些不能由企业及政府充分提供的而又为社会所必需的社会服务。因此,非营利组织的活动也是不以获得利润为动机的。第三部门涉及成千上万的私人非营利组织,大致可以分为八种类型:① 宗教组织,如教堂、教会、福音运动协会等。② 社会组织,如服务俱乐部、兄弟会等。③ 文化组织,如博物馆、交响乐团、剧团、艺术联盟、动物园等。④ 知识组织,如私立小学、私立高校、研究机构等。⑤ 保护组织,如同业公会、工会等。⑥ 政治组织,如政党、游说团体等。⑦ 慈善组织,如私人福利机构、私立基金会、慈善医院、私立疗养院等。⑧ 社会理念组织,如和平工作团、计划生育协会、环境保护协会、种族权利保护协会、消费者权益保护协会、妇女权益保护协会、反罪恶协会等。

2. 非营利组织的基本特征

一般来讲,非营利组织具有如下基本特征:

（1）正规性。非营利组织必须是合法注册的、具有常规的组织结构和管理体制，并开展经常性活动的机构。典型的情况是，非营利组织具有像公司一样的法律地位。这种地位使得非营利组织可以以法人的身份订立合同，同时可以使管理者不会因承担组织的义务而承担个人财务责任。

（2）民间性。非营利组织必须是私人的、民间的、非官方的组织，在机构上与政府相分离，不承担政府的职能，而且理事会或董事会的成员不应由政府官员担任，也不接受政府官员指定的董事会管理。但是，这并不等于说非营利组织不能接受政府的捐赠或支持，只是强调它是自治的民间机构。

（3）非营利性。设立组织的目的不是为所有者创造利润。非营利组织可以收费，在某些年度可能会获得一些利润，但理事会成员不能分红，而且收入的盈余应当全部投入符合宗旨的事业之中。

（4）自治性。非营利组织有自己的内部管理程序，实行自我治理，不受外部实体的控制。

（5）自愿性。非营利组织的人员应当是完全自愿的，不是官方指派的或强迫的，而且来自社会的财产捐赠和志愿服务也必须是自愿的。这并不等于说非营利组织的工作人员必须都是志愿者，他们也可以拿工资，但理事会成员只能是志愿者，不能拿报酬。

3. 非营利组织营销

科特勒的《非营利组织营销》（1975）一书运用其他方法研究了社会营销问题。他将营销观念转化成为非商业界人士更熟悉的术语，并将营销管理原理应用于健康服务、公众服务、教育服务以及政治候选人的"营销"。该书内容结构上与那些论述农产品、制成品或工业品营销的著作不同，而是着重对市场、交换过程、参与者互动、社会发展、市场结构、产品差异化和定价等营销问题进行了研究。它与其早期著作的相似之处是为专业读者提供了入门知识。科特勒将社会营销定义为："为提高目标群体接受社会观念和惯例的能力，而设计、执行和控制方案，并利用市场细分、消费者研究、构思形成、沟通、辅助、激励等概念和方法以及交换理论促使目标群体做出最佳反应。"

非营利组织的管理者很早就开始了会计制度、财务管理、人事管理、战略计划等传统企业职能的导入，市场营销是在所有企业职能中最后一个被非营利组织采纳的职能。20世纪60年代以前，在卖方市场条件下，市场营销往往为非营利组织所忽略。而当这些组织面临顾客背弃、会员减少、赞助金缩减等挑战时，就不得不开始考虑市场问题了。例如，许多大专院校纷纷运用市场营销原理分析自己所处的环境、所面对的市场和所服务的顾客及其特性，评估现有资源状况及资源趋势，明确自己的使命、目标及市场定位。通过对市场、资源及使命的分析运作，不少大学做出了明智的营销决策，招生数量不断增加，教授招聘进展顺利，资金的募集日见成效且趋于制度化。

非营利组织营销在营销组合上与传统的营销有所不同：

（1）产品。非营利组织可提供的产品大多趋向于服务或所供应的综合利益。服务是一种活动或利益,它由一方提供给另一方,但并不发生所有权的转移;服务代表着组织的公共形象,是组织与目标群体进行沟通接触的主要"界面"。非营利组织提供的服务要更优于营利性企业,因为它关系到消费者的长远利益,甚至是国家的长远利益。产品的质量体现在服务中,因此,提供的服务质量如何要以公众的标准来进行衡量,由于服务的无形性,故购买服务要完全基于对提供者的信任。非营利组织要向目标群体充分展示产品的核心利益,增强公众的信心,通过使目标群体满意来维系其忠诚度。这就要求非营利组织在调查分析的基础上开发并创造出公众所接受的产品,通过由指导到引导的过程来满足公众的需求。

(2)定价。非营利组织的主要问题是如何筹措资金,这一点与营利性企业略有不同。营利性企业筹资的来源主要是发行股票和公司债券,而非营利组织却没有资本金,也没有利润导向的定价制度,它们必须依靠其他资金来源来支持组织或机构的活动。非营利组织的经费大多来自税收和捐赠,因此,募捐是非营利组织的一项非常重要的工作。组织有多种不同的资金来源,大体上可分为:个人捐赠;基金会捐助;企业捐助;政府机构、地方政府捐款支持教育、社会服务及其他一些值得捐助的项目。

(3)渠道。非营利组织的产品和服务如何以最便捷的方式提供给目标群体,这也是组织或机构要完成的任务之一。然而,大多数非营利组织都相对缺少资源,靠组织或机构自身无法完成渠道计划,因此,它们必须求助于人,以获得其他机构的支持与协助。非营利组织要善于利用渠道分担成本,尽可能采取发展中介机构的一些有效措施,提供时空上的便利性,使少量的资源能够充分发挥效用。组织或机构要与渠道成员相互协调好,使双方都感到对社会负有共同责任。

(4)促销。大多数非营利组织是利用传播来影响其目标群体行为的,它们选择公众乐于接受的媒体(广告、宣传、销售促进和人员推销),设计并传播为目标市场提供利益的有关方面信息。在与目标市场进行沟通的同时,还争取谋求外界持续不断的支持,通过获得协助以共同达到协调公众的态度并进而影响其行为的目的。非营利组织最易于获得协助的沟通方式便是广告,付费广告或公益广告为了获得宣传效果愿意为公共利益提供相应的技术与服务。同时,赞助社会福利事业可以提高组织或机构的知名度,增强自己在公众心目中的形象。

(三)地区营销

1993年,菲利普·科特勒、欧文·雷恩和唐纳德·海德出版了专著《地区营销》,深刻地阐明了市场营销的原理和工具完全可以使用于地区和城市的营销。该书作为最早的地区营销研究著作之一,奠定了地区营销这一营销分支学科的基础。科特勒认为,地区营销是为满足地区目标市场的需求而进行的规划和设计,成功的地区营销应使市民、企业对其所在的社区感到满意,游客和投资者对地区的期望得到满足。这一定义指出了地区营销的目标,概括了地区营销的顾客,并紧紧扣住了市场营销的核心概念——需求。此后,他们与其他专家合作,又先后推出了《欧洲地区营销》《亚洲地区营销》《拉美地区营销》等著作，大大推动了这一营销亚学科的发展。

二、营销战

进入20世纪80年代后，市场竞争日趋激化，学者们越来越强烈地感受到，营销就是一场战争，需要用军事理论来加以指导。1981年，菲利普·科特勒和雷维·辛格首先考证了营销战这一概念，几年后，他又在与人合作撰写的《新竞争——Z理论未涉及的营销理论》一书中，运用军事理论分析了日本开拓国际市场的成功经验。

1986年，以提出"定位"概念而闻名的里斯和特劳特再度合作，推出《营销战》新著。书中指出，应当"以竞争者第一"取代过去的"消费者第一"。他们认为"现在如果每一个公司都是信奉'消费者第一'的，如果许多公司已经向同样的消费者群提供了服务的话，那么，你了解顾客需求的意义就不大了"。书中举例说："美国汽车公司面临的难题不在于消费者而在于竞争对手：通用汽车公司、福特公司、克莱斯勒公司以及打进国内市场的外国公司。"他们强调：营销需要一种新的基本原理来指导，这就是用军事原理指导营销，帮助公司战胜其他竞争对手。

（一）防御战略

防御战略的目标是：减少受攻击的可能性，使攻击转移到危害较小的地方，并削弱其攻势。虽然任何攻击都可能造成利润上的损失，但防御者的防御措施如何，反应速度快慢，后果大不一样。有六种防御战略可供市场主导者选择：

1. 阵地防御

阵地防御就是在现有阵地周围建立防线。这是一种静态的防御，是防御的基本形式。但是，不能作为唯一的形式，如果将所有力量都投入这种防御，最后很可能导致失败，如第二次世界大战时法国的"马其诺防线"。对企业来说，单纯采用消极的阵地防御，只保卫自己目前的市场和产品，是一种"市场营销近视症"。例如，当年亨利·福特对他的T型车的近视症就造成了严重的后果，使得年赢利10亿美元的福特公司从顶峰跌到了破产的边缘。现在，可口可乐公司虽然已经发展到年产量占全球软饮料半数左右的规模，但仍然积极从事多角化经营，如打入酒类市场、兼并水果饮料公司、从事塑料和海水淡化设备等工业。

2. 侧翼防御

侧翼防御是指市场主导者除保卫自己的阵地外，还应建立某些辅助性的基地作为防御阵地，或必要时作为反攻基地。特别是注意保卫自己较弱的侧翼，防止对手乘虚而入。例如，20世纪70年代美国几大汽车公司就因没有注意侧翼防御，遭到日本小型汽车的无情进攻，失去了大片阵地。大荣公司是日本最大的超市连锁公司，它运用在城镇外开设新店、销售更多的进口商品等策略狠狠报复了那些企图与之竞争的折扣商店。在菲律宾，生力啤酒公司的白威士忌受到亚洲啤酒公司"虎"牌啤酒的挑战，生力公司为应付这一挑战，推出了侧翼品牌"金鹰"，结果取得了防御成功。

3. 以攻为守

这是一种"先发制人"式的防御，即在竞争者尚未进攻之前，先主动攻击它。这种战略主张，预防胜于治疗，事半功倍。具体做法是：当竞争者的市场占有率达到某一危险的高度时，就对它发动攻击；或者是对市场上的所有竞争者全面攻击，使人人自危。例如日本精工表把它的2 000多个款式的手表分销到世界各地，造成全方位的威胁对手。

当然，企业如果对自己的技术或品牌声誉有充分信心，自信足以承受某些攻击的话，也可能沉着应战，不轻易发动进攻。如美国亨氏公司对汉斯公司在番茄酱市场上的进攻就置之不理，结果是后者得不偿失，以败阵告终。

4. 反击防御

当市场主导者遭到对手发动降价或促销攻势，或改进产品、占领市场阵地等进攻时，不能只是被动应战，应主动反攻入侵者的主要市场阵地。可实行正面反攻、侧翼反攻，或发动钳形攻势，以切断进攻者的后路。当市场领导者在它的本土上遭到攻击时，一种很有效的方法是也进攻攻击者的主要领地，以迫使其撤回部分力量守卫其本土，这叫作"围魏救赵"。富士公司与柯达公司就是这样的例子。当富士公司在美国向柯达公司发动攻势时，柯达公司报复的手段是以牙还牙，攻入日本市场。

5. 运动防御

这种战略是：不仅防御目前的阵地，而且还要扩展到新的市场阵地，作为未来防御和进攻的中心。市场扩展通过两种方式实现：① 市场扩大化。就是企业将其注意力从目前的产品上转到有关该产品的基本需要上，并全面研究与开发有关该项需要的科学技术。例如，把"石油"公司变成"能源"公司就意味着市场范围扩大了，不限于一种能源——石油，而是要覆盖整个能源市场。又如，美国有一家公司把它的经营范围从"地面覆盖"扩展到"房间装饰"，取得很大成功，进而该公司又扩展到其他有关业务。但是市场扩大化必须有一个适当的限度，否则将发生"市场营销远视症"。② 市场多角化。即向无关的其他市场扩展，实行多角化经营。例如，美国的烟草公司由于社会对吸烟的限制日益增多，纷纷转向其他产业，如酒类、软饮料和冷冻食品等。

6. 收缩防御

在所有市场阵地上全面防御有时会得不偿失，在这种情况下，最好是实行战略收缩，即放弃某些疲软的市场阵地，把力量集中用到主要的市场阵地上去。

（二）进攻战略

有五种战略可供选择：

1. 正面进攻

正面进攻就是集中全力向对手的主要市场阵地发动进攻，即进攻对手的强项而不是弱点。在这种情况下，进攻者必须在产品、广告、价格等主要方面大大超过对手，才有可能成功，否则不可采取这种进攻战略。正面进攻的胜负取决于双方力量的对比。正面进攻的另一种措施是投入大量研究与开发经费，使产品成本降低，从而以降低价格的手段向对手发动进攻，这是持续实行正面进攻战略最可靠的基础之一。

另一种价格挑战的策略是挑战者通过巨额投入以实现更低的生产成本，然后以此来向对手发起价格攻击。得克萨斯仪器公司就很成功地运用了这种价格武器，取得了战略上的辉煌。日本公司和韩国公司也广泛使用这种涉及价格和降低成本的正面进攻策略。

2. 侧翼进攻

侧翼进攻就是集中优势力量攻击对手的弱点，有时可采取"声东击西"的战略，佯攻正面，实际攻击侧翼或背面。这又可分为两种情况：一种是地理性的侧翼进攻，即在全国或全世界寻找对手力量薄弱地区，在这些地区发动进攻。另一种是细分性侧翼进攻，即寻找领先企业尚未为之服务的细分市场，在这些小市场上迅速填空补缺。侧翼进攻符合现代市场营销观念——发现需要并设法满足它。侧翼进攻也是一种最有效和最经济的战略形式，比正面进攻有更多的成功机会。

3. 包围进攻

包围进攻是一种全方位、大规模的进攻战略，挑战者拥有优于对手的资源，并确信借助围堵计划足以打垮对手时，可采用这种战略。例如，近年来日本精工表公司已经在各个主要手表市场的销售中取得了成功，并且以其品种繁多、不断更新的款式使竞争者和消费者瞠目结舌。该公司在美国市场上提供了约400个流行款式，其营销目标是在全球制造并销售大约2 300种手表。美国一家竞争对手的副总裁不无羡慕地说："精工表公司通过流行的款式、特性、使用者偏好以及一切可以鼓励消费者的手段来实现它的目标。"

4. 迂回进攻

这是一种最间接的进攻战略，完全避开对手的现有阵地而迂回进攻。具体办法有三种：一是发展无关的产品，实行产品多角化；二是以现有产品进入新地区的市场，实行市场多角化；三是发展新技术、新产品，取代现有产品。

5. 游击进攻

这是主要适用于规模较小、力量较弱的企业的一种战略。游击进攻的目的在于以小型的、间断性的进攻干扰对手的士气，以占据长久性的立足点。因为小企业无力发动正面进攻或有效的侧翼进攻，只有向较大对手市场的某些角落发动游击式的促销或价格攻势，才能逐渐削弱对手的实力。但是，也不能认为游击战只适合于财力不足的小企业，持续不断的游击进攻，也是需要大量投资的。还应指出，如果要想打败对手，光靠游击战不可能达到目的，还需要发动更强大的攻势。

三、全球营销的发展

1983年，莱维特在《哈佛商业评论》上发表了一篇题为《全球化的市场》(Globalization of Markets）的文章，在国际商业界引发了至今不能平息的争论，它使"全球化"一词载入了管理学词典。在这种文章中莱维特明确提出了全球营销这一概念。他认为，过于强调对各个当地市场的适应性，将导致生产、分销和广告方面规模经济的损失，呼吁跨国公司向全世界提供一种统一的产品，并采用统一的营销手段。这一观点引起了激烈的争论。

全球营销是针对不同国家的国情，把市场细分、目标市场选择、市场定位和营销组合等原则灵活地加以运用的营销战略或策略。菲利普·科特勒认为："国际营销人员必须很好地了解外国的营销环境和营销机构，并且随时修正他们关于当地公众对营销活动的反应方式所做的最基本的假设。"日本是开展全球营销最好的国家，其在汽车、摩托车、手表、照相机、电视机、录像机、光学仪器、钢铁、造船、计算器等许多产业领域，已经取得了全球性的市场领先地位。日本企业的成功成为全球营销的典范。

全球性的竞争促进了"营销网络"（marketing network）概念的形成。营销网络是指公司在国内外寻找"战略伙伴"或"同盟者"，并与他们进行多种形式的合作，以获得更广泛、更有效的地区市场的一种发展战略。营销网络的建立，为某一公司在世界各地同时推出同一新产品提供了可能，因而，也减少了由于种种原因限制，使产品在进入其他国家和地区的时间上有延误而被仿制者夺走市场的风险。

早在20世纪70年代初期，日本企业就开始在全球范围内寻找贸易伙伴，建立营销网络。日本企业历来以国内为生产基地，针对各个国家的特点开发适应各国需求的产品，发展出口贸易，取得了巨额利润。同时，也遭到美国及其他一些国家的不满和抵制，加上日元升值而带来出口萎缩，迫使日本企业走出国门，到世界各国投资建厂，建立营销网络。近几年，日本企业以每年数百亿美元的速度对外输出资本，建立起自己的营销网络。可以说，走出国门寻找贸易合作伙伴，走国际化、集约化道路，是20世纪90年代企业营销发展的又一新趋势。

四、网络营销的盛行

回顾社会发展历程，我们可以发现：随着电话、无线传播技术以及光缆技术的出现及大规模使用，电子媒介的作用越来越大，并逐渐成为最具影响力的营销媒介。随着互联网的普及，特别是进入21世纪以来，网络营销因其创新性以及爆炸性的成长速度，迅速成为一个热门话题和令人激动的研究领域。

互联网技术同工业革命一样创造了商业运作和消费者行为两方面的根本性变革，特别是在给企业市场细分、目标市场选择、4P策略、顾客服务以及价值创造等营销活动带来了显著变化。首先，互联网技术使企业可以通过一对一的营销创造价值；其次，互联网技术可以高效地将电子交易整合成企业的核心业务；最后，互联网技术使销售者关注于最佳顾客,并可以使企业在每次交易中关于每一位顾客,并为其提供定制化服务。总之,互联网技术给企业营销活动的战略和战术层面都带来了深刻的影响。

目前关于网络营销的研究可以大致分为以下五类。①网络营销环境:消费者行为,政治、经济和法律主体,伦理和社会责任。②网络营销的功能:管理、计划和战略,零售,分销渠道,市场结构,物流,定价,产品,销售促进,广告,销售管理。③网络营销的特殊应用:工业,国际化及比较优势,服务业。④网络营销研究:科学理论与哲学,研究方法,研究技术。⑤其他:教育与职业主体,网络营销的总体。其中,有关网络营销的功能是当前营销研究的重点。

五、关系营销、内部营销和整合营销传播

关系营销是作为交易营销的对应关系而提出的。1985年,芭芭拉·本德·杰克逊（Barbara Bund Jackson）强调了这一概念。科特勒评价说:"杰克逊的贡献在于,他使我们了解到关系营销将使公司获益更多。"何谓关系营销?科特勒认为,关系营销是买卖"双方之间创造更亲密的工作关系与相互依赖关系的艺术"。关系营销是对一般的广告、促销、公关以及直复营销的组合,并创造更有效、更经济的方法来维系顾客,其核心在于发展消费与产品（服务）间的一种连续性的关系。在交易营销中,企业的立足点多是致力于完成交易行为,满足顾客只是为了实现商品价值,视营销为"创造性购买"。这种以交易为中心的营销,实质上把买卖双方的关系,仅仅界定为"你买我卖"。关系营销则较交易营销更好地抓住了营销的精神实质。关系营销的目的就在于同顾客结成长期的相互依赖的关系,发展顾客与企业及其产品之间的连续性的交往,以提高顾客品牌忠诚度,巩固市场,促进销售。每个企业都是社会的一个组成部分,与社会的其他部分必然发生持续的接触和互动关系,企业之外的所有其他部分都是企业的"合作伙伴",都在为企业的发展做贡献。顾客便是企业最重要的伙伴之一。交易营销只是把顾客看作是交易的对立面,把双方关系当成单纯的商业往来,至多强调了交换过程中服务的一面;而关系营销则把顾客视为永久的伙伴,认为企业应同顾客在平等的基础上,建立互利互惠的伙伴关系,通过协作实现双赢。为此,就必须保持与顾客的密切联系,认真听取他们的心声,关心他们的命运,了解他们存在的问题和面临的机会。

1981年,芬兰瑞典文经济与管理学院的克里斯蒂安·格罗鲁斯（Christian Gronroos）发表了论述"内部营销"（internal marketing）概念的论文。他认为,公司设置了强有力的营销部门,并不意味着这家公司实施了营销导向;公司实施营销导向的关键问题,是要培养公司经理和雇员接受以顾客为导向的理念,而这一工作比为顾客开发有吸引力的产品和服务更为困难。在此基础上,菲利普·科特勒进一步提出了"营销化"的理论,指出要使公司营销化,就是要在公司里创造一种营销文化,即培养和训练公司员工以满足

顾客需求作为宗旨和准则，并逐步在意识上和行业上产生认同感。20世纪80年代，"营销化""企业文化"成为世界各国理论界和企业界研究的热点问题。

整合营销传播（integrated marketing communication，IMC）理论是由美国学者唐·E.舒尔茨（Don E. Shultz）等人于1992年提出，并在20世纪90年代得到营销理论研究者、企业管理者广泛认同的一种营销理论。舒尔茨把整合营销传播定义为："整合营销传播是一个战略经济过程，用于在与消费者、顾客、潜在顾客和其他相关的内外部受众交往的过程中计划、发展、执行和评估协同的、可测量的、有说服力的品牌传播过程。"整合营销传播具有以下特征：① 消费者处于核心地位，企业一切传播活动都要围绕消费者展开。② 要想对消费者进行全面而深刻的了解，必须以建立资料库为基础，对以往传播活动进行记录，尽可能利用消费者行为资料作为市场分析的依据，进而从对消费者反应的分析判断中了解消费者的行为资料。③ 整合营销传播以本质上一致的信息为支撑点，以各种传播媒介的整合运用为手段进行传播。④ 整合营销传播不仅包括面向企业外部的对外传播，也包括面对企业组织内部的对内传播。

六、营销学在全球范围的传播

营销学在全球范围的传播是与市场经济在全球的发展紧密在一起的，这与营销学的学科特性有关。营销学研究的是市场交换问题，而在计划经济体制下，产品的生产、交换和分配过程都是由政府指令安排，营销学毫无用武之地。20世纪70年代末，中国实行改革开放，开始逐步建立市场经济体系，步入市场经济国家行列。与中国改革开放大约同时，苏联和东欧国家也在20世纪80年代实行各具特色的经济改革，并在80年代末90年代初苏东发生剧变，由计划经济国家向市场经济国家转型。随着市场经济成为全球主流的经济发展模式，营销学日益引起新兴市场经济国家的重视，在全球范围内迅速得到传播。1976年，菲利普·科特勒的《营销管理》作为第一本西方营销教科书被翻译为俄文出版，在苏联引起了轰动。1979年，中国的暨南大学开设了中国大陆的第一门市场学课程。1982年，中国人民大学邝鸿教授开始讲授"国外商业""西方市场理论"等与营销相关的课程，指导"西方市场理论"研究方向的硕士研究生。与此同时，营销学陆续进入东欧国家及其他地区。

1995年6月22—25日，由中国人民大学、加拿大麦吉尔大学和康克迪亚大学联合举办的第五届市场营销与社会发展国际会议（ICMD-5）在北京召开。中国高等院校市场学研究会等学术组织作为协办单位，为会议的召开做出了重要的贡献。来自全球46个国家和地区的135名外国学者和142名国内学者出席了会议。25名国内学者的论文被收入《第五届市场营销与社会发展国际会议论文集》（英文版），6名中国学者的论文荣获国际优秀论文奖。从此，中国市场营销学者开始全方位、大团队地登上国际舞台，与国际学术界、企业界的合作进一步加强，标志着中国营销学国际化的开始。

本章回顾

全球化浪潮、互联网和计算机技术革新、企业社会责任和环境保护成为社会关注的主题，企业营销环境日益复杂多变、非营利组织的飞速发展及其营销需要等因素推动了营销思想的扩展和革新。

菲利普·科特勒是营销思想扩展革命的先驱者和领导者。一方面致力于营销学的科学化，努力提升营销学的学科地位，他所提出的营销学的一般概念，极大地扩展了营销学的研究范围；另一方面，他的《营销管理》一书及其修订对于营销学知识在全世界的传播和普及产生了巨大的推动作用，在学术界和实务界都有很大的影响力。

从20世纪70年代中期蔓延至今的营销思想扩展表现在许多方面。社会营销、非营利组织营销和地区营销等兴起，营销战、网络营销、关系营销、内部营销、整合营销等创新性的营销概念和思想不断涌现，营销思想迎来了大繁荣和大发展。

关键术语

社会营销　非营利组织营销　产品　定价　渠道　促销　地区营销　全球营销　网络营销　关系营销　内部营销　整合营销传播

即测即评

请扫描二维码，在线测试本章学习效果。

讨论与思考

1. 简述营销思想扩展的背景。
2. 简述菲利普·科特勒对于营销学的贡献。
3. 简述学术界对于营销思想扩展的争论。
4. 简述营销战理论的提出过程和基本观点。
5. 简述全球营销理论的提出过程和基本观点。
6. 简述关系营销、内部营销和整合营销传播的提出过程和基本观点。

第二篇

营销思想的主要学派

第七章
商品学派与职能学派

> 品牌是一种错综复杂的象征,它是品牌属性、名称、包装、价格、历史声誉、广告方式的无形总和。品牌竞争是企业竞争的最高层次。
>
> ——大卫·奥格威

本章学习目标

1. 了解商品学派的萌芽、成长和衰退各个阶段
2. 了解职能学派的兴起和消亡过程

本章知识结构图

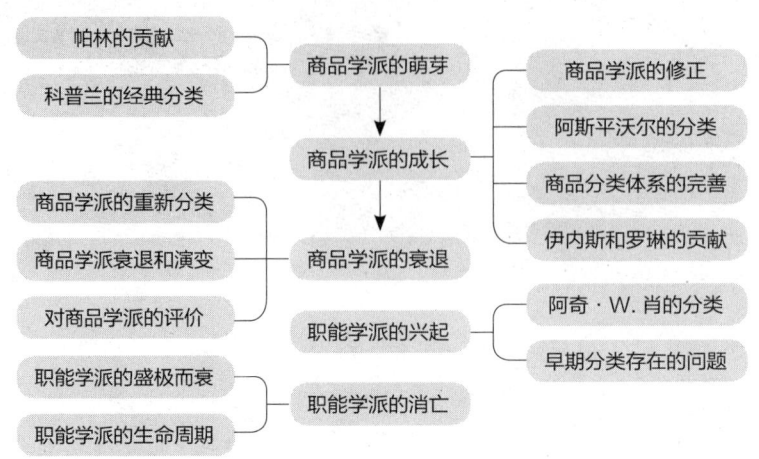

20世纪初,随着营销作为一种独立的学科出现,商品学派也开始萌芽。其基本原理是:既然营销是有关商品从生产者向消费者的流动,那么营销学者就应集中研究交易的载体——产品。因为营销学主要起源于农业经济和农产品营销,这支学派就被称为商品学派,尽管后来该学派的支持者们主要研究的不是农产品,而是工业消费品。

第一节　商品学派的萌芽

这里的萌芽,也就是开端、肇端之意。我国古代传统文化中谈到萌芽的诗句实在不少。《汉书·东方朔传》说:"甘露既降,朱草萌牙。"宋朝梅尧臣在其诗词《依韵和持国新植西轩》中提到:"浇灌同一时,萌芽或先后。"清朝高述明的《塞外》一诗则说:"炎风初解冻,夏草渐萌芽。"在时代呼唤营销学应运而出的当口,商品学派崭露头角、萌芽了。

萌芽时期的商品学派学者意识到,那些更先进的学科都是建立在一种科学全面的分类体系上的。他们提出,在学术领域中,学者们首先关注行为的重要性,并用最适合比较行为的方法对材料进行分类;在营销领域中,首先重视行为或者市场功能(即商品是怎样在市场上运行的)。随后,他们从对行为或功能的研究回到对商品分类系统的研究中,这对功能的范围和类别进行系统研究大有帮助。①

这些学者认为,如果营销过程中交换的物品能够按某种合理的方式分类,营销学就能在科学性上获得巨大进步。这些早期的商品学派学者不

---

① Terrence H. Witkowski. The Marketing Discipline Comes of Age, 1934-1936, Journal of Historical Research in Marketing, Vol. 2(4), 2010, pp. 370-396.

仅将视线放在理论科学范围内，还注意观察营销实践的应用领域。他们意识到，就算营销被学术领域所接受，如果不能为营销实践者所接受，仍然是站不住脚的。他们举例说，营销理论家能以什么样的建议来帮助一位克利佛兰的油漆生产者更好地将他的产品销售给俄亥俄州的油漆店呢？

商品学派理论家认为，当商品分类体系发展完善时，每一个商品都不是孤立的，许多商品之间有着紧密的联系，这些商品可以组成一个相对同质的类别，对同类中的所有产品都可以采用相同的营销方法和技巧。这种认为商品可分为有限的内部同质或外部异质的几种类型，当营销实践者需要某种具体产品的营销建议时，只需找到其产品所处的类别，然后再遵循该分类的既定"营销处方"就可以了。类似中药铺"照方抓药"一样。将一种产品归入商品分类中的某一类，使得许多营销决策变得简单易行，如选择适当的销售某一特定商品的商店类型、分销的密度、选择批发分销的方式、与交易商建立何种关系以及广告所要达成的任务等。

一、帕林的贡献

查尔斯·帕林（Charles Parlin）于1912年首先提出了商品分类体系。根据帕林提出的理论，妇女的购买物有三类，即便利品、急需品和选购品。便利品是日常购买的商品，如食品、杂货等，总的来说，就是价值低或急用的物品。人们无需比较价格，而在最方便的场所购买此种商品，这才有可能形成郊区杂货店、食品店和路口小店。急需品包括药物及其他一些以备不时之需的物品，这些物品使郊区药店比之经营糖果和其他便利品的小贩重要得多。选购品包括那些十分重要、需要选择、允许推迟购买的消费品，如各色高级纺织品等。妇女们常将这些物品列入她们的购货单中，在下次进城的时候，就会逐件审查清单上的物品，比较价格，耗费精力，确保物有所值。

小百科

查尔斯·帕林

美国历史上第一个完全意义的市场调查组织是成立于1911年的柯蒂斯出版公司（Curtis Publishing Company），这个组织最初27年的领导者就是查尔斯·帕林（Charles Parlin）。查尔斯先生显然是当时还处于婴儿期的营销科学最早的先驱之一，而且毫无疑问是第一个将有序的调查研究应用于广告领域的人（见图7-1）。

查尔斯·帕林于1872年出生于威斯康星州布兰德黑德的一个小镇。他的父亲是农产品的购买者和运输者，在

图7-1　查尔斯·帕林
（1872—1942）

查尔斯还是八岁孩子的时候就已经去世了。查尔斯通过半工半读的方式在威斯康星大学获得学士学位。在大学的时候,他特别擅长辩论和公开演讲。他本来想要继续学习法律,但迫于生活的压力,他不得不选择了毕业之后当一名教师。

他38岁那年,正在威斯康星一所高中当校长。之前他教过的一个高中生斯坦利·莱特肖(Stanley Latshaw)邀请他到柯蒂斯公司从事一项全新的商业活动。这正是老师教出了好学生,好学生不忘师恩,投桃报李,回报老师,给老师搭建施展才干的平台,竟然成就了一位营销先驱。这对当时和其后的营销学人来说,斯坦利·莱特肖功莫大焉!

查尔斯很快就在这一新领域创造了奇迹,干成了一件前所未有、开创历史的大事,那就是他对农业、零售业等行业所进行的全面彻底的市场研究。其中,一项具有里程碑性质的重要贡献就是他于1911年发表的对农机具市场的研究和于1912年出版的四卷对百货商店的研究成果。查尔斯的第二个贡献,主要体现在他是最早关注根据商品的营销特征对其进行分类的学者之一,尤其是,他指出了选购品和便利品的差异。他的第三个重要贡献是对刚刚蹒跚学步的汽车行业进行了市场研究,其研究成果于1914年出版。这一研究成果对于当时的汽车生产企业制定正确的营销战略(尤其是广告战略)产生了现实而深远的影响。此外,查尔斯所提出的许多重要概念依然被现在的我们所采用,如购买力指数、以社区划分反映购买力的城市营销地图等。

在查尔斯的营销职业生涯中,查尔斯发表了很多公开演说,对广告学和营销学这两个领域的研究都产生了非常显著的影响。在查尔斯去世后,这两个领域的学者都向查尔斯献上了敬意。1953年,查尔斯被选入广告名人堂。1945年,美国营销学会费城分会以他的名字设立了查尔斯·帕林纪念奖。

资料来源:Wroe Alderson .Charles Coolidge Parlin.The Journal of Marketing, Vol. 21, No. 1 (Jul., 1956), pp. 1-2.编者译。

二、科普兰的经典分类

另一个著名的分类是由梅尔文·T. 科普兰(Melvin T. Copeland)于1923年提出的。科普兰(见图7-2)同样将商品分为三大类别,认为所有消费品都可被分为便利品、选购品或特殊品。

便利品习惯上在便利店销售,顾客对其十分熟悉。一旦需求产生,常常能在头脑中清楚地定义这种需求,并希望这种需求能及时得到满足。消费者习惯在便于到达的商店购买便利品,这些商店分布在居民住宅区、工作地点、街头巷尾、上下班必经之地或时常经过的路旁。

图7-2 梅尔文·T. 科普兰

选购品是那些消费者在购买前往往要比较价格、质量、式样的消费品。通常消费者要去多家商店了解比较，在购买者脑海中不一定清楚地刻画所需商品的确切属性，这与购买便利品时的态度形成了鲜明的对照。在需求产生后，选购品的购买经常可以耽搁一段时间，需求的满足与购买多数便利品时相比显然不是那么重要。

特殊品对消费者有特殊的吸引力，而对价格的考虑却退居其次，消费者愿花精力光临经营特殊品的商店，却未必购买。消费者在购买特殊品时首先考虑的是制造商品牌、零售商品牌或是零售商店出售商品的信誉和服务质量。

这种分类方式，实质上是依据顾客的需要及其满足方式进行分类，它隐约体现了近代消费者行为学派的思想。然而，科普兰满足于把消费者的行为理解为一种理所当然的前提条件，并将之作为区分营销商品庞杂类别的基础，而没有进一步探求消费者采取某种行为模式的原因。

科普兰将他的分类方法建立于消费者的需求和行为之上，稍后的商品学派学者于1927年提出了以三个因素为基础的商品分类体系：商品的使用特性、商品的物理特性（如相对易腐性、价格集中程度、单位实体的规格大小等）和产品生产的特点（如生产规模、产地、生产集中程度、生产方法、生产周期等）。

第二节　商品学派的成长

帕林和科普兰的经典分类在商品学派的早期发展历史中具有持久的影响力。直到20世纪50年代末至60年代初，随着消费者行为研究的深入，才有一些商品学派学者提出将产品类别定义为便利品、选购品和特殊品的方法需要修正或完善。

一、商品学派的修正

在此阶段，商品学派认为，要区分便利品与选购品，应给予消费者所担任的角色以高度的重视。某些产品对一些顾客来说是选购品，对另一些顾客来说也许就是便利品，只有从个体消费者的角度出发才能更准确地定义便利品与选购品。可以说，便利品是消费者估计比较不同卖主产品价格质量的所得会小于自己付出的时间、金钱、精力等选购成本的产品；选购品就是个体消费者估计通过对不同卖主产品价格质量的比较所得会大于他自己付出的时间、金钱、精力等选购成本的产品。

特殊品在本质上并不是与便利品和选购品严格区分开的独立类型。这里必须分清两种不同概念，即愿意付出特别努力和必须付出努力。特殊品的显著特点就是必须去做一种特殊的购买努力才能买到所需的产品，这一现实问题根源于此种产品有限的市场供给。如果上述推理成立，特殊品就是面临一个有限的市场、销路相对窄小、需要购买者经过一番特殊的努力才能买到的便利品和选购品。所以，特殊品的分类似乎重叠了其他两类产品，不能独立于选购品或者便利品。

还有学者认为，应更重视消费者花费特殊精力的意愿，而少注意这种努力的必要性。进行区分的第一步就是要搞清楚选购品与非选购品之间的差异。选购品是那些在消费者产生需要后，定期地用不同方式来满足其需要的物品，这些物品的适用性在选购中已经确定。非选购品是消费者愿意且能够用一贯的方式来获得的产品。非选购品可进一步划分为便利品和特殊品。显然，当消费者面临一大堆替代品而买哪一个都无所谓时，他将买最方便得到的产品而不是再另求其他，这就是便利品。而当消费者认为只有一种品牌的产品才能满足其需要时，他就会略过一些易于得到的替代品，去寻求自己所想要的产品，这就是特殊品。

在这之后，以便利品、选购品、特殊品作为三大类别的分类体系重新在商品学派中确立了牢固的主导地位。随着营销思想的发展和其他相关学科新概念的导入，营销学者也不断地对这种分类体系提出争议和挑战。如若将选购努力作为首要考虑因素的话，上述定义都没有明确区别如下两种类型的努力：一种是特别的体力付出，特殊品的购买者为了得到一项特定的产品而情愿专门花费的体力；另一种是脑力耗费，主要花费在问价、比较区分不同的选购品上。

通过引入认知冲突理论，商品学派为这三大基本产品类别做了另一套定义：

便利品是那些或是因为价格低、易损耗，或是因为购买活动对消费者并不重要因而介入程度低的物品。消费者经常由于寻求实用性而接受许多合适的替代品，这样一来，消费者在购买时很少担心自己的购买决策在日后会被证实为不合适的，而购买他物会更合算。

选购品是那些购买前会引起消费者的担心，怕自己可能在购买后产生不满意的产品。消费者可以通过搜集信息和随后的购买决策缓解这种担心。这些物品在经济上和心理上对消费者都很重要，同时拥有卓越的与众不同的性能，拥有与这些性能特性相关的实体特征。

特殊品是那些无论在经济、心理的重要性还是在出众的产品性能特点上都足够列为选购品的产品，但它们的实体特征与消费者追逐的性能特征一般没有关系。另外，其替代品十分有限，以致消费者不得不购买那些可能引起不满的产品。购买前同样有所担忧，而且不易被购买行为所缓和。

二、阿斯平沃尔的分类

著名的商品学派学者利奥·阿斯平沃尔（Leo V. Aspinwall）于1958年提出了运用五大特征来区分三种不同类型商品的分类方法。他将商品区分为红色产品、橙色产品以及黄色产品，并认为依据产品特点的相对价值总和来排列产品的思想很重要。红、橙、黄三种光线的波长按此顺序排列，代表了光谱的一部分。根据当前的目的，仅使用这三种颜色比使用光谱的全部七色要方便得多。从红到黄，橙色居中，三种颜色如此组合就能得到一个价值的无限刻度等级。

在选择分类特征时，阿斯平沃尔确立了几个明确的指导方针。首先，选出的每一特征必须适用于任何产品；其次，每个选中的特征必须是相对可测量的；最后，每一特征必须在逻辑上与所有其他特征相关。根据这些参量，阿斯平沃尔选择了产品分类的五大特征：① 周转率。顾客为了满足对产品的期望，选购和使用一种产品的比率。② 总利润。最终实现的售价与成本之间差的资金总额。③ 应变性。为了更好地满足消费者的需要而附加于产品上的服务。④ 消费时间。产品耗尽其使用能力的消费时间。⑤ 选择时间。到零售商店的平均行程和距离的测量。

最终，阿斯平沃尔于1958年列出了如表7-1所示的体系，他称之为产品特征理论。

表7-1 阿斯平沃尔的分类

特征 \ 颜色	红色产品	橙色产品	黄色产品
周转率	高	中	低
总利润	低	中	高
应变性	低	中	高
消费时间	低	中	高
选择时间	低	中	高

比较科普兰与阿斯平沃尔的分类体系，科普兰的"便利品"大致相当于阿斯平沃尔的"红色产品"，"特殊品"类似于"黄色产品"，而"选购品"与"橙色产品"有密切联系。

就像所有商品学派的前辈们一样，阿斯平沃尔坚信这种方法是解决大多数营销实践者所面临困难的万能药，实践中只需要将各产品填入分类系统，再按各产品种类的标准营销指令去行事即可。他进一步解释道，产品的营销特征决定了所适合的最经济的产品分销办法，理解营销要求所需采取的第一步，就是在代表不同特征的等级表上找出产品的相应位置。大多数产品都适合这种模式，一旦明确了产品的特征就可以十分可靠地选择产品分销方式。与理论预期的严重背离显示出分销方式需要改变、完善，但所需考虑的不仅是物流，还包括一些相应的沟通问题，如促销媒介和舆论的选择。

三、商品分类体系的完善

20世纪70年代，为了完善商品分类体系，商品学派提出了三个不同的原则作为启发未来理论的立论基础。首先，产品必须被视为物质成分与心理反应的联合体（心理物质定义）。产品分类的测量方法依赖于科技的高速发展。其次，产品必须用消费者行为和渠道反应来定义（被称为分销速率）。相应的测量结果可以用工厂运货与零售的时间差来表示。最后，产品的沟通结果和购买行为的联系被定义为心理速度测量。

通过这三条原则的分析，该学派提出在基础分类体系中加上第四大产品类别，即偏好品。他们总结了三个维度：① 产品特征（购买量与特征的鲜明度）；② 消费者特征（自我参与和明确的自信度）；③ 消费者反应（购买产品的体力、脑力耗费）。用这三个标准制作了一级产品分类表（见表7-2）。

表7-2　商品分类体系

维度	1. 特征鲜明 2. 自信度高 3. 购买时耗费脑力比较品牌 4. 无品牌忠诚度	1. 特征不鲜明 2. 自信度低 3. 购买前耗费脑力搜寻信息 4. 忠诚于品牌
1. 购买量少 2. 参与程度低 3. 体力耗费少	便利品	偏好品
1. 购买量大 2. 参与程度高 3. 体力耗费大	选购品	特殊品

这种分类的意图是通过强调消费者行为与营销者活动的联系，来重组产品分类体系。这个分类体系上下两维的差异代表了消费者依赖于使产品容易获得的密集分销方式而在购买时节省体力耗费的程度，而左右两维的区别在于消费者选择一个品牌时花费脑力劳动的时间。如果一个产品落在右半部分，消费者在购买这种产品前会通过广告、口头传播或其他途径搜寻信息。这说明消费者依赖于卖者的促销活动，而这种依赖存在于消费者对耐用品（选购品）和非耐用品（偏好品）的购买中。

四、伊内斯和罗琳的贡献

本·M.伊内斯（Ben M. Enis）和肯尼斯·J.罗琳（Kenneth J. Roering）于1980年采

用了此四大分类体系。他们试图通过消费者与营销者观念的类比，来进一步改进这一分类体系。他们认为从营销者角度出发，以产品提供差异（提高产品认知差异的能力）和营销模式差异（为更好地服务于一个市场内的不同群体，将营销计划中的元素个性化的能力）两维为基础，可以建立四大产品类别。同样地，从消费者角度出发，两种相关的标准是认知风险（即认为消费者的购买决策的后果会比买者认知的更差）和预期的努力（买者为了完成交易所必须付出的努力）。通过结合营销者和消费者的观点，伊内斯和罗琳为四大产品类别做了新的定义（见图7-3）。

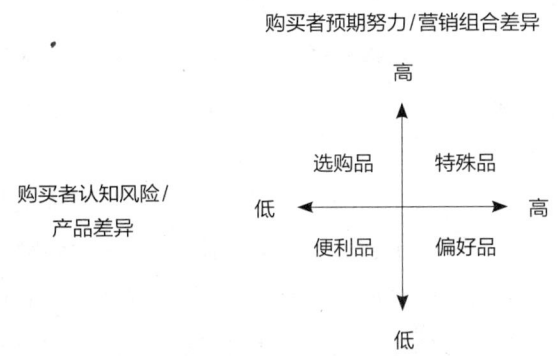

图7-3　四大产品类别体系

特殊品是那些购买者认为就性能和人际间影响来说风险较大、值得付出购买努力的物品，此种产品的营销者可在产品供给和营销模式上实行差异化。

选购品是那些购买者认为无较高性能风险或人际间影响风险，但值得付出相当的购买努力的特色产品，这时营销者的任务是通过营销模式来区分商品，而在产品供给上实行和竞争者一致的战略。

便利品是那些被认为低风险且不值得付出购买努力的物品，这时营销者必须高效地生产并分销这种难以在产品供给和营销模式的差异上做文章的大众产品。

偏好品是那些购买者认为风险高，但只用付出有限购买努力的奢侈物品，这时营销者可以进行差异化的产品供给，但需有效地对这种供给品进行大量营销。

第三节　商品学派的衰退

作为古典营销学的三大思想学派之一，商品学派在经历了20世纪上半叶的兴盛之后，虽然还有一些学者给予过关注和研究，但在20世纪70年代之后，商品学派逐渐衰退，并出现了一些新的变化。

一、商品学派的重新分类

1986年，商品学派学者帕特里克·E. 墨菲（Patrick E. Murphy）和伊内斯借助于与价格有关的购买努力和风险的标准，进一步阐述了这四大产品分类体系（选购品、便利品、特殊品和偏好品）。他们认为，这种分类体系能在所有的营销交易、产品、服务和思想中得到应用。他们给出了如下定义：

（1）便利品。便利品无论从购买努力还是从风险来讲都是最低的。也就是说，消费者不愿花费太多的时间、金钱用于这些产品的购买上，在决策时也没有感到很高的风险。

（2）偏好品。这些产品在耗费的购买努力上较便利品多一点，风险则很高。事实上，便利品与偏好品的区别主要在于购买者感觉的风险上。让消费者觉得风险高的原因经常来自营销者的活动，尤其是品牌和广告。

（3）选购品。这个名称就包含了产品的许多特点。购买者愿意花费相当的时间、金钱来寻找、评价这些产品。这些参与度很高的产品同样也使消费者感到越来越高的风险。

（4）特殊品。这些产品就风险和努力标准来讲，都是最高的。选购品与特殊品的区别主要在于购买努力，而非风险。特殊品价钱通常很高，花费的时间也很多。在特殊品范围内，购买者不接受任何的替代品。

二、商品学派的衰退和演变

尽管在营销学的早期发展阶段，商品学派占据着主导地位。但当营销学步入20世纪70年代之后，商品学派所采取的商品研究法被不少学者认为是过时的。科特勒在1972年撰文认为商品研究法可以看作营销思想发展的一个较早期的阶段。巴特斯（Bartels）在1976年出版的《营销思想史》一书中，将商品学派的衰退与20世纪50年代起学术界开始追求的一种对于营销现象更具理论解释性的方法的范式变革运动联系起来，认为商品研究法关注的重点是商品的分类，无法对营销现象做出系统性的理论解释。也有一些学者认为商品学派的衰退与营销思想的焦点从商品转向个体企业的视角转移有关。可以说明商品学派出现"衰退"状况的一个最有力的证据是：从20世纪70年代中期到整个80年代，出版的营销教科书和学术期刊文章中很少有直接引用商品研究法来作为一种研究营销现象方法的。

但同时让人感到迷惑的是，基于商品研究法的文章仍然在营销文献中发表。服务营销和工业产品营销成为一大批营销学者的研究领域。在今天，大多数的营销教科书都包括工业和服务营销的章节。沃尔特·津恩（Walter Zinn）和斯科特·D. 约翰逊（Scott D. Johnson）对这一悖论进行了研究，发现虽然学者们对于商品研究法本身的研究兴趣降低，但是商品研究法却是学者们对于营销现象进行进一步深入研究的基石。

商品学派依然在当今的营销文献中占有一席之地的原因，可以归纳为以下几点：① 由于对商品进行分类是对营销现象进行系统性研究中重要的第一步，因而商品研究法往往能帮助营销理论的构建。② 商品研究法是进行比较营销研究的一个好的数据来源。比如，通过对在不同国家（国际营销）、不同文化（跨文化营销）和不同时期（比较营销历史）中营销的相似商品进行比较研究，将有助于对营销现象的理解。③ 商品研究法识别出在大多数产品的营销中都存在着一种独特性的元素。独特性的一个重要来源是立法。一个国家的立法对于个体产品的设计、分销和营销具有重要的影响。④ 商品研究法能为那些被营销从业者和全社会都认为重要的商品提供具有洞察力的知识。

在20世纪早期，由于社会对食物分销的成本很关心，因而对于食物产品营销的研究就很重要，在当时也出现了大量的关于食物分销的研究文章。而随着美国经济的发展，工业产品和服务产品成为社会关注的重点，因而工业品营销和服务营销成了商品研究法的重点。从图7-4中就能看出商品选择的演变也遵循了美国经济的重心从农业到工业，再到服务业的演变过程。

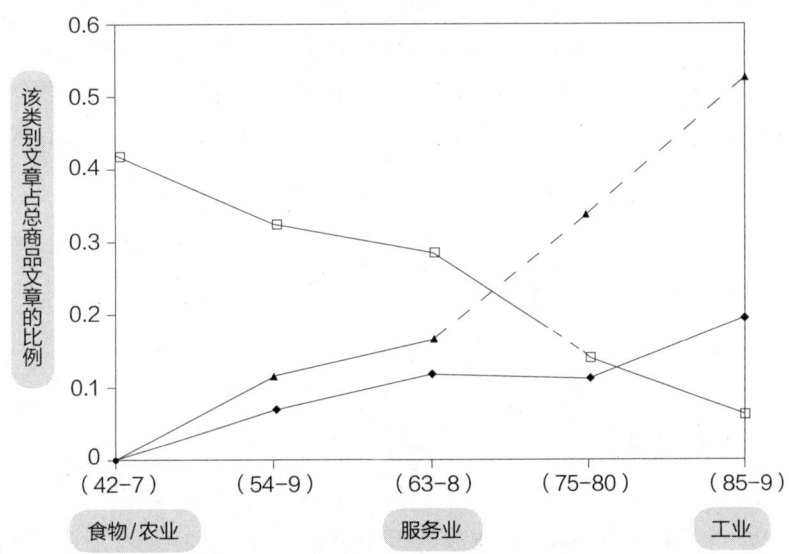

图7-4　研究各类别商品的论文采用率比较

资料来源：Walter Zinn, Scott D. Johnson. The Commodity Approach in Marketing Research: Is It Really Obsolete?

三、对商品学派的评价

商品学派的学者们总是强调"营销的管理食谱"对营销管理的重要性：任何产品分类体系都有这样一个目的，即对管理人员的决策进行指导。一个具体一致的营销战略应以购买者所感知的产品特征为基础。这一分类系统为管理人员的战略规划提供了导向：购买者的认知、营销者的目标和基本战略、营销组合的每一因素的具体战略等。

总而言之，商品学派建立的连接营销组合战略与产品分类的综合模型对营销学者和实践者们极富吸引力，但这一学派也有其局限性：① 研究重点一直局限于消费品，缺乏对商品理论对其他种类产品的适用性的研究，如工业品、服务和社会产品；② 消费者行为在不同文化范围可能也有变化，要求分类系统也应相应地变化；③ 由于不断采用新技术（比如电子购物的发展）造成的消费者行为的变化，商品学派只有显示它能够适应新技术的冲击，其理论的丰富性才能大大提高；④ 从一个产品种类的集中研究中得出的只是一种特解，不具有普遍性，这也是长期困扰营销学者的一个问题。

第四节 职能学派的兴起

当商品学派研究建立产品或交易对象的分类体系时，职能学派则集中研究从事营销活动所必须发挥的作用和所应该做的事情。职能是指人、事物以及机构所能发挥的作用、功能或所应做的事情。商品学派的研究基于营销中的"是什么"这一点上，而职能学派则集中于营销中的"做什么""怎么做"。肯沃斯将职能方法描述为早期营销思想发展中最具意义的理论创新，他甚至将职能学派的出现与原子论的发现相类比。学术界之所以如此高度评价职能学派的地位，主要是因为，职能学派对营销领域的基础性要素进行了科学界定和分类，奠定了营销学科不断走向丰富、完善的理论基础。

一、阿奇·W.肖的分类

阿奇·W.肖（Arch W. Shaw）被营销历史学者公认为是职能学派的首倡者。他在《市场分销中的若干问题》（1912）这篇文章中提出了营销思想史上第一个营销职能的分类：① 风险承担；② 运送商品；③ 融资；④ 销售商品；⑤ 对商品进行集中、配货、转运。

在肖1950年的一篇回忆性的信件中，他描述了他是如何在1910年作为一名哈佛商学院的学生产生出这些想法。当时他正在研究中间商对于经济的历史性贡献，他试图搜寻一些简单的概念，通过这些概念可以将营销的众多职能进行合理明确的分类，并揭示出彼此之间的联系，进而为市场分销应掌握的知识划定先后次序和明确使用范围。

L. D. H.韦尔德认识到营销职能是"普遍的"，经常在分销渠道中后移或者前移，生产者和消费者有时也承担一些营销职能，并不一定像肖所说的那样只由中间商执行。和肖的分类很相似，韦尔德在1917年提出了以下七项营销职能：

（1）风险承担。只要委托商、经纪人和代理人不取得对产品的所有权，他们就承担非常少的商业风险。但是其他每个中间商与制造商，尤其是生产存货的生产者，不得不考虑风险的因素。商业风险的主要类别有：价格波动；火灾；质量降级；时尚改变；金融风险。

（2）运输。以前经销商要负责物品的实体运送即物流，现在该职能大多已由铁路和其他运输机构等专门从事这项工作的物流机构所承担。然而，运输仍是经销商的重要职能之一。

（3）融资。这项职能主要由中间商、保险公司和银行来承担，为商品的分销活动提供资金支持。

（4）销售。这是最重要而且执行起来成本最高的营销职能。推销员的工资（再加上经常需要的差旅费）组成了经销商人费用账目中最重要的一项。销售包括产品创造需求以及将产品送到消费者的手中，这两方面的销售工作大都由上门推销员来完成，而创造需求这项任务越来越多地借助于广告来完成。

（5）集中。这里的集中，并不意味着商品从一个地方到另一个地方的实体运输，而是指寻找产品来源、谈判交涉、研究市场，从而以尽可能低的价格购买商品。集中涉及与购买相关的所有服务。

（6）重新配货。包括分类、定级，将大量产品分成小的单位、包装等。

（7）储存。就广泛的意义来说，表示在方便的地点保存产品的存货。

职能学派的一些评论家曾提出，事实上每个职能要素之间常常是互相依存的，将它们分开可能存在着风险。销售离不开标准化，销售、库存、融资总伴随着风险承担，运输、风险承担、储存与融资之间也存在着密切关系，如按订单运货和以批发商的收据做抵押等。

小百科

阿奇·W. 肖

阿奇·W. 肖（见图7-5）于1876年出生于美国密歇根州的杰克逊市。高中毕业之后，肖进入了奥利维特大学，不过他在获得学士学位之前便已退学。1899年，23岁的肖和另一个叫作沃克（L. C. Walker）的年轻人合伙成立了制造办公设备的名为肖－沃克的公司。四年之后，在保留其在肖－沃克公司的经济利益和董事地位的情况下，他从该公司的日常管理当中解脱出来，建立了一家以自己名字命名的公司来出版《系统与工厂》杂志。除了《系统与工厂》杂志之外，这家公司还出版了数目可观的著作，这些著作主要是关于销售人员的基本技巧和商业管理的各个方

图7-5　阿奇·W. 肖
（1876—1962）

面。在1928年，肖的出版公司出售给了著名的麦格劳·希尔出版公司。

肖总是保持着一个不知疲倦、满怀好奇和充满想象的大脑。在1910年，正是他作为一个出版人成功事业的中期，肖决定抽出一年的时间来探究是否能够在学术界发现任何具有实践价值的知识。于是，他来到哈佛，选修了一些经济学专业的课程。在那里他很快就被陶西格（Taussig）教授的经济理论高级课程所深深吸引。这些课程对其以后营销学术发展产生了极其重要的影响。

在哈佛的一年，肖也结识了经济史教授埃德温·F. 盖伊（Edwin F. Gay），盖伊在两年前被任命为哈佛新成立的商业管理研究院的院长。他们后来成了一生的亲密朋友。1911年，肖被任命为哈佛商学院的兼职讲师和管理委员会的成员。根据盖伊院长的建议，肖撰写了一篇发表在1912年8月《经济学季刊》上的文章，这篇文章在三年之后以《市场分销中的若干问题》的题目再次发表。这成了肖在营销学科最为知名的学术成果。

他致力于将经济理论应用到营销问题的分析研究中，并善于以一种管理的视角来探讨分销政策、价格政策以及如何用这些政策来刺激需求。他的"市场轮廓"概念和他对需要通过市场分析来决定市场轮廓的强调远远领先于当时的商业实践，肖的许多观点现在仍然具有启示意义。

资料来源：Melvin T. Copeland. Arch W. Shaw, The Journal of Marketing, Vol. 22, No. 3, 1958, pp. 313, 315，编者译。

二、早期分类存在的问题

到1935年为止，职能学派的学者们共提出了52种不同的职能，大多数学者所列举的职能通常都只是职能类别的简单总结，并没有组成一个分销过程体系。但所有这些职能都努力在生产分销过程中发现两个隐含的问题的答案，这两个问题是：① 当产品逐渐地向最终消费的地点移动时，哪些职能在这个阶段增加时间、地点、占有和其他效用（满足需求的作用）？② 企业家或经理主管人员及手下执行分销工作的雇员都履行什么特殊的职能？

在回答第一个问题时，以下五种职能较具代表性：① 集中；② 储存；③ 标准化；④ 运输；⑤ 销售。职能执行者在生产、分销过程中所执行的特殊职能一般包括：① 风险承担；② 融资，即为营销企业提供资金。

职能学派学者曾提出，要注意职能要求和真正的职能履行这二者间的区别。营销的每个职能都应被严格视为在将产品从生产者转移到消费者的过程中必须执行的一个步骤、任务或服务，这与通常的概念是一致的。一个职能的执行是需要行动的，认为职能是一种需要履行的活动也是合乎逻辑的。然而，将一种职能完全看作是需要执行的任务和服务，这种需要可能与实际进行的工作完全不同，只有当职能的工作是为了产生意义重大

三、职能学派的创新发展

在肖和韦尔德之后,又有许多营销学者提出了新的职能分类,共同来竞争最佳的职能分类清单。例如,克拉克(Clark)在1922年提出了一个精简的营销职能分类,将营销职能划分为3大类和7小项,即交换职能(购买和销售)、物流(储存和运输)和辅助职能(融资、风险承担、标准化)。梅纳德(Maynard)等在克拉克归纳的7项职能基础上,增添了营销信息职能一项。而瑞恩(Ryan)则在1935年对其之前的文献研究进行全面综述的基础上,将营销职能扩展为16个大类、超过120个小项的职能,瑞恩的分类是职能学派中最为细致的分类。

(一)美国营销协会的观点

尽管职能学派在职能分类领域呈现百家争鸣的局面,但不同学者的职能分类不同却带来了一个突出的概念界定问题。1948年,美国营销协会(AMA)定义委员会指出:"营销职能这个术语可能并没有被开发成功。在这个概念下,学生力图将一群不同质和不一致的活动聚到一起……像配货、仓储和运输这样的职能是广义的一般经济职能,而像销售和购买则从特征而言本质上属于个体职能。我们试图将所有这些离散的活动都放到一个类别下,贴上营销职能的标签。"

(二)麦加利的贡献

为了使职能学派重现活力,1950年埃得蒙德·麦加利(Edmund D. McGarry)基于营销活动的目的,对营销职能概念进行重新的考虑(见图7-6)。他提出对于营销职能的定义应该满足职能使用的目的,麦加利认为营销职能就是创造交换。麦加利在对先前的分类体系进行综述的基础上,提出了自己的分类体系,这一体系由六大职能组成。

图7-6 埃得蒙德·麦加利
(1891—1973)

(1)签约(contractual),寻找购买者和销售者。

(2)备货(merchandising),包括生产产品以适应顾客需要的各种活动。

(3)定价(pricing),处理产品供给的或产品可接受的价格问题。

(4)宣传(propaganda),包括各种说服潜在用户选择某项产品和让他们一旦拥有就爱不释手的方法。

(5)物流(physical Distribution),包括产品的运输和储存。

（6）结项（termination），为顾客提供应有的各项服务，整个营销过程圆满完成。

许多营销学者都以为麦卡锡于1960年提出的4P理论是营销学的一次根本性、突破性的进展。很明显，这4P（即产品、价格、渠道和促销），实际上起源于早期的职能学派（诸如肖、韦尔德，尤其是麦加利）提出的分类系统。换言之，4P理论之所以能够提出，职能学派的贡献不可忽视，更不可低估。

第五节　职能学派的消亡

颇具讽刺意味的是，尽管麦加利的初衷是为了让职能学派重获生机，但实际上麦加利在1950年的职能分类中其实已经播下了职能学派"消亡的种子"。

一、职能学派的盛极而衰

1969年，职能学派学者理查德·J. 路易斯（Richard J. Lewis）和利奥·G. 埃里克森（Leo G. Erickson）试图将职能研究法与系统研究法结合在一起，主张营销事实上有两大真正的职能——获取需求（obtaining demand）和服务需求（servicing demand），把这些职能分解会产生一些活动。如图7-7所示，在获取需求这一职能下，可以列举出广告、人员推销、销售促进、产品计划和定价这些活动。与服务需求相关的活动是仓储、存货管

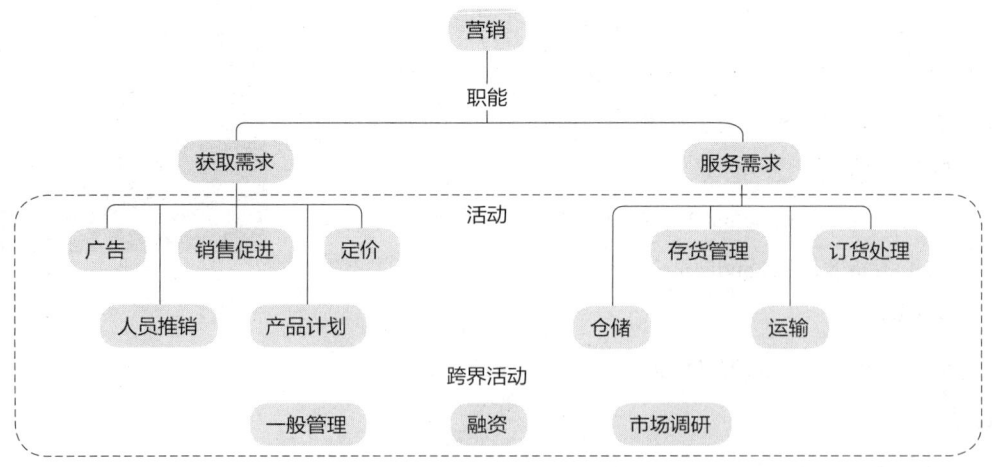

图7-7　营销职能和活动

资料来源：Richard J. Lewis, Leo G. Erickson. Marketing Functions and Marketing Systems: A Synthesis. Journal of Marketing, July, 1969: 10-14.

理、运输和订货处理。

基于营销系统理论的视角，理查德·J. 路易斯和利奥·G. 埃里克森认为，营销是企业整体系统的子系统，是一个开放的并通过反馈控制形成的一个回路系统。它既受企业政策、目标和财务等内部因素的限制，又受政府、竞争者和消费者等外部环境的制约。结合职能分析和系统研究，他们总结到，获取需求和服务需求这两大职能事实上是营销系统的输出，而前面提到的活动则是营销系统的投入。

亨特（Shelby D. Hunt）和古尔斯比（Jerry Goolsby）在1988年的一项对于职能学派发展历史的研究中指出，麦加利的职能分类相对于过去传统的职能学派分类而言，要更加地接近营销经理的工作。他们指出，在某种程度上，"麦加利预言了营销研究中管理研究法的兴起和职能研究法的消亡"。

在麦加利、理查德·J. 路易斯和利奥·G. 埃里克森之后，职能学派既没有提出新的概念，其学派代表人物也没有进一步的创新发展。尽管营销职能仍然可以在早期营销原理教科书的修订版中偶尔出现，如贝克曼（Theodore N. Beckman）及其合作者在1927—1973年先后出版的九次修订版教科书，还保留着营销职能的相关章节，但是，随着这些早期教科书退出教材市场，营销思想中的职能研究法也随之退出历史舞台。值得注意的是，职能学派所研究的问题并没有消亡，后来在机构学派中出现的渠道"流"和在营销管理学派中出现的管理任务可以视为职能学派的演化。

二、职能学派的生命周期

产品生命周期理论认为，产品同任何生命体一样，从上市行销到退出市场，也会经历一个出生、成长、成熟、衰亡的生命循环过程。也就是说，任何产品都有其生命周期。典型的产品生命周期由导入期、成长期、成熟期和衰退期四个阶段构成。曾经在半个多世纪的岁月里引领营销学发展最后又被学界遗忘的职能学派，也经历了这样一个生命周期。

（一）导入期

1900—1920年，可以看作是职能学派的导入期。20世纪初，英、美国家的大学已经有了商科教育，与营销相关的类似课程陆续开设。1902年，密歇根大学的琼斯（E. D. Jones）开设了"美国工业分销与管理"课程。之后，宾夕法尼亚大学、匹兹堡大学、威斯康星大学和俄亥俄州立大学等也开设了类似课程。

在此期间，阿奇·W. 肖于1912年发表了题为《市场分销中的若干问题》的文章。这是营销专业人士发表的第一篇学术论文。尽管此前也有人发表过有关销售、推销、广告的论著，但是学术界普遍认为只有这篇文章对现代意义的营销思想进行了系统的探讨。如前所述，肖创办了生产办公用品的肖-沃克的公司和《系统与工厂》杂志。他身兼制造商、出版商、经济学家等数职。作为经济学家，他很瞧不起那些只关注生产而忽视分销的同行，极力呼吁对市场分销问题（包括经销商职能等）展开深入系统的研究，而且指出经销商执行了销售、组合、分类、装卸、运输等职能。他被营销历史学者公认为是职能学派的首倡者。

· 紧紧跟随阿奇·W. 肖的学术思想发展，在导入期就致力于营销职能研究的学者非韦尔德（Louis H. D. Weld）莫属。他最先将营销职能界定为"为了将商品从生产者手中转移到消费者手中所必须完成的任务"，并先后提出了8种批发商职能（1916年）和7种营销职能（1917年）。与阿奇·W. 肖一样，韦尔德也是一位经济学家。略微不同的是，肖热衷于工业问题研究，而韦尔德则对农业问题倾注了不少心血。韦尔德提出，在农产品由农场主销售到广大消费者的过程中，中间商发挥了极其重要的作用，尤其是批发商构建了连接农村、运输商、城市消费者的分销系统，这一系统保障了农产品货畅其流。他特别指出，促进农产品分销流通的还有农产品期货交易商。农产品期货交易商作为营销中介，为农产品从农村转移到各地城镇、满足消费者需要提供了卓有成效的服务和支持。

总的来讲，职能学派是伴随着营销学科的产生发展而不断壮大的。阿奇·W. 肖、韦尔德及其他职能学派的代表人物之所以在营销学界纵横驰骋几十年，享有极高的学术地位，产生了广泛的社会影响，主要是因为他们比一般的经济学家更具慧眼、更有洞察力、更早地关注到了物流问题。时势造英雄。恰恰是物流机构对社会经济发展的作用越来越大，导致学术界对物流机构的研究成为刻不容缓、必须立即着手的大事情，才使得职能学派脱颖而出，适应时代发展的需要，提出了营销职能及其分类等科学论断。由于阿奇·W.肖的注意力集中于工业，而韦尔德等人的主要兴趣点在农业，因此，二者对营销职能的认识和理解并不一致，甚至职能学派内部的观点也是形形色色、五花八门。这种百家争鸣的学术氛围，反而有力地促进了职能学派的迅速发展和不断繁荣。

（二）成长期

1921—1940年，可以看作是职能学派的成长期。在此期间，在各大学商科教育迅速发展的同时，营销教育也顺势而为，壮大崛起。在1920年的美国，只有1 500人从商学院毕业；而到了1940年，这一数字便猛增至18 000人。商科教育和营销教育的兴旺发达，也带动和促进了正规营销教材的编写出版。20世纪20年代出版的营销教材中，有7本都包含营销职能的相关内容。

保罗·切林顿（Paul T. Cherington）指出，营销活动的主要目标就是借助备货职能、辅助智能和销售职能为买卖双方提供便捷有利的交易环境。他认为，营销学界应注重营销职能的研究，而不应将注意力过多地放在执行这些职能的机构身上。因为，机构是会经常发生变化的，而职能却是持续恒久、亘古不变的。

克拉克是第一个将营销职能概括为交换职能、供给职能和便利职能的学派代表人物。他曾坦率地承认，自己的思想来源于韦尔德。学术界也公认，他是该时期独一无二的发展了他人的营销思想而未能提出自己独到观点的学者。

艾维在其《营销学》一书中提出的营销职能与切林顿的观点别无二致。他指出，任何卖主为了将产品从生产者转移至消费者都必须执行某些营销职能。

肯沃斯认为，学术界谈论的所有营销职能并非在任何情况下都是必须的，因为买主购买目的不同，所需要借助的中间商类型和数量也不尽相同；在分销环节减少的情况下，中间商所执行的某些营销职能可能也就少了。可值得注意的是，有时即使取消了某个中间商，其应执行的某些营销职能未必能取消。事实上，在取消了某个中间商的情况下，其应执行的职能有可能会转移给其他中间商，由后者代为执行。他认为，职能学派应关注如下问题的研究：一是应执行的营销职能；二是营销职能的效用；三是营销职能的最佳执行者（即谁来执行这些职能最为合适）。

由梅纳德、贝克曼和韦德勒合著的《营销原理》一书也可以称得上是阐述营销职能的经典著作。该书依循交换职能、物流职能和辅助职能的框架体系，论述了企业开展营销活动的基本原则。他们对于营销职能的描述，与克拉克提出的交换职能、供给职能和便利职能有异曲同工之妙，只是用词略有不同。在对各职能的内涵做进一步说明时，梅纳德、贝克曼和韦德勒的观点比克拉克有所创新和发展，增加了市场信息收集的内容。直到今天，学术界一提起营销职能，基本上都是延用《营销原理》一书的说法，即营销职能是交换、物流和辅助（facilitating，也有便利的意思）。

职能学派的发展壮大过程，也是与商品学派、机构学派及其他古典学派的论战、竞争过程。当时的职能学派由于适应了营销学科发展的需要，因而在论战中占了上风，取得了决定性的胜利。直至20世纪70年代，职能学派一直在营销学界占据主导地位。这可从克拉克、肯沃斯、梅纳德、贝克曼和韦德勒等职能学派代表人物的著作成为最畅销的营销学教材得到印证。

职能学派得以发展迅速并取得成功，不是偶然的，这里面有其内在的必然性。

首先，当时的美国正从单纯的农业经济转向现代化的工业经济，商品学派具有明显的农业导向，仅仅热衷于研究农产品营销问题，所以，面对时代的不断进步和发展，商品学派越来越显得不合时宜。

其次，当时的营销学界有一个共识，就是与其研究执行营销职能的各种机构，还不如潜心研究营销机构应执行的各种职能。因为，这对于营销理论的构建和发展更具有奠基性的科学价值。于是，职能学派显得更能与时俱进，始终站在时代潮头，因而更容易受到广大同行的追捧和尊重，享有更高的学术地位。

最后，20世纪30年代的经济危机致使美国市场出现供过于求的新形势，在此时代背景下，学术界对美国经济中生产问题的研究兴趣锐减，而对研究如何发挥中间商作用、如何营销产品和服务等问题显得刻不容缓，炙手可热。其中，研究营销机构应执行的职能便不可避免地成为热门话题。事实上，经济危机给营销学界带来的影响是非常深刻的。这期间，营销学界发生了两件大事：一是全美营销教师协会（National Association of Marketing Teachers）与美国营销学会（American Marketing Society）合并，美国营销协会（American Marketing Association，AMA）于1937年宣告成立。作为面向营销人的领先机构，美国营销协会被视为营销从业者和学术界最可信赖的资源平台。二是《营销学报》于1936年创刊。至此，营销学科已经正式形成。而在此具有划时代意义的关键时期，学术界普遍认为，职能学派在研究营销效率提升、应对竞争新格局、改进政府治理调控等方面做出了重要贡献。因此，职能学派的学术地位也就可想而知了。

（三）成熟期

1941—1970年，可以看作是职能学派的成熟期。在此期间，我们可以找到职能学派提出的各种更加准确、科学的概念及其定义，但该学派衰退的势头已经忽隐忽现，就像歌曲所唱的那样："依稀往梦似曾见，心内波澜现。"不过，略有不同的是，歌词描述的是火热的爱情，而此时的职能学派却呈现出颓势的波澜。

在职能学派走向成熟、如日中天的关键时期，巴克林（1966）的《分销渠道结构理论》[①]一书运用微观经济分析方法，研究了分销渠道的演变，对职能学派的学术思想进行了梳理、补充和完善，探讨了运输时间、货物数量和市场分布等因素对分销渠道服务产生的影响，论证了实现运输、存货、查询、销售等产出所必需的营销职能。奥德逊等学者借助人类学、数学、统计学等相关学科的技术方法，从竞争、合作、交易成本的角度对分销渠道数理模型进行了研究，进而提出，既然交易行为需要花费成本，那么，客观上肯定存在着降低分销成本的可能性。因此，借助数理方法研究提升分销效率、降低分销成本等问题就显得十分必要。

① Bucklin L P. A Theory of Distribution Channel Structure. Berkeley: University of California, Institute of Business and Economic Research, 1966.

为了使职能学派重振雄风，保住已有的"江湖地位"，埃得蒙德·麦加利于1950年再次发表有关营销职能的研究论文。他指出，过去学术界对于营销职能的界定存在着视域过窄、机械刻板、脱离实际等弊端，与生龙活虎、活力四射、魅力无穷、充满智慧的营销实践的客观现实严重脱节、极不相符。靠过去的营销思想指导实践，确实干不成任何事情。谈到营销职能，他这样说道：职能不是肤浅地简单地描述干什么事情，而是应深刻揭示、清晰阐述干这些事情所必须达成的目标。例如，心脏的职能不是持续地跳动，跳动只是心脏的活动。心脏的职能是提供压力，把血液泵至全身各个部分，上至大脑，下至手指和脚趾。麦加利说，营销职能的界定应充分考虑到营销实践的充分必要条件，有了接触、推销、定价、宣传、物流、结账这六项营销职能就足够了，营销经理的实际工作也不过就这六个关键点。

麦加利提出的"六职能说"确实比传统上讲的融资、风险承担、标准化、分级"四职能说"更贴近营销管理实践，更能反映营销工作的客观现实，因而更能受到广大营销管理者的喝彩和欢迎。职能学派看起来又要重现昔日的辉煌了。殊不知，麦加利的力挽颓势的一片苦心却成就了管理学派，为助力管理学派走向学术的巅峰猛推了一把。这正是："有心栽花花不开，无心插柳柳成荫"，从营销管理实践出发，注重研究营销管理问题,不正是管理学派一以贯之地努力并由此所形成的鲜明特色吗?

在管理学派崭露头角、赢得人心、广受欢迎的同时,职能学派日薄西山、走向衰退已是大势所趋,职能学派的各种努力已是成效甚微,无力回天了。学术界普遍认为,麦卡锡《基础营销学》一书的出版是职能学派终结时代的开端。该书秉持管理导向理念,注重研究、分析、解决营销管理者面临的各种问题,而不再像以往那样仅仅停留于分析营销系统、描述营销职能了。这正是:往日的辉煌已成为尘封在记忆中的梦,从前繁华的岁月已朦胧落幕。20世纪60年代,职能学派尚可与管理学派同时并存,不分伯仲;到了70年代,职能学派便灯尽油枯,大势已去了。

(四)衰退期

1971年至今是职能学派的衰退期。60年代职能学派的衰退趋势在70年代得以加剧和强化。新出版的营销学教科书不再采取职能学派的研究方法,但是职能学派过去出版的修订版本尚有一定的市场,个别学校还在采用这些修订教材。可是,自打进入80年代后,就连修订本也不再出版,职能学派的教材彻底退出市场了。

在过去40多年的时间里,职能学派为营销学界做出了不可低估的杰出贡献。为什么现在突然间竟被人抛弃了呢?

首先,20世纪六七十年代商科教育各学科的课程及其内容都发生了重大变化,这些变化主要起因于福特基金会和卡耐基基金会关于商科教育现状的研究报告。这两份报告对当时的商科教育均给予了负面评价,其中,对营销学这门核心课程的评价是教学内容描述过多而分析不够。报告提出,商科院校应大力发展专业化(specialization)教育,而不要都一窝蜂似的追求职业化(professionalization)。专业化可被视为针对知识不断膨胀这个问题所做出的反应。通过将学科细化,个人能够继续处理这些不断膨胀的信息并将其作为深入研究的基础。商科高等院校应向学生提供毕生工作所需要的理论、知识、方法、技能,而不仅仅是帮助学生找到一份职业。为了提高人才培养质量,课程及其内容既要涵盖本专业商业活动的所有环节,又要提供与此相关的系统化理论知识。

各商科院校对研究报告迅速做出了积极响应,包括营销学在内的所有学科都实施了课程改革,削减描述性内容,增加分析性和理论性的内容,更加体现"管理导向"。而此前职能导向的教科书大多是注重描述而且篇幅冗长,缺乏专业化理论知识,对管理实践的指导性也很差。从此,营销等商科专业的教学体系、教学方法、课程内容都走上了"管理导向"的新征程。

其次,20世纪50年代末到60年代,美国经济面临的市场竞争新形势也加速了职能学派的衰退。第二次世界大战后,美国作为世界上唯一一个工业结构未被破坏的大国,需要尽快占领亚洲、欧洲各国潜力巨大的市场。当时,实现这一伟大抱负的第一要务就是提高生产效率,增加产品产量,因此,亟待解决的是生产问题,营销问题尚不突出。进入50年代以后,美国国内市场和世界市场的竞争日趋激烈,此时,令企业家焦虑的不再是生产,而是营销。企业界对营销的重视,促进了高校营销教育的创新发展,造就了成千上万的营销经理人。作为营销经理,必定要重视管理问题,研究如何根据市场需求,制定生产决策和营销决策,提供满足客户需求赢得企业应得的利润,确保企业的可持续发展。而要培养营销实践所需要的大批优秀人才,职能学派那套知识体系、教学方法、课程内容显然是不合时宜了,取而代之的便是非管理学派莫属。

营销经理的概念起始于20世纪50年代。营销经理的职责就是制定产品决策、价格决策、促销决策和分销决策,负责营销活动的全面管理。在此之前,曾有过大量的销售经理、广告经理、产品经理等,但他们尚不是现代意义上的营销经理,也不具备现代营销经理的素质和水平。在这种时代背景下,职能学派的衰落和管理学派的兴起就更好解释了:① 职能学派过多描述,管理学派长于分析;② 管理学派注重专业化,强调专业素养和管理知识体系;③ 新形势下企业营销经理的任务加重,迫切需要管理学院正规培养的高级营销管理人才。

值得注意的是,虽然管理学院(商学院)不再采用职能学派的教材,但并不意味着没有营销职能方面的教学内容。因为在管理实践中,许多营销职能仍发挥着非常重要的作用。创造需求、仓储运输、推销、购买、市场调研预测等营销职能在提升竞争实力、增进营销绩效的过程中仍受到管理层的高度重视。①

① 郭国庆. 西方市场营销学界职能学派的兴衰. 经济师. 1998(1): 28-30.

本章回顾

营销学主要起源于农业经济和农产品营销,商品学派因此而诞生。萌芽时期的商品学派学者关注行为的重要性,并从对行为或功能的研究回到对商品分类系统的研究中。当商品分类体系发展完善时,每一个商品都不是孤立的,许多商品之间有着紧密的联系,这些商品可以组成一个相对同质的类别。

查尔斯·帕林首先提出商品分类体系,即便利品、急需品和选购品。梅尔文·科普兰同样将商品分为三大类别,即所有消费品都可被分为便利品、选购品或特殊品。20世纪50年代末至60年代初,商品学派对商品分类体系进行了进一步的修正或完善。利奥·阿斯平沃尔提出运用五大特征来区分三种不同类型商品的分类方法。本·M.伊内斯和肯尼斯·J.罗采用四大分类体系进一步改进了这一分类体系。20世纪70年代之后,商品学派开始走向衰退和演变。

职能是指人、事物以及机构所能发挥的作用、功能或所应做的事情。职能学派集中研究从事营销活动所必须发挥的作用和所应该做的事情。

阿奇·W.肖被营销历史学者公认为是职能学派的首倡者。L.D.H.韦尔德在1917年提出了七项营销职能。在肖和韦尔德之后,又有许多营销学者提出了新的职能分类。埃得蒙德·麦加利对营销职能概念进行重新的考虑,提出对于营销职能的定义应该满足职能使用的目的,营销职能就是创造交换。

职能学派的产品生命周期理论认为,产品同任何生命体一样,从上市行销到退出市场，也会经历一个出生、成长、成熟、衰亡的生命循环过程。

关键术语

便利品　急需品　选购品　特殊品　偏好品　导入期　成长期　成熟期　衰退期

即测即评

请扫描二维码，在线测试本章学习效果。

讨论与思考

1. 简述商品学派所研究的主要问题。
2. 简述帕林的商品分类体系。
3. 简述科普兰的经典商品分类。
4. 简述阿斯平沃尔的商品分类方法。
5. 简述职能学派所研究的主要问题。
6. 简述阿奇·W. 肖的职能分类方法。
7. 简述麦加利的职能分类方法。

第八章
机构学派、组织动力学派与区域学派

> 凡战者,以正合,以奇胜。
>
> ——《孙子兵法》

本章学习目标

1. 了解机构学派的发展阶段和主要代表人物
2. 了解组织动力学派的发展阶段
3. 了解区域学派的主要观点和主要代表人物

本章知识结构图

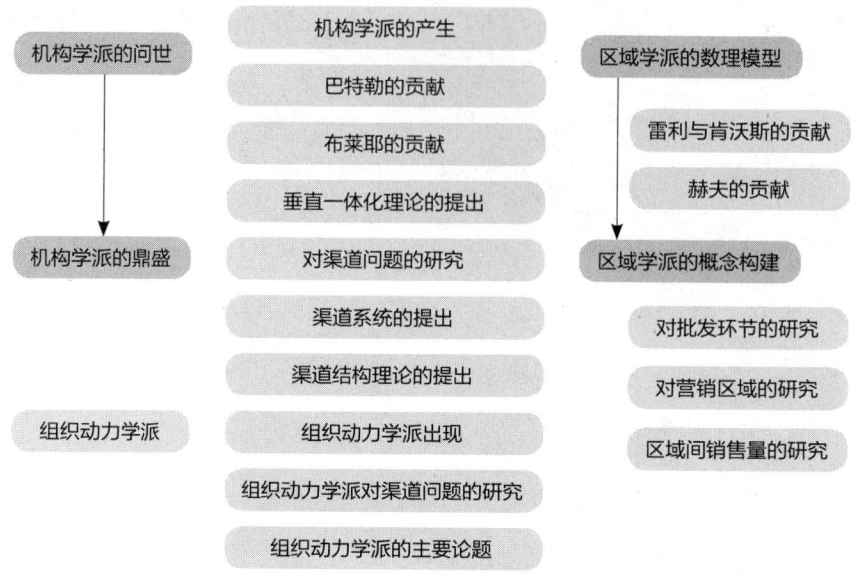

商品学派认为最好是通过分析交易中的商品的类型来理解营销活动，职能学派认为分析的重点应放在市场交易过程的行为活动上，机构学派则认为只有把更多的研究注意力放在组织上（只有这些组织才能真正执行把商品从生产者转移到消费者手中的职能）才会对营销这门学科大有裨益。

第一节 机构学派的问世

机构学派在营销这门学科的发展和成长过程中占据了一个中心位置。当营销学最初成为一门独立的学科的时候，机构学派就与商品学派和职能学派并列于核心的地位。

一、机构学派的产生

机构学派在20世纪初出现，很大程度上是由于当时的消费者认为他们在零售商店购买的农产品的价格高得不合情理，特别是消费者无法理解为什么支付给农民的价格与支付给商店的零售价格之间的差异那么大。这种不信任和困惑的感觉只有在人们认识到当时发生的迅速而剧烈的社会变动时才能被理解。当时，美国有很多消费者从农村地区转移到正在飞速发展的城市地区，并在那里找到工作安顿下来。这些新城市居民已经习惯于很短而且直接的营销渠道，在那种情况下他们要么自己生产自己需要的食物，要么直接从其他生产者那里购买，对于伴随着更精细的营销渠道而来的更高的价格没有什么准备。

为了回答这些不满，一些营销学者决定评价营销组织的功能和效率（通过这些组织可以使产品通过运输的改变从而从生产者手中转移到消费者手中）。韦尔德被认为是机构学派的奠基人，在1916年出版的《农产品营销》一书中，韦尔德提出了营销渠道效率这一问题。当谈到渠道里的中间商过多的时候，他指出这意味着有两种可能性：要么是细分层次过多，要么就是每一层的中间商太多。

这种细分不过是一个尽人皆知的劳动分工论的例子，并且正是通过这种职能的特殊化来获得经济性。从这个意义来讲，有足够的经济方面的理由在特定层次的交易商之间的营销过程中进行细分，并且也可以认为在一些情况下更细的专门化可以获得更低的成本和更高的效率，而在另一些情况下把两个或更多的中间商的职能集合于一个中间商的手中也有可能降低成本。无论有多少分离的中间商，营销的职能必须履行，问题就在于能否找到最经济的职能结合法。

这一问题只有通过对每一个单独交易的仔细考察才能决定。只有那些真正对营销系统进行了第一手研究的人（并且这种研究是公正无私的），才能认识到已发展形成的营销系统从整体上说是有效的。

小百科

韦尔德

　　大学学者的专业训练和实践商人的现实主义在韦尔德博士身上的结合，使得他成为最高产的早期营销知识贡献者之一。

　　在哈佛学习完一年之后，韦尔德转到鲍登学院，在那里他被评选为美国最优秀的大学毕业生之一，并以最优等的成绩毕业。1907年，韦尔德在伊利诺伊大学获得经济学硕士学位，一年之后，他在哥伦比亚大学获得博士学位。在伦敦的国际银行公司工作了短短一段时间之后，韦尔德于1908年至1909年担任华盛顿大学经济学的讲师，于1909年至1910年担任宾夕法尼亚大学沃顿商业和财务学院的讲师。在美国统计局作为一名特别代理人工作了将近两年之后，韦尔德于1912年至1916年成为明尼苏达大学经济学的助理教授。1916年至1917年，在韦尔德33岁的时候，他成为耶鲁大学谢菲尔德科学院的商业管理教授。

　　在明尼苏达大学的时候，韦尔德在1913年从经济系转到农学院。农学院希望他开发出一门如何营销明尼苏达产品的知识，这项工作要求韦尔德将他的大部分时间用于研究工作。在描述这种早期经历时，他说道："当我在1913年秋季开始讲授营销时，当时几乎没有关于这个领域的文献。我不得不走出去，发掘我自己需要的信息。"韦尔德研究了第一手的谷物移动、期货交易的使用、黄油和鸡蛋从乡村生产者向城市消费者的运输、合作运输协会的活动、主要的交换和拍卖以及在后续营销渠道中的价格决定方法。"通过这次研究，我不仅能够给予我的学生以前从未被收集的第一手的信息，同时也可以在我的头脑中形成一些关于营销的一般原理，包括中间商的职能、影响营销成本的因素等。"因为韦尔德的开创性研究，他甚至被要求在明尼苏达校委会的一个特别委员会面前解释为什么他讲授这些关于营销效率和期货交易的"危险学说"。

在1914年12月美国经济学会年度会议上，韦尔德报告了一篇关于市场分销的文章，很明显对那时的市场营销协会而言这是第一篇全面的关于营销的阐述。在这篇文章中，韦尔德呼吁经济学家关注这块他们忽视的领域。之后，韦尔德长期担任美国经济学会营销教学非正式圆桌会议的主席，为推动后来美国市场营销学会的建立做出了很大的贡献。与此同时，韦尔德在明尼苏达社会科学通报上撰写了许多描述他的营销研究的文章。在1916年，韦尔德出版了《农产品营销》一书，这成了新的营销课程中的先驱之作。

1917年8月，韦尔德加入了当时在牲畜、肉类和相关产品领域居于国内和国际领先地位的苏威孚特公司。1926年，韦尔德接受他在鲍登兄弟会的朋友麦肯（H. K. MaCann）的邀请，成为麦肯公司在纽约的广告办事处的执行经理。后来，他成为麦肯－埃里克森公司的研究总监，并在这个职位上度过了他的余生。在这期间，韦尔德依然笔耕不辍，在《营销学报》《美国统计学会学报》等顶级杂志发表了许多论文。1949年，在韦尔德去世后三年，因为韦尔德对营销科学所做出的卓越贡献，美国市场营销学会授予他保罗·D.肯沃斯奖。

资料来源：Donald R. G. Cowan.Louis D. H. Weld.Journal of Marketing, Vol. 25, No. 2, 1960, pp. 63–66.编者译。

二、巴特勒的贡献

1923年，时任美国橡胶公司广告部经理的拉尔夫·斯达尔·巴特勒出版了《营销与经商》一书，这对于机构学派的早期发展做出了重大贡献。他的研究方法是强调中间商为生产者和消费者所创造出的效用。

中间商的一个重大作用是创造效用。效用有四种：基本效用、形式效用、地点效用、时间效用。例如，小麦可以用来维持生命，就是基本效用；为更好吃而把小麦磨成面粉就增加了形式效用。尽管对于每一个人来说这两种效用都是必不可少的，但事实上，如果具备基本效用和形式效用的小麦远在明尼阿波利斯的磨坊主的库房里，那么对于新奥尔良的饿汉来说就没有什么意义，因而还得加上地点效用。即使加上了地点效用，新奥尔良的居民还有可能吃不上它。如果1月份就把小麦送到新奥尔良而当地居民直到7月份才需要它，那么除非有人把小麦保管起来并等到7月份才拿出来供给居民，否则小麦对当地居民还是没有什么用处。即使具备了基本效用、形式效用以及地点效用，面粉还必须同时具备时间效用——当需要时就能得到才算有用。营销机构对于基本效用和形式效用是无所作为的，但对于地点效用和时间效用却举足轻重。中间商可以创造出时间效用和地点效用，他们把物品从生产地带到消费地，在消费者需要的时候把它卖给消费者。

小百科

拉尔夫·斯达尔·巴特勒

有些人可以讲课，有些人可以工作，可以把这两样都做得来的人却很少，而在学术研究和实务工作都做得很好，且均取得了骄人成就的人却凤毛麟角。拉尔夫·斯达尔·巴特勒（Ralph Starr Butler）就是其中之一。

巴特勒1904年从密歇根大学获得文学学士学位，之后他又在这里读了一年法律。然后，他做了三年的宝洁东部销售经理助理，于1910年在科罗拉多学院毕业，同年进入威斯康星大学，年仅26岁的巴特勒成为一名商业管理的助理教授。

巴特勒进入威斯康星大学执教后的第一件事是钻进大学的图书馆。为数不多的几个书架摆满了五花八门的商业方面的书籍，尤其是涉及推销和广告的书最多。基于他在宝洁的经验，巴特勒开始撰写一系列的小册子，来服务于他所负责的威斯康星大学的商业延伸课程。这些小册子中的六本于1911年以《销售、购买和运送方法》的标题出版。经过扩充，这些小册子成为1911年由亚历山大·汉米尔顿学会出版的《广告、销售和信用》著作中的"销售与购买"部分的主体内容。这部著作被后来的学者认为"与营销术语的现代概念相一致，是最具影响力的早期营销著作之一"。

这些小册子中的四册构成了巴特勒于1913年开始讲授的营销方法的延伸课程。在1914年，他出版了《营销方法和推销》，这被认为是第一次在教科书的标题中使用"营销"一词。在任教期间，威斯康星大学为他安排了一门商业组织与管理课程。巴特勒将这一课程分解成六个小课程，由他自己讲授其中的一些课程。其中的一门他将其命名为"营销"，这被认为第一门营销课程。

巴特勒在威斯康星大学度过了六年快乐和富有创造力的时光。在他33岁的时候，他作为一名商业管理的副教授和两本学术著作的作者，巴特勒离开威斯康星大学校园，重新进入到商业领域。先后担任波士顿公司（后来的通用食品公司）的广告经理、负责广告业务的副总裁等职，在广告实务界做出了许多开创性的贡献。鉴于巴特勒在广告领域的杰出表现，《纽约世界电传》授予他"第一广告人"的称号。但是巴特勒坚持认为他并不是一个富有创造力的广告人员，而是一个使用广告作为一种促进商业的工具的营销人员。

巴特勒在1940年获得年度广告奖银质勋章，在1947年获得金质勋章。因为巴特勒在讲授和推进营销方面的先驱性工作，1949年美国市场营销协会授予他卓越奖。在1954年，巴特勒获得科罗拉多学院荣誉博士表彰。

资料来源：James Playsted Wood.Ralph Starr Butler.Journal of Marketing, Vol. 25, No. 4, 1961, pp. 69-71.编者译。

三、布莱耶的贡献

这期间有很多学者加入到机构学派中来并提出自己的营销观点。宾夕法尼亚大学沃顿商学院教师拉尔夫·F. 布莱耶的《营销机构》一书说明了现有营销结构的形成过程。要完成营销的工作就要求构建一个巨大而复杂的商业机制，我们已经看到营销职能与克服商品交换的障碍有关。这就需要我们花费很多的时间和努力，需要很多的土地、劳动力、资本和企业资源。这些要素必须组合起来，按质量和数量合理分配、相互协调、彼此相连，从而组成一个工作机构。这个机构的各个部分就是与营销相关的各种商业上必须考虑的事项。

此外，布莱耶还强调了作为营销活动基础的市场的重要性和机构研究法。对营销的需要取决于市场的存在状况，营销所提供的服务的数量、种类以及它们的组合，还有所需营销机构的种类、数量和协作关系都以市场的潜力为条件，因此，营销不管是作为整体还是它的所有组成部分都由市场所改变和决定。营销机构自身也会对市场做出反应，从而改变市场的某些方面。例如，营销者可以通过恰当的说服性推销和广告来刺激人们对产品的需求，实际上他们就这样塑造着市场的潜在顾客。正是这种市场与营销之间的相互作用，使得可以对营销机构进行分析研究。

小百科

拉尔夫·F. 布莱耶

作为一名巴尔的摩杂货商的儿子，拉尔夫·F. 布莱耶（Ralph F. Breyer）在1897年一出生便与营销结下了不解之缘。他在富兰克林与马歇尔学院完成了他头两年的本科学习。接着，第一次世界大战爆发，布莱耶参军入伍。退伍之后，布莱耶转学到宾夕法尼亚大学沃顿商学院继续学业。1920年秋天，布莱耶成为沃顿商学院商业和运输系的一名讲师，从此开始了他的职业生涯。1968年，布莱耶以营销学荣誉退休教授的身份离开了学校。在这段时间，布莱耶从一名讲师成为一名全职教授，同时在1923年获得硕士学位，在1925年获得博士学位。他的第一本著作是他的博士论文，在1925年以《出口贸易中的代理商和契约》的题目出版。从1968年开始，布莱耶在佛罗里达度过他平静的退休生活。

布莱耶的天生爱好是学术工作，泛读和精读、长时间的冥思和贯穿始终的有计划的授课这些都促进了他的学术研究。布莱耶在这种环境里如鱼得水。然而，好景不长，不幸开始降临，突然和彻底的失聪剥夺了他所拥有的东西。助听设备也毫无作用。于是，在长达30年的时间里,他不得不在一种由耳聋所带来的隔离中工作。他大量地阅读、不受干扰地工作,他发明了一种可行的方式继续他的教学事业。但是,他无法再进行深入的对话和访谈,也再也不能从非正式的讨论、会面、会议和讲座中获益。

布莱耶的第一部主要著作,从他的课程教学的阅读作业中发展而来,在1931年以《产品营销》为题目出版。这是当时农业营销学之外非常少的教科书中的一本,通过对很多商品或者准确地说是产业,所使用的营销系统进行了细致的调研,充当了讲授一般营销的职能。由于当时关于农产品营销的材料已经有很多,因而布莱耶把他的研究限制在非农业产品和两种服务——电力和电话之上。在撰写这部著作的过程中,布莱耶增强了他从许多分散的来源中收集事实并将其组合进系统的描述当中的所需要的耐心、辛勤和艰苦的能力。然而,他所使用的他自己称之为"为了寻求营销现象的总体与顺序和其他相关现象的自然倾向"的方法却让他并不满意。因此,在他的下一本主要著作中,布莱耶使用了一种他称之为营销的机构研究的方法,这就是1934年出版的《营销机构》一书。

资料来源:Reavis Cox. Ralph F. Breyer 1897—. The Journal of Marketing, 1956-1961, Special Section titled "Pioneers in Marketing". 编者译。

四、垂直一体化理论的提出

机构学派中最早对营销渠道中垂直一体化所带来的潜在利益和风险进行评论的学者是保罗·D. 肯沃斯(Paul D. Converse)和哈维·W. 休吉(Harvey W. Huegy)。他们认为,垂直一体化意味着一个企业执行生产或分销中两个或更多阶段的职能。这样做有两个优势:可以降低营销的成本,还可以保证原料的供应和成品的输出。营销成本可以通过减少连续的买卖过程来降低,否则的话这些买卖活动将在不同公司之间进行。一体化提供了一个降低营销成本的最有希望和最成功的方法,但同时也带来了严重的管理和协调问题。如果想为完成最后工序的工厂制造各种最初的原料,或者是一个工厂想要管理一个零售商店,这时一体化就很困难了。零售是一个高度竞争的行业,要想成功就需要有专门的管理。以往的经验表明,零售和批发的功能可以成功地结合在一起,但是基本的生产功能与零售功能却很难成功地结合在一起。

机构研究法把经济秩序看成由各种经济结构所组成的有机整体。不仅仅通过价格与边际利润,而且使用独裁和诱劝手段以及政府规定、社会风俗和习惯等来协调管理这个整体职能的执行。通过交易决定价值的现象只是机构主义者研究领域的一部分,对机构主义者来说,机构组织变化的模式与交易所处的文化环境对于任何价格法规或任何经济均衡思想都有同等的影响。

第二节 机构学派的鼎盛

就思想的先进性和在营销学者中的普及性来说，机构学派在1954—1973年的20年中达到了顶点。在这一时期，奥德逊等营销学者开始积极地用经济学原理来分析关键性问题，如营销渠道的出现、渠道结构的演变、高效率机构框架的设计等。

一、对渠道问题的研究

克拉克于1922年最早提出"分销渠道"这一术语。布莱耶（1934）则把渠道视作营销机制的"基本结构"。进入20世纪60年代，渠道研究逐渐开始流行，并出现在当时的一些优秀营销读物中，如马伦（Bruce Mallen）1967年出版的《营销渠道：一种概念视角》，斯腾（Louis W. Stern）1969年出版的《分销渠道：行为维度》，巴克林（Louis Pierre Bucklin）1970年出版的《垂直营销系统》，等等。在这些丰富的渠道研究文献中，学者们使用了大量的经济学和行为学概念，比如利润和非物质奖励、权力和依赖性、冲突和合作、信任和承诺等。

刘易斯（Lewis）在1968年进行的一项基础性的渠道理论分析研究中，定义了以下七种营销渠道理论：

（1）麦克伊内斯（1964）的"市场分离理论"（theory of market separations）。该理论认为，由于生产者与消费者在市场经济条件存在着时间、空间、信息、所有权等方面的分离，需要借助营销渠道将双方沟通联结起来。

（2）范利（Vaile）等人（1952）的"营销流理论"（marketing flows theory）。该理论认为，生产者与消费者需要借助一系列中间商形成营销流，沟通产需，满足双方需要。

（3）阿斯平沃尔（1958）的"平行系统理论"（parallel systems theory）。该理论认为，生产制造固然重要，但与之相对应的营销与鸟之两翼一般平行推进，缺一不可，营销渠道系统与生产系统共存共荣。

（4）阿斯平沃尔（1958）的"仓库理论"（depot theory）。该理论认为，生产者在生产过程中必须设立仓库，仓库装满了货物就必须外移一部分，而营销渠道既可帮助生产者储存，又可帮助生产者外移产品，将产品及时送到最终购买者。

（5）巴克林（1965）的"延迟和投机理论"（theory of postponement and speculation）。该理论认为，中间商具有生产者所不具备的独到的功能，他们甘于承担市场风险，利用不对称信息和有利的时机在市场交易中获取差价收益。由于中间商的存在，生产者可将生产过程分为通用化阶段和差异化阶段，先生产中间产品或可模块化的部件，尽可能延迟产品差异化的业务，待中间商将最终购买者对产品的外观、功能与数量等具体要求明确之后才完成产品的差异化部分。总之，营销渠道的存在是绝对有利于生产者的。

（6）奥德逊（1965）的"交易集合理论"（theory of transactions and transvections）。该理论认为，交易是由一组有顺序的交易组合来最终完成的，该过程起始于原材料的卖主，中间经过买卖活动，生产成产品，之后又经过批发、零售等环节，最终到达消费者，其中每经过一次交易，产品的组合形态（如包装、价格、批量等）就会有一次变化，直至形成最终购买者所喜欢的形态。这里，中间商所创造的价值和所做出的贡献，对于购买者来说，都是不可或缺的。

（7）奥德逊（1957）的"整理分类理论"（theory of sorting）。该理论认为，中间商从各生产者购买到产品之后，会根据购买者的需要，对现有产品进行整理、分类、分等、重新包装等。这些活动既能满足购买者需要，又能创造价值，还能增加中间商收益。这也是社会分工和社会化商品生产的重要环节，是满足市场需要的必不可少的渠道职能。

在营销学发展的历史当中，有许多学者基于分销渠道为构建营销过程的一般理论做出了贡献。虽然不同的学者所使用的术语不同，但是基本的理论结构从根本上而言是一样的。这些术语包括肖（1916）和克拉克（1922）所提出的失调（maladjustment），布莱耶（1934）所提出的"障碍"（obstacles）、"阻力"（resistances）和"渠道环路"（channel circuits），范利（Ronald S.Vaile）等人（1952）、菲斯克（George Fisk）（1967）、迪克逊（Donald F. Dixon）和威尔金森（Ian F. Wilkinson）（1982）提出的"流"（flows），奥德逊（1957）提出的"差异"（discrepancies），麦克伊内斯（William McInnes）（1964）提出的"分离"（separations）。

张之洞在谈论生产者与中间商关系时曾指出"相因而成"，"二者相益，如环无端"。中间商可使"货畅其流"，从而促进生产发展。"货畅路快，运商多，则业此工者自多，制此货者日精。故必商学既博则工艺自盛，若无运商，无销路，则工业安以劝哉！"（《劝学篇·外篇·农工商学第九》）

张之洞虽然不是营销学专家，但是他对分销渠道、中间商、生产者关系的论述是非常深刻和精辟的。尤其是他指出了分销、物流、渠道的重要性，比西方学者更加观点鲜明、令人信服。相比而言，众多西方学者的论述，唯麦克伊内斯和奥德逊所提出的概念最容易理解。他们从商品的制造者和使用者入手分析，得出如下结论：由于劳动分工，当制造商与消费者分离时，市场互动的可能性就不可避免了。随着专业化程度提高，劳动分工越来越细，由分工所创造的间隙就越宽，潜在交易关系网络就变得越来越复杂。然而，具有交换可能性和发生现实市场交易是不一样的。由于差异（失调、障碍、阻力和分离）的存在，跨越将最初卖家和最终买家分割的间隙成为必要，这提供了由中间商执行的市场活动（封闭渠道环路、连接流）的机会，从而将交易可能性变为现实。

简而言之，流动克服分离。市场的间隙包括：空间、时间、感知（信息）、所有权、价值和分类。不过，对于跨越这些间隙的流动的认识，不同的学者给出了不同的见解。

范利等人提出有八种"流",其中三种"流"从卖家到买家(占有物、所有权、促销),三种在参与双方之间相互的"流"(协商、资金融通、风险承担),两种"流"从买家到卖家(订购、付款)。菲斯克(1967)提出了五种"流":沟通、所有权、资金、物流和分销。迪克逊和威尔金森(1982)则将"流"的数量减少到三种基础性的流:信息流、契约流(协商、谈判等)和物流(仓储、运输、配送等)。

二、渠道系统的提出

1964年,鲍尔德斯顿(F. E. Balderston)试图用规范的研究方法,探究怎样设计营销渠道才能使营销者获得最理想的利润。他认为,单个厂商的渠道设计问题有别于先前把整个营销渠道作为一个系统进行综合分析的做法。首先,不管利润最大化的目标之后还有其他什么目标,一个厂商的目标总比在设计渠道时所订立的标准更容易弄清楚,同时也更容易将其应用于替代方案中。其次,如果厂商作为一个多店铺的企业来运行,一些渠道选择方案在市场参与的相对效率和内部控制方面就需要改进。第三,单一厂商渠道问题与总体渠道设计问题之间的差异不容忽视,作为营销渠道系统一要统筹拟营销的产品或产品组合,二要监督、检视在物流活动中产生的各种问题。但是,单一厂商并非只限于借助单一渠道系统,它可以将同样的设施和人力用于一个或多个店铺中,同时加入几个营销渠道。

在这一时期,机构学派还进行了一体化理论的研究,该研究指出,中心协调渠道系统有三种类型,即公司营销系统、管理战略和合约。公司营销系统是在单一所有权下连接生产和分销的连续阶段。与所有权相比,管理战略也可以用来协调商品和服务的流动,从而实现系统经济效益。单独的企业可以引领、影响、控制渠道中相邻企业的行为。最后并且也是最重要的,就是还可通过契约式协议来影响渠道的协调。也就是说,不同层次的独立企业可以在契约的基础上协调其行为来达到系统经济性,从而突显出单个企业所不能达到的市场影响力。

之所以要有一个核心、引领者来协调营销系统,主要有四种原因:① 不断增加的资本需要和固定成本的日益提高;② 趋于下降的边际利润率和投资回报率;③ 营销过程日益复杂;④ 由引领者协调营销系统具有明显的潜在经济性。

三、渠道结构理论的提出

巴克林和马伦先后于1965年和1973年提出了解释并预测渠道结构的理论指出了前述机构学派理论的不足之处。这些理论集中于延迟和投机的概念上,并给出如下定义:

如果从把分销渠道看作一个整体的角度来看，延迟被视为一个独立机构将所拥有货物的风险转移给他人的一种手段。制造商延迟就是除非有订单否则就拒绝生产，这样就把风险转移给购买者。中间商延迟的方式有两种：一是拒绝购买（除非卖主能够提供日后的交通运输），这称为后向延迟；另一个是当他确信能卖出时才来购买，这称为前向延迟。消费者通过从零售机构（能够使其从货架上取下商品后立即得到所有权）购买来实现延迟。

投机理论要求凡是物品形式的改变以及存货中物品的变动都应当在营销流程的尽可能早的阶段做出，以降低营销系统的成本。将延迟理论和投机理论相结合，在营销渠道中存货阶段，最低成本和最佳渠道类型可根据在运输成本与使用中间投机的存货成本之间的利弊得失来权衡。无论何时，对于买主和卖主来说，只要存货在延期过程中带来的净收益能够大于附加的成本，渠道中就会出现这种存货。

1951年，经济学家乔治·J. 斯蒂格勒（George J. Stigler）在《政治经济学报》发表了一篇文章，指出"市场范围限制了劳动分工"。受此理论的启发，马伦于1973年提出，职能放弃这一概念可以用来评价和预测分销结构中的变动，进而提出了建立在职能放弃概念上的八个假设：

（1）如果一个中间商比生产者执行起一项职能的效率更高的话，那么生产就会把这项营销职能转移给中间商去执行。

（2）如果大范围的商品交换能够带来持续的经济性，产业中间商（也可能是独立中间商）的比例将会越来越大。

（3）如果生产者自己执行营销职能的效率不低于中间商的话，生产者将会自己保持执行该职能。

（4）如果一个中间商在执行一项营销职能时，发现一个可能更专业化的中间商在执行部分职能时效率更高，他就会放弃这一子职能，转移给后者来执行。

（5）如果生产者发现由于上面假设（1）中的原因，在向其他的一个或更多市场进行营销的过程中由中间商执行营销职能更有效，他就会放弃这一职能。而如果在进行营销时由于上述假设（3）中的原因其至少能以同样效率执行这一职能，他就会在这个或更多市场中保留或者重新承担这一职能。

（6）在中间商行业即流通产业中，中间商的地位取决于其职能和子职能的放弃与否及其组合。

（7）在每一渠道层次上，市场的最优规模越大，产生的营销渠道成员也越多。

（8）技术的变动以及最优规模的增长，如果不能带来相应的市场规模的变动，企业就会放弃这一渠道。

第三节 组织动力学派

组织动力学派是机构学派的直接继承者,这两个学派的不同点在于它们观察问题的基本角度不同。传统的机构学派从经济方面分析分销渠道如何更有效,从而为最终消费者增加利益;而组织动力学派的支持者则将注意力从消费者利益转向分销渠道成员(如制造商、批发商和零售商)的目标和需要。其主要代表人物有斯腾(Louis W. Stern)、马伦(Bruce Mallen)、理奇韦(Valentine Ridgeway)等。

一、组织动力学派的出现

20世纪70年代以后,出现了组织动力学派,它试图采用机构主义的基本观点,但它是行为学导向的。传统的机构学派注重效率的经济概念,而对行为学变量几乎不予承认,尽管这些行为学变量对于我们理解渠道结构和渠道行为大有裨益。

近年来的研究活动试图把立足于经济学观点的机构主义学派和立足于行为学观点的组织动力学派中的精华论点结合在一起。在机构分析的基础上建立一个更加健全的营销理论体系,必须考虑到以下四个方面的问题:

(1)必须解释为什么一项营销职能可以从渠道成员转移到另一个渠道成员手中去执行。特别是技术发展造成的冲击在这一职能转移过程中应当得到更多的注意。例如,现代社会中引入的精密的电子化、计算机化的通信系统使消费者与生产者或批发分销商直接相互作用更为简便,结果从前由零售商执行的营销职能现在经常由消费者或生产者和批发商来执行。

(2)随着科学技术的应用和发展,许多职能看起来在一些渠道中可以完全被取消。例如,即时制造(just in time)能够使一个生产者不再需要和他的供应者之间建立一个中间的保持存货的机构,因而,任何更深入的关于营销机构的理论都必须考虑一定的营销职能何时和如何被营销机构省略,从而提高整个营销系统的效率和效果。

(3)尽管垂直营销在许多产业中已经成为标准化的实践,但仍需进一步考察。关于营销机构的理论必须能够预测出何时使用垂直营销系统。进一步说,需要解释什么时候公司系统、合约系统或者管理系统能够更有效。

(4)跨文化的渠道结构差异理论试图得出一个结论,即经济发展水平是不同文化之间渠道结构差异的主要决定因素。但事实上,对社会文化价值和传统形式重要影响的分析将有助于解释渠道结构的易变性。例如,露天市场由无数的沿袭各自不同文化传统的从事小额交易的商人组成,这并不是无法获得更高效率的交易方式,而是因为传统决定了商业交易和社会交往应当以这种方式进行。

二、组织动力学派对渠道问题的研究

分销渠道的概念在营销文献中是原创的、持久的和基础的概念之一。理解渠道内公司之间的关系和为管理这些公司而建立战略的努力以前都集中于经济理论,从这个角度看,公司加入贸易协议是出于成本和收入的考虑,其战略受到所处市场的竞争形式的限制。只要经济工具被认为在描述营销渠道中是足够的,这种分析就能满足要求。然而,越来越明显的是,如果营销学者、操作者想对渠道的复杂本质进行更深的洞察,就必须超越经济学领域以获取更多的概念。

依赖和责任的概念是理解营销渠道中的权力关系的关键。一个渠道往往由一系列的营销机构组成,这些机构的有效沟通和合作是分销高效和成功的先决条件。然而,当任何一个系统执行它的功能时,劳动在系统各成员中的分配越广泛,各成员之间的互相依赖就越大,因此,权力在渠道中是互相渗透的。当一个渠道成员对另一个渠道成员的依赖增加时,后者的权力就增加;一个渠道成员对系统的责任减少时,其他成员对它的影响力也就随之降低。

组织动力学派还着重研究了分销渠道的冲突。当一条分销渠道被视为一个社会系统时,这条渠道中的成员就构成了一个相互依赖的网络。任何一个渠道成员的行为都是其他成员产出(按各自的目标来衡量)的结果。这种相互依赖的关系显示了分销渠道冲突的根源。在任何一个社会系统中,当一个成员察觉另一个成员的行为阻碍了前者自身目标的实现或自身行为模式的有效运作时,挫折感气氛就弥漫开来。

三、组织动力学派的主要论题

跟随这一理论框架,其他营销学家迅速加入了组织动力学派,并开始缜密地探索权力、冲突、合作和讨价还价等热门话题。其中包括以下一些论题:

(一)权力的来源

亨特等人提出,一个渠道成员可能拥有强制性或非强制性的权力源泉。在实践中,强制性权力区别于其他权力,是因为它涉及潜在的惩罚;而诸如报酬、合理、合法、嫡传、专家和仲裁等属于非强制性权力。某种权力的使用会直接影响渠道成员对权力关系的感觉。

权力的来源,可分为经济的来源(强制、报酬、合法)和非经济的来源(参考、专家、惯例和信息)。当从经济权力来源转向非经济权力来源时,也就从直接结果控制转向间接后果控制。如果一个渠道领导者成功地使用非经济权力来源,受影响的渠道成员会将更少的权力赋予权力拥有者。这个是因为渠道成员采纳渠道领导者的标准和价值作为自己的标准和价值,从而相信可以独立于权力拥有者而各自行动。结果是来自非经济权力的支持帮助质量越高，接受帮助的渠道成员对渠道领导者的权威感就越低。

（二）渠道成员的权力使用

渠道关系为一个渠道成员影响另一个渠道成员的行为提供了经常的机会。任何一个渠道管理战略的最终目标都是要在渠道参与者中达成一定程度的合作，并期望从渠道合作中获得的效率能够用来改善该渠道相对于其他分销系统的竞争地位，即让渠道成员（本渠道系统的参与者）深刻感受到所在系统的优越性及其带来的切身利益。这就意味着渠道管理者不应该近视地将渠道成员之间不真诚的、被迫的合作视为成功的权力结果，而应该致力于系统目标和价值的内在化和同一化，让乐于加入渠道系统的成员具有相同的价值观，甘于风雨同舟，能够长期合作，从而构建坚实的权力基础。尽管在某些情况下，企业必须依靠强制、报酬或合同协议，但企业应该积极拓展并更广泛应用能产生最大化的长期合作的双赢的权力基础。

另外，通过研究分销渠道中成员关系，一些学者探讨了多种战略的使用，指出，供应商使用强制性权力比仅仅显示有这种权力对经销商的满意和渠道冲突的解决有更强烈的影响；相反，奖赏权的使用对依赖变量仅有少量的影响。加入渠道系统，就应受到相应的约束和限制。然而，在同样的约束限制条件下，一般来讲，高权力的渠道成员获得的利润较多，低权力的渠道成员获得的利润较少。

（三）权力的衡量

一些权力领域的最新研究成果，揭示了设计正确可靠的权力测量方法，认为权力与角色业绩直接相关。当对源企业（source firm）的角色业绩水平预期相当高时，目标企业（target firm）会受到较高程度的激励以保持交换关系。更重要的是，源企业的预期角色业绩越高，目标企业可以另寻"主帅"、投靠其他山头、加入其他渠道系统的可能性就越小，可供目标企业挑选的"源企业"数也就越少。

（四）权力和冲突的关系

研究者在研究美国汽车分销渠道中权力和冲突之间联系时指出，非强制性和强制性的权力源对渠道内部的冲突都有重要影响，至少在美国的汽车分销中是这样。非强制性权力源有利于减少冲突，强制性权力源倾向于增加冲突。

另一些学者则对权力和冲突之间有意识的因果关系提出质疑。指出，分销渠道中权力的使用是最终结果，而不是冲突的原因，强制性权力的使用与高水平的渠道冲突有关。也就是说，当渠道领导者认为基本的竞争和差异分化了渠道成员时，会采用强制性权力。这些差异显然不能通过"软"处理和确信渠道成员合作来解决；相反，令渠道成员顺从往往是通过威胁和控制资源等方法实现的。

制造商应尽量避免使用强制性权力，除非其他影响手段不能对某一重要问题产生满意的结果。当经销商依赖公司内部关系而使制造商拥有高权力时，制造商和经销商倾向于更好地合作，制造商在此种情况下能更有效地运用信息交流，这样可以降低制造商对其经销商运用公开影响力（强制性的和非强制性的）的必要性。当采用公开影响力显得合适时，拥有高权力的制造商能更有效地运用非强制性手段，从而避免强制性手段的使用。

（五）冲突的衡量

衡量冲突的最优方法一直受到组织动力学派学者的关注。他们认为，分销渠道中的冲突是一个动态过程，在这个过程中，冲突不协调的潜伏状态发展到可察觉的状态，到可感受的状态，再到显露的状态。冲突由浅层次到深层次，逐渐浮出水面。在显露的状态中，各方共同行动，互动合作，以挽回不良影响，避免出现令人灰头土脸、极不体面的可怕局面。最有希望的测量显露冲突的方法是，监视在渠道关系各方面发生不和谐的争执的频率以及在口头和书面沟通中其冲突行为的强度。

（六）内部组织系统中的合作

组织动力学派的一些学者在以前的定义的基础上提出了在渠道网络中的合作定义：合作是指通过两个或两个以上的行为者的联合行动，为实现组织内部目标和组织之间目标而对资源均衡交换的期望。在这一定义中有两点至关重要：一是合作从互相努力（联合行动）中产生；二是联合行动的基础是对均衡交换的期望。

（七）权力讨价还价过程的影响

由于渠道成员必须经常谈判其在组织中的投入和报酬的水平，讨价还价行为变得越来越重要。尝试控制谈判各方的权力以确定权力将如何影响讨价还价行为的一项实验研究指出，在权力不对称条件下讨价还价的性质是：相对于权力平衡条件，在不对称市场中谈判过程更有效率，讨价还价者比在权力对称分配下更容易达成最优解决方案和报酬的平等分配。在不平衡条件下，尽管协议的某些条款出人意料，但讨价还价者倾向于采取直接的谈判方法。他们的最初报价与最终协议价较为接近，结果是在协议达成前，他们的让步较少，报价也较少。

在这些解释权力、冲突、合作和讨价还价等特定概念的努力之外，一些组织动力学派的学者尝试着建立组织之间关系的一般模型。其中，有两大动向值得注意。

一个动向是该学派提出分销渠道可以从政治经济的角度分类。这种分类是将一个社会系统视为影响集体行为和业绩的重要经济和政治力量相互作用的集合。政治经济的倡导者力图跨越机构学派和组织动力学派的鸿沟。渠道理论被分为两种看上去截然不同的学科导向：经济导向和行为导向。前者尝试将微观经济学理论和工业组织分析应用于分销系统的研究，并采用效率导向，关注成本、职能差异和渠道设计；后者依靠社会心理学和组织理论，并采用社会导向，关注权力和冲突现象。很少有人将这两种观点合并。事实上，两者是相互补充的，因为前者主要关注经济产出，而后者关注行为过程。这一政治经济框架在解释营销渠道内外部的社会政治和经济力量相互作用的基础上，建立了一个理论模型，用以解释组织之间对渠道环境中的不确定和依赖限制的反应。

另一个动向是该学派指出渠道成员之间的交流可以分为三个阶段：创始、执行和评估。以前对营销渠道的研究集中于组织之间交换关系的执行或合作以及公司内部权力和冲突的概念，而在此建立的理论框架清楚地表明需要更广泛的研究以使营销渠道领域获得进步和深刻理解。人们的注意力集中到了交换关系如何和为什么产生，每一渠道成员怎样评估交换中的收益或损失。的确，由于创立、执行和评估的概念彼此之间紧密相连，要清楚地理解持续的交换关系，包括权力和冲突的概念，是不可能的，除非对另外两个过程有一定的理解，反之亦然。这就是说，检查有史以来的先例，包括存在的交换关系，分析每一个交换的历史，研究、解释它们现在的属性，对渠道研究都是十分有用的。

组织动力学派最新的贡献是提出了一个解释买卖双方代表谈判结果的新理论。它从社会心理学的角度，提出环境限制（权力关系）和讨价还价特征（文化、国籍、人与人之间关系的定位和听力技巧）影响着谈判的过程（问题的使用、最初的要求、程序纪律、结构精确的印象和话题控制），谈判的过程影响谈判的结果（经济报酬、满意和人与人之间的吸引）。

第四节 区域学派的数理模型

商品学派和职能学派于20世纪20年代出现，而区域学派直到30年代才出现。区域学派将营销看作一种填补买卖双方在地理或空间上的空白的经济行为。区域学派当然也同意研究交易的产品很重要（商品学派），同意那些促成了交换的行为是值得研究的（职能学派），但他们觉得应更注重买卖双方的空间距离所起的作用。他们更有兴趣研究这样的问题，例如，消费者在光顾A店而不去B店的这个决定中，距离起了什么样的作用？如何解释产品在拥有不同资源和不同需要的地区间的流动？

区域学派从一开始就广泛利用各种数学公式和数据进行定量研究。

一、雷利与肯沃斯的贡献

营销区域研究的发展主要归功于威廉·J. 雷利（William J. Reilly）。雷利用了三年时间，对美国的150个城市进行了调查，之后根据牛顿力学中的万有引力理论提出了"零售引力法则"，于1931年出版了《零售引力法则》一书。雷利的目的是想解释两个不同城市的商业区对居住在这两个城市之间的居民们的相对吸引力。根据雷利的看法，下面的公式提供了这一问题的答案。

$$\frac{B_a}{B_b} = \left(\frac{P_a}{P_b}\right)\left(\frac{D_b}{D_a}\right)^2$$

式中，B_a 为被A城所吸引的中间城镇顾客的比例；

B_b 为B城所吸引的顾客的比例;

P_a 为A城人口数;

P_b 为B城人口数;

D_a 为中间城镇到A城的距离;

D_b 为中间城镇到B城的距离。

从这一公式可得出一个城市对周围地区顾客的吸引力,与该城市的规模成正比,与城市之间的距离成反比。

雷利的方法引起了肯沃斯的注意,他对雷利所谓的"零售引力法则"做了大量试验,于1949年提出了自己的修改公式"零售引力新法则",用以判定贸易中心和贸易区的界限。

$$D_b = \frac{D_{ab}}{1+\sqrt{P_a/P_b}}$$

式中,D_b 为A、B两城的分界点与B城的距离;

D_{ab} 为A、B两城间隔的距离;

P_b 为B城人口数;

P_b 为A城人口数。

城镇的贸易区一经确定,商人便知去何处集中他们的交易活动,报纸广告也明确了应密集开发追踪的地区。例如,一家百货公司在相当大的地区范围内投入了广告宣传,通过应用判定贸易区域的公式,公司可以计算出贸易区域并判断是否花了太多的广告份额用于贸易区域外的宣传。这样,集中在贸易区域内做广告,商店的销售量大大提高,而广告费用却分毫不增。

二、赫夫的贡献

在雷利和肯沃斯研究的基础上,美国加利福尼亚大学的学者戴维·L.赫夫(David L. Huff)于1963年提出了预测城市区域内商圈规模的另一种模型。

$$P_{ij} = \frac{S_j/T_{ij}^l}{\sum_{j=1}^{n} S_j/T_{ij}^l}$$

式中,P_{ij} 为在原点i的消费者去某一特定商业中心j的可能性;

S_j 为商业中心i的规模(用某一特定商品销售面积的平方数来衡量);

T_{ij} 为消费者从原点i到某一特定销售中心j花费的时间;

l 为依经验值估计的参数,用来反映行程时间对各种购买行程的影响。

这一模型显示了在零售交易领域分析中理性程度的提高。首先,该模型去掉了人口这种替代测量因素,而是集中于某一特定产品的销售面积;其次,该模型分析出由于现代都市运输方式的多样性,消费者更注重行程的时间,而不是各商业网点的实际距离。

赫夫模型是国外在对零售店商圈规模调查时经常使用的一种计算方法,该模型主要依据卖场引力和距离阻力这两个要素来进行分析。运用赫夫模型能求出从居住地去特定商业设施的出行概率,预测商业设施的销售额,商业集聚的集客能力及其表现,从而得知商圈结构及竞争关系会发生怎样的变化,在调查大型零售店对周边商业集聚的影响力时也经常使用这一模型。

第五节 区域学派的概念构建

在区域学派内部,除了定量研究方法之外,学者们还采用概念研究的方法。这两种方法的共同之处在于研究所关注的都是营销在"哪里"发生的问题。在概念研究领域,区域学派主要对批发环节、营销区域以及区域销售量进行了深入的研究。

一、对批发环节的研究

雷利、肯沃斯和赫夫等人通过定量研究对零售环节进行了细致的研究,区域学派的另外一些学者则把注意力集中于批发环节,提出了考虑空间距离对销售组织影响的区域变量分析方法。

区域结构与各种批发环节的系统程度有很大关系。影响这一结构的区域变量首先是这样一种空间间隔,即基本原料的商业供应地与使用这种原料的企业和相关商业地域之间的距离,连接这些地域的运输系统进一步加强了最初的影响。其次的影响变量是中间批发商构成的空间分布模式。零售商的网点分布和最终消费者在商品流的终端起到了修正这种影响的作用。为了进一步形成一个批发地域结构的理论,他们还提出了影响批发市场规模的八大因素:

(1)相对于产品价值的产品重量。产品的价值相对于其体积和重量来说较高,产品的运输成本占产品总价值的比例就相对较小,其供给和分销的领域宜宽,反之则宜窄。

(2)相对易腐性。当装罐、快速冷冻和储藏这些保护措施没有条件实行或实行起来较困难时,易腐性条件就会限制供应和分销的地域面积。

(3)产品差异化的技巧。生产者通过营销努力为其产品成功地建立起全国性品牌,产品的分销地区会被扩大。

（4）影响工厂位置的因素。原材料的易腐性、劳动力供应和运输成本等因素作用的主要结果是工厂在通往原料来源地的不同位置上的选择；考虑到成本因素、市场规模、消费者偏好或类似原因而接近消费者市场的位置选择；考虑到中间地带前往原料地和消费市场的成本因素而在中间地区选址的位置选择；依所谓的随意原则决定位置，即不依经济因素，而只求选位的最大适应性。

（5）价格与价格战略。在非控制的、有组织的市场里，价格差异成为确定潜在的供应与分销地区的首要决定因素。对于无组织的市场，价格与价格差异较难确定，而产业的竞争程度对批发交易地区的界限有显著的影响。

（6）运输的效率和服务。比如，某特定商品运输费用率的结构、随着距离的增加而费用率种类和数量的变动情况、铁路运费和公路运费的关系、不同运量条件下运输价格水平的关系、原料运费和成品运费的关系，这些因素都影响着竞争市场上的批发地域结构关系。

（7）个体公司的营销手段。个体公司关系营销职能和分销渠道的确定可以提高或降低某个贸易中心的重要性。

（8）附加服务。对组织的批发市场的影响因素还有系统性的价格制定方法和相关市场信息的利用、为方便中间商的行动而提供的特殊实物设备、特殊的金融以及其他机构服务的提供等。

二、对营销区域的研究

区域学派除了探讨关于批发方面的理论问题，还运用美国统计调查的数据分析了批发零售比率的地理变量。

区域学派认为，之所以一些营销分析被视为是无用的，原因之一就在于它们未能从整体的和经济的角度来对公司的行为进行全面的研究，忘记了商业、经济和社会现象都是本质上相关的有机体。不应仅从价格和销售的意义来考虑公司的行为，还应在自然、社会环境等外部条件下，研究公司的地理定位、公司在销售与购买上的空间拓展、研究在营销渠道中公司与供需各方的关系。在此基础上，区域学派进一步阐明了与营销的区域相关的概念。

空间，就如同时间一样，是无所不在的。然而，它在买卖双方和不同商品中的影响并不是完全相同的，因为各公司与各种经济活动所涉及的空间方面的量的差异极大。空间为生产、营销和其他活动提供机会，还使买卖双方都意识到了运行成本这一客观因素。

区域学派的另一项研究成果是解释了为何某种产品在同一经济区域内生产、消费，而另一种产品则是在其产地以外的其他地区被消费。运用该理论解释前者，即所谓"内销产品"限于其产地的原因在于：① 不易运输；② 不能与提供这些产品的个人或商业组织分离；③ 产品的易腐性将其正常分销局限于一个很小范围内；④ 运费高；⑤ 从外部来源获取同类物品的利益不大，不足以形成进口。

三、区域间销售量的研究

E. T. 格雷特（E. T. Grether）被认为是区域学派中进行概念性研究的主要学者，他运用波蒂尔·俄林（Bertil Ohlin）在经济学领域取得的成果，提出了一系列解释区域间销售量的理论。格雷特在1951年指出，地区间贸易主要取决于以下几方面：

（1）产品供应商地区间资源的相对不平衡。某地一般出口那些使用当地丰富廉价资源的产品。

（2）地区间的相对富裕程度。如果其他条件都相同，那么总收入与人均收入高的地区的贸易量一般比收入低的地区要多。

（3）地区间相互需求的导向。如果两地对另一方的特产都有强烈需要，那么就会产生相当大的贸易量。

（4）竞争的相对有效性。除了个别特例外，地区间的竞争越激烈、越有效，则交换越频繁。限制竞争将会导致地区间贸易以及地区的总产量的减少。

区域学派的学者们尽管在地区研究的方法上各有千秋，但他们的地区研究对营销战略研究尤为重要。地区间竞争者的身份、数量和重要性都常常会有差异，仅此一点就需研究不同地区以便分析和控制。尽管有人主张市场是均质的，但就需求而言，无论最终是消费者、商人还是政府的需求，在地区间都确实存在着千差万别。如果充分考虑了地区性的竞争与需求特点，部署营销战略就会大有成效。

近年来，区域学派学者们专注于对贸易区域数学模型的研究，如评估两个市场边界重合的方法及零售商店选址模型等成果。这种对地理影响的持续关注证明了区域学派仍是营销理论发展的一个极富创造性的领域。

本章回顾

机构学派在20世纪初出现，并在营销学科的发展和成长过程中占据了一个中心位置，韦尔德被认为是机构学派的奠基人，他提出了营销渠道效率问题。拉尔夫·斯达尔·巴特勒强调中间商为生产者和消费者所创造出的效用。拉尔夫·F. 布莱耶说明了现有营销结构的形成过程，并强调了作为营销活动基础的市场的重要性和机构研究法。保罗·D. 肯沃斯和哈维·W. 休吉则把注意力集中在营销渠道中垂直一体化所带来的潜在利益和风险。

机构学派在1954—1973年的20年中走向鼎盛，具体体现在对渠道问题的研究以及渠道系统和渠道结构理论的提出。

20世纪70年代后，组织动力学派出现，它试图采用机构主义的基本观点，但它是行为学导向的。组织动力学派的研究论题主要集中在对权力、冲突、合作和讨价还价等热门话题的探索。

20世纪30年代区域学派才出现，区域学派将营销看作一种填补买卖双方在地理或空间上的空白的经济行为，并广泛利用各种数学公式和数据进行定量研究。雷利和肯沃斯先后提出了"零售引力法则"和"零售引力新法则"，进行营销的区域研究。赫夫在此基础上提出了预测城市区域内商圈规模的"赫夫模型"。

在区域学派内部，除了定量研究方法之外，学者们还采用概念研究的方法，包括对批发环节的研究、对营销区域的研究以及区域间销售量的研究等。

关键术语

垂直　一体化　机构研究法　分销渠道　权力　冲突　零售引力法则　市场分离理论　营销流理论　平行系统理论　仓库理论　延迟投机理论　交易集合理论　整理分类理论　组织动力学派

即测即评

请扫描二维码，在线测试本章学习效果。

讨论与思考

1. 简述机构学派所研究的主要问题。
2. 简述机构学派产生的背景。
3. 简述巴特勒对机构学派的贡献。
4. 简述布莱耶对机构学派的贡献。
5. 简述巴克林和马伦的渠道机构理论。
6. 简述组织动力学派与传统机构学派的差别。
7. 简述区域学派所研究的主要问题。
8. 简述肯沃斯的零售引力新法则。
9. 简述赫夫模型的基本内容。

第九章
管理学派与系统学派

收入可以以其他形式出现,其中最令人愉快的是顾客脸上出现满意的微笑,这比什么都值得,因为它意味着他的再次光顾,甚至可能带个朋友来。

——雷·克罗克

本章学习目标

1. 了解管理学派的主要研究内容
2. 了解营销范式的基本概念及发展历程
3. 了解系统学派的主要观点

本章知识结构图

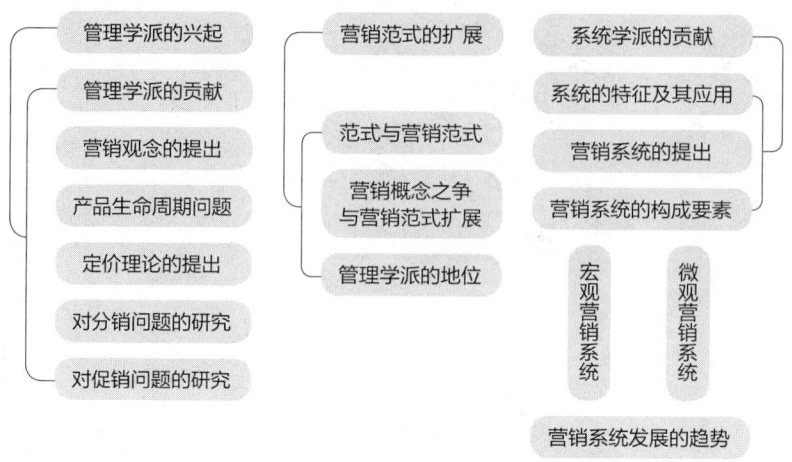

管理学派注重从企业管理决策的角度研究营销问题,产生于20世纪四五十年代,正值西方国家由卖方市场向买方市场转型的过渡时期。在买方市场新形势下,企业决策者必须研究在营销方面如何迎合购买者需要,即如何面向市场、适应市场和开拓市场。与此同时,营销理论的发展也进入了一个管理导向的新时期。

第一节 管理学派的兴起

20世纪40年代末至50年代初,一些经济学家转向了一个新的大胆的研究方向,就是把学术人员获得的大量的通常很抽象的经济学理论转化为商业实践的理论,以供高级经理们在每天的管理工作中很方便地使用,从而开辟了管理经济学新领域。

一、管理学派的贡献

管理经济学家们开了先河之后,尤金·凯利、威廉·雷泽、温德尔·斯密(Wendell Smith)、西奥多·莱维特和菲利普·科特勒等营销思想家也从20世纪50年代开始主张一种更加立足于管理的营销研究方法。然而营销管理思想的真正核心出现在20世纪50年代末60年代初学者们引入了"营销近视""营销组合""市场细分"等概念之后,这些都是为了高级经理们的应用而引入的。这些营销管理的概念被证明是相当有活力的,它们在现在的营销管理教科书中仍然被使用和重视。

(一) 营销近视

营销近视是指企业过分地把注意力放在产品上，而不是放在市场需要上，在营销管理中缺乏远见，只看到自己的产品质量好，看不到市场需求在变化，致使企业经营陷入困境。

西奥多·莱维特警告说营销者不能再天真地认为现在的形势是有利的，特定产品永远有市场。每个产业都必须小心翼翼地搜寻可能使企业遇到冲击的信号，并不存在成长产业这样的东西，而只有组织起来运行的、创造和投资于成长机会的企业。那些自认为乘上自动成长的顺风车的产业总是毫无例外地走向停滞。每个已死亡的或垂死的成长产业都表现出一种自欺欺人的循环：先是充分地扩张，然后是不易察觉地衰败。

通常有四种条件可促使这个循环出现：① 认为一个扩大的、更为充裕的人口能够保证成长的存在；② 认为产业的主要产品没有具竞争力的替代品；③ 过于相信大规模生产时，随产出上升单位成本迅速下降而带来的额外收益；④ 过分迷恋通过科学控制改善品质和减少制造成本的产品。

(二) 营销组合

管理学派发展过程中一个最为重要的概念性突破就是"营销组合"的出现。这一概念着重于让营销经理把营销任务看成是同时整合几个不同职能的过程。

营销组合是企业为了满足这个目标顾客群的需要而加以组合的可控制的变量。营销组合中所包含的可控制的变量很多，可以概括为四个基本变量，即产品（product）、价格（price）、地点（place）和促销（promotion），由于这四个名词的英文字头都是P，所以营销组合又称为4P组合。营销组合中的"产品"代表企业提供给目标市场的物品和服务的组合，包括产品质量、外观、式样、品牌名称、包装、尺码或型号、服务、保证、退货等。营销组合中的"价格"代表顾客购买商品时的价格，包括价目表所列的价格、折扣、折让、支付期限、信用条件等。营销组合中的"地点"代表企业使其产品可进入和到达目标市场（或目标顾客）所进行的各种活动，包括渠道选择、中间商管理、物流管理等。营销组合中的"促销"代表企业宣传介绍其产品的优点和说服目标顾客来购买其产品所进行的种种活动，包括广告、销售促进、宣传、人员推销等。

(三) 市场细分

从现代营销发展史考察，企业起初实行大量营销，后来随着市场形势变化转为实行产品差异营销，第二次世界大战之后开始实行目标营销。西方国家在工业化初期，由于物资短缺，生产观念在企业中颇为流行，纷纷实行大量营销，即大量生产某种产品，并通过众多的渠道大量推销产品，试图用这一产品来吸引市场上所有购买者。采取这种营销方式，可以大大降低成本、价格，创造最大的潜在市场，获得更多的利润。后来，由于科学技术进步、科学管理和大规模生产的推广，商品产量迅速增加，市场商品供过于求，卖主之间竞争日趋激烈。因为同一行业中各个卖主的产品大体相似，所以卖主不能完全控制产品销售价格，于是，一些卖主开始认识到产品差异的潜在价值，实行产品差异营销,即企业生产销售多种外观、式样、质量、型号不同的产品。但是,这时的产品差异不是由市场细分产生的。到20世纪50年代,处在买方市场形势下的西方企业纷纷接受现代营销观念,开始实行目标营销,即企业识别各个不同的购买者群,选择其中一个或几个作为目标市场,运用适当的营销组合,集中力量为目标市场服务,满足目标市场需要。目标营销由三个步骤组成:一是市场细分,二是选择目标市场,三是进行市场定位。

伴随着要求给予消费者的需要以更多关注,并把消费者需求作为营销努力的方向的呼声,人们意识到并非所有的消费者都具有同样的动机和目标。1956年,温德尔·斯密第一次主张营销者应当将市场细分化,并努力发展几个不同的营销组合,以更好地满足消费者不同的需求。

市场细分理论把一个差异性市场(它是以不同的需求为特征的)看作根据在细分市场中不同的产品偏好划分的许多小的同质市场组成的市场,这是由于消费者要使他们变化的需求得到更好的满足。

市场细分这个概念的内涵有时是容易引起争论的。有的学者认为,许多营销者错误地把注意力集中于消费者需求层次的多样性上,而不是把注意力集中于消费者之间不同需求类型之上;人们对消费者子市场按人口统计标准划分以及对产品的形式而非产品的需求的着迷程度,已经使人们偏离了细分化市场的最初内涵。

但是,市场细分这个概念至今仍然吸引着研究者的注意力。该学派的研究成果有:区分了市场细分与产品差异化;随着产业营销受到越来越多的重视,管理学派研究了在产业市场中市场细分化的应用问题;该学派还发展了市场细分定量化的分析方法。此外,管理学派的学者还提出了营销经理怎样处理营销组合中各种要素(这些要素包括产品、价格、促销和分销的决策)的理论或原理。

二、营销观念的提出

在这一时期,管理学派的麦克特里克提出了营销观念,即只追求生产的效率可能是相当短视的;相反,营销者应当在做出关于生产的决定之前把注意力更多地集中于弄清楚消费者的需求和欲望。如果一个企业要在瞬息万变的现代市场竞争中获胜,要做好营销工作就应在使用资源之前做好计划并正确地考虑竞争的作用和效率,需要具备关于消费者的各类知识。因而从管理的意义上说,营销的主要任务与其说是要有使消费者做符合商业利益行为的技术,不如说是使商业行为更好地符合消费者利益。营销者应当把消费者需求放在优先于企业生产能力的地位。

这些学者进一步阐述了这种思想。总的说来,今天美国的商业在经历着一场对自己的革命——一场营销的革命,这场革命起源于这样的思想:企业再也不是商业世界的中心,今天消费者才是商业世界的中心。我们的注意力已从生产之间的问题转移到营销的问题,从我们能够制造的产品转移到消费者想让我们制造的产品，从企业本身转移到市场。

三、产品生命周期问题

产品生命周期是指产品从进入市场到退出市场所经历的市场生命循环过程。产品只有经过研究开发、试销，然后进入市场，它的市场生命周期才算开始。产品退出市场，标志着生命周期的结束。

典型的产品生命周期一般可分为四个阶段，即导入期、成长期、成熟期和衰退期，如图9-1所示。

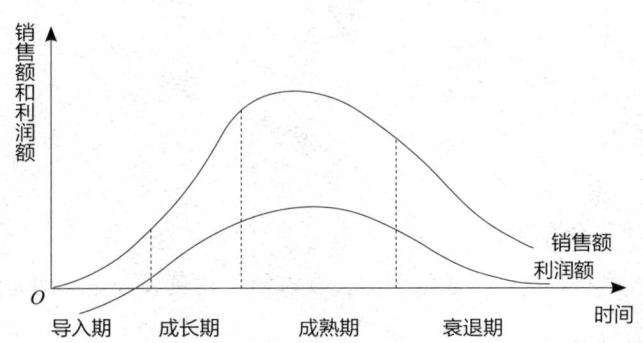

图9-1 典型的产品生命周期

（1）导入期。新产品投入市场，便进入导入期。此时，顾客对产品还不了解，只有少数追求新奇的顾客可能购买，销售量很小。在这一阶段，由于市场及技术方面的原因，产品不能大批量生产，因而成本高，销售额增长缓慢，企业不但得不到利润，反而可能亏损。

（2）成长期。当产品在导入期的销售取得成功以后，便进入成长期。这时顾客对产品已经熟悉，大量的新顾客开始购买，市场逐步扩大。产品已具备大批量生产的条件，生产成本相对降低，企业的销售额迅速上升，利润也迅速增长。在这一阶段，竞争者看到有利可图，将纷纷进入市场参与竞争，使同类产品供给量增加。而同时期需求的迅速增长，使产品价格维持不变或略有下降，市场竞争逐渐加剧。

（3）成熟期。经过成长期以后，市场需求趋向饱和，潜在的顾客已经很少，销售额增长缓慢直至转而下降，标志着产品进入了成熟期。这个阶段的持续期一般长于前两个阶段，并给营销管理层带来最难应对的挑战。大多数产品都处于生命周期的成熟阶段。成熟阶段还可分为三个时期：成长、稳定和衰退。第一时期是成长中的成熟，此时由于分销饱和而造成销售增长率开始下降，销售额增长缓慢；第二时期是稳定中的成熟，市场已经饱和，大多数潜在消费者已经试用过该产品，竞争空前激烈，未来的销售受到人口增长的制约；第三时期是衰退中的成熟，此时销售的绝对水平开始下降，顾客开始转向其他产品或替代品。

（4）衰退期。随着科学技术的发展，新产品或新的替代品出现，将使顾客的消费习惯发生改变，转向其他产品，从而使原来产品的销售额和利润额迅速下降。于是，产品又进入了衰退期。

产品生命周期理论虽然早在20世纪50年代就由乔尔·迪安（Joel Dean）提出了，但是到了60年代这一概念才引起学术界和实践界的重视，并广泛应用于营销管理。一方面，由于产品在直观上的逻辑发展，产生—发展—成熟—衰亡与生物有着类似的顺序，所以这个概念有持久的吸引力，基于此，可以将它作为一个系统的理论框架来解释市场动力。另一方面，当用它作为预测模型来预测什么时候会发生变化以及什么时候一个阶段会接替另一个阶段时，或者作为标准的模型来预测在每一个阶段该考虑何种替代战略时，还存在着缺陷。

四、定价理论的提出

（一）供求规律和价值规律

什么是供求规律？对这个问题的回答，众说纷纭，莫衷一是。西方经济学家认为，市场供求有如下规律性：

（1）市场供求决定市场价格。假定某种商品的市场供给量不变，则市场价格按与市场需求量相同的方向变动，亦即：需求增加，价格上涨；需求减少，价格下跌。假定某种商品的市场需求量不变，则市场价格按与市场供给量相反的方向变动，亦即：供给增加，价格下跌；供给减少，价格上涨。

（2）市场价格又决定市场供求。假定其他因素（如消费者爱好、收入水平、其他商品价格等）不变，市场需求量按与市场价格相反的方向变动，亦即：价格上涨，需求减少；价格下跌，需求增加。在同样的假设下，市场供给量按与市场价格相同的方向变动，亦即：价格上涨，供给增加；价格下跌，供给减少。

（3）当市场价格高于供求均衡点时，因为价格上升，所以，一方面刺激了生产发展，使得该商品供给量增加；另一方面，又限制了需求，使得需求量减少。这两个方面作用的结果，就使得商品供过于求，卖主之间激烈竞争强制市场价格下降，使之接近市场价值。

当市场价格低于供求均衡点时，因为价格下降，一方面限制了生产发展，使得商品供给量减少；另一方面，又刺激了需求，使得需求量增加。这两个方面作用的结果，就使得商品供不应求，买主之间的竞争就强制市场价格上升，使之接近市场价值。

当市场价格与供求均衡点相一致时，卖主愿意提供的商品量等于买主想要购买的商品量，即达到了供求平衡，此时，市场价格接近市场价值。

有些经济学家认为，上述的这种从不平衡趋于相对平衡的永恒趋势就是供求规律。有些人则认为，供求规律是表明一种商品的需求量、供给量与其价格的函数关系的规律。资产阶级经济学家对供求规律的表述不外这两种。

供求规律不是马克思的发现。在马克思主义产生之前，人们就已经认识到了供求规律，因为它没有价值规律那么抽象。马克思是承认供求规律的。马克思所反对的是把经济学奠定在供求规律的基础上，因为它不能揭示经济生活中最本质的东西。所以，马克思从劳动价值论入手，发现了价值规律，从而在价值规律的基础上建立了科学的政治经济学体系。

马克思曾经指出，商品的需求和供给调节着商品的价格，如果供求一致，供给与需求这"两种社会动力"就势均力敌，它们就会停止发生作用，此时，市场价格就会同市场价值相一致；如果供求不一致，市场价格就会同市场价值相背离，"供求的变动使市场价格围绕着这个中心发生波动"。(《马克思恩格斯全集》第25卷，第202页)

马克思还指出，"如果用来生产某种物品的社会劳动的数量和要满足的社会需要的规模相适应，那么，这种商品就会按照它的市场价值来出售。商品按照它们的价值来出售是理所当然的，是商品平衡的自然规律"。(《马克思恩格斯全集》第25卷，第209页)

马克思对供求规律的论述与西方经济学家的观点有着根本的区别。马克思承认供求与价格有着密切联系。但是，他认为这种联系不是相互决定的关系，而是一种相互影响、相互作用、相互调节的关系。他认为，决定价格的不是市场供求，而是商品价值。因此，他是在价值规律的基础上来论述供求规律的。而西方经济学家则是抛开价值规律来谈供求规律。

通过分析、研究各家之言，我们可以得出如下结论：供求规律是表明供求影响价格，价格影响供求，自发调节社会劳动在各个生产部门的分配比例，使市场供求不断从不平衡趋于相对平衡的这种必然性。

事实上，价值规律和供求规律是商品经济中两个不同的客观规律。价值规律与供求规律二者是有区别的。价值规律要求价值决定价格，价值成为价格形成的基础。它虽然规定着价格的大小，但它并不调节价格高于价值或低于价值的这种不断运动。因为，当价值一定时，价格时而高于价值，时而低于价值，是供求规律作用的结果。所以，不能把价格的变动与价值规律的作用画等号。价格的变动，可以是价值规律作用的结果，也可以是供求规律作用的结果，还可以是二者共同作用的结果。例如，当供求状况不变时，一个商品的价值量增加，其价格就会相应提高；反之，价值量减少，价格就会相应降低。该商品价格的变动，就是价值规律作用的结果。再如，当价值量不变时，供不应求，价格就会提高；反之，供过于求，价格就会降低。该商品价格的变动，就是供求规律作用的结果。因此，价格的升降起伏，不能一概归之于价值规律的作用，而往往是与价值规律不同的另一个重要经济规律——供求规律在起作用。可见，价值规律与供求规律两者既不能互相等同，更不能互相代替。

（二）撇脂定价和渗透定价

在定价方面，管理学派的乔尔·迪安（Joel Dean）等人努力把经济理论转化为规范的政策准则，以使营销经理理解并很容易地应用。

对于定价理论中的撇脂定价策略和渗透定价策略，该学派认为，对一种新产品定价做出战略性决策，就是在初始价格很高以撇取"需求的奶油"和销售开始时以低价作为市场渗透的促进力量这两种政策之间做出选择。尽管实际的选择范围要宽得多，但考虑定价时都是鲜明地二者取一。撇脂定价针对的是已经被习惯接受的提供服务的方式做出重大变革的产品。这一策略要求在营销发展的早期阶段有一个相当高的价格并且伴随着大量的促销费用（以后阶段可以逐渐降低价格），并且这一策略已被证明对很多产品是成功的。另一种策略是渗透定价，它是以低价格作为尽早渗透到大的市场的主要手段。这一策略与撇脂策略相反，撇脂策略只是由于短期竞争的缘故才会降价。被动的撇脂策略有在各个阶段都保持利润的优点，但是它抑制了许多处于中下收入水平或是偏好较少，因而不愿为产品的良好声望多付钱的购买者的迅速购买。另外，在探索通过渗透定价以促进市场扩张的可能性时需要研究、预测和勇气。

管理学派主张，为了组织起价格决策所依据的各种信息和考虑事项，营销者可以采用多阶段分析法作为定价工具。这个方法把一个定价决策中要考虑的主要因素划分为五个连续的阶段：① 确定目标市场；② 规划品牌形象；③ 安排营销组合；④ 选择定价策略；⑤ 决定最终价格。

按这种顺序进行定价决策，每一步的计算都能够简化后面阶段的工作并减少错误发生的可能性。可以说这种方法把价格决策分成了可管理的几个部分，每一部分在逻辑上都先于后面的部分，每个阶段的决策都能使后面的决策更简单。这种分析方法也可以被认为是一种选择和寻找的过程。在此过程中，通过在前后相继阶段中做出决策而大大减少了需要仔细考虑的备选方案的数量。该学派关于价格决策的研究还涉及价格决策、价格敏感性以及产品线定价等。

小百科

乔尔·迪安

乔尔·迪安（1906—1979）因其在一般公司财务理论方面，尤其是在资本预算领域的贡献而著称于世。他被认为是商业经济学的奠基人之一。他在定价领域的研究对于营销学的发展产生了很大影响。

迪安出生于美国佛蒙特州的弗希尔，先后就读于洛杉矶波莫纳大学（学士学位，1927年）、哈佛商学院（工商管理硕士学位，1928年）和芝加哥大学（博士学位，1936年）。他的博士论文是《对平均成本和边际成本行为的一种统计检验》。因为他所出版的《管理经济学》（1951）和《资本预算》（1951）两本著作，使其成为商业经济学的奠基人之一。他的研究领域覆盖成本、定价、需求分析、利润和利润管理，以及竞争和政府管制。正是因为他《资本预算》在1951年的出版，NPV（净现值）开始在公司财务中被广泛使用。

迪安先后执教于印第安纳大学、芝加哥大学和哥伦比亚大学。在"二战"期间，他是政府价格管理办公室的成员，同时兼任考尔斯委员会（负责美国战地物资分配的机构）的助理研究员。1940年，迪安创办了名为乔尔·迪安的管理咨询公司。他曾担任《产业经济学学报》和《营销学报》的编委多年。

资料来源：Karen Fortin, Walter J. Primeaux. Foundations of Business Economics: The Contributions of Joel Dean. University Press of Florida, 1984, 编者译。

五、对分销问题的研究

在分销方面，约翰·F. 麦基（John F. Magee）等学者鼓励营销经理把分销决策提到与产品、定价、促销决定同等重要的地位上。他们指出，在市场活动中，从事交易要占用时间，动用资源；而中间商的介入，便使得交易成本更低。因为中间商创造了时间效用、地点效用和占用效用。正是由于分销网络的存在，才得以实现专业化大规模生产，满足千差万别的消费需求。

分销问题本身是一个系统性的问题，要深入研究一个分销系统并做出一个有效的实施计划，必须具备三大条件：

（1）企业管理层认识到改善分销意味着检查整个物质分销系统；

（2）利用量化的系统分析或行为研究方法来清楚地表明商品交换的本质以及系统运行与企业政策之间的关系；

（3）慎选合作伙伴，要致力于与具备销售、营销、运输、原料加工、原料控制和信息处理方面知识的人员密切合作。

六、对促销问题的研究

在促销领域，罗伯特·J. 拉维奇（Robert J. Lavidge）和加利·A. 斯坦纳（Gary A. Steiner）等营销学者就人员推销与广告决策给营销操作者提出了建议。他们主张，广告的目标应该是使消费者通过一系列的阶段最后达到其购买行为。广告可以被看成一种力量，它促使人们经过如下阶段而最终成为产品购买者。

（1）处于起始阶段的是潜在购买者，他们根本没有意识到所谈论的产品或服务的存在。

（2）距离购买稍微近了一些，但离付款还有很长一段距离的消费者。他们刚刚意识到产品或服务的存在。

（3）处于这一阶段的是可能成为购买者的人群，他们对产品能提供何种效用有一定的了解和预期。

（4）处于该阶段的消费者开始对产品持有积极态度，他们开始喜欢产品。

（5）处于该阶段的是对产品有好感的消费者，他们对产品持有积极态度，并且发展到超过喜爱其他产品的程度。

（6）距真正购买产品仅一步之遥的正是这些消费者，他们不但抱有偏好，而且有购买欲望，并且其确信购买是明智的。

（7）最后一步，积极的购买态度终于转化为实际购买行为。

进入21世纪以来，该领域研究的重点逐渐转移到了广告竞争性的影响、广告决策过程以及广告有效性上。管理学派主张，卖主应及早放弃不体谅别人和带有欺骗性的战术手法，放弃强制推销的恶劣做法。因为这些不合法、不体面的促销实践已严重损毁了营销的正面形象。有的学者主张采用"人员推销的需求−满足理论"。该理论认为，购买既然是用于满足需求的，因而，为了促进购买，卖主必须善于发现潜在顾客的需求并且表明他的产品或服务如何能够满足这些需求。

一些管理学派的学者还把注意力放在了人员推销和销售管理的问题上。在人员推销方面，他们考察了买者与卖者之间关系的发展，讨论了推销人员与消费者之间的沟通问题。在销售管理领域，他们研究了监督行为对于销售力量的影响、销售力量的转移、推销人员的动机、销售力量的社会化以及推销员职业的各个阶段等。

第二节 营销范式的扩展

一、范式与营销范式

"范式"的英文为"paradigm"，源自希腊词"paradeigma"，意指"模范"或"模型"，由美国哲学家托马斯·库恩（Thomas S. Kuhn）于1962年在其经典著作《科学革命的结构》一书中提出。他认为每一个科学发展阶段都有特殊的内在结构，而体现这种结构的模型即范式。严格来讲，范式是指"特定的科学共同体从事某一类科学活动所必须遵循的公认的'模式'，它包括共有的世界观、基本理论、范例、方法、手段、标准等与科学研究有关的所有东西"。它具有如下特点：① 范式在一定程度内具有公认性；② 范式是一个由基本定律、理论、应用以及相关的设备等构成的整体，它的存在给科学家提供了一个研究纲领；③ 范式还为科学研究提供了可模仿的成功先例。可以看出，范式归根到底是一种理论体系，范式的突破将导致科学革命，从而使科学获得一个全新的面貌。

研究范式是一门学科的世界观、方法论和工具，因而是一门学科必须首先要回答的问题。范式不仅是科学研究的必要条件，而且是学科成熟的标志：只有当一门学科的研究者形成了共同的范式，该学科才能从前科学时期进入科学时期。而以某一范式为基础的研究活动，库恩称之为"常规科学"。这里的常规科学是指坚实地建立在一种或多种过去的科学成就基础上的研究，这些科学成就被某个科学共同体在一段时期内公认为是进一步实践的基础。《科学革命的结构》中的"范式"虽然论述的是自然科学，但它一经提出，便成为哲学、社会学、经济学、科学史乃至所有人文科学和社会科学研究的典范。①

范式理论指常规科学所赖以运作的理论基础和实践规范。范式的基本原则可以在本体论、认识论和方法论三个层次表现出来，分别回答的是事物存在的真实性问题、知者与被知者之间的关系问题以及研究方法的理论体系问题。这些理论和原则对特定的科学家共同体起规范的作用，协调他们对世界的看法以及他们的行为方式。

库恩指出："按既定的用法，范式就是一种公认的模型或模式。""我采用这个术语是想说明，在科学实际活动中某些被公认的范例——包括定律、理论、应用以及仪器设备统统在内的范例——为某种科学研究传统的出现提供了模型。"②

一个稳定的范式如果不能提供解决问题的适当方式，它就会变弱，从而出现范式转移（paradigm shift）。范式转移就是新的概念传统，是解释中的激进改变，科学据此对某一知识和活动领域采取全新的和变化了的视角。通常，范式转移是一个由某一特别事件引发的过程。所谓特别事件是指在现有范式中被证明是反常（anomalous）事件的增加，为了纠正问题，决策者需要改变工具设定，并尝试新的政策工具。如果这些努力不能奏效，就会出现政策失败（policy failure），进而破坏旧的范式，促使人们去寻找新的范式，进行修正政策的试验过程。

营销学的发展不是一成不变的，和其他学科一样，营销学的发展也呈现螺旋式上升的状况。这正是"芳林新叶催陈叶，流水前波让后波"。在特定的时代背景下，某些天才学者的伟大构想会对整个学科的发展产生革命性的影响。正如习近平同志所讲的那样："时代造就伟大人物，伟大人物又影响时代。"③在营销思想的发展历史中，菲利普·科特勒就扮演了一个这样的角色。科特勒认为，由于市场是动态的，而且竞争激烈，所以管理层必须有一个定义完整的战略对策，以充分搜寻价值需求，发现市场机会。要发展出这种战略对策，就必须了解下面三种空间之间的联结和互动：① 客户的认知空间；② 企业的能力空间；③ 合作厂商的资源空间。

为了充分利用价值机会，企业必须拥有创造价值的技巧：① 从客户的认知空间中，找出新的客户利益；② 从企业本身的业务范畴中利用核心能力；③ 从合作网络中选择并管理企业伙伴。

要想传递价值，企业需要在基础架构和能力上进行大量的投资，企业必须做好如下

---

① 托马斯·S.库恩.科学革命的结构.上海：上海科技出版社，1980.

② 同①。

③ 习近平.在纪念孙中山先生诞辰150周年大会上的讲话（2016年11月11日）.人民日报.2016-11-12.

工作：① 客户关系管理；② 内部资源管理；③ 企业合伙关系管理。客户关系管理企业发现其客户是谁，他们的行为方式如何，以及他们的需求和欲望如何。此外客户关系管理也能使企业适当地、前后一致地、快速地回应不同的客户机会。为了能够有效地回应，企业必须有内部资源管理，把主要的企业流程进行有机整合。企业伙伴关系管理能够处理与其交易伙伴之间有关获取、处理和传递产品的复杂关系。

科特勒创造了一个企业全方位营销架构，该架构显示了各种相关角色（客户、企业和合作厂商）与"以价值为基础"的活动之间的联结与互动。企业全方位营销架构指出了企业满足顾客需求的三大过程——价值搜寻、价值创造和价值传递，界定了企业组织的三大职能——需求管理功能、资源管理功能和网络管理功能。

二、营销概念之争与营销范式扩展

在营销管理领域概念思想中出现的主要发展是菲利普·科特勒和西德尼·J. 莱维（Sidney J. Levy）在1969年发表在《营销学报》（Journal of Marketing，JM）上的一篇题为《扩展营销概念》的文章。在这篇文章中，他们提出可以将营销（管理）从它历史上的商业背景扩展到将营销组合技术应用到非营利组织当中。科特勒和莱维的这篇文章在接下来的几十年中引发了营销学界旷日持久的关于营销是一种可以应用于所有组织和个人的营销管理技术集合，还是一种设计用来实现社会目标的经济机制的争论。

营销管理教科书市场的竞争对这场争论的结果产生了重要影响。在20世纪80年代，科特勒的《营销管理》超过麦卡锡的《基础营销学》，在营销教科书市场取得了最大的份额。因此，在争夺学生大脑的竞争中，科特勒的一系列著作占领了营销管理教科书的所有细分市场。这一点之所以值得注意，是因为麦卡锡的教科书保留了营销的传统商业背景，而科特勒的教科书则极大地扩展了营销，将营销组合技术应用于处理任何社会或个人目标。在科特勒教科书培养下成长起来的新一代营销学者，将扩展的营销概念视为教条，扩展的营销概念观点获得了事实上的胜利。

这一范式扩展（broadening paradigm）显著地重构了营销这一学科的主旨问题。因为对于非营销专业人士和许多学者而言，营销管理就等同于营销。根据科特勒所言，营销的概念确实被大大地扩展了。在科特勒于1972年同样发表在《营销学报》的一篇题为《营销的一般概念》的文章中，他指出"营销者是理解人类欲望和价值，决定付出什么代价使人们行动的专家"。这将营销管理技术应用于任何一些需要"销售"的东西的组织和个人。

在一些营销学者看来，营销范式的扩展是一把双刃剑。尽管营销学科通过将营销管理技术转移到非营利组织使得自身看上去被扩展了。但是营销历史学家巴特斯（Bartels）却认为若将营销视角局限于个体收益而非超越参与方的社会影响，营销的范围实际上被缩小了。其他一些学者也认为存在营销被局限于营销管理视角的问题，他们提出营销（管理）的边界扩展导致我们对于营销的感知被局限于销售和促销。正如这些营销历史学者所指出的那样，尽管有许多学者将营销管理等同营销，但在营销学中实际上存在着很多的营销思想学派，而非仅仅只有营销管理的单一视角。

三、管理学派的地位

尽管营销范式扩展得到流行，不过营销管理中的研究仍然主要是商业导向，大多聚焦于营销战略、市场细分和目标市场选择，或者营销组合元素——产品、价格、促销、渠道和营销调研。在目前的营销学术界，在营销组合中吸引了很多人关注的是产品这个组织要素。具有讽刺意味的是，在营销的早期定义中，产品被定义在营销之外。例如，肯沃斯（Converse）和休吉（Huegy）在1930年提出的一个相当流行的营销定义为："营销是地点、时间和占有效用的创造。"在这个定义中，形式效用或者说产品被明显地排除在营销之外，被移交给生产（农业或制造业）。

在产品研究领域，另一个让人意想不到的是，当前大部分的相关研究都聚焦于服务而非产品，服务营销已经成为营销管理研究中的一个显著的细分领域。有学者提出服务要更具有根本性，因为消费者仅仅需要一个产品所提供的服务利益。这种认为产品只是提供服务利益的一种传递工具的观点有待学者进一步的探讨。

但是，无论如何，营销管理已经成了一个如此庞大的思想学派，在它的一些细分研究领域，比如服务或广告的研究学者的数量要超过大多数其他学派的研究学者数量。毫无疑问，管理学派已经成为当今营销学界的主流思想学派。

第三节　系统学派的贡献

与营销思想的其他学派一样，系统学派也是由于营销环境的变化而出现的。乔治·弗斯克、里德·莫耶、艾尔弗雷德·库恩等早期学者已经认识到营销必须被视为一个系统，但直到20世纪50年代系统学派出现才真正明确这个观点。系统学派登上舞台应归功于商业的其他学科操作技术研究的影响，这促进了从系统角度研究营销和营销活动。更重要的是，计算机的广泛使用使"系统"一词得以在管理文献中普及。

为了正确认识系统学派，了解其基本观点是十分必要的。战后兴起的操作研究方法从多学科的角度研究问题，并将行为科学和定量科学的整合应用视为解决复杂问题的必要手段。企业不能被简单地视为独立功能的集合，而应视为一个系统。在这个系统中，信息、原材料、人力、资本设备和资金的流动产生了决定成长、波动和衰退等基本趋势的力量。

一、系统的特征及其应用

通过系统理论考察营销，决策者能够发现一系列问题，而许多问题已存在可行的解决方法。如果决策者对解决方法不满意或找不出解决方法时，可以参考类似问题，看看是否有已知方法可用。通过系统，可以获得非常多的信息。还有一种研究方法，是对社会采用了系统概念，将系统思想扩大到更宏观的范畴，认为营销是社会的一个子系统，也包括它自己的子系统，如市场和分销渠道。

对于这一学派的学者而言，系统由两类变量组成：要素和要素之间的关系。这些要素通常是在一系列限制条件下关于交互作用以及环境的一般思想。要素仅仅是系统的元件，对于不同的特定系统，要素处在一定的范围中。属性是要素的特征，而关系将一个系统中的要素结合得更紧密。任何一个系统的环境都可以定义为是所有对象的集合，它的属性可被系统的行为所改变。任何一个特定的系统都可以被分为几个子系统，它也有自己的父系统，即存在系统等级序列。

1966年，该学派的丹尼尔·卡茨（Daniel Katz）和罗伯特·L.卡恩（Robert L. Kahn）出版了一本非常经典的著作——《组织的社会心理学》，使系统观点众所周知。对他们来说，组织系统是复杂的、开放的和行为的系统，他们归纳出这些系统的九个特征：

（1）能量输入——开放系统从环境中输入某些形式的能量。

（2）生产能力——开放系统将能量转化为它们可以使用的形式。工作在系统中完成，而且这些系统再次组织了输入。

（3）产出——开放系统向环境输出的产品。

（4）作为事件循环的系统——能量交换活动以循环为特征。输出到环境中的产品为循环活动的重复进行提供了能量源泉。

（5）负熵——自然的一般法则是熵，即所有形式的组织都走向分解或死亡。为了生存，开放系统必须通过从环境中输入比消耗的更多的能量来获取负熵。

（6）信息输入、反馈和编码过程——除了能量，开放系统也输入信息，为环境及有关自身功能的结构提供信号。信息输入的最简单的形式就是反馈，即使系统在过程中改正偏差。然而，输入只有当系统认为输入与它协调时才被接受。编码这个术语就是选择性地拒绝、接受或解释某种信息的系统结构。

（7）稳定状态和动态自动平衡——能导致系统崩溃的任何一个内部或外部的因素都会遭到力求恢复到系统先前状态的力量的反抗。

（8）区别——开放系统按照有区别的、细分的方向运动。专业化的功能取代了一般模式。

（9）相同的最终状态——一个系统可以以不同的初始状态和不同的过程到达相同的最后状态。

由上可知，营销子系统显示出复杂的自动平衡机制的许多特征，因为它帮助企业获得动态平衡并保持它的特征。例如，营销的一个传统功能就是从环境的各个部分收集信息，并把信息传输到系统的其他部分。在执行这一功能过程中，按照营销系统对企业需要的认识，信息被译解和重新编排。这种操作的译解/记录阶段对信息怎样被用来改变企业行为是至关重要的。显然，有某些条件限制了营销在一定程度上按照一个自动平衡机制行动。这些限制条件有企业内部的子系统、它所处的环境和系统/环境之间交换关系的种类和数目。

二、营销系统的提出

事实上，在出现更多的系统用词之前，商品学派、职能学派、区域学派和机构学派的营销学者就已经理解了营销的多种要素是相互关联和相互依赖的。但第一个在营销中使用系统术语的学者是奥德逊，在他1957年出版的《营销行为和经理行动》一书中，他讨论了"有组织的行为系统""系统的生存和成长"和"投入-产出系统"等系统概念。

尽管奥德逊在他的文章、著作和营销理论研讨会上奠定了营销系统思维的基础，但由于奥德逊于1965年不幸去世，奥德逊未竟的学术事业由他的学生和同事们继续向前推进。其中的主要代表有费斯克（George Fisk）1967年的教科书《营销系统：一种介绍性分析》，在这本书中费斯克描述了微观和宏观营销系统。迪克逊（Donald F. Dixon）1967年发表了一篇论文，基于宏观视角揭示了营销系统是如何被整合进一个更大的社会中并成为社会的一部分。博迪温（J. J. Boddewyn）在1966年的论文中开发了一种比较性营销系统研究的理论框架，该框架聚焦于结构、职能、过程和环境等与营销紧密相关的因素。此外，介于宏观和微观之间，巴克林（L. P. Bucklin）1970年提出的"垂直营销系统"则描述了作为系统的渠道的经济性。斯腾则在1969年描述了渠道系统的行为维度。雷泽1971年则采取一种微观视角，使用一种系统方法来分析营销管理问题。

从以上也可以看出，系统学派的营销学者在探索有关营销的系统理论时，采用了多种研究方法。有学者对营销的社会系统做了充分的论述，分析了社会系统的内涵和社会系统的特征及要求，将营销系统视为社会系统的特殊形式。主要有以下观点：

（1）一个系统是相互联系的要素的集合。所有处于这一关系之外的要素都处于系统之外，是环境要素。

（2）系统的要素影响系统的行为。类似地，环境影响系统要素。

（3）系统要素的条件是可变的。要素条件的改变或环境条件的改变使系统行为的调整成为必要。

（4）为了分析的方便，封闭系统可以独立于环境。在分析营销系统时，期望最好的情况可能就是环境条件的暂时不变。

（5）在系统分析中，在控制的条件下观察系统和环境的关系是很有效的。因此，在市场调查中使用有控制的实验是明智的。

（6）在系统分析中，注意力主要集中于动态。这是一个过程，即系统在经历不平衡之后采取适当的改变，向新的均衡运动。

（7）系统是动态的，由许多变量组成，任何不变的要素都不是系统的组成部分。在营销系统的分析中，几乎所有的事情都是动态的。

三、营销系统的构成要素

另一些研究者探索了什么系统更接近营销方法，还讨论了营销系统的构成要素：

（1）系统包含了人们和机构之间一系列功能独立的营销关系，包括制造商、批发商、零售商辅助机构和消费者。

（2）为保持必要的关系，个人和企业之间的交互作用包括对改变的调整、革新、合作、竞争、联系和阻碍。

（3）从交互作用中产生，并增强交互作用的目标、信念、符号和感觉的建立，从而决定了实际的营销目标，创建了有利的程序、印象、态度、意见和实践。

（4）消费者导向的环境随着竞争性市场经济、良好的法制和社会经济形势、营销功能的关系和实践等限制条件的变化而发生交互作用。

（5）营销技术包括通信媒介、信贷机构、标准化和改进的技术、市场调研和物流技术等。

职能学派提出过三种形式的系统：原子系统、机械系统和生态系统。在原子系统中，没有一个要素足以影响整个系统，要素自由地移动和交互作用，任何一个要素都不能变得更重要。该系统类似于完美的市场结构，只有少数几个营销系统可以被认为是原子系统。机械系统是在规定完成的任务情况下，进行机械元件的最佳组合运用，使系统的输入与输出保持某种因果关系。营销的某些方面与机械系统相类似，特别是仓储和分销。生态系统是指以相互作用的机构和个体为基础的商业群落，包括企业自身、顾客、营销中介、供应商等。在这一生态系统中，各机构和个人虽有不同的利益驱动，但都能互利依存，资源共享，共同延续系统的延续和发展。

第四节　宏观和微观营销系统

系统学派在研究营销系统的过程中有宏观和微观两种视角。宏观分析法关注作为整体的系统行为。宏观分析法并没有完全忽视特定的营销现象，但它将注意力集中于不同环境条件下系统的行为模式。微观分析法关注某些子系统的微小结构，如广告和分销（传统的营销观念），系统学派在对营销系统思想的分类和组织过程中也多采用微观分析法。

一、宏观营销系统

（一）何谓宏观营销系统

宏观营销是把营销活动与社会联系起来，着重阐述营销与满足社会需要、提高社会经济福利的关系，它是一种重要的社会过程。宏观营销的存在是由于社会化大生产及市场经济要求某种宏观营销机构及营销系统来组织整个社会所有的生产者与中间商的活动，组织整个社会的生产与流通，以实现社会总供需的平衡及提高社会的福利。

从总体或从社会的角度来考察的营销活动，属宏观营销，它是在企业营销活动基础上产生的。宏观营销囊括了国民经济各行业的营运活动。宏观营销活动是通过宏观营销机构来实现的。这些营销机构，包括中间商机构（包括批发商和零售商）、交通运输部门、仓储机构及营销活动的附属机构如金融保险机构等。

实现宏观营销的目标要依赖宏观营销系统的高效运行。系统学派认为，宏观营销系统是由中间商（包括批发商和零售商）、物流机构、辅助商等各子系统组成的一个整体系统。各子系统相互影响、相互依赖、相互作用，为实现社会供需平衡及增进社会福利发挥作用。

（二）宏观营销系统的构成

在现实经济中，由于有多种劳动分工，特定商品生产者之间又存在着各类交换活动，形成了相互连接的宏观营销系统。其中，制造商从资源市场（由原材料、劳动力、资金等市场组成）购买资源，转变为商品和服务后卖给中间商，中间商再出售给消费者。消费者出卖劳动力赚取金钱，再换取所需的产品或服务。政府是另一种市场，它为公众需要提供服务，对各市场征税，同时也从资源市场、制造商市场和中间商市场采购商品和服务，如图9-2所示。

宏观营销系统被称为全国营销系统（national marketing system），这是从宏观或全国的角度来考察营销的，是指参加有组织的社会商品交换活动的一切相互影响、相互作用的参加者、市场和流程。宏观营销系统结构均包含三个参加者、两个市场、四条流程：

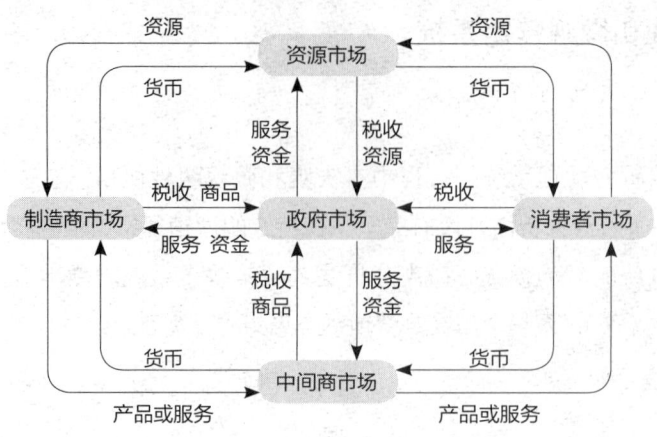

图9-2 现代交换经济中的基本市场流程

（1）三个参加者。① 企业。它们是市场经济社会的基本细胞，是社会财富的最基本的创造者，是宏观营销的物质基础。② 消费者。他们一般通过出售一般产品或特殊产品获得货币收入，然后用货币收入去购买自己所需的产品。③ 政府。它包括为企业和消费者提供各种服务的政府行政机构及职能机构。

（2）两个市场。包括要素市场及产品市场。① 资源市场，又称要素市场。它主要包括生产资料市场、资金市场、劳动力市场、技术市场等。这些要素市场为企业经营活动提供人、财、物。② 产品市场。这里主要是指消费品市场，它为企业产品价值的实现提供了场所。

（3）四条流程。包括资源流程、商品或服务流程、货币流程及信息流程。

宏观营销系统是由各子系统组成的有机整体。市场是宏观营销系统运行的中心，企业是宏观营销运作的基础，政府是宏观营销系统运行的保证。这三个子系统本身是否健全和完善，它们之间能否协调地发展，对宏观营销系统的正常运行具有重要的影响。

系统学派认为，营销系统的构成要素包括目标市场、营销活动的主体和客体、营销活动本身以及法律、管理机构、习俗、社会机构、人力和其他资源等。

系统学派对营销系统在机构、活动和三维空间上进行了界定，这比界定营销的行为空间的传统做法更进了一步，对于营销理论的发展更具有重要意义。1967年，系统学派设计了竞争市场反应的计算机模型，营销的多种功能被整合进去，可以操作模拟营销系统。系统学派还使用模拟平衡评估技术，展示了如何使用营销系统分析。

系统学派通过探讨几种评估牙买加分销结构的统计技术，得出结论：尽管该领域的理论相对来说设计较好，但仍有一些实际问题——特别是有关这些系统中的解释性变量的互相联系——这是我们考虑处理这些问题的次优方法。像与营销问题有关的其他领域一样，在我们对该领域研究结果满意之前，需解决很多实际问题。

于是，一些学者采用了系统方法来整合描述性概念，诸如需求和供给循环、产品等级、竞争结构和消费者决策模型，以此为基础来阐述营销管理需要系统性的知识来引导决策，应将营销视为一个系统。这些学者使用二维图形来描述企业环境的特征，用生产、销售、营销和社会营销四种营销管理哲学进行分析，考察营销系统的演化。

环境复杂性的每一等级都依赖于在环境中组织的不同目的以及这些目的随着时间改变的速度。目的可分为正目的（如目标）和负目的（如避免某些事物）。营销的演变可以用企业更好地察觉相关外部公众并做出反应这一条件来描述。以这一结论为基础，可以对将来做以下观察：

所有社会系统的未来环境将会以增加相关的不确定性为特征。营销子系统可以为它的母系统企业执行复杂自动平衡功能。这种功能使它适合于监视环境变化，在必要时提供帮助，改变母企业结构的信息。营销系统执行其自动平衡功能的能力将部分地决定企业如何察觉环境变化并对此做出反应（见表9-1）。

表9-1 营销及其环境之间的关系

环境	不确定性	标准反应	营销管理哲学
温和的随机	低	自动反应	生产观念
温和的密集	中低	战略	销售观念
不正常反应	中高	战略、战术和操作	营销观念
激烈	高	创立、系统改变	社会营销观念

二、微观营销系统

微观营销活动是宏观营销活动的基础。微观营销活动的主体是企业。企业要想开展卓有成效的营销活动就必须依赖于宏观营销机构的高效运行。因此，宏观营销活动是微观营销的前提和保证。企业的营销活动离不开宏观营销活动的制约和影响。宏观营销和微观营销相互渗透、相互制约、交替并存、共同发生作用。二者的相互渗透表现在：从微观角度看，作为企业营销活动的主要部分即产品的销售，需要宏观营销机构；从宏观角度看，宏观营销机构帮助企业实现产品的过程，亦是宏观营销机构发挥其职能和作用的过程。二者的相互制约表现在：一方面，宏观营销机构的设置和运行制约着各企业营销活动的运作；另一方面，各企业营销活动发展状况好坏，会影响宏观营销机构职能及作用的发挥。

系统学派提出过许多微观系统的例子。例如，生产者及其经销商应该被视为单一组织，并按照一个系统来管理；企业应该被视为整合了市场的系统，市场对企业的所有活动享有否决权；建立零售定位的系统框架；营销信息系统有三种合适的一般信息子系统；探讨了营销信息系统面临失败的几种原因，并建议采用向前看的方法；讨论了营销信息系统和市场调研，还指出在管理成为系统导向之前，营销信息系统中错误的计算机管理；

提出动态自动平衡假设，并用来解释研究条件和在营销案例中的使用；探讨了一般生活系统理论在营销中的运用和针对社会需要的改变。

20世纪60年代，系统被认为是营销过程中最重要的趋势。系统思想影响了几门学科的发展，尤其是作业研究和工程学。它强调将要素和活动整合进整个系统、网络、联系、交互作用、反馈、系统调整、生存和增长。这产生了广为流传的营销哲学和营销观念，它们都强调营销要素的合作、整合和联系，以获得一个行动的整体系统。系统工程师研究出新的数学技术，用于分析、模拟复杂的系统，其中一些用于营销系统，产生了新的概念和分析方法。

当时很少有企业在营销中采用系统观念。然而，少数企业的积极反应体现出这方面的需求，所以还是可以预测系统观念的使用会逐步扩展，而且这样做对先行者有极大的益处。研究者认为正确的系统分析是将复杂市场环境分为组成要素，并用实践证明的假设描述要素间的相互作用。

系统学派认为有两个原因使营销的系统观念不能在短期内实现。第一个原因是它的全面综合的本质。几乎所有的学者都采用了具有每一营销职能（产品、沟通、市场调研和分销）的系统。显然，我们需要对作为一个系统的营销和营销系统进行详尽的概念研究。第二个原因是关于系统的研究问题，特别是宏观营销系统。我们没有在宏观水平上对系统分析的知识进行有效的分类，这样，即使把知识组织起来，仍然缺少合适的分析技术来处理极有可能的关系。如果这不成问题，研究者所处的变化的环境也使其缺乏时间进行良好的系统研究，尤其是在宏观水平上。

系统学派在营销思想学派宝库中占有重要的地位。任何试图对营销思想学派进行综合或者开发一种一般营销理论的尝试，都必须至少将系统思维作为一种理论结构包括在内。尽管如此，由于营销管理和消费者行为学研究的兴起，学术界对于营销系统本身的讨论却在20世纪70年代逐渐消退。

小链接

管理学中的系统管理学派

系统管理学派盛行于20世纪60年代。由于当时系统科学的兴起，因此对管理学派的影响很大，所以系统管理学派的管理思想基础是一般系统理论。他们把一般系统理论应用于工商企业管理，系统地阐述了系统观点、系统分析、系统管理三者的关系，侧重以系统概念分析和考察企业的组织结构模式以及各项管理职能。

系统管理学派的主要代表人物是：美国的约翰逊、卡斯特、罗森茨韦克、米勒、梅萨罗维奇。系统管理学派的主要著作是：约翰逊、卡斯特、罗森茨韦克三人合著的《系统理论与管理》，卡斯特、罗森茨韦克合著的《组织与管理》等。

系统管理学派从系统观点出发，认为工商企业是一个由相互联系共同合作的各个要素（子系统）所组成的为达到一定目标（既有组织的目标，又有其成员的个人目标）组成的系统。并且工商企业是一个开放的系统，它同周围环境（顾客、竞争者、工会、供货者、政府等）之间存在着动态的相互作用，并具有内部和外部的信息反馈网络，能够不断地自动调节，以适应环境和自身的需要。系统管理学派的管理方法的一种重要的特点是采用模型分析方法。

系统管理学派的影响是很大的，尤其是利用系统论的方法来进行管理，使管理在思想上有了一个巨大的发展。现在，任何一个现代的管理人员都应该具有的管理思想就是系统的思想。

资料来源：郭咸纲.西方管理思想史.北京：经济管理出版社，1999.

三、宏观营销与微观营销的关系

宏观营销是以整个社会经济系统为出发点和基础来研究营销。研究重点在于产品和服务如何能最为经济地从生产领域进入消费领域，并使社会的供应和需求达到有效的平衡，其涉及如何建立一种使资源和产品在社会组织和个人中得以合理分配的经济体系。引导产品和服务从生产进入消费，以满足社会需要。

宏观营销将营销视为这样一种社会经济过程：引导某种经济的产品和服务从生产者流转到消费者，在某种程度上有效地使各种不同的供给能力与各种不同的需求相适应，实现社会的短期和长期目标。它强调从整体经济、社会道德与法律的角度把握营销活动，并由社会（政府、消费者组织等）控制和影响营销过程，求得社会生产与社会需要之间的平衡，保证社会整体经济的持续、健康发展，同时保护消费者利益。

宏观营销要求通过买卖功能、物流功能、规范功能、金融功能、风险承担功能以及市场信息功能的发挥，创造出产品的时间效用、空间效用和占有效用，促进产品形式效用的创造，以满足社会和个人在各种时间和地点所产生的各种需要，并促使整个社会经济系统得以正常运行。

微观营销是这样一种企业活动过程，其目的在于满足目标顾客的需要，实现企业的目标。微观营销则是以个别企业为出发点和基础，研究的重点是企业如何利用其有限的资源创造出能满足消费者需要的产品和服务。并通过有效的市场活动（分销和促销），实现同消费者的交换，同时实现企业的经济利益等一系列问题。一些营销学者将其归纳为"6R学说"，即在适当的时间（right time）、适当的地点（right place），以适当的价格（right price）和适当的方式（right pattern），将适当的产品（right product）销售给适当的顾客（right customer）。

四、营销系统发展的新趋势

世界各国家的营销系统，对于解决产销矛盾，促进经济繁荣和满足人民美化生活的需要，都发挥着极其重要的作用。展望未来，它将在21世纪新时代呈现出以下几个主要发展趋势。

（一）生产者与消费者的自由度将进一步提高

从世界各国的情况看，生产者和消费者的自由度可分为三个层次：第一个层次是生产者不能自行决定生产什么产品，完全听命于政府，消费者不存在个人对物质和文化的选择；第二个层次是除少数几类产品须得到许可才能生产之外，生产者可根据市场需要安排生产，消费者对产品或服务的选择余地较大，其得到的满足也较高；第三个层次是生产者的生产完全由市场来决定，市场上需要什么就生产什么，生产者和消费者都不受限制。就不良书刊这种特定产品而言，西班牙属第一个层次，美国属第二个层次，丹麦属第三个层次。事实上，所有产品的生产和消费都属于第三个层次的国家几乎没有。

营销者和消费者都越来越感受到，当人们按照自己所喜爱的方式来满足自己的需求时，其满意度才能更高一些。唯其如此，生产者所提供的产品才能更好地与消费者需求相适应，从而提高企业的经济效益。所以，在21世纪新时代，各国营销系统将致力于促进生产者与消费者自由度的进一步提高，同时，也将注意提高营销系统自身的自由度，以便增强主动适应市场需求变化的能力，更好地发挥营销系统的职能。

（二）对潜在伤害的管制将进一步加强

一般地说，生产者与消费者之间的交换是双方之间的事情，一般不需要有第三者介入。然而，当交换伤害到或可能伤害到任何一方、双方或第三者时，政府就会介入。究竟什么程度的伤害政府才会介入，这是个值得研究的问题。

在对不同程度的伤害进行划分之前，有必要对无伤害状况首先做出界定。所谓无伤害状况，是指产品或服务的生产与消费，无论就长期而言还是就短期而言，都绝不会伤害到生产者、消费者、第三者或整个社会。以无伤害状况为起点，根据发生伤害的时间的远近，可将伤害分为五个层次。

第一个层次的伤害是指生产过程给生产者所造成的长短期伤害。例如，生产过程的危险性、工作时间过长等，都会对工人造成伤害。越来越多的国家陆续颁布实施了童工法、工厂安全法及其他类似法规，这类伤害已经有力地得到了抑制。

第二个层次的伤害是指产品的使用给消费者所造成的直接伤害。许多国家已颁布禁止或限制使用危险药品、材料或玩具等的法令。从各国情况看，伤害的潜在严重性、急迫性和可能性越大，类似的法令规定也就会越多、越严格。

第三个层次的伤害是指消费者虽然目前颇感满意，但却长期受害而不自知。不少国家之所以要限制或禁止色情产品及香烟，就是为了避免消费者受到第三层次的伤害。至于这一层次的伤害，政府应在多大程度上介入，确实是一个比较复杂的问题，而且各国情况也不一样。政府可以只是登个简单的广告（例如要求香烟制造商在烟盒上注明警告字样）；也可以限制消费（例如限制年轻人使用某种产品，或限制产品的消费时间）；还可以禁止消费（例如美国早在20世纪初就曾颁布法令，禁止生产、销售或运输麻醉性酒精），等等。进入21世纪新时代以来，各国营销系统都在积极呼吁政府承担更多的责任和义务，告知社会公众哪些产品有潜在的伤害。

第四个层次的伤害是指生产者和消费者虽未受到伤害，但却伤害到第三者。例如，在生产地点或消费地点，可能使正在那里或路过那里的第三者呼吸污浊的空气、冒身受危险设施伤害之险、蒙受身心的痛苦等。所以，各国营销系统正积极建议在公共场所设立专门的吸烟处，建议政府规定色情产品只能在特定范围内销售等。

第五个层次的伤害是指生产者和消费者虽未受到伤害，但整个社会从长期来看却受到伤害。漫无限制的生产和消费所造成的环境污染，即属此种情况。在不少国家，污染状况随着一个国家的发展而呈算术级数或几何级数地加剧，造成物质浪费以及新鲜空气、清洁水源等自然资源的日益匮乏。

在上述五个层次的潜在伤害中，第一、二层次的伤害已受到各国政府的严格管制。第三层次伤害的管制也在日益加强，这主要是由于营销系统对政府施加压力，要求它限制社会公众使用某些产品，或至少告诉社会公众这些产品的潜在危害的结果。第四、五层次的伤害在西方国家逐渐受到管制。在21世纪新时代，各国营销系统将积极促进对后三个层次的伤害的进一步管制，以避免或减少它们给社会的长远发展所带来的消极影响。

（三）对消费者的保护措施将进一步完善

进入21世纪新时代，各国营销系统将在消费者投资（指向消费者提供充分的教育与信息的投资）和消费者保护方面做出进一步努力。事实上，许多国家的营销系统在向消费者提供充分的教育和信息方面做得尚有欠缺。一般来讲，这种消费者投资可分成四个层次。

第一个层次的消费者投资是指消费者缺乏各种信息来源和必要的购物教育。消费者凭自己的运气，盲目地从事购物活动。

第二个层次的消费者投资是指制造商以品牌或标签的方式提供有关信息，但消费者仍缺乏来自政府及消费者组织的信息，而制造商提供有关信息也只是为了促销，根本不是为了教育消费者。在这一层次里，消费者教育尚在萌芽阶段，学校里仅开设一些家庭经济课程，教学方式和教学效果不太理想，也得不到社会公众的重视。

第三个层次的消费者投资是指制造商提供更多的信息，政府也提供一些信息，帮助消费者了解主要产品的价值；另外，也有一些消费者组织对各种产品进行评价打分，并将这些信息资料提供给广大消费者。在这一层次里，消费者教育在公立学校已开始受到重视，但仍不是主要课程。

第四个层次的消费者投资是指法律规定制造商必须提供充分的信息（例如，要求食品标明成分和使用期限等），同时，严格禁止虚假夸大的广告。消费者组织和政府机构一方面促使制造商提供更真实、确切的信息和更质优价廉的产品，另一方面也积极相互传播有关产品的信息。学校设有长达数年的消费者教育课程，并训练那些未来的购物者如何购买食品、药物、汽车、家用电器、纤维制品、保险以及银行服务等。瑞典的消费者投资即属这一层次。

进入21世纪，各国营销系统除了在消费者投资方面向更高层次发展之外，还将在某些产品和市场上进一步保护消费者。因为，他们深深感到：消费者教育以及充分的信息都不能完全保护消费者免受伤害。在市场经济条件下，产品形形色色，相当复杂，即使那些受过培训的消费者也无法完全放心地购买。消费者不知道彩色电视机的辐射线是否过高、新型汽车的设计是否安全，也不知道新药品是否有强烈的副作用等。因此，营销系统有必要检查并裁定主要产品（如食品、药物、玩具、家用电器、汽车以及房屋等）的安全水平，否则，意外伤亡案件势必增加。即使小心谨慎的制造商也可能看不出其产品的缺陷，必须由别人检验并提醒他们。

展望未来，保护消费者的范围将进一步扩展到涉及生态环境的生产与营销活动。因为消费者购买产品时，可能并不了解土壤、水和空气等对其产品产生了何种有害影响。此外，对欺骗、强行推销等损害消费者利益的行为，将进一步有所防范。

（四）营销系统的社会责任意识和道德观念将进一步增强

进入21世纪新时代，各国营销系统的社会责任感和道德观念将进一步增强。营销者在制定决策时，不仅要考虑到消费者目前需要的满足，而且还要考虑到消费者及社会的长远利益。在未来的营销活动中，企业不仅要设计生产出令消费者高兴的产品（简称愉悦产品），而且还要向消费者提供有益产品。

营销学界根据消费者立即满意的程度及对消费者长远利益的重视程度，对未来产品做了如下分类：

（1）满意产品，即能使消费者立即满意同时又符合消费者长远利益的产品，如富有营养而又美味可口的早餐食品等。

（2）愉悦产品，即能使消费者立即满意但会损害消费者长远利益的产品，如香烟等。

（3）有益产品，即对消费者缺乏吸引力但从长时期看对消费者有益的产品，如含低磷酸盐的清洁剂等。

（4）欠缺产品，即对消费者缺乏吸引力而且又对消费者长远利益有害的产品，如某些有强烈副作用且味道差的药品等。

各国营销系统除了对满意产品予以大量投资、积极发展外，还将对愉悦产品和有益产品高度重视，大力开发。愉悦产品的优势是销售情况极好，但是它对消费者的长远利益有所损害。针对这种情况，各国营销系统将积极开发那些增加有益性能，同时又不致使利润和销售有所下降的新产品。例如，西尔斯公司成功开发了无磷酸盐洗涤剂，并加大营销力度，使它成为畅销货；百事可乐公司成功开发了一次性塑胶包装饮料，该包装可用固体垃圾处理方法分解；许多石油公司致力于营销推广无铅汽油等。此外，各国营销系统将积极增加有益产品的愉悦性能,使之在顾客心目中变成一种令人满意的产品。

此外,各国营销系统的道德观念也将进一步增强。诸如下述问题已经引起营销界反思:销售人员能否少干扰私人生活,如电话推销、上门推销、短信、微信广告等方式的选择等;能否讲究一下推销的风雅格调,少些大吹大擂、抽奖赠奖、沿街叫卖等。

本章回顾

20世纪40年代末至50年代初,营销理论的发展进入一个管理导向的新时期,注重从企业管理决策的角度研究营销问题的管理学派产生。营销近视、营销组合、市场细分等概念被引入并应用,麦克特里克提出了营销观念。产品生命周期理论、定价理论、分销、促销等问题都得到管理学派学者的重视。

研究范式是一门学科的世界观、方法论和工具。20世纪80年代,范式扩展显著地重构了营销这一学科的主旨问题。但是,营销管理作为一个庞大的思想学派,成为当今营销学界的主流思想学派。

系统学派也是由于营销环境的变化而出现,20世纪50年代系统学派出现并明确了营销必须被视为一个系统这一观点。奥德逊最早在营销中使用系统这一术语,并讨论了"有组织的行为系统""系统的生存和成长"和"投入-产出系统"等系统概念。

系统学派在研究营销系统的过程中有宏观和微观两种视角。宏观营销是把营销活动与社会联系起来,着重阐述营销与满足社会需要、提高社会经济福利的关系,它是一种重要的社会过程。微观营销是以企业为主体,通过营销机构的高效运作开展营销活动。

关键术语

营销近视　营销组合　市场细分　营销观念　产品生命周期　供求规律　撇脂定价　渗透定价　营销系统　宏观营销　微观营销　范式　系统　宏观营销系统

即测即评

请扫描二维码,在线测试本章学习效果。

讨论与思考

1. 简述营销管理学派所研究的主要问题。
2. 简述营销观念的提出过程和基本观点。
3. 简述市场细分理论及围绕该理论的争论。

4. 比较定价理论中的撇脂定价策略和渗透定价策略。
5. 评价营销管理学派的学术地位。
6. 简述营销系统学派的基本观点。
7. 简述营销系统的构成要素。
8. 评价营销系统学派的学术地位。

第十章
消费者行为学派

> 听取客户的意见，是获得市场份额的最佳途径，而听取他们的幻想，也是开辟新市场的最佳途径。
>
> ——埃斯特·戴森

本章学习目标

1. 了解消费者行为学派的各个发展阶段与特征
2. 了解消费者行为学派与营销学的发展关系

本章知识结构图

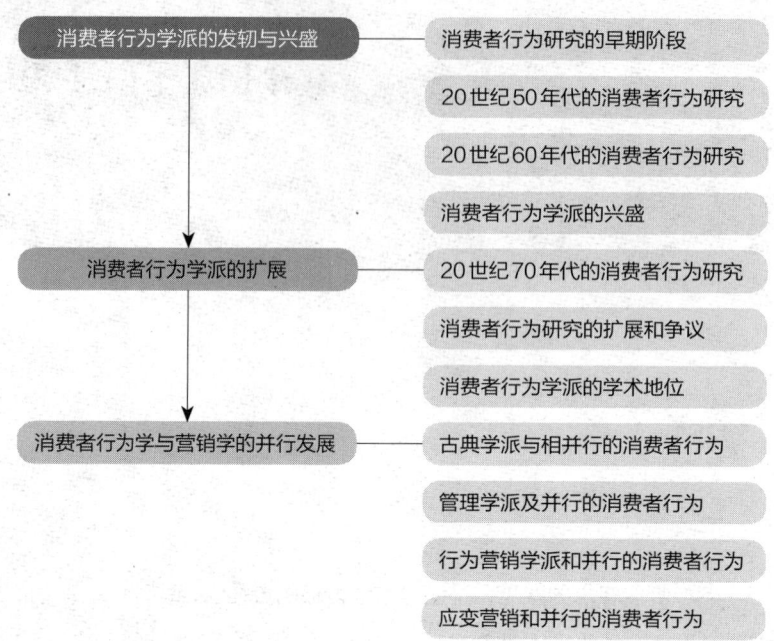

消费者行为学派研究的重点是市场中的消费者,具体来讲,要研究消费者是谁,购买力如何,哪些因素会影响其购买行为,参与购买决策的有哪些人,购买决策过程由哪几个阶段构成等。由于所研究的是人类行为问题,消费者行为学派是最折中的营销思想学派之一。

第一节 消费者行为学派的发轫与兴盛

消费者行为学派最初研究的是购买行为(搜寻和选择)和消费行为(使用和处理)。在营销文献中,与消费者(consumer)相关联的术语还有购买者(buyer)、顾客(customer)、客户(client)、用户(user)、客人(guest)、主顾(patron)、购物者(shopper)、采购者(purchaser)等。

其中,购买者和消费者最容易被混为一谈,实际上,在购买决策过程中,消费者扮演着不同的角色。例如,产品或服务往往由某个体购买,却由另一个体消费。购买者热衷于评价获取产品或服务的交易过程,而消费者则更关注评价产品或服务消费体验的满意状况,无论是不佳的交易或者不满意的体验都不大可能导致再次购买和使用。

一、消费者行为研究的早期阶段

消费者行为学派最早从经济学中"消费者追求效用最大化"的假设起步,开始对消费者行为的研究,研究的核心问题是消费者在可支配资源的约束条件下,如何使个人需要和愿望得到最大限度的满足。

该学派在其后的成长和发展过程中,先后吸收了众多学科的知识。例如,借助弗洛伊德心理学的思想、方法,消费者行为学派在相关研究中发现了"消费者受潜意识信息操控"的规律。受巴甫洛夫生理学研究方法的启发,消费者行为学派指出,"消费者受重复广告影响建立条件反射"。根据物理心理学的研究成果,消费者行为学派发现,"消费者对商品的感知能力通常是用感觉阈限的大小来衡量"。认知心理学原理对消费者行为学派的研究也提供了重要帮助,证明了"消费者处于信息处理和风险决策的重围之中"这样一个客观事实。社会心理学理论给消费者行为学派的重要启示是"消费者受到意见领袖和社会因素的影响"。得益于社会学相关概念、原理的指导,消费者行为学派承认,"消费者行为深受社会阶层和亚文化的影响"。借助人类学的研究方法,消费者行为学派得出了"消费者服从于民俗、仪式、神话和符号"的结论。

(一)弗洛伊德的潜意识学说

消费者行为学派认为,消费者的购买动机分为显性购买动机和隐性购买动机。消费者的隐性购买动机通常不为自己察觉,表现出来的只是意识层面的显性购买动机,而潜意识支配下的隐性购买动机在某种意义上比意识支配下的显性购买动机作用更大、更为强烈,因为潜在需求发挥了巨大的作用。

消费者的显性购买动机是能够被自己察觉到的购买动机。消费者的意识里不断有观念、动机、意象或对产品的情感,这些都是自己能够意识到的动机或情感。而一些本能冲动、被压抑的欲望或动机,却在不知不觉的潜在境界里发生,因不符合社会伦理或道德和本人的理智,被个体所压抑无法进入意识,这种潜伏着的无法被察觉的思想、观念、欲望等心理活动被称为潜意识。潜意识是秘而不宣的,但支配着消费者的隐性购买动机。

潜意识里越是被压抑就越对行为具有推动力,防御机制试图压抑这些愿望与冲突就越易引发隐性购买动机。因此,消费者的行为在意识层面是很难预测的,甚至是难以解释的,关键在于消费者动机的不可观察性和内隐性,只有通过研究潜意识购买动机来解释消费者复杂的购买动机。

在弗洛伊德看来,潜意识虽然受到压抑,但它总是不断地为自我满足而斗争。被压抑的不符合社会规范的原始冲动或欲望,通常以符合社会要求的建设性方式表达出来。于是,消费者把自我投射到各种商品中,即购买的商品和服务成了自己人格的延伸,来满足自己灵魂深处受到压抑的潜意识。例如,汽车是社会地位的延伸,服装是人的气质和品位的延伸。

有关资料表明，消费者72%的购买行为是受朦胧欲望所支配的，只有28%的购买行为是由显现需要促成的。许多广告的成功，在于它调动出来了消费者的潜在需求。例如，人们购买书籍不仅仅是为了学习知识，也不仅仅是丰富经验和阅历，还是为了摆脱心理束缚、净化灵魂和自卑。依循这一思路，书店的广告口号不应该是"做您最好的阅读助手"这一意识层面的动机认知，而应该是"灵魂的阶梯，人生的追求"。这就不仅从书这种产品的意识层面进行诉求，而且满足了人们精神的、潜意识的欲求。

（二）巴甫洛夫的条件反射学说

在20世纪早期，心理学还是一门十分年轻的科学，很多人认为它不是真正的科学。因此，对伊万·彼德维奇·巴甫洛夫（Ivan Petrovich Pavlov）来说，从更可靠、更令人信服的生理科学转向心理学，简直是职业生涯的冒险一跃。

巴甫洛夫的生理学研究主要是以狗为被试对象，研究唾液在消化中的作用。他和助手把各种可食用或不可食用的东西放进狗的嘴里，以观察唾液分泌的比例和数量。为了科学地测量唾液量，他们在狗身上做了个小手术，即在狗的面颊上划一小口，插入一根导管，用来收集唾液。通过这一研究，巴甫洛夫得到了很多新鲜而有趣的发现。例如，他发现，当一只狗得到流质食物时，它只分泌少量唾液；相反，当研究者给狗喂较干的食物时，狗就会产生大量唾液。若把不能食用的东西（弹珠、沙子）放进狗的嘴里，它也会分泌唾液（唾液量依据放入的东西不同而不同）以抵制这种东西。巴甫洛夫把在这些条件下，唾液的分泌称为"反射"，它是一种对特定刺激自动产生的反应，不需要意识控制或学习。

于是，巴甫洛夫用各种各样的刺激来做实验，以此判定这些狗的唾液腺有多"聪明"。随着研究的继续，他开始注意到某些完全出乎意料的现象。狗在食物被放入嘴里之前，甚至在闻到食物的气味之前，就已经开始分泌唾液。过了一段时间之后，狗经常会在根本没有任何消化刺激的时候分泌唾液。这种分泌唾液的反射行为由于动物在实验室中的某种经历而改变，甚至仅仅给狗呈现喂食的容器也足以引起它的完全消化反射（分泌唾液）。有时，听到人的脚步声，狗会以为是来喂食，因此也会分泌唾液。

巴甫洛夫观察到，与消化似乎并无关系的刺激引起了消化反射。纯粹的生理学理论不可能解释这种现象，问题的答案只能到心理学中去找。巴甫洛夫认为，一定存在着两种类型的反射，即无条件反射和条件反射。

无条件反射是先天的和自动的，无需学习，并且对同一物种的所有成员而言都大体相同。食物入口中时人会分泌唾液，听到巨大的声音时人会跳起来，灯光熄灭后人的瞳孔会放大等，这些都是无条件反射的例子。条件反射则正好相反，它是通过经验或学习获得的，并在同一物种的不同成员间可能存在很大的差异。一只狗听到脚步声时分泌唾液，闻到食堂的菜香人们会产生食欲等，这些都是条件反射。

在消费者行为学研究中，学习被分成两类。其中，行为学习一般被分为经典性条件反射和操作性条件反射；认知学习一般被分为映像式机械学习（完形学习）、替代式或模仿学习（社会学习）、信息加工（推理）等。认知学习是一种有意识的心理活动，而行为学习是公开的、口头上行为的无意识变化。具体来说，经典性条件反射专指运用"刺激与反应之间的既定关系"，使消费者学会了对于不同刺激做出相同反应的过程。操作性条件反射主要在强化物的功能和强化时间上与经典条件反射相区别，它通过对消费者某种反应进行强化，使人们在遇到相同情况时，就会产生同样的反应，即消费者塑形过程。印象式机械学习是指在没有任何条件作用下消费者对两个或者多个概念之间建立联想。替代式或模仿学习是指消费者不仅可通过体验来学习，而且可通过观察他人的行为和结果来调整自己的行为。另外还可运用想象，预期行为的不同后果。认知学习的最高级和复杂形式就是推理在推理中，个体对已有的信息和新信息之间进行构造和组合，以进行新的思考，从而进行购买决策。

巴甫洛夫认为，借助于某种刺激与某一反应之间的已有联系，经由练习可以建立起另一种中性刺激与同样反映之间的联系。因此，经典条件反射也可发生在人的消费行为中。而对于经典条件反射的应用在实际生活中的例子是非常多的，许多品牌公司利用经典条件反射的学习策略，促使消费者对某产品的消费行为频率增加。

（三）物理心理学的感知阈限学说

物理心理学认为，人对有些刺激能够感觉到，对另一些刺激则感觉不到，这与适宜刺激和强度有关。过弱的刺激，如落在皮肤上的尘埃，我们通常是感觉不到的。消费者对商品、广告、价格等刺激的感知能力通常是用感觉阈限的大小来衡量。感觉阈限可以分为绝对阈限和差别阈限。

1. 绝对阈限

绝对阈限（absolute threshold）是指刚刚能够引起感觉的最小刺激量。感觉的绝对阈限不仅因感觉类型的不同而不同，而且也会因人而异。例如，有的人对不同品牌的葡萄酒在口感、甜度等方面一尝即知，而另一些人则很难感受出其中的差别。在进行营销刺激设计时，感觉的绝对阈限是一个重要的考虑因素。如果公路广告牌上印刷的字体太小，以致路过的乘车者无法看清，那么再好的广告也就"瞎子点灯白费蜡"了。当然，由于感觉适应的作用，绝对阈限并不是绝对的。

2. 差别阈限

引起某种感觉的刺激如果在强度上发生了变化，能否被个体觉察呢？差别阈限（diferential threshold）是指能够使个体感觉到的最小刺激变动量，又称为最小可觉察差别（just noticeable diference，JND）。同绝对阈限一样，消费者对两个刺激之间差别的感受能力是相对的，如在喧闹的大街上难以听清楚的低声谈话，如果到安静的图书馆中，则变成令人尴尬的高声谈话了。

19世纪，德国生理学家韦伯（Ernst Heinrich Weber，1795—1878）发现，个体可觉察到的刺激强度变化量$\triangle I$与原始刺激强度I之比是一个常数（K），即$\triangle I/I=K$。这就是著名的韦伯定律。韦伯定律中的K在每一种感觉状态下都是一个常数，但它随不同感觉状态而变化。韦伯定律表明，人们感觉的差别阈限 $\triangle I$ 与原始刺激强度 I 成正向变化。

韦伯定律在市场营销中有多方面的运用。例如，在降价过程中，如果价格变动的绝对量相对于初始价格太小，消费者可能就没有觉察，从而对销售产生的影响就很小。例如，单价10万元的轿车，价格下调500元，往往不为消费者所注意，而一升汽油的价格上调0.50元，消费者就会感受到价格涨了很多。有些产品在原有价格不变的情况下，在消费者没有觉察的范围内，减少商品的容量、大小等，从而减轻提价的压力，实际上也是运用了韦伯定律。所以，了解消费者对不同商品在质量、数量、价格、外观形式等方面的差别阈限，对合理调节消费刺激量、促进商品销售具有重要作用。

在营销实践中，品质上的改善要让消费者觉察，同时又不造成浪费；原材料的替换、降低产品的重量或数量，为了不使消费者发现，实施的变革最好保持在差别阈限内。例如一家食品公司，30年内牛奶巧克力条的价格只调整了3次，但重量变了14次，未引起消费者的觉察。

小链接

辛先生的甜甜圈与最小可觉差

辛先生在印度南德里一家培训学院附近开了一个小吃店，名叫学院咖啡屋。辛先生的主要客源是附近学院里的学员们，他们会在中午时光顾辛先生的小店，而甜甜圈则是最受学员们欢迎的产品。

由于在消费者中已经建立起了物美价廉的声望，学院咖啡屋就需要珍惜和维护这一消费者印象。然而每当面粉、食用油、牛奶、水、电、煤气等成本上涨时，这种声望就会面临考验；每当成本上涨时，与辛先生竞争的当地速食店就会自动提高价格，并通知消费者以及告诉消费者涨价的原因是由于原材料的成本增加了。

然而，辛先生却明智地测算出消费者感知，很少涨价，从而使他的生意更加兴旺。消费者有一种感知，即认为学院咖啡屋是普通人的聚集地，他们高度欣赏辛先生很少涨价的做法。

事实上，消费者对价格非常敏感。辛先生知道即使价格发生很小的变化，消费者也会注意到的。价格的最小可觉差是非常小的。对此，将价格维持在一个水平上的做法也会很容易被注意到并会受到认可的。此外，每份食物的分量却有足够大的最小可觉差。

根据这种情况，辛先生制定了应对成本上升的策略。首先，他尽可能地减少涨价的次数；其次，减少成本。他的策略是：永远不做第一个涨价的人。每次在同一张菜单中涨价的条目绝不超过2～3个。

首先，通过减少食物的分量来减少成本。这种减少一定是控制在最小可觉差之内的。在辛先生的消费者中流传的说法是辛先生从来不减少甜甜圈的大小，事实上，他只是增大了甜甜圈中的洞而已。

其次，只有在不可避免的情况下才涨价。涨价的同时恢复产品原有的分量和质量。

涨价的那一天要让消费者同时也感觉到产品的价值也有很大的提高。

最后，由于学院的培训周期基本上是一年，在每年夏天来临时，学院咖啡屋的生意也会随着暑假结束而暂时中断，开学时，学院又会迎来新的一批学员，而重开咖啡屋时，可以尽可能地提高价格。

（四）认知心理学的认知风险学说

认知心理学是一门研究认知及行为背后之心智处理（包括思维、决定、推理和一些动机和情感的程度）的心理科学，20世纪70年代开始成为西方心理学的一个主要研究方向。它研究人的认知过程，如注意、知觉、表象、记忆、思维、语言、知识表征、推理、创造力，以及问题解决等。

1960年，R. A. Bauer率先将"认知风险"的概念导入消费者行为研究中[①]，认为消费者行为时刻伴随着风险承担。在消费者购买决策过程中，内外环境的不确定性以及错误决策都会导致不同程度的负面后果，消费者会因此在购物过程中产生认知风险。由于消费者在购买过程中更多的是一个损失回避者，认知风险学说对于消费者行为表现出非常强的解释力和适用性。

1967年，Lauren Cuningham第一次对认知风险进行了营销学的解释，他指出，认知风险是主观上感觉到的购买结果不确定性和后果危害性的乘积。即认知风险＝不确定性×后果危害性。1971年，E. Roselius提出了消费者购买行为的认知风险中存在着自我损失、机会损失、金钱损失和时间损失4种损失。1972年，J. Jacoby和L. Kaplan提出，消费者的总体认知风险包括5个维度：绩效、身体、财务、心理、社会。1993年，R. N. Stone和K. Gonhaug提出消费者的总体认知风险包括6个维度：绩效、身体、财务、心理、社会、时间。1997年，W. G. Zikmund和J. E. Scott研究表明，产品属性会对消费者认知风险产生重要影响，不同属性所引起的风险类型不同。而且，消费者在购买高度和中度风险的产品时，产品类别的整体风险性越高，产品的各个属性和风险的各个成分之间的关联性越强。

在20世纪50年代之前，有大量的心理学家、社会心理学家、社会学家和经济学家的研究成果影响了营销思想中消费者行为的早期发展。这些学者有马斯洛（Abraham Maslow）、费斯廷格（Leon Festinger）、霍曼斯（George Casper Homans）、罗杰斯（Carl Ranson Rogers）、奥斯古德（Charles Egerton Osgood）、西蒙（Herbert Alexander Simon）、卡托纳（George Katona）、卡茨（Bernard Katz）和拉泽菲尔德（Paul Lazarsfield）等。受当时占主导地位的商品—职能—机构研究法的影响，早期的营销学者在研究消费者行为时主要关注于消费经济和整体的零售顾客。

---

① Bauer R A. Consumer Behavior as Risk Taking. In: Hancock, R.S., Ed., Dynamic Marketing for a Changing World, Proceedings of the 43rd. Conference of the American Marketing Association, 1960: 389-398.

二、20世纪50年代的消费者行为研究

消费者行为学派,尤其是强调行为的学派实际上是在20世纪50年代早期产生的,它有三个相对独立的研究领域。

第一个研究领域主要集中于消费者行为的情感或非理性的心理决定因素,一般称之为动机研究。这种研究方式的基本假定是:消费者根据情感的因素或内在的(他们既不愿谈论又不甚清楚的)原因选择产品或品牌。理解他们动机的方式是应用方法论和临床心理学的观点。动机研究首先运用焦点小组研究和随机性个人访谈的研究方法,这种研究的结果需要专业的临床心理学家进行分析和解释。

一些学者对于动机研究的质疑主要来自两个方面:① 它对弗洛伊德心理分析和无意识动机过分依赖,而这只是消费者行为的例外而不是一种规则。大部分消费者行为是有意识的和正常的。② 消费者信息的解释被认为是高度主观的,缺乏有效的一致性。动机研究的学者则用心理测验和许多性格检验的方法来回应这些批评。

第二个研究领域是关于消费者行为的社会决定因素。社会学中的一些流行概念包括显著性消费和相关群体影响等,引起了一系列的对消费者行为进行的经验主义研究。

在产品和品牌选择行为上最流行的研究领域是相关群体的影响。例如,人们发现相关群体可以决定一个人是否抽烟,抽何种牌子的香烟。另外,相关群体虽然不能决定一个人读杂志还是买家具,但是,对这个人读何种杂志、买何种家具有重大影响。

与此相关的研究是关于个人沟通中语言的作用。研究结果表明,在社会选择里个人影响要比其他媒介更重要,这就引起了对广告、个人影响及意见领袖对消费者行为影响力进行的检验。

第三个研究领域是家庭购买决策。通过考察杂货店销售情况和家庭主妇进入超市之前准备的购买清单,学者们产生了对这一领域研究的兴趣,并把消费者意图发展成为考察美国经济中消费行为的领导性的经济指标,从而导致了家用经济学家和营销学者对家庭购买行为展开的大量重要的研究。

三、20世纪60年代的消费者行为研究

作为一个营销思想学派,随着将概念(包括认知心理学、风险承担、意见领袖、信息处理和其他来自心理学和社会学的概念)整合进购买者行为的综合模型的出现,消费者行为学派在20世纪60年代开始步入其成长阶段。大量的具有不同学术背景的学者开始致力于消费者行为的研究,并产生了许多具有创新意义的研究方法。

第一种研究方法是关于消费者对产品的品牌忠诚度的研究。许多学者开始分析家庭购买行为方式,从而促进了建立在伯努利、马尔科夫及其他随机过程基础上的品牌忠

诚度模型的发展。这之后，应用于品牌购买行为的随机模型和计量经济学模型也在不断发展。

第二种研究方法是建立在消费者行为基础上的实验设计和实验室方法。例如，明尼苏达大学应用其品牌选择行为上的认知冲突理论进行了一系列的实验；许多广告从业者开始应用实验的方法，通过一些电子器具测量出瞳孔扩张程度、电流皮肤压力等来检验消费者的生理反应；杜邦公司建立了一个市场研究部门，对广告媒体的影响进行了大量研究；美国农业部则成功地进行了关于消费者选择橘子还是苹果的实验研究。

第三种研究方法始于哈佛大学，该方法提出了消费者行为的认知风险理论。这一理论的基本原则建立在有限理性和满意度概念之上，提出消费者在进行消费选择时并非像经济学家所说的那样追求效用最大化，而是追求风险最小化。

第四种研究方法是注重消费行为的综合理论。这种理论认为，消费者行为复杂多变，很难用成熟的或截面（静态）模型来解释。因为购买行为是重复的，消费者从一种选择情形到另一种情形较难总结经验，因而需要用一种允许观察一段时间的过程导向的理论来解释购买行为。

在这个时期，许多营销学者提出了自己关于消费者行为的综合模型理论。这些综合模型将环境和营销刺激作为输入，通过情感和认知的大脑处理过程，导致购买和提供反馈学习的行为层级输出。尽管第一个消费者行为模型由尼科西亚（Francesco M. Nicosia）在1966年提出，但是发展最完善的两个模型理论却是恩格尔（James F. Engle）、科拉特（David T. Kollat）和布莱克威尔（Roger D. Blackwell）等人于1968年提出的消费者行为理论和霍华德（John A. Howard）与谢斯（Jagdish N. Sheth）于1969年提出的购买者行为理论。这些理论是对消费者行为中应用元理论标准并建立在一些知名的心理学概念基础上的综合理论，其中包括学习理论、探究行为及语言和信息概念的象征。这些理论有两个共同特点，即过程导向和学习及经验反馈。

四、消费者行为学派的兴盛

随着一些读物著作的出现，消费者行为研究开始变得流行，其中的代表著作有：卡萨吉恩（Harold H. Kassarjian）和罗伯逊（Thomas S. Robertson）1968年出版的《消费者行为研究述评》，霍洛威（Robert John Holloway）等人1971年出版的《消费者研究：进行中的当前研究》，威利（James B. Wiley）和科恩（Joel B. Cohen）1972年出版的《消费者行为的行为科学基础》等。1969年，在消费者行为研讨会的基础上，消费者行为学会（Association for Consumer Research，ACR）正式成立。1974年，消费者行为学会出版了第一期《消费者研究学报》（Journal of Consumer Research，JCR）。消费者行为学会和《消费者研究学报》的出现，为消费者行为学派提供了重要的学术交流平台和研究发布渠道，极大地促进了消费者行为研究的发展。

对于消费者行为学派的迅速发展和盛行，经过分析可得出两个原因，即营销观念的出现和行为科学知识体系的建立。

第二次世界大战之后，美国及西欧的经济从卖方市场过渡到买方市场。超大设置的生产能力使产品产生剩余，产品销售越来越困难；同时在每一行业出现的几个巨头致使市场竞争更加激烈。

营销学者开始对传统的供应取向的营销活动包括推式营销观念提出了质疑。他们认为，在当今经济社会中，消费者是这个商业世界的绝对中心，企业是围绕着顾客而不是其他在运转，越来越被人接受的顾客观念已经而且必将对社会商业产生深远的影响，并使经济思维产生一场事实上的革命。当这种观念获得更多的认同时，营销就会作为商业中最重要的个体功能出现。

他们对比了产品、推销和顾客导向的营销哲学，提出在营销实践中应当采用后一种哲学。该学派的学者罗姆·J. 马金精辟地阐述了这种观点：营销战略的成功与失败将最终取决于其战略所指向的顾客，所以，大部分的战略规则应建立在这样的假定之上，即顾客的行为能够被分析、理解和修正。营销经理应当知道和掌握如何修正顾客的印象和想法以及公司怎样才能成功地与顾客沟通其营销计划。

20世纪50年代末至60年代初，顾客导向的营销还处于初级阶段，一些管理比较先进的企业，如皮尔斯伯里、宝洁及通用食品公司等，已经认识到顾客导向是当今经济社会中决定企业前途的重要因素。

与此同时，人们逐渐认识到行为科学的许多领域的知识有助于完善营销学的知识体系。纯科学开始将它们的专长和思想应用于商业未开发的领域，一大批行为科学、数学和社会科学学者开始将其研究重点转入商业竞争领域。

爱德华·T. 霍尔从文化人类学的角度，提出了五种在国际商务和营销谈判中会产生障碍的无声语言，包括时间语言、空间语言、友谊语言、资料占有语言及协议本质语言。詹姆斯·G. 马奇（James G. March）和赫伯特·A. 西蒙（Herbert A. Simon）从认知心理学的角度，提出了一些与经济学原理并不一致的概念，包括主观效用、有限理性、满意目标、目标以及因公司成员价值观的差别而造成的组织冲突。

营销学界开始从认知心理学里借用了诸如消费者行为和组织行为中的认知不协调和认知冲突等概念；从临床心理学等领域吸纳了一系列新知识从而形成商业领域学科中新的概念，如集团活力、感情合理性行为、更人性化的管理激励理论等；在社会科学领域借用了一些概念和理论，如社会分层、社会阶层、创新扩散理论及其中包含的意见领袖和个人影响的理论。

随着知识体系的不断充实，商业领域（包括营销）开始应用行为科学的方法论。例如，焦点小组（focus group）和随机个人访谈在营销研究中变得非常普遍，学者们开始收集进行纵向传统型消费者调查的调查小组的数据。这种调查小组是建立在社会学、政治学和公众意识研究的基础上的。同时也开始应用科学的实验方法检验行为假设,尤其是当其与心理学中的认知和学习理论相关时。这一时期还开始应用与生理学、心理学有关的实验方法,包括感觉刺激和对物质现实的理解力、瞳孔扩张、触电皮肤压力及其他用以观察顾客反应的生理系统检验方法。

除了行为科学,营销还开始借用数学、运筹学和其他管理技术,如随机过程、在线控制及最优化理论等,来研究消费者行为。

第二节 消费者行为学派的扩展

20世纪70年代可以说是消费者行为学派时代的来临。在这一时期,美国消费者研究协会得以创立和发展壮大,《消费者研究学报》杂志于1974年创刊。以此为标志,消费者行为学派日益具有一门独立学科的气质。

一、20世纪70年代的消费者行为研究

20世纪70年代的消费者行为学派产生了许多研究成果,其中有些是60年代的延续,有些则反映了新的思想。例如,对消费者行为综合理论的验证,在70年代一直进行。一些学者不断地把有关消费者行为的研究成果进行应用,创新扩散的研究也在那些更具数学研究导向的学者的领导下继续发展。关于个人影响、社会阶层、家庭购买决策及认知风险的研究在70年代也在不断发展。从20世纪70年代开始,消费者行为学派也出现了几种新的研究动向。

第一个研究领域是研究工业和组织购买行为。这种研究大致可分为两类:一类是围绕组织购买中心来研究,它注重研究那些在购买决策过程中介入程度较深的组织成员。一些学者研究了购买中心成员在产品类别选择上的相互影响,发现对不同购买层次这种影响不大,而对不同的产品类型和决策类型这种影响却很大。他们还建立了一个模型,用以解释那些处于购买中心边界地位的成员的行为。第二类研究是围绕着组织购买行为进行的。这一类主要研究组织实现购买的过程而不注重购买中心。这一类的学者创立了专业卖主选择过程的风险处理策略,还提出了组织购买过程的模型,这个模型是建立在这样一个假设之上的,即购买过程的参与者进行购买行为的动机是期望获得内在和外在的回报。这些学者通过对销售经理的咨询,发现在问题的更新和信息要求的关系方面,销售人员观察的结果与组织购买行为的购买层次理论一致,它们是高度相关的。但观察

选择考虑的程度的结果却与购买层次理论的结论不尽一致，有着较强的独立性。还有一种典型的组织购买行为研究是将认知记录理论应用于分析产业的购买行为。

研究购买行为的第二个主要领域是将社会和公共服务（如人口控制、教育、健康保护、运输和营养）的营销概念应用于非营利组织。这种使购买行为趋向于社会要求行为的结果使人们认识到，研究消费者行为可以使消费者与营销者双方受益，因而，许多社会心理学和社会学的研究人员开始注意到消费者行为这个可以应用他们的研究概念和方法的领域。这种对非营利性领域的研究如今已扩大到各个服务领域，包括健康服务、资金、信息和娱乐业。

购买行为的第三个研究领域是跨文化问题。尽管有的学者在更早的时期就已经提出营销者在国际营销中应重视跨文化差异，但直到70年代早期才开始进行深入的研究。研究的兴趣是源于不断增强的国际竞争，尤其是来自日本和韩国的竞争以及不断增长的发达国家和发展中国家的国际贸易。跨文化购买行为综合理论的研究在80年代和90年代得到了加强和发展。

第四个研究领域是家庭购买行为，包括夫妻共同决策购买行为。这一领域的研究者建立了一个过程导向的家庭购买行为的综合理论，这一理论与关于工业购买行为的理论有些类似。其深入的研究引发了人们对这一研究领域的兴趣，尤其是家庭成员共同决策过程和冲突解决策略成了重要而有趣的研究领域。对家庭购买行为的研究到80年代依旧令人关注。

第五个也是最大的研究领域是关于态度行为关系及态度信息和结构。态度的产生、改变、持续性和复杂性，特别是菲什拜因（Martin Fishbein）于1967年提出的"态度选择模型"，成为20世纪70年代的热门研究课题。这一领域的研究成果指出，在没有抑制的前提下，前期对品牌的态度将是后期行为的预兆。该领域研究者提出的行为意图的理论及其模型简单、完善，其变量可精确检验。这一模型的基本假设认为人的某种行为意图是两种因素作用的结果，个人对于行为结果的想法或者个人关于其相关群体对于其是否应从事这种行为的标准想法，即个人想法或标准想法及各自的突出程度决定了个人的行动。

二、20世纪80年代的消费者行为研究

20世纪80年代可以说是消费者行为理论的又一个黎明。人们对信息处理和贡献模型的对抗性反应产生了积极的研究兴趣，其中包括仪式化、象征性经验的和想象的行为以及宗教对消费者行为的影响。

信息处理是作为一个独立研究流派出现的相关领域。消费者怎样利用信息、吸收信息并对产品和品牌做出评估，这些问题吸引了许多营销学者。对这一问题的研究导

致了三种争论。第一，是否存在信息过量的问题。当消费者进行选择判断时，若信息太多，情况是否会更糟？第二个争论的问题是消费者是否利用补偿对非补偿的方式，这个问题有补偿、分离、直接和信息处理等几种经典模型。第三个争论的问题是有关信息收集的方法。

这一学派越来越多地发展和延伸了既有的结构和概念，而不是产生一些孤立的新的发现。如最近的一些研究成果对消费者寻找行为提出了一个扩展框架，研究了两种情绪类型学，利用经验主义的方法检验了现实的消费者行为方式，扩展了有关消费者介入程度的思想；考察了选择和创造替代选择的问题，还研究了产品、消费基础上的情感反应和购买行为。这一学派的丰富性还激发了许多新的思想。例如，消费者专长理论认为消费者专长与产品相关专长不同，并把它分为五个层次（认知努力、认知结构、分析、考虑和记忆），研究了其间的相互关系。

消费者行为另一个新的研究领域是符号学。符号学是提供用以研究分析特定环境中符号功能结构的科学。符号学研究消费者怎样理解市场中的象征意义。另外，还出现了其他几种新的研究领域。如仪表学说用以解释消费者行为，并提出了对年轻人仪表整洁化现象的两种研究结果，有关消费心态的概念体系描述了消费者内心的角色调节及其对消费者行为的潜在重要性等。

三、消费者行为研究的扩展和争议

1974年创刊的《消费者研究学报》被设计作为一种"跨学科交流的媒介"，大大地扩展了消费者行为的边界，消费者行为由"购买、消费或者使用"延伸到事实上包含任何人类行为，如家庭计划、职业选择、家庭迁移、生育率的影响因素等许多非市场相关话题。

由于这种营销领域的扩展有相当多来自行为科学，特别是心理学的非商业研究学者，在《消费者研究学报》上发表论文。这些学者中的大部分对于那些说服消费者购买产品或者服务的管理启示并没有特别的兴趣。他们更多关心的是把消费者行为本身作为研究的目的，而不是一种促成销售的营销管理手段，他们并不关心消费者行为的研究成果是否会有助于促进市场购买。

这产生了营销思想界的另一个分歧。分歧之大使得学界领袖科特勒也不得不撰写了一篇题为《购买也是营销！》的文章来回应。也有许多学者预言，营销研究和消费者行为研究将会分离。霍尔布鲁克（Morris B. Holbrook）在1987年发表在《消费者研究学报》上的一篇题为《什么是消费者研究？》的文章中说道：

"消费者行为研究领域……现在发现它自身陷入进一种身份危机当中……《消费者研究学报》近来接受了种类多样的研究议题，这些议题曾经被认为过于晦涩深奥，而不适合发表在《消费者研究学报》这一致力于消费者行为研究的学术出版物中……但是现在，由于它包含了如此多与其他学科结合而产生的内涵，使得它能够代表每一件事情，这也等同于它不能代表任何事情。"

作为一个对于消费者行为研究已经偏离营销学有多远的指示，威尔基（William L. Wilkie）和莫尔（Elizabeth S. Moore）在2003年的一项研究中统计了最初20年发表的《消费者研究学报》上的将近900篇论文，结果发现"营销"这个词语只在论文的标题中出现了三次。显然，对于非商业研究学者而言，营销并不受到认可，因为营销并不受到尊重（但是这种观念目前正在改变）。因此，像营销管理一样，消费者行为研究已经超越了它传统的营销领域，囊括了与任何来源的消费相关的所有行为，包括自产自用、礼物赠予、政府救济、慈善、偷窃等，而不仅仅只是购买行为。

四、消费者行为学派的学术地位

随着消费者行为研究从购买甚至消费大大扩展，消费者研究现在可以说是覆盖了社会科学的范围，它自身几乎成了一个独立的学术思想学派，而不是一个营销思想学派。下面是这个学派所研究的一些流行的研究课题：动机、个性、影响、选择性注意、感知和记忆；需要层次；经典和操作性学习；情绪；信息处理；意见领袖；效果层次；创新的扩散和采用；亚文化和跨文化；联合决策；家庭礼物赠予；购买和消费；家庭生命周期；社会影响；情感；认知；意愿和选择；标志；符合和象征；信息搜寻；涉入；记忆；说服理论；享乐；形象化；展望理论；判断；多样化搜寻；极端化；偏差行为，等等。在当前营销学术界，消费者行为研究在流行程度上是仅次于营销管理学派的第二大思想学派。

第三节　消费者行为学与营销学的并行发展

消费者行为学和营销学基本上是同步发展的。在20世纪50年代，营销学的重点是消费者需求和消费者行为，此时，消费者行为学和营销学的研究内容比较一致。从60年代起，消费者行为学逐渐发展成为独立于营销学的一门新学科。

本书从西方营销学界各学派相互影响的角度，将营销思想的演化过程分为四个主要阶段。第一阶段是营销思想的古典主义时期，包括商品学派、职能学派、机构学派，以及稍后出现的区域学派等。古典学派出现于20世纪初，此时营销学刚从经济学中分离出来的。该学派侧重整体市场行为,吸收了经济学和社会学的内容,直至50年代早期它一直占据主要地位。第二阶段是管理主义时期,包括管理学派、系统学派和交换学派等。出现于50年代早期,研究重点转向个人行为,但仍与社会科学密切相关。第三阶段是行为营销学派,包括组织动力学派、消费权益保护学派和购买者行为学派。该学派出现于60年代,而且至今仍有着一定的影响。为了更深入地观察分析个人行为,行为学派借鉴了行为科学、心理学等学科的相关理论。第四阶段是应变营销学派,其侧重点转回到整体行为,同时吸收了社会学和行为科学的内容。

一、古典学派与相并行的消费者行为

早在20世纪初,西方营销学界就已出现了三个学派,即商品学派、职能学派和机构学派,它们构成了古典学派的分支。此外,本书认为也可以把区域学派划归古典学派。因为它和上述三个学派一样都侧重于考察整体市场行为。古典学派从社会科学各个领域(包括微观经济学、地理经济学和人口统计经济学等)吸取了许多有用的概念和原理,如需求理论、消费者盈余、垄断竞争、非市场交易、交易地点、农村调查方法等。

在古典学派中,商品学派流行时间最长。它将市场交易目标当作营销的中心环节,试图根据产品的物理属性以及消费者购买行为将产品划分为不同等级。最初,其研究重点是工农业产品;后来又增加了服务。科普兰(M. T. Copeland)对古典学派贡献最大,他于1923年提出了至今仍为学术界所称道的便利品、选购品和特殊品的分类。所谓便利品,是指消费者通常购买频繁,希望一旦需要即可买到,并且只花最少精力和时间去比较品牌、价格的产品。例如,香烟、报纸等。所谓选购品,是指消费者为了物色适当的物品,在购买前往往要去许多家零售商店了解和比较商品的花色、式样、质量、价格等的产品。例如,儿童衣料、女装、家具等都是选购品。所谓特殊品,是指消费者能识别哪些牌子的商品物美价廉,哪些牌子的商品质次价高,而且许多消费者习惯上愿意多花时间和精力去购买的产品。例如,特殊品牌和造型的奢侈品、名牌男服、供收藏的特殊邮票和钱币等。但在此之前,帕林(C. C. Parlin)于1912年曾提出将产品分为三类:便利品、选购品、应急品。与其他古典学派相比,商品学派对当时的营销学者更具吸引力。特别值得一提的是汉考克和霍华德于1977年为科普兰的分类增加了第四种商品:偏好品。进入20世纪80年代以来,伊内斯(Ben M. Enis)等人采用并重新定义了这一分类,指出它同样适用于服务业,进而论述了这四类产品的营销策略。

与商品学派同时出现的职能学派将营销行为作为研究的重点。学术界公认的职能学派创始人阿奇·W. 肖提出,营销职能包括分担风险、运输、融资、销售、备货、分等和再装运等。为了避免枯燥无味,阿奇·W. 肖并未列出很多职能,但他的早期工作却激起了其他人的兴趣。到20世纪30年代中期为止,至少26本有关营销职能的论著出版,提出的营销职能达52种之多。职能学派的大部分学者其实并未分清营销过程固有的职能和营销职能中的特定活动。针对这种情况，麦加利提出了一种包括接触职能、商品职能、定价职能、宣传职能和物流职能等的分类方法，其中心思想是营销职能可通过不同的特定行为而完成。麦加利后，职能学派很少再受关注，只有刘易斯（E. H. Lewis）和埃利森（L. G. Erickson）于1969年发表文章，试图将职能学派与系统方法相结合，并定义了两个主要职能：获取需求和服务需求。

第三种学派与前两种同时出现，它将注意力集中在完成职能的代理人或组织身上。消费者行为增加了中间商的成本，却没有相应增加产品价值，这是早期机构学派发展的驱动力。所以早期学者通过考虑营销中介的作用来决定它们的经济意义是否足以保持这些组织机构的存在。作为机构学派的创始人，韦尔德于1916年指出，批发商、零售商等中间商通过创造时间效用、地点效用和占有效用而提供了增值服务，他认为，职能专业化有助于营销效率的提高。

最后，区域学派将营销看作为帮助购买者和销售者跨越地域或空间界限而进行的经济活动。与前三种学派相比，它不太出名，在讨论营销思想学派时常常被忽略。区域学派的出现要比其他三种都晚些，它的起源可追溯到雷利和肯沃斯的"零售引力定律"，即借助数学公式来划分零售区间的界限，并以此来判断消费者最偏爱去何处购物。赫夫（David L. Huff）继续了该领域的研究工作。在差不多半个世纪里，区域学派的倡导者对区域间贸易进行了卓有成效的研究，丰富了区域学派的理论内容。

直到第二次世界大战前，古典学派一直占据着统治地位，其研究重点是整体市场行为。早期的消费者行为学家重视消费需求、生活标准、家庭计划等消费经济学问题的研究，同时认为相关群体是决定消费者行为的因素之一。此外，还借助案例分析、市场调查、数据分析等方法对自我服务、零售机构生命周期等问题进行了研究。在此期间，学术界对消费者研究和市场研究方法等颇感兴趣。

二、管理学派及并行的消费者行为

侧重于整体市场行为的古典学派后来让位于侧重于控制市场个体行为的管理学派。管理学派、系统学派与交换学派都是出现于第二次世界大战后经济复苏的20世纪50年代，由于生产力水平有了很大提高，新产品不断出现，市场商品供过于求，客观上要求控制市场行为以保护生产者利益。

管理学派提倡对营销活动进行管理，认为可以通过加强管理，来保护生产者的利益。早期的开拓者提出了营销组合、产品差异、市场细分、产品生命周期以及营销观念等著名概念，而且他们还对营销组合的特定内容进行了研究。例如，迪恩（Joel Dean）于1950年提出了撇脂定价和渗透定价等概念，斯坦纳（Gary A. Steiner）于1961年提出了广告效果等级模型等。所有这些概念或理论至今仍在营销思想体系中占有十分重要的地位。

系统和交换理论出现于50年代末，由麦克伊内斯（William McInnes）和奥德逊首倡。麦克伊内斯认为，在生产者和消费者通过交换满足其需求的过程中，市场发挥了极其重要的作用。奥德逊则运用交易规则来解释交易双方为何交易。后来，科特勒等人进一步明确提出，交易或交换是营销的中心环节。还有人重新定义了交换的概念，并试图建立一种交换理论，以此作为营销思想的基础。

管理学派和古典学派一样立足于社会科学，并受到新发展起来的其他理论和研究方法的影响，例如管理学派的学者常使用管理经济学中的概念和方法。管理经济学侧重公司理论而不是需求理论，并提出了垄断竞争和产品差异化等重要概念。管理学派还受到社会学、人类学、传播学等方面研究的影响。

营销学重点的转变与消费者行为学重点的转变基本一致。消费者研究者不再局限于整体市场行为研究，而开始注重于消费者个体的研究。但此时的消费者行为学和营销学一样，仍借鉴了社会科学的许多内容。

三、行为营销学派和并行的消费者行为

随着研究重点从整体市场转向个体行为，客观上要求消费者行为学能更好地解释个体行为。为此，营销学家开始借助心理学的概念和技术研究问题。与其他阶段相比，消费者行为学（而不再是营销学）已占据了主导地位，在此期间，不再是营销学领导消费者行为学研究，而是消费者行为学研究影响和决定了营销学。至少有三个学派在这一时期产生，它们是组织动力学派、消费者权益保护学派和购买者行为学派。

行为营销学者受到经济心理学、临床心理学和组织行为学很大的影响。其中经济心理学侧重于消费者期望，临床心理学侧重于潜意识动机，组织行为学侧重于权力、冲突和理智。行为科学认为，是愿望而不是现实驱动着人类行为，所以，在营销学家看来，许多与营销有关的行为是由个人愿望所驱动的。

一般认为，组织动力学派是由斯腾（Louis W. Stern）于1969年创立的。他的几篇有关物流渠道中的权力和冲突的论文，是该学派研究物流渠道成员行为的最初文献。受斯腾的影响，从20世纪70年代早期开始，另有许多学者进一步研究了渠道成员关系中的权力、冲突问题以及组织内部关系的通用模型等问题。斯腾还运用政治经济分析方法，将机构学派的经济问题和组织动力学派的行为问题综合到一个框架中。

消费者权益保护学派是20世纪60年代末随着美国消费者权益保护运动的兴起而产生的。消费者权益保护作为一个社会运动，主要关注消费者福利，希望纠正购买者和销售者之间的权力不平衡，批评有害公益的企业和行业。消费者权益保护学派注重消费者权益的研究，主张对不道德的营销活动（如欺骗性广告、高压推销术等）进行抵制，呼吁

政府制定法规保护消费者权益。该学派对消费者抱怨行为进行了全面分析，并对某些特定消费者群体（如黑人、拉丁美洲人、残疾人以及移民等）的购买行为进行了专门研究。与其他阶段相类似，营销学派研究重点的变化与消费者行为学研究的重点的变化也是同步的，但消费者行为学研究重点的变化较为超前，进而引导了营销学重点的转变。从60年代初以来，购买者行为学派对消费者行为和组织购买行为的研究产生了重要影响。

随着人们逐渐认同心理因素是驱动购买行为的主要因素，消费者行为学研究重点开始转向分析个体购买者的内心世界，以社会心理学、认知心理学和组织心理学的概念为基础建立了有关消费者购买行为和组织购买行为的一般模型；以临床心理学概念为基础进行了动机研究、个性研究和态度研究。心理学中的态度研究影响了消费者行为学中的态度研究。认知心理学中的信息处理研究影响了消费者信息处理和选择行为研究。另外，实验室实验、焦点小组访谈、深度访谈、影射技术（用于动机研究）、抽样邮寄、电话调查等消费者行为研究方法均来源于行为科学。

行为营销学派对现代营销思想的发展发挥着十分重要的作用，尤其是购买者行为学派使营销学日益成熟、严谨，更具科学性。而且由于购买者行为学派的影响，使得消费者行为学日益成为一门独立于营销学的子学科。其独立性可由一个独立的消费者行为研究组织（消费者研究协会）和一部研究杂志（《消费者研究学报》）的问世而得到佐证。

四、应变营销和并行的消费者行为

进入20世纪70年代，营销学的研究重点重新转回到对整体市场行为的研究，实际注意力放在由规则、技术和全球竞争等环境因素所造成的机会和威胁上。这就促使了应变营销的形成和发展，该学派的理论基础是：营销机构适应环境比环境适应机构效率更高。在此时期形成的学派有宏观营销学派和战略计划学派。它们仍立足于行为科学，但也吸收了社会科学中的一些理论、方法，主要用于环境分析、SWOT分析和竞争分析等环境突变性研究。

宏观营销学派将营销看作一个社会系统，并从社会阶层的角度研究营销系统，分析营销和社会因素的相互影响。其他学派特别是管理学派也承认环境因素对营销的影响，但它们认为因素是可控的，所以并未对环境因素特别关注，与此形成鲜明对比的是，宏观营销学派对社会力量进行了深层次的研究，分析了社会与营销的相互影响。宏观营销学派的历史可追溯到霍洛韦、汉考克和菲斯克的早期文章，但直到70年代末才真正发展成熟，并以《宏观营销学》杂志的创立为标志，确立了该学派在整个营销学界的地位。

战略计划学派注重分析环境动力学以及如何使营销组织适应环境，其内容多来自咨询公司及其主顾，例如通用电气公司和波士顿咨询集团的业务投资计划模型等就是如此。另外还有许多学者在其文章中提倡战略计划和环境管理。1983年春，《营销学报》发表了有关营销战略的专刊，此后还发表了许多此类文章。

随着促进应变营销发展的环境因素日益受到重视，我们可以预料消费者行为研究学者主要注重四个领域：第一，随着市场全球化、重视国际市场，研究不同文化间的消费者行为以及文化因素对消费和购买行为的影响，我们预计这种趋势将在全球范围内长期存在。第二，随着市场日益成熟、竞争日益激烈，营销学的研究重点不再是如何吸引新顾客，而是如何保持和维系现有顾客，消费者行为研究也将面临这一变化，例如，对消费者满意和不满将更加关注、采取行动从深层次消除消费者抱怨、与消费者进行面对面交流等。第三，在日益成熟的市场上，对竞争性的环境将更加关注。消费者的营销竞争观念将得到加强。因为营销学试图采用消费者导向的方法定义生产者市场和分析市场结构，所以对该课题的研究是十分迫切的任务。而且由于进入80年代以来学术界普遍重视研究心理定位问题，营销学界的定位策略研究也取得了一定的进展。而通过分析比较购物、消费者对竞争性广告的理解，以及对竞争性定价的了解等现象，使得人们加深了对营销的认识。最后，随着竞争性和技术性变革的步伐加速，营销活动中的最新趋势是使用行为创新策略代替诱导劝说策略以影响消费者。传统的诱导劝说策略首先影响态度，使之发生变化，然后随之使行为发生变化，与其相比，行为创新策略先促动行为的改变，然后才是态度的变化。根据这一趋势，我们预测以后消费者研究的重点将不再是对于消费者理解、认知和态度的研究，而将是对实际行为和行为创新策略的研究。

尽管我们做出了上述预测，我们也同样认为应变学派的研究方法将对营销学的发展起到重要的促进作用，而消费者行为学则将面临严重挑战。作为营销学的一部分，消费者行为学毫无疑问仍将继续研究有关营销学的课题，这就需要增加对整体消费者行为的关注以及更多地吸收借鉴社会科学的概念、原理。不过我们希望能有更多的消费者行为研究学者立足于行为科学的个体行为研究和旧的传统。在专门研究消费者行为之前，许多人接受了心理学的科学训练，这就造成了他们精于研究个体行为，后来由于受到行为科学的影响，更以逻辑实证主义作为其研究的哲学思想，所以他们中的许多人推崇可选择性哲学方法以及缺乏科学活力的社会科学的研究方法。然而，并不能确保消费者行为学仍会像以前一样自动地跟随营销学发展。更有可能的是，消费者行为学自成一家，继续用以研究个体消费者行为。而营销学则肯定继续从自身发展角度研究消费者行为及其他问题。

本章回顾

消费者行为学派最初研究的是购买行为（搜寻和选择）和消费行为（使用和处理）。消费者行为研究的早期阶段，起步于消费者追求效用最大化的基本假设，并吸收了弗洛伊德的潜意识学说、巴甫洛夫的条件反射学说、物理心理学的感知阈限学说、认知心理学的认知风险学说等不同学科知识。

强调行为的消费者行为学派实际上是在20世纪50年代早期产生，主要集中于消费者行为的情感或非理性的心理决定因素、消费者行为的社会决定因素和家庭购买决策三个相对独立的研究领域。

20世纪60年代，消费者行为学派开始步入成长阶段，形成了不同的创新研究方法，包括关于消费者对产品的品牌忠诚度的研究、建立在消费者行为基础上的实验设计和实验室方法以及消费者行为的认知风险理论。

营销观念的出现和行为科学知识体系的建立，使消费者行为学派得以迅速发展和盛行。

20世纪70年代开始，消费者行为学派也出现了几种新的研究动向，包括研究工业和组织购买行为、将社会和公共服务的营销概念应用于非营利组织、跨文化问题、家庭购买行为以及关于态度行为关系及态度信息和结构。

而到了20世纪80年代，信息处理和符号学成了两个新的研究领域。

由于消费者行为学派的扩展有相当多来自行为科学，特别是心理学的非商业研究学者，他们并不关心消费者行为的研究成果是否会有助于促进市场购买，消费者行为研究受到争议。尽管如此，在当前营销学术界，消费者行为研究在流行程度上是仅次于营销管理学派的第二大思想学派。

消费者行为学和营销学基本上是同步发展的。消费者行为学派分别经历了与古典学派、管理学派、行为营销学派和应变营销学派并行发展的过程，并最终逐渐发展成为独立于营销学的一门新学科。

关键术语

消费者行为　购买动机　学习　绝对阈限　差别阈限　韦伯定律　品牌忠诚度　认知风险

即测即评

请扫描二维码，在线测试本章学习效果。

讨论与思考

1. 简述消费者行为学派所研究的主要问题。
2. 简述消费者行为研究的历史发展过程。
3. 简述消费者行为学派在20世纪六七十年代盛行的原因。
4. 简述消费者行为研究的扩展和争议。
5. 评价消费者行为学派的学术地位。

第十一章
宏观营销学派与社会交换学派

> 利人为利己的根基,市场营销上老是为自己着想,而不顾及到他人,他人也不会顾及你。
>
> ——梁宪初

本章学习目标

1. 了解宏观营销学派的发展阶段和主要代表人物
2. 了解社会交换学派的发展历程
3. 了解社会交换理论和一般交换概念

本章知识结构图

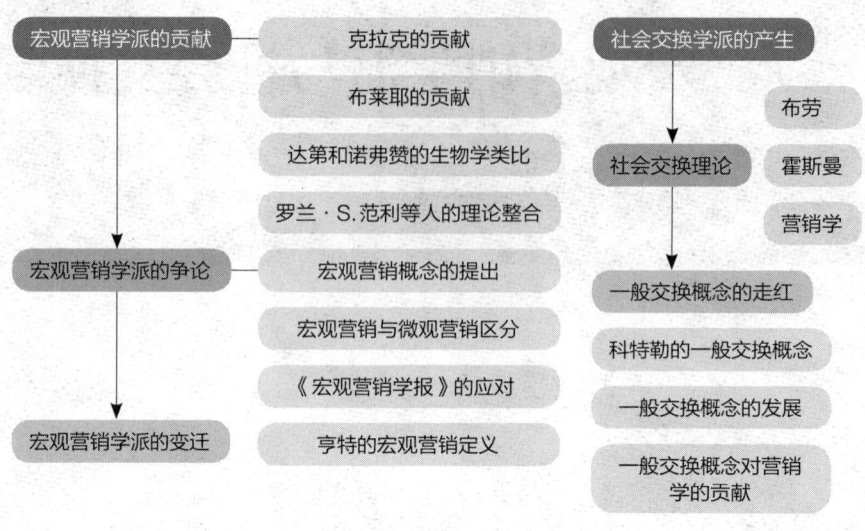

不同于营销管理学派和消费者行为学派这些微观导向的学派，宏观营销学派研究的是一些大格局的问题，比如营销系统如何影响社会？社会如何影响营销系统？总体营销系统的效率如何？宏观营销学派的主要代表人物有罗兰·S.范利、格雷瑟、菲利普·科特勒、莱维斯·柯克斯、罗伯特·霍洛韦、罗伯特·汉考克、里德·莫耶、查尔斯·斯莱特和谢尔比·亨特。

第一节 宏观营销学派的贡献

虽然作为一个学派，宏观营销学派于20世纪60年代登上历史舞台。但在营销思想史上，很早就有学者对宏观营销的一些议题进行探讨，其中的先驱有克拉克、布莱耶、达第、诺弗赞、罗兰·S.范利等人。

一、克拉克的贡献

对宏观营销的理论研究最早可追溯到克拉克（Fred E. Clark）的《营销学原理》一书。这本书最早出版于1922年，之后修订再版过数次。20世纪20年代的营销学研究由于关注于商品、职能和机构框架，因而基本上是一种宏观研究方法。克拉克在《营销学原理》一书也体现了这一倾向。

克拉克在书中指出，他这本书的目的是探讨营销过程的本质，将营销结构视为一个整体，分析营销问题和解决这些问题中所使用的策略。克拉克在其书的第一章中开始将营销的关键元素编织到一起：① 营销包括影响商品所有权转移和物理分销的努力；② 市场过程涉及相互冲突的利益；③ 集中和分散——商品的双向流动，一方面是商品的收集和集中，另一方面是商品向最终消费者的分散；④ 一个市场——当某一特定的商品为了销售而被集中，一个市场就得以形成。

克拉克在《营销学原理》一书中，用了两章篇幅来探讨营销和政府政策之间的相互作用。在《营销学原理》的修订版中，克拉克提出了营销的社会目的问题。他指出，和生产一样，营销的社会目的是为了尽可能有效和经济地满足消费者的需求。克拉克的这些思想被后来的一些营销理论家接受，并加以扩展。

小百科

弗雷德·爱默生·克拉克

弗雷德·爱默生·克拉克（Fred Emerson Clark），是美国市场营销学会第二任主席，也是第一位来自学术界的因为其学术著作和作为一名教师的广泛影响力而获得主席职位的营销学者。

克拉克在密歇根州的阿尔比恩长大，在阿尔比恩学院本科毕业之后，他前往伊利诺伊大学攻读经济学学位，在1916年获得博士学位。在特拉华学院和密歇根大学有过短暂的任教之后，克拉克成为西北大学教职工中的一员直至其去世。

他的主要著作《营销学原理》于1922年出版。在这本书里他发展了一种可被借鉴的框架，在许多年的时间里被他的学生和同事引用。此外，他成功地向他的读者和学生们传递了他在大多数描述性部分里其实可以有更多的分析内容。他的这本开山之作在长达20余年的时间里依然是国内外营销领域的引领者。这本书还在1929年被翻译成日文出版。克拉克的第二部主要著作是与L. D. H. 韦尔德合作完成的于1932年出版的《在美国营销农产品》。这本书在多年时间里是农产品营销领域的领先教科书和参考著作。

除了研究和著作外，克拉克还是一名出色的演讲者和教师。在长达30年的时间里，他培育了许多营销教师和营销经理，这些人中的许多在今天的营销界处于领导地位。他为他的学生们提供指导和独立工作的机会。克拉克充分利用自己在美国市场营销学会的身份，为他的学生牵线搭桥，创造与知名学者的合作机会。

除了担任全国知名企业的营销和销售管理咨询顾问外，克拉克还因为其专家能力在美国国家复兴管理局任职。从1944年到1946年，克拉克担任美国经济发展委员会的咨询顾问和委员会主席。

在克拉克去世后，人们用学术奖项来肯定这位营销先驱的贡献。1949年，由于克拉克对于营销科学做出的卓越贡献，美国市场营销学会授予其保罗·D. 康沃斯奖。1953年，克拉克入选波士顿分销大会分销名人堂。

资料来源：R. M. Clewett. Fred Emerson Clark. Journal of Marketing, Vol. XXII, No.1, 1957, pp. 1–2. 编者译。

二、布莱耶的贡献

克拉克的著作主要是基于对周围世界的观察，虽然也应用了一般的概念，但基本上没有抽象化。而随着拉尔夫·F. 布莱耶（Ralph. F. Breyer）的《营销机构》一书的出版，营销理论开始了朝向抽象化的显著改变。

布莱耶的营销理论并不是基于经济学的结构，而是基于一个物理学中描述电池中电的产生的类比。他把市场比作能量的来源，就像一个电池一样，拥有正极和负极。他把社会中的"生产"能力看作正极，这些元素创造有价值的商品和服务；类似的，顾客和他们的"消费能力"被看作负极，他们消费那些创造来满足购买者缺陷和需求的东西。在营销回路中"电流"可以被视为三种渠道流。一种渠道承载着从负极（消费者）到正极（生产者）的订单，另一种渠道承载着从正极（生产者）到负极（消费者）的产品，第三种渠道承载着相反方向的支付。布莱耶将包括职能、结构、空间、时间、成本和竞争的营销概念纳入他的范式当中。他的视野开阔，并将动态性置于营销机制的核心。市场并不是一开始就运行流畅，时间、空间和与生俱来的极的不均衡分布都会影响回路的物理特征。

布莱耶将其著作的核心章节用于探究营销行为。贯穿其中的是他的营销社会方面的概念。布莱耶将营销重新定义如下：

营销是一种用来实现不可或缺社会目的的经济机制工具；在劳动分工原则之下，营销所扮演的角色是将专业人员的过剩生产移动到缺乏的地区，以使社会能够支持自身。这就是营销的社会目标。

布莱耶的观点具有持久性的价值，成为后来的宏观营销学者著作的一部分，这些学者包括奥德逊、菲斯克、迪克逊（Donald F. Dixon）和威尔金森（Ian F. Wilkinson）等人。奥德逊和布莱耶曾经是沃顿商学院的同事，很早就相互认识。奥德逊在其1948年与人合作的一篇论文中，指出了布莱耶在空间和时间、渠道成本和作为一种社会机制的营销概念等研究领域中的先驱性贡献。奥德逊在其博士生的研讨会中常常提到布莱耶，并推荐其学生们阅读《营销机构》一书。

三、达第和诺弗赞的生物学类比

E. A. 达第（E. A. Duddy）和D. A. 诺弗赞（D. A. Revzan）的机构研究法延续了布莱

耶将营销视为一种社会机制的精神，但和布莱耶不同的是，达第和诺弗赞使用了一种不同的类别方法作为他们研究范式的一部分。达第和诺弗赞于1947年出版了《营销：一种机构研究方法》一书，1953年得以再版。

在这本书中，达第和诺弗赞的机构研究法基于生物学类比。虽然他们认识到这不是一个完美的类比，但他们在科普兰的建议中找到了佐证。科普兰在1931年指出，和其他社会科学一样，经济学具有生物学的特征，研究的都是人类这种生物体之间的群体关系。他们关注的焦点在于在一个分销过程中，作为一种有机整体运行于各种各样营销结构的经济顺序。受美国制度经济学家的影响，他们从个体层面上升到企业、市场、行业层面，最终到作为整体的经济层面，他们指出行动是集体的而非个体的，群体行为塑造整体经济。

在达第和诺弗赞的分析中，个体消费并没有被忽视，但更多的是被放在群体情境下加以考虑。他们分析消费者行为的方法起始于作为基本决策单位的家庭。自我利益仍然是一种驱动力，但并不是压倒性的力量。合作而非竞争成为组织的基本原则。虽然达第和诺弗赞的分析存在着不少缺陷，但却为后来的学者们提供了一种不同的研究范式。

四、罗兰·S.范利等人的理论整合

罗兰·S.范利、格雷瑟（E. T. Grether）和柯克斯（Reavis Cox）在1952年出版的《美国经济中的营销》一书中，将系统的营销模型整合起来。他们扩展了克拉克的分类、收集和分散概念，并将布莱耶的"流"理论纳入他们的范式当中。他们从指导与配置稀缺资源，使得消费具有动态性以适应我们服务人类需求能力的变化的方面来定义营销。他们指出：

我们相信学生应该被给予一种明确的理解，关于营销为什么存在，营销在由公共企业和私人企业动态混合的美国经济中如何被实现。他们必须有能力做出一些判断，关于营销执行社会和经济任务的状况。

罗兰·S.范利、格雷瑟和柯克斯将国际环境和跨地区贸易纳入营销当中。同时，他们也将营销实践同公共政策的起源和管理连接起来。尽管其他人已经探讨过公共政策的问题，但这些讨论将公共政策作为一种从外部影响营销的外部因素，而不是视作一种综合的现象。而他们则在其著作的第14章《营销的政府管制》中提出，在控制和引导经济活动中，政府是私人企业的一个积极的合作方。他们进而探讨了政府作为竞争者的其他角色。他们的《美国经济中的营销》对于宏观营销的发展具有重要的影响，他提供了一种先前营销文献中没有讨论过的将营销与其他社会机制连接起来的开发良好的范式。

小百科

罗兰·S. 范利

当罗兰·S. 范利（Roland S. Vaile）在1955年退休的时候，明尼苏达大学失去了一位杰出的教师、作者、管理者和学者。罗兰·S. 范利（见图11-1）活跃的大脑和学术兴趣并不仅仅局限于营销领域。在他的授课、研究和写作中，他触及了令人称叹的种类和数量的营销以及其他领域的问题。他具有一名先驱者和创新者的激情，也试图将事实和理论更好地整合。他的这些特征使他在南加利福尼亚州柑橘实验站的果园管理研究脱颖而出。他1924年对柑橘产业的果园管理实践的研究被认为是当时最好的农业管理研究。他是在这一领域最早使用多样相关程序的学者之一。

图11-1　罗兰·S. 范利
（1889—1970）

他于1927年出版的《广告经济学》或许是他创新能力的最好例证。这部著作起源于他对于南加利福尼亚柑橘产业销售问题数年研究的经历。在罗兰·范利之前，对于广告意义的讨论要么过于推崇要么零碎散乱。范利的著作则将理论和实证分析结合起来，而这也是他所有著作的特点。

在将近30年的时间里，罗兰·S. 范利在课堂中和著作中讨论了众多的营销重要方面和问题。他专著或者与人合著了不下20本的著作和超过34篇发表在学术期刊和类似出版物上的论文。从1937年4月到1941年春天，范利担任《营销学报》的主编。他在《营销学报》的发展过程中有很大的影响力。

在许多年时间里，他参与到发展一种适合营销研究的更好"理论"和框架的讨论和努力当中。尽管他研究领域广泛，但是它的基本导向是采取经济分析方法。他宣称，营销在使用适合的理论性经济工具方面，还有很好的一段路要走。

资料来源：E. T. Grether. Roland S. Vaile. Journal of Marketing, Vol. XX, No. 4, 1956, pp. 333-335. 编者译。

第二节　宏观营销概念的争论

虽然有越来越多的学者关注于宏观营销问题，但对于宏观营销这个概念，不同的学者却有着不同的理解，在营销思想史上引起了一场旷日持久的争论。

一、宏观营销概念的提出

作为奥德逊、布莱耶和柯克斯等人的学生,菲斯克在1967年出版的《营销系统》一书中区别于面向个体企业或家庭的微观营销,将宏观营销视为代表这些单位的总体。

另一种有代表性的观点则认为,宏观营销问题不像微观营销问题,应从社会的角度进行研究。这样,宏观营销即是指作为整个经济系统的基本因素的营销的集合。因而,营销就像其他经济系统,如收入分配(税收)、福利和生产力一样可以进行评判,至少可以在集合水平上进行评判。此外,营销应像其他经济系统一样有责任实现某种社会目标。

雷泽(William Lazer)和凯利(Eugene J. Kelly)在1969年的论文中也共同指出应该更多地关注营销管理对于社会的影响,因为他们相信营销不应该狭隘地从个体利润的方面来理解,而应该置于更大的社会收益情景之下。巴特斯(Robert Bartels)和詹金斯(Roger L. Jenkins)在1977年发表在《营销学报》上的一篇题为《宏观营销》的文章中如此认识宏观营销:

(宏观营销)意味着综合的营销……整体意义的营销过程和执行营销机构的总体机制。宏观营销意味着系统和成群的微观机构,如相对于他们个体组成单位的渠道、企业集团、行业和协会……宏观营销意味着微观营销的社会情景……意味着微观企业不可控的环境。

二、区分宏观营销和微观营销的标准

到了20世纪70年代,为了进一步区别宏观营销和微观营销,一些学者提出了下列九个区分宏观营销和微观营销的标准:

(1)研究营销系统的是宏观营销。
(2)研究交换关系网络的是宏观营销。
(3)采取社会角度研究的是宏观营销。
(4)研究营销对社会影响结果的是宏观营销。
(5)研究社会对营销影响的是宏观营销。
(6)研究产业和营利组织活动的以及采用个体利益角度研究的是微观营销。
(7)研究个体、非营利组织营销活动的是微观营销。
(8)采用个体企业研究角度的是微观营销。
(9)研究消费者营销活动的是微观营销。

总之,他们认为营销者能够通过宏观、微观营销分类的方式对营销现象、问题和研究进行分类,利用集合程度、观察角度和结果三个标准,通过加权理论模型彻底地对宏观营销进行研究分类。

三、《宏观营销学报》的应对

1977年,第一届宏观营销会议召开,在这次会议中成立了宏观营销学会。不久,《宏观营销学报》(Journal of Macromarketing,JMM)也于1981年创刊。和消费者行为学派一样,宏观营销会议和宏观营销协会提供了学者们表达观点和相互交流的机会,《宏观营销学报》提供了非微观营销研究这一新领域研究成果的发表渠道。但是宏观营销是什么,什么样的文章可以发表在《宏观营销学报》上,这是这个刚成立的学报所面临的首要问题。

《宏观营销学报》提倡采用两种方式来解决这一定义难题。其一是定义宏观营销不是什么。例如,它不是为家庭、商业和公共组织获取某种结果而决策。从这个方面来说,宏观营销既不属于营销管理学派也不属于政策导向学派。第二种方式是列出那些对较大社会范围有影响的营销行为的研究领域。这些领域主要包括:① 作为生活供应技术的营销;② 营销服务的生活物品的质量和数量;③ 分配经济资源的营销技术;④ 营销对社会产生的影响等。

四、亨特的宏观营销定义

目前最为营销学术界广泛接受的是亨特(Shelby D. Hunt)对于宏观营销的定义。亨特在1981年发表在《宏观营销学报》上的一篇题为《作为一个多维度概念的宏观营销》的论文中,将宏观营销定义为对于营销系统、营销系统对于社会的影响和社会对于营销系统的影响的研究。

亨特和伯内特(John J. Burnett)在1982年发表在《营销学报》的一篇题为《宏观营销-微观营销两分法:一种分类模型》的论文中,对于什么被纳入了宏观营销和什么应该被纳入宏观营销进行了广泛的检验。基于他们研究得到的定义,宏观营销应该包括以下其中之一甚至更多的内容:一种社会的视角、一种高层次的整合、营销对于社会的影响、社会对于营销的影响、任何涉及(集合层面)营销系统的研究。目前,《宏观营销学报》所包含的议题如下:竞争和市场、全球政策和环境、营销和发展、营销历史、生活质量等。

第三节 宏观营销学派的变迁

宏观营销学派从20世纪60年代登上历史舞台,到21世纪的今天,宏观营销学派已经经历半个多世纪的发展。以十年为一个发展阶段,可以对宏观营销学派的历史变迁做出一个清晰的梳理。

一、20世纪60年代的宏观营销研究

20世纪60年代宏观营销研究最为突出的特征是对于营销系统的研究。这其中的典型研究有：罗斯托（Walter H. Rostow）在1965年对营销在为农业革新建立必须和充分条件中的角色的强调，斯莱特（Charles C. Slater）在1965年对拉丁美洲食物营销系统发展的关注，索洛里（Hans B. Thorelli）1965年对于营销系统中的沟通问题的研究和柯克斯（Reavis Cox）1965年对于比较性营销系统的分析等。

当时的学者们之所以会对营销系统产生如此浓厚的兴趣，要归功于当时营销学界领袖奥德逊的推动。奥德逊在1965年提出了功能主义理论，这个理论所关注的是如下问题：为什么社会需要一个营销系统？营销系统如何运转？影响营销的环境性和制度性因素有哪些？营销和其他社会机制之间的边界在哪里？

尽管营销系统概念引起了学者们的重视，但在当时却很难找到一个关于营销系统的清晰阐述。菲斯克于1967年在其关于营销系统的专著中，提出使用一种通用的系统方法来研究营销系统，也即关注于信息、商品、所有权、金钱的移动或流动和在这些流动中所伴随的风险。马特森（Lars-Gunnar Mattson）在1969年提出了一种类似的观点，指出一个营销系统的目的在于创造和维持生产系统和消费系统之间的流动。

除了这些关于国家营销系统的研究之外，还有一些学者探究了渠道系统。诺弗赞等人在1961年试图将不同的渠道分类，以使每种渠道内部有着高同质性。奥德逊在1965年提出采用一种功能主义的视角来构建有组织的行为系统的模型。除了对发达经济中营销系统进行考察之外，密歇根州立大学的一组营销学者在查尔斯·斯莱特（Charles Slater）的领导下，对拉丁美洲的食物营销系统进行了细致的实地调研，最终的调研报告由哈里森（Kelly M. Harrison）等人在1974年出版。尽管这次研究的直接目的是找到提高食物分销的效益和效率的方法，但是这种实证研究也为进一步的营销系统的理论和实证建模奠定了基础。

在罗兰·S. 范利、格雷瑟（T. Grether）和柯克斯（R. Cox）于1952年出版的《美国经济中的营销》基础上，柯克斯、古德曼（Charles Schaffner Goodman）和菲钱德勒（Thomas C. Fichandler）在1965年出版了一部关于美国国家宏观营销系统的详细著作。这本书试图回答这两个重要的问题：分销在一个高度发达的经济中占有多大的地位？在美式生活中分销是如何有效地执行它所被分配的任务？

对于营销系统的兴趣不仅局限于美国。在瑞典斯德哥尔摩经济学院，马特森在1969年和他的同事对营销系统发展中的整合和效率进行积极的研究。在英国，霍尔（Margaret Hall）、纳普（John Knapp）和温斯顿（Christopher Winsten）在1961年对英国和美国的分

销系统进行了比较研究。在澳大利亚，布里格斯（Douglas H. Briggs）和史密斯（R. H. Smyth）在1967年发表了一项关于食品杂货店分销的研究。在日本，田岛义博（Yoshihiro Tajima）在1965年发表了对于在日本商品如何分销的详细分析，后来被苏华德（Jack Seward）在1971年翻译成英文。在意大利，阿伯特（J. C. Abbott）和他的同事们在1963年、1968年进行了如何在发展中国家提高食物营销系统生产率的研究。

二、20世纪70年代的宏观营销研究

20世纪60年代的兴起的宏观营销研究在某种程度上是传统的职能—商品—机构研究法的顶峰。数年之后，美国营销学者的注意力从宏观议题开始转向微观层面的营销管理的研究，在20世纪60年代兴起的关于宏观营销的跨学科研究迅速消退。

尽管宏观营销研究的重视程度有所下降，但在20世纪70年代宏观营销还是取得了一些进步。巴克林（Louis Dierre Bucklin）在1970年主编了一本有关垂直营销系统的书籍，其中包括渠道结构的分类、渠道中的权力与冲突、在美国社会中分销系统的相关性和有效性、渠道协调和经济发展等。格里格斯（John F. Griggs）在1970年根据密歇根大学在波多黎各收集到的数据，建立和检验了一个评价营销变革的系统模型。安德森（Erin Anderson）在1970年研究了泰国消费品的分销系统。

由查尔斯·斯莱特所领导的美国密歇根大学对拉丁美洲的调研在这时也已经完成，研究报告为了解波多黎各、累西腓（巴西）、拉巴斯（玻利维亚）、考卡流域（哥伦比亚）和哥斯达黎加的食物营销系统提供了详尽的知识。这项研究后来扩展到非洲，斯莱特等人在1979年使用渠道绘图技术和详细的实地调研数据，构建了复杂的计算机模型来模拟和研究莱索托（非洲国家）的食物系统。

在1976年8月，第一届年度宏观营销研讨会在科罗拉多大学举办，这次研讨会的目的在于将具有从一种社会视角来研究营销的共同兴趣的学者聚焦起来。这次研讨会的焦点在于从一种社会性视角来研究分销过程。但是在探讨这一问题之前，首先需要做的是要明确和识别宏观营销的边界问题，关于宏观营销定义争论的内容可以参考阅读本章第二节。

三、20世纪80年代的宏观营销研究

到了20世纪80年代早期，宏观营销研究领域出现了许多新的研究课题。这些课题包括对于宏观营销哲学基础的关注、营销系统的理论和实证研究、比较营销和营销系统在经济发展中的角色、营销系统的产出、日益增长的对于营销活动的道德问题的兴趣等。

莫尼尔森（David D. Monieson）注意到了营销科学和营销实践之间的差距，提出宏观营销研究的学者应该在宏观营销中建立一种折中的传统。作为一门真正的社会科学，人类价值应该被纳入其中，这样宏观营销科学才能由人来引领并服务于人类。亨特则认为在建立营销科学的过程中，理由和理性论述是不可或缺的。

在20世纪80年代，宏观营销学派出现了两种不同的研究走向。一种流派聚焦于实现一种对于个体、家庭和群体的消费体验的评论性的、整体的、根本的理解；而另一种流派则关注对于居于营销理论和实践中心的复杂系统的系统性的，常常是确定的、实证性的理解。

在这一时期，对环境影响的担心开始吸引宏观营销学派的关注。菲斯克在1981年《宏观营销学报》创刊词中强调"营销所服务的生活目标的质量和数量"是一个有许多工作需要做的重要领域。追求更高的生活标准和改善生活质量两者的权衡日益重要，日益引起学者们的关注。这一时期，学者们所关注的主要环境议题有循环利用、对社会负责的消费、消费模式的改变。

另一个引起学者们关注的是营销的道德议题。迪克逊（Donald F. Dixon）指出市场系统和道德系统一起运行，每个系统都由其固有动机所衍生而来。拉克尼克（Gene R. Laczniak）在1983年讨论了三种在营销实践中强调道德议题会有帮助的道德框架。费雷尔（O. C. Ferrell）等人在和弗莱德里克（J. Fraedrich）于1989年提出了一个综合的营销道德决策模型。

四、20世纪90年代的宏观营销研究

进入20世纪90年代，随着全球化的发展，全球性的消费文化也逐渐形成，社会、经济和文化因素日益引起人们的重视，这同样影响到了宏观营销的研究。营销学术界兴起了一种建立规范科学的研究潮流。米德（William K. Meade）和内森（Robert W. Nason）在1991年发表于《宏观营销学派》的一篇论文中提出了一个宏观营销的统一理论，将宏观营销定义为对于作为交换系统的成长、演化、设计的基础的复杂协调和控制过程的研究，他们指出这将会为统一早期的研究工作和聚焦实证研究提供一个丰富的概念框架。

然而，有趣的是，在20世纪90年代宏观营销学派的研究潮流迅速从形成一个整合理论和对系统的研究，转向了一种关注营销过程的更广泛影响的问题导向研究。这产生了对于环境议题的研究，比如可持续消费、通过逆向渠道的材料再循环，以及政策相关问题的研究、惩罚性赔偿对于营销和社会的影响、发展中或转型经济中的营销等。

这种焦点的转变增强了学者们对于营销历史的兴趣。尽管，从一开始历史性的研究就是宏观营销的一部分，两年一度的营销历史分析和研究大会的论文常常在《宏观营销学报》上发表，但是直到1994年《宏观营销学报》才有一个固定的历史板块。出现在这

一板块的文章包括对于营销中工程隐喻使用的研究、19世纪90年代沿街叫卖自行车现象、在俄罗斯联邦建立过程中瓦兰吉俄罗斯人的战士和商人双重身份角色、对德国威廉明妮零售营销中作为创新的百货店的研究。

问题导向研究法可以被看作是20世纪90年代最为重要和最为广泛的发展，对于理解一个消费文化的本质与效果和对生活质量的产出和衡量的兴趣迅速成长。关于生活质量研究的代表之作有塞吉（M. Joseph Sirgy）等人对于健康系统方面的研究和奥维亚（Aaron C. Ahuvia）与弗里德曼（Douglas C. Friedman）对于财富和幸福的研究。这种研究兴趣导致了1995年生活质量研究国际协会的成立。对于文化和消费之间的相互关系不仅在宏观营销领域引起了持续的兴趣，也在经济社会学和经济人类学等相关领域引起了关注。1999年，一本刊名为《消费、市场和文化》的期刊出版，标志着这一研究领域的成熟。

小资料

营销历史研究的历史

在关注营销与社会关系的同时，一些营销学者开始从历史的角度来考察营销学，追问营销学的起源、成长和流变，希望能够从对营销历史的梳理中，归纳出一些具有启示性意义的成果。在这种背景下，营销历史学派开始出现。

营销历史关注的是什么时候营销中的实践和技术、概念和理论被引入并随着时间而发展，以及它们彼此之间的相互影响。从1930年到1960年，营销中的历史研究考察了学科的发展过程以及零售与批发的历史，其中的主要代表人物有肯沃斯、李特曼、梅纳德、韦尔德和尼斯托姆等。霍奇基斯（Hotchkiss）1938年出版的《营销里程碑》一书，由于取材的范围和历史性视角而与其他早期营销历史著作区别开来。

在20世纪60年代，营销历史研究更多地关注将营销实践和理论的历史整合起来，发表了更大量的成果，显示了这一学派的成长和成熟。然而，直到20世纪80年代初，在斯坦·霍兰德（Stan Hollander）的领导下，营销历史学派才真正被视作一个理论学派被广泛认可。1983年，第一届北美营销历史研究研讨会在密歇根州立大学举办，并形成每两年举办一次的制度。20世纪90年代后期，北美营销历史研究研讨会更名为营销历史分析和研究会议（Conference on Historical Analysis and Research in Marketing，CHARM），CHARM促进了有关营销历史研究的学术著作的出版，在世界顶级学术期刊上发表的相关文章也越来越多，《宏观营销学报》甚至为营销历史研究提供了专门的版面。1999年，营销历史研究学会（Association for Historical Research in Marketing）正式成立，更大程度上促进了营销历史学派的发展。

资料来源：Eric H. Shaw, D. G. Brian Jones. A History of Schools of Marketing Thought. Marketing Theory, 2005, Vol. 5, No. 3, pp. 239-281，编者译。

五、21世纪的宏观营销研究

罗杰·A. 雷顿（Roger A. Layton）和桑福德·格罗斯巴特（Sanford Grossbart）2006年在一篇发表于《宏观营销学报》的总结性的文章中提出了宏观营销研究在21世纪所面临的四类挑战性的问题：① 竞争与市场。具体包括市场竞争的结果、非竞争与市场、市场的性质和角色。② 营销伦理与分配公平。具体包括市场效率和不公平、评价营销社会风险时的道德和伦理议题、作为奉献和延迟满足的力量的营销。③ 营销与发展/全球政策与环境。具体包括作为一种和平与冲突力量的营销、国家发展中的营销与机制构建和失败、营销在不同社会和地区的适应性。④ 生活质量。具体包括奉献、延迟满足和生活质量，代际间生活质量的权衡等。

通过梳理21世纪的最初十余年发表在《宏观营销学报》上的学术文章，可以发现21世纪的宏观营销研究视角更加开阔，研究方法更为多样，呈现以下几个重要趋势。

一是涌现了许多探究营销与可持续发展关系的文章。由于全球气候变暖、能源问题凸显、环境保护等问题在21世纪变得更为紧迫，因而许多学者开始关注消费主义与可持续发展、环境的可持续性、营销伦理和社会责任营销等问题。

二是宏观营销研究具有更为突出的全球化视角。这一方面体现在大量的研究文章开始关注于发展中国家，尤其是中国、巴西、南非、印度、越南、土耳其等新型工业化国家或者转型国家的宏观营销问题。另一方面则体现在学者们开始从全球化的视角来研究家庭消费决策和跨国企业行为。此外营销意识形态的全球化、发展中国家的营销发展历史也引起了学者的兴趣。

三是对于消费者的研究更加深入。除了围绕着消费者权益的研究之外，宏观营销学者开始探究消费者参与生产、消费者与厂商合作这一逐渐普遍的营销现象。

四是信息技术对宏观营销的影响成为一个研究重点。计算机和互联网通信技术的日新月异，个人计算机和手机的普及极大地改变了消费者的生活方式和企业营销活动的实施环境，使得信息技术成为影响营销系统的一个重要因素，《宏观营销学报》为此甚至推出了专刊来探讨信息技术与营销的关系。

第四节 社会交换学派的产生

一、社会交换理论

社会交换理论是20世纪60年代兴起于美国继而在全球广泛传播的一种社会学理论。

该理论主张，人类的一切行为都受到某种能够带来回报、奖励和报酬的交换活动的支配，因此，人类一切社会活动都可视为一种交换，人与人之间的相互交往关系实质上是一种交换关系。社会交换理论由霍曼斯（George Homans）创立，主要代表人物还有布劳、埃默森等。

二、霍斯曼的社会交换理论

霍曼斯（George Casper Homans）美国社会学家，社会交换理论的代表人物之一，1910年生于波士顿，1932年毕业于哈佛大学，获文学学士学位，并留校任教。1939—1941年任大学讲师。二次世界大战期间在美国海军服役。1946年回到哈佛大学，转入社会学系，1953年任社会学教授，1967—1970年任社会学系主任。1963—1964年任美国社会学研究会主席。他强调人和人的动机的重要作用，认为人与人之间的互动交往从根本上说是一种交换过程。他把社会看作个人行动和行为交换的结果，社会结构是个人行为的集合。霍曼斯的社会学思想被称为行为主义交换论。

20世纪40年代以后，帕森斯的功能主义在社会学界占据着绝对统治地位。适应美国经济社会的飞速发展，帕森斯把社会看成一个有机整体，它们由AGIL等四个有机部分构成，其中行为有机系统具有适应功能（adaptation），人格系统具有目标达成功能（goal attainment），社会系统具有整合功能（integration），文化系统具有模式维持功能（Latency）。系统的各个组成部分在整个社会系统中承担相应的角色、发挥各自的功能。针对帕森斯整体主义方法论，20世纪60年代初，以心理学为基础的个体主义方法论自然就应运而生，霍曼斯便成了开路先锋。

按照恩格斯的理解，任何一种社会科学理论都是建立在通晓思维的历史和成就基础上的理论思维，它总会有自己的理论基础及理论来源。总体上看，霍曼斯交换理论主要来源于三个方面：

（一）霍曼斯的交换理论深受英国古典政治经济学以及马克思经济思想的影响

斯密在《国富论》中认为，商品之间的交换是自古到今一切社会、一切民族普遍存在的经济社会现象。这是因为参加交换的各方都期望从中获得报酬或利益，也就是获得满足自身的某种需要，这是人类的本性。马克思认为，物质交换是物质生产得以实现的前提。物质生产从来就是社会性的生产，它必须以许多个人共同活动为前提，而这种共同活动只有通过物质交换才能实现。马克思恩格斯说："生产本身又是以个人之间的交往为前提的。'生产力'只有在这些个人的交往和相互联系中才能成为真正的力量。"马克思从资本主义社会中最常见的商品开始，由分析资本主义社会中商品的交换关系，进而得出人和人之间的关系，由物质商品结构分析出社会结构。霍曼斯发展了斯密和马克思的这一思想。认为交换不仅仅产生经济关系，交换促进了社会发展和社会进步，交换产生整个社会关系,并由此形成社会结构。

(二)人类学家的交换思想对霍曼斯的影响

19世纪末20世纪初欧洲产生了一大批文化人类学家,尤其是弗雷泽、马林诺夫斯基以及莫斯等人对经济社会交换的研究深深地影响着霍曼斯。弗雷泽认为,社会交换包括职位的交换,而这种交换也与宗教仪式、文化习俗息息相关。马林诺夫斯基认为特洛布里安人的礼物"大多数是要求回偿的,只有丈夫定期给妻子的礼物却是无偿的"。然而马塞尔·莫斯研究表明原始人之间礼物的馈赠都是以回礼为前提的。而且,原始人之间礼物的交换不是以个体而是集体之间互设的契约和义务为条件的。礼物的交换品种很多,包括仪式、宴会、美女等。财富交换仅仅是其中的一项。文化人类学家的田野调查研究使得霍曼斯坚信交换是所有社会普遍存在的一种现象,人类不仅能够进行简单的经济上的物物交换,在此基础上已经发展为非物质方面的社会交换,交换成为社会整合以及社会变迁的重要因素。

(三)心理学对霍曼斯的影响

霍曼斯认为,既然人从低等动物进化而来,低等动物的行为必然成为人类行为的主要来源,因此斯金纳对鸽子和老鼠的研究同样适用于对人类行为的解释。斯金纳发现动物接受某种报酬或奖励以后就会愿意重复某种特定的动作。而当报酬或奖励取消以后动物趋向报酬的反应就会消退。由此可以发现动物的行动纯粹是一种刺激反应行动,而不是一种内省行动。在他看来,人的行为首先是对外部环境的一种刺激反应,人也会寻求奖赏而避免或减少惩罚,刺激反应行动方式和理念应当是人类行动的基础方式。

三、布劳的社会交换理论

彼得·布劳(Peter Michael Blau,1918—2002),美国社会学家,社会交换论(social exchange theory)的代表人物之一。生于维也纳,后移居美国。毕业于美国伊利诺伊州的艾姆赫斯特学院,获学士学位。

(一)什么是社会交换

布劳认为,社会交换关系存在于关系密切的群体或社区中,是建立在相互信任的基础之上的。社会交换是一种有限的活动,它指个人为了获取回报而又真正得到回报的自愿性活动。布劳还区分了经济交换与社会交换、内在奖赏和外在奖赏的差别,引入了权力、权威、规范和不平等的概念,使交换理论在更大的范围内解释社会现象。

(二)社会交换的机理

布劳提出了使行为变为交换行为必须具备的两个条件:"一是该行为的最终目标只有通过与他人互动才能达到;二是该行为必须采取有助于实现这些目的的手段。"他认为社会交换是个体之间的关系与群体之间的关系、权力分化与伙伴群体关系、对抗力量之间的冲突与合作、社区成员之间间接的联系与亲密依恋关系等的基础。社会的微观结构起源于个体期待社会报酬而发生的交换。个体之所以相互交往，是因为他们都从他们的相互交往中通过交换得到了某些需要的东西。

布劳区分了两种社会报酬：① 内在性报酬，即从社会交往关系本身中取得的报酬，如乐趣、社会赞同、爱、感激等；② 外在性报酬，即在社会交往关系之外取得的报酬，如金钱、商品、邀请、帮助、服从等。他把社会交换分为三种形式：① 内在性报酬的社会交换。参加这种交换的行动者把交往过程本身作为目的。② 外在性报酬的社会交换。这种交换的行动者把交往过程看作是实现更远目标的手段。外在性报酬对一个人合理选择伙伴，提供了客观的独立的标准。③ 混合性的社会交换。这种交换既具有内在报酬性，也具有外在报酬性。

布劳发现，人际间的社会交换开始于社会吸引。社会吸引是指与别人交往的倾向性，是不管出于任何原因去接近另一个人。如果一个人期望与别人的交往带来报酬，那么不论这些报酬是内在的还是外在的，他们都会受到能提供这些报酬的人吸引。社会吸引过程导致社会交换过程。互相提供报酬将维持人们之间的相互吸引与继续交往。人际关系即可以是交互的，也可以是单方面的。假设有甲乙两个人，乙给甲提供某种利益，但是甲却没有相应地回报乙。这时，甲就有四种选择：① 强迫乙再给他以回报；② 从另一个来源获得乙所能给的回报；③ 寻找没有乙给予的这种回报也能过下去的方法；④ 服从乙，按照乙的意愿行事，以此回报乙。如果甲做出了第四种选择，那么乙对甲就拥有了权力。

（三）经济交换与社会交换的区别

布劳对社会交换的界定是：当别人做出报答性反应就发生、当别人不再做出报答性反应就停止的行动。与社会交换相对的是经济交换，二者的主要区别是：① 经济交换涉及交换双方之间明确的义务，而社会交换所涉及的义务并不明确；② 经济交换对履行义务的时间有明确规定，而社会交换对此不做规定；③ 经济交换的对象可以讨价还价，社会交换通常不讨价还价；④ 经济交换基于对规则的信赖，社会交换基于对交换双方彼此的信任；⑤ 经济交换通常不涉及个人，社会交换会产生人与人之间的义务感、感激和信任之情；⑥ 经济交换中的交换比值是固定的，社会交往中的比值不固定；⑦ 经济利益的价值很容易和利益提供者分离开来，社会利益的价值多少常要看是谁提供了这种利益。

（四）社会交换的分类

社会交换内部有有限交换和广泛交换之分。有限交换是指交换双方直接彼此受益，而不接受或给予第三者利益，以双方均力求交换的等值为指导原则。广泛交换则涉及两个以上的人，各方都不从其为之提供利益的那一方取得回报，比如甲帮助了乙，乙帮助了丙，而不去回报甲，或者是一群人帮助一个人，也或者是一个人造福于一群人。如果说有限交换可能是功利的话，广泛交换则更多地充满温情与关怀。因为进行广泛交换的社会体系中，人们倾向于相互信任——相信应该照顾他人，而自己也会受到他人（虽然不一定是自己照顾过的人）的照顾，又或者是一个人从另一个人那里获益时，并不觉得欠那个特定利益提供者的情，而是欠该社会体系中全体人员的情，他可能愿意对这个社会以及这个社会中其他的个体付出。

布劳认为，社会交往中义务不平等就会使一方获得权力，而另一方失去社会独立性。个人或群体要保持社会独立性，就必须具备以下条件：① 战略资源。一个人（群体）如果拥有使其他人为自己提供必要利益的有效诱因的所有必要资源，那么他就受到了保护，不会变得依赖于任何人（群体）。② 替代资源。一个人（群体）如果在别的地方也能获得某种利益，有可以替代的某种利益的提供者，那么他就不必非得依赖于某人（群体）不可。③ 强制力量。如果拥有强制力量迫使别人（群体）提供必要的利益的能力，那么他就不必依赖特定的人（群体）。④ 减少需要。一个人如果能在没有某种利益的情况下也能过下去，那么他就不一定去依赖某种特定利益的提供者。

四、营销学科的社会交换学派

营销中的社会交换学派所关心的主要问题是：谁是一个交换的参与者？参与者达成共识的动机是什么？交换的过程是怎样的？虽然从不同的理论角度进行研究的营销学者很早就知道营销的基本目的是便利买卖双方之间的交换，但直到20世纪60年代中期才有一群学者创立了社会交换学派。其代表人物有威廉·麦克伊内斯、马丁·W. 麦尔斯（Martin W. Miles）、菲利普·科特勒、奥德逊等。

大多数营销理论家认为交换是营销的核心。亚当·斯密在其1776年出版的《国富论》一书中指出，劳动分工是群体和社会的基本组织原则，存在劳动分工就必然存在着交换。由于交换在人类互动中的普遍性，营销思想家们提出了关于交换本质的问题。与营销管理学派和消费者行为学派中发生的范式扩展一样，社会交换学派也沿着两条相异的路径分为两支：传统的路径聚焦于营销交易（如购买和销售），扩展的路径基于一般交换或社会交换（如广义的给予或获取）。

（一）布莱耶和康门斯的贡献

最早推动社会交换学派发展的是奥德逊和麦尔斯1965年的题为《交易和组合》（Transactions and Transvections）的论文。他们提出交易是营销理论的基石。但是奥德逊其实是延伸了布莱耶1934年提出的购买—销售交易的概念。而布莱耶的概念则建立在康门斯1924年提出的"商业实践和合法依据"，康门斯认为营销并不是一种商品的交换，而是一种购买和销售。康门斯指出营销不仅仅是一种简单的用一样东西去交换另一样东西，市场交换涉及一种具有更大社会价值的机制过程。

（二）奥德逊等的交换理论

奥德逊和麦尔斯的《交易和转位》最早对营销中的交换问题进行了深入的讨论。他们指出，交易是一个基础性的建筑组件，为构建一种更加严格类型的营销理论提供了可能性。奥德逊和麦尔斯进而将个体市场交易中的购买和销售概念扩展进一种交易组合理论。从最初的原材料销售者，提供原材料，继而加工、生产，再经过所有的中间购买和销售环节，到达制成品的最终购买者的市场交易集合。将特定地点（比如美国）在特定时期（比如说一年）的交易加以集成合并，就能够得出一个社会的总体营销过程的详尽描述。

尽管沿着这条路径后来又有一些补充性的发展，但随着奥德逊的逝世，市场或者契约交换的概念逐渐被一般（或社会）交换所取代。也即，交换的焦点从它的渠道—转位的机制框架和契约导向的市场交易转变为不考虑内容的任何形式的人类交换，包括礼物赠予、为了政治许诺而交换的投票、为了拯救许诺而向宗教组织交换的捐赠等。

（三）交换法则的提出

当产品和服务的制造者和使用者寻求通过交换来满足他们的需要时，市场便从人们的社会交换中产生。营销是一项实现并维系生产者和消费者的潜在交换关系的活动。其基本任务一直与市场相关。社会交换学派提出了交换法则来解释为什么双方决定进行交易。交换法则定义如下：

假定 x 是集合 A_1 的一个元素，y 是集合 A_2 的一个元素，当且仅当满足以下三个条件时，x 可与 y 交换：

（1）x 与 y 不同；

（2）集合 A_1 的力量能通过失去 x 得到 y 而加强；

（3）集合 A_2 的力量能通过失去 y 得到 x 而加强。

这一交换概念最重要的特征是交换者的感觉和偏好在决定交易过程中的关键作用。从决策者的立场上观察交换，我们可以说如果他认为该交换最好，则交换是最优的。

第五节 一般交换概念的走红

1972年，菲利普·科特勒在《营销学报》撰文提出了营销的一般概念，这篇文章在社会交换学派的发展史中具有标志性的意义，引发了一场蔓延整个营销学术界的大讨论。

一、科特勒的一般交换概念

在1972年的文章中，科特勒提出营销的核心概念是交易，交易是双方之间的价值交换。有价值的事物不仅局限于产品、服务和金钱，还包括其他的资源，如时间、精力和情感。菲利普·科特勒提出了四项必要的但非充分的交换条件：

（1）至少要有两方；

（2）每一方都有对其他方而言有价值的东西；

（3）相互能够交流；

（4）可以接受或者拒绝交换。

为了进一步强调交易或交换是营销的核心的观点，菲利普·科特勒探讨了营销者怎样寻求方便地形成交换关系。他认为，营销是从目标市场中获得有价值的反应的特定观察方法。必须认清交换价值，营销计划也必须以交换价值为基础。营销者应试图发现一些方法使人们在自由行动时，对获得和放弃之间的交换有更深刻的感知。营销者是理解人们的需要和价值、了解应该从哪些人获得什么的专家。

科特勒等人所提出一般交换（generic exchange）涉及的是一些营销管理技术，特别是说服性沟通技术，是"如何"被应用于一种非商业比如社会的、政治的、宗教的，甚至是个人原因的情景下的。这种一般交换超出了利润动机或者经济价值，将包括信念、情感和意见交换在内的任何参与方之间的任何动机和任何价值纳入进来。

二、一般交换概念的发展

理查德·P. 巴戈兹（Richard P. Bagozzi）在20世纪70年代进行了解释科特勒一般交换理论最为广泛的理论工作。他概念化了三个因变量（产出、体验和行动）和四个决定因素（社会影响、社会角色特征、社会偶然事件和第三方效应）。遵循这种概念构建，巴戈兹通过一系列的结构方程来将其理论正式化。

巴戈兹的这种正式理论被费雷尔（O. C. Ferrell）和皮若奇奥尼（John R. Perrachione）从以下几个方面加以批判。第一，巴戈兹的理论依赖于标准的经济学方程，但是他提出的经济学方程只有很少的经济学家能够进行实证检验。第二，巴戈兹只是重新提出了其他学科中的交换理论，并不足以成为营销交换的一种正式理论。第三，巴戈兹所开发的是一种概念框架和一些存在松散联系的函数方程。从本质而言，他们认为巴戈兹的概念和正式化之间并没有连接起来，巴戈兹在将其概念转变为正式理论的时候，一方面失去了概念的丰富性，另一方面正式化的经济最大化方程与营销行为缺乏相似性，不能适用。

亨特试图提出一种更为科学的方法。他在1983年的论文中提出，营销是一门寻求解释交换关系的行为科学。从这一定义出发，亨特提出了在促进和完成交换过程中的四类基础性的研究议题：① 购买者的行为；② 销售者的行为；③ 出现购买者和销售者之间交换的机制框架；④ 前面三者行为对于社会的影响。亨特的四个议题避免了其他交换概念由于过度的包含（所有形式的交换）或者挑剔型的排除（市场交换的机制和社会环境）所遭遇的批评。

休斯顿（Franklin S. Houston）和盖森海默（Jule B. Gassenheimer）1987年提出将市场提供物的概念从"商品和服务"扩展到"想法、个性、组织、媒介交换、地点、体验交换和结果交换"。他们得出结论，交换可以并且应该作为营销理论的中心，围绕着这一中心其他营销思想连接以形成一个整合的结构。除了在渠道中移动的商品和服务之外，这一中心不论机制情景或者社会影响，几乎涉及任何一对角色，因此显得除了说服性沟通之外并不要求其他的营销理论来描述一个一般交换。

三、一般交换概念对营销学的贡献

和扩展的营销管理一样，对于一般交换同样存在着一些批评。这种营销思想所面临的问题在于，由于没有独特的研究主题而使得学科边界模糊化。很明显，几乎所有的人类相互作用都会在某种程度上影响人们的情感或者意见。因此，谢斯（Sheth）和加勒特（Garrett）在1986年指出，营销学必须限制其自身于经济价值的交换，否则营销学很可能会与其他学科比如社会心理学和群体动力学相混同。拉茨尼尔克（Gene R. Laczniak）和米奇（Donald A. Michie）在1979年举出了一些有关营销学主题模糊的例子，比如说结婚誓言的交换、一个重罪犯恳求减刑、朋友之间打电话等。在这些批评家看来，这些类型的交换将使得营销的主旨问题和学科边界模糊不清和难以理解。

尽管如此，到了20世纪80年代早期，这场引人注目的争论逐渐结束，社会交换赢得了胜利。新一代的营销学生将交换的一般概念作为教条来学习。现在，在营销思想的学生当中，营销的一般概念被认为是理所当然的，是一个被接受的并强有力的概念。

此外，通过将营销应用于社会领域，没有其他的概念像一般交换概念这样在改变营销的大众认知中起到如此巨大的作用。许多营销学者都提到了在历史上营销者的低自尊。法默（Richard N. Farmer）1967年的文章使用了这样一个题目：《你愿意你的女儿嫁给一位营销人员吗？》，在当时，这个答案是一个响亮的"不"字，因为营销显得并不受人尊敬。毫无疑问，这一认知被扩展的营销管理和一般交换所改变。现在，在一个商业企业或者慈善组织里任职的营销者受到很高的评价。通过将营销的概念普及到所有的目标、议题和情景，营销摆脱了恶名，受到高度赞扬。营销者负责招徕客户、病人和赞助人，为各种各样的缘由募集捐赠，通常被任命为发展主管，并因为他们的营销能力而受到称赞。

一般营销概念的积极意义在于赋予了营销者一个受人尊敬的角色，而不再被认为是贪婪的或者不道德的。但另一方面，通过将营销实践扩展到几乎所有的社会活动上，一般交换与营销学的历史的背景不相匹配。一般交换或许可以作为社会学或者社会心理学一般理论的基础，但是由于其排除了销售者和购买者、利润动机和经济评估等核心商业概念，很难来设想可以将社会交换作为营销一般理论的中心。

本章回顾

尽管宏观营销学派于20世纪60年代登上历史舞台，但在营销思想史上，很早就有学者对宏观营销的一些议题进行探讨，其中的先驱有克拉克、布莱耶、达第、诺弗赞、罗兰·S.范利等人。

对于宏观营销的概念问题，不同学者之间一直存在争议。20世纪70年代，一些学者提出了区分宏观营销和微观营销的九个标准。

从20世纪60年代起，可以以十年为一个发展阶段，对宏观营销学派的历史变迁做出一个清晰的梳理。

社会交换理论于20世纪60年代兴起于美国，该理论主张社会行为有赖于相互作用而得以继续发展，人类的一切行为都受到某种能够带来奖励和报酬的交换活动的支配。社会交换理论由霍曼斯创立，主要代表人物还有布劳、埃默森等。

20世纪60年代中期，学者们创立了营销学科的社会交换学派，其代表人物有威廉·麦克伊内斯、马丁·W.麦尔斯、菲利普·科特勒、奥德逊等。

1972年，菲利普·科特勒提出了营销的一般交换概念，认为营销的核心概念是交易，交易是双方之间的价值交换。巴戈兹等学者在此基础上进一步发展和丰富了这一概念。

关键术语

宏观营销　社会交换理论　一般交换　社会交换　内在性报酬　外在性报酬　社会吸引　有限交换　广泛交换

即测即评

请扫描二维码，在线测试本章学习效果。

讨论与思考

1. 简述宏观营销学派所研究的主要问题。
2. 简述宏观营销学派先驱们的贡献。
3. 简述宏观营销概念的内涵和外延。
4. 简述区分宏观营销和微观营销的标准。
5. 简述社会交换学派所研究的主要问题。
6. 简述奥德逊和麦尔斯的交换理论。
7. 简述一般交换概念对营销学的贡献。

第三篇
营销思想发展的若干专题

第十二章
营销量化研究与营销工程的发展

不要过度承诺,但要超值交付。

——戴尔

本章学习目标

1. 了解营销量化研究的发展历程
2. 了解营销决策模型的发展和应用
3. 了解营销工程的应用和未来发展趋势

本章知识结构图

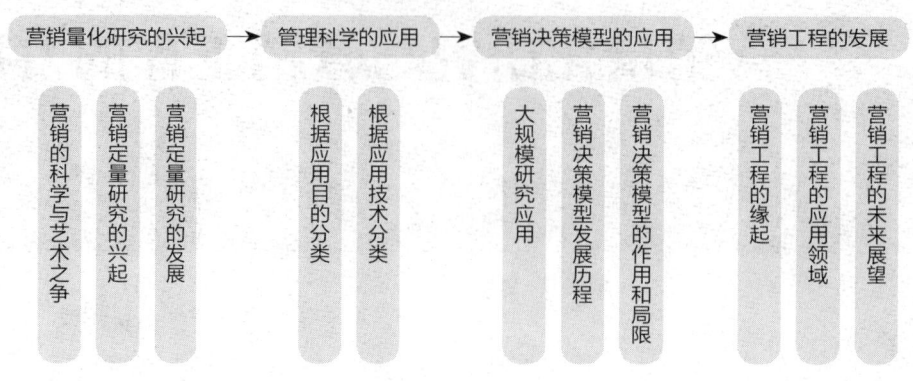

马克思曾经说过:"一门科学只有成功地运用数学时,才算达到了完善的地步。"回顾营销科学的发展,尤其是数理方法在营销学中的导入历程,也充分证实了马克思这一科学论断的预见性。

第一节 营销量化研究的兴起

19世纪末期以来,自然科学、社会科学的发展推动了学术思想由定性的哲学理论概括到定量的具有广泛意义的科学思维方式的发展。科学认识的一般规律,往往都是先对研究对象进行定性的研究和描述,而后才进一步研究其量的规定性,进行定量的分析与计算。同时,也只有在精确地做了定量研究以后,方可更深入地认识事物的本质。

一、营销的科学与艺术之争

20世纪40年代后期,曾有人提出,由于营销理论缺乏实证的研究、明确的概括和严整的理论,因而营销学很难成为一门具有科学性的学科。1945年,保罗·D.肯沃斯(Paul D. Converse)在《营销学报》上发表了《营销科学的发展》一文,提出了营销学是否具有科学性的问题,开了营销思想史上长达50余年的"科学与艺术"之争的先河。虽然此后奥德逊(Wroe Alderson)、柯克斯(Reavis Cox)、范利(Ronald S. Vaile)等学者也参与了讨论,但直至20世纪50年代这一争论才真正白热化。

1951年,巴特斯(Robert Bartels)发表了《营销能成为科学吗?》一文。在对营销学的研究目标、科学的含义、当时的营销学研究状况进行了深入透彻的分析后,他指出,虽然有证据表明当时的营销研究运用了科学方法，但是营销学很显然缺少理论、原理与法则，因此尚不具备成为一门科学的资格；然而，通过持续的努力，营销学迟早会成为一门科学。

二、营销定量研究的兴起

事实上，20世纪50年代之前的营销理论并非完全脱离定量研究。例如，会计知识一直是营销管理不可缺少的组成部分。在库存控制、定价、购销等营销职能中，数量经济学一直被广泛应用。在营销调研中，人们经常借助各种统计方法来计算均值、方差、相关程度以及时间序列分析、指数求值等方面。另外，人们也时常借助各种曲线和图表来分析经济趋势。但总的来说，在20世纪50年代之前，数学、统计学、计量经济学等量化方法在营销研究中的应用还是十分有限的。

随着营销问题日益复杂化，营销决策对变量的控制要求也不断提高。与此同时，出现了数学语言和数学建模理论，从而推动了营销理论结构的演变。这种发展起源于第二次世界大战期间运筹学在军事方面（主要是后勤和运输）的应用及其启示。

第二次世界大战后，人们不断寻求运筹学新的应用领域。20世纪50年代中期，运筹学被成功地运用到会计、财务、生产等企业管理领域中。正如恩格斯所说："和其他所有科学一样，数学是从人们的实际需要中产生的。"数学建模，也是源于生活生产以及营销、消费中的问题，运用数学思想、方法和知识将它抽象成一个数学模型，然后用各种手段把模型求解并应用到实际中去检验，它是沟通理论和实际运用的桥梁和途径。但营销管理运用运筹学始于20世纪60年代。自此，数学决策模型被广泛地应用于营销研究、教学和实践活动中。

三、营销定量研究的发展

由于许多早期营销研究者不具有高等数学知识，致使数学在营销方面的应用和发展十分缓慢。但在1959—1960年出现了一个重大的转机，当时福特基金会赞助哈佛商学院应用数学研究所开展一项交叉学科研究项目，参加人员是来自经济和商业（包括营销）领域的学者，正是这些学者将数学引入营销理论的研究中。他们借助数学建模，将现实问题"翻译"成数学语言，然后利用计算机将实际问题解决并得到实践的检验。

巴泽尔（Robert D. Buzzell）就是这样一位营销学教授。他在1964年发表了一篇论文，阐释了20世纪50年代和60年代初营销模型被广泛使用的部分原因：① 运筹学试图寻找新的应用领域；② 人们预感到营销学需要有实证分析；③ 营销决策传统方法难以令人满意；④营销调研在企业中的地位不断提高；⑤数学模型在指导企业市场竞争方面的潜在价值日益显现；⑥运用数学模型有助于提高营销学的学术地位。

然而，在20世纪60年代初期，应用数学模型的营销学著作寥寥无几，而且已有模型主要是用于市场调研、媒体规划、销售人员配置、销售预测、存货控制等。另外，人们认为营销模型难以加以推广，因为营销学研究的问题与众不同。许多问题属于行为科学的问题，即与公司外部环境有关（如顾客、供应商和竞争对手等），而行为关系一般难以测量，有些因素根本就无法观测。巴泽尔认为，营销模型特别适用于营销领域中的产品决策、定价决策、促销决策、信用决策、营销渠道和物流决策等。

1968年，巴斯（Frank M. Bass）、金（Charles W. King）和帕斯米尔（Edgar A. Pessemier）共同编辑出版了一部文集，展示了营销领域中的最新研究成果，主要包括三个领域：消费者行为模型、消费者行为理论、营销管理中的经验模型与模拟模型。

在整个20世纪60年代，关于营销定量研究的文章在内容上并没有实质性突破。从一开始，只有三个主题被人们所关注：数量方法引入到营销中的合理性；营销数量方法的相关技术；相关技术在营销中的作用。1971年，达伊（George S. Day）和帕森斯（Leonard J. Parsons）合著的《营销模型：数量应用方法》一书也没有重大突破，主要论述了与营销有关的量化技术的范围，包括决策最优化模型、回归分析、随机过程模型、单因素与多因素分析、贝叶斯决策理论、实验设计模拟等。营销定量研究陷入了瓶颈，等待着后来学者的突破。

第二节　管理科学的应用

管理科学对营销实践和营销思想的发展起到了重要的影响和促进作用。管理科学的某些模型在各种营销活动（诸如新产品开发、竞争性定价、广告预算与媒体选择、推销访问时间分配以及营销组合规划等）中有着重要的应用价值。

一、依应用目的不同而分类的管理科学模型

（一）描述性模型（descriptive model）

描述性模型主要应用于沟通（传播）、解释、预测等营销活动。大致包括马尔科夫过程模型、排队模型和模拟三种基本形式。

1. 马尔科夫过程模型（Markov-process model）

马尔科夫过程模型是以随机过程理论为基础，借助数学方法，研究离散事件动态系统状态空间的模型。又叫马尔科夫序列模型，主要用于描述目前状态及移转概率（transitional probability）如何对下一状态施加影响。

假设有三种不同品牌的咖啡，分别为A、B、C。再假设已经购买过A品牌的消费者中有70%下次还购买A品牌，其余人则转移目标，20%去购买B品牌，10%购买C品牌。根据上述数据及B、C品牌的移转概率，可得品牌转换矩阵（brand-switching matrix）如下：

$$\begin{array}{c} & \text{到} \\ & \begin{array}{ccc} A & B & C \end{array} \\ \text{由} \begin{array}{c} A \\ B \\ C \end{array} & \begin{bmatrix} 0.70 & 0.20 & 0.10 \\ 0.17 & 0.33 & 0.50 \\ 0.00 & 0.50 & 0.50 \end{bmatrix} \end{array}$$

通过上述矩阵，可得如下信息：① 每种品牌的重复购买率（repeat purchase rate），由矩阵左上角至右下角的对角线数据来表示，即A品牌的重复购买率为70%，B品牌的重复购买率为33%，C品牌的重复购买率为50%。这里的重复购买率也可视作品牌忠诚度（brand loyalty）。② 每种品牌的转入率（switching-in rate）与转出率（switching-out rate），由上述对角线之外的其余数据来表示。例如，由购买B品牌转为购买A品牌的概率为0.17，也就是说，A品牌的转出率为17%；再如，由购买C品牌转为购买B品牌的概率为0.50，也就是说，C品牌的转出率为50%。

如果转入率和转出率在短时期内能够保持不变，那么，借助上述矩阵，就可以目前市场占有率为依据，对各品牌的未来市场占有率进行预测。

2. 排队模型（queuing model）

排队模型是分析和解决顾客排队问题的数学模型，有助于规划服务系统中的设施，调控服务系统的生产能力，主要应用于描述一种排队等候的状态。它要回答下述两个问题：① 在某种特定情况下，需要等候多长时间；② 在采取各种不同便利措施的条件下，等候时间的长短将如何变化。这两个问题，对于各种零售机构（如超级市场、加油站、售票处等）来说，具有特别重要的意义。不论顾客购买了什么，只要是等候时间太长，就都可能出现顾客离开此处而转向竞争者购买的情况。这无疑会给企业的营销造成损失。

3. 模拟（simulation）

模拟是指用模型去描述经济系统的结构和行为，以便研究该系统某方面的变化如何影响其他方面或整个系统。在某种情况下，如果顾客必须长时间等候，那么，企业决策者可以模拟各种不同的变动效果，以求改进。例如，针对每到星期六总是出现顾客长时间等候的情况，企业决策者可采取下述四种可能的改进措施：① 通过某种方式，诱导顾客在其他时间来购物；② 通过雇用打包助手（bagger）帮助出纳，缩短服务时间；③ 增加服务渠道（service channel）；④专设几条渠道办理小额交易。

描述性模型还可根据描述的详细程度，划分为三个层次的模型：①宏观模型（macromodel），只描述有限几个变数的相互关系，例如，可以销售总额（Y）为因变数，以国民收入（X_1）、平均价格（X_2）、企业广告费用（X_3）为自变数，构成一个销售模型，即：$Y=f(X_1, X_2, X_3)$；②微观分析模型（microanalysis model），更详细地描述因变数与自变数之间的关系；③微观行为模型（microbehavioral model），通过创造假想的主体（如消费者、经销商等），来描述并记录他们之间的相互作用及其行为活动，以供分析参考。

（二）决策模型（decision model）

决策模型是指借助自然科学方法，运用数学工具，建立各决策变量之间的关系公式，用以反映决策问题的实质，把复杂的决策问题简单化的数据模型，主要应用于通过评价不同决策所导致的不同结果，来寻求一个最佳决策。

决策模型可进一步细分为最优化（optimization）模型与启发式（heuristic）模型两种。所谓最优化模型，是指针对所要描述的问题，求出其最佳解的一种计算程序。所谓启发式模型，是指对特定问题做出极富弹性的复杂陈述。

与营销密切相关的决策模型，有四种基本形式：微分学、数学规划、统计决策理论、博弈论（对策论）。

1. 微分学（differential calculus）

微分学主要应用于严格限定的数学函数中，确认因变数是否具有最大值或最小值，如果有，与之相对应的自变数又是何值。

例如，假设营销分析人员已找出商品价格（P）与销售利润（Z）之间的关系为：

$$Z=-56\,000+1\,200P-4P^2 \quad (P \geqslant 0)$$

现在的问题是，找出使利润（Z）最大的价格（P）。

当然，问题的解决，可以借助图像法描述两变数之间的关系，进而找出能使利润最大的最适当价格（本例的答案为150）。但是，最精确、最简捷的方法，乃是对该方程进行微分。

2. 数学规划（mathematical programming）

数学规划是将决策目标用数学函数来表达，进而找出该目标函数最佳值的一种模型。

例如，假设营销分析人员发现销售利润（Z）与广告费用（A）及分销成本（D）之间存在着下述函数关系：

$$Z=10A+20D$$

也就是说，每1元的广告费用可带来10元的销售利润，每1元的分销成本可带来20元的销售利润。同时，由于企业营销活动要受到种种内外部条件的限制，因此，在进行营销分析时，还必须考虑下述约束条件：①营销总预算可用于广告费用及分销成本的金额不得超过100元；②广告费用不得低于40元且不得高于80元；③分销成本不得少于

10元且不得多于70元。现在的问题就是：

已知目标函数

$$Z=10A+20D$$

及约束条件

$$A+D \leq 100 \cdots\cdots\cdots\cdots ①$$
$$A \geq 40 \cdots\cdots\cdots\cdots ②$$
$$A \leq 80 \cdots\cdots\cdots\cdots ③$$
$$D \geq 10 \cdots\cdots\cdots\cdots ④$$
$$D \leq 70 \cdots\cdots\cdots\cdots ⑤$$

求A与D为何值时Z最大。

由于这一问题相当简单，故不必用高深的解题技巧即可求出答案。由于目标函数可知，分销成本的效益为广告费用的2倍，故在符合约束条件的情况下，可以设想将全部预算投在分销上。现在假设，将70元用于分销，30元用于广告。但是，约束条件②又规定了广告费用不得少于40元。因此，最佳营销组合分配，就是广告费用40元，分销成本60元，这样，最大利润额就是：

$$Z=10A+20D$$
$$=10 \times 40+20 \times 60$$
$$=1\ 600（元）$$

3. 统计决策理论（statistical decision theory）

又叫贝叶斯决策理论（Bayesian decision theory）。应用这一模型时，需要：①区分企业可供选择的各种决策方案；②区分各事件在与各种决策相衔接时可能产生的各种结果；③估计各事件可能发生的概率多；④估计每种可能结果给企业带来的价值即盈利（payoff）；⑤决定各种决策的期望值；⑥选择期望值最大的决策。

假设产品经理需要在提高产品价格与维持产品原价之间进行抉择，决策结果要受到经济形势（萧条抑或繁荣）的影响。如果产品经理认为经济趋向萧条的概率为0.7，假定确实出现了萧条，价格不变，将有50元的利润；提高价格，将有10元的损失。再假定，经济趋向繁荣，价格不变，将有70元的利润；提高价格，将有100元的利润。上述估计值可由盈利矩阵（payoff matrix）来概括：

	0.7 萧条	0.3 繁荣
维持原价	50	70
提高价格	−10	100

下一步就是计算各种决策的期望值。所谓期望值，也就是以概率为权数的盈利加权平均数。

在本例中，维持原价的期望值为$0.7 \times 50+0.3 \times 70=56$（元）

提高价格的期望值为 0.7×(−10)+0.3×100=23(元)

可见，产品经理所应采取的最佳决策是维持原价。

4. 博弈论（game theory）

又叫对策论。与统计决策理论的应用相类似，在应用对策论时，也必须确认各种可供选择的方案、不定变数以及各种不同结果的价值。与统计决策理论所不同的是，它所假设的不定变数是某一竞争对手、事件或其他不利因素。

例如，某汽车制造商正在决定是否该重新设计汽车式样，并且他已知道，自己的竞争对手也在考虑这一问题。该制造商估算，如果双方都不重新设计，则二者除获正常利润外，不会再有任何额外收益，如果本厂重新设计，则将从竞争对手那里挣得20元（我们假设竞争对手将损失20元，也即某制造商的获利额就是另一制造商的损失额），如果本厂不重新设计，而竞争对手却重新设计，则本厂将损失10元（假设竞争对手将获利10元）；最后，如果双方都重新设计，则本厂将获利5元，而竞争对手则将损失5元。

假设双方为使自己所受损失最小都各自采取相应对策，这样的解也是存在的。此类问题就称为最大损失最小化原则，即minimax原则。根据这一原则，本厂就会采取重新设计的方案。这是因为，如不重新设计，本厂可能蒙受10元损失；而若重新设计，则至少获利5元。同时，竞争对手也愿意重新设计。这是因为，如不重新设计，则可能损失10元，而若重新设计，则最多损失5元。因此，双方都会采取重新设计的决策，本厂将获利5元，而竞争对手则损失5元。任何一方都不可能因采取其他策略而获得利益。

上述问题也就是：

已知博弈矩阵

$$\begin{array}{c} & \text{竞争对手} \\ & \begin{array}{cc} \text{不重新设计} & \text{重新设计} \end{array} \\ \begin{array}{c} \text{本 不重新设计} \\ \text{厂 重新设计} \end{array} & \begin{bmatrix} 0 & -10 \\ 20 & 5 \end{bmatrix} \end{array}$$

求能使最坏结果最小化的决策。

二、依应用技术不同而分类的管理科学模型

（一）文字模型（verbal models）

如果用文字来表达各个变数及其相互关系，这样的模型称为文字模型。许多消费者行为都可用文字模型来表述。例如：广告促使人们由获悉（awareness）到了解（knowledge）、喜欢（liking）、偏好（preference），再到信服（conviction），最后购买。即：获悉—了解—喜欢—偏好—信服—购买。

（二）图像模型（graphical model）

图像模型是将文字模型符号化的一个重要手段。有六种不同的图像可供选择：

1. 逻辑流程图（logical-flow diagram）

逻辑流程图主要用于表述明显的逻辑程序或运算。如图12-1所示。

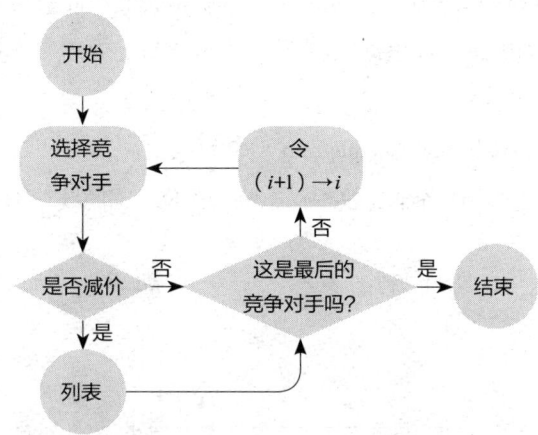

图12-1　逻辑流程图

图12-1中，每个框块都以连续的流程形式和两种基本运算相连接。一种运算是分枝（branching），当该流程中的某一阶段出现必须解决的问题时，其各种可能的答案均以不同的分枝而展开，即有所谓分枝产生。一种运算是回环（looping），当某种答案引导流程返回原先阶段时，即发生回环。

图12-1是描述一个制造商确认将有多少竞争对手降低其产品价格的逻辑流程图。该制造商首先考虑竞争对手i，询问其是否有可能降低价格；若答案是肯定的，则将结果列表，再询问是否有其他竞争者；若答案是否定的，则可直接进行下一问题；若有其他竞争者，则逻辑流程回流至第一个框图中，即所谓回环；否则，该流程就结束。

由于逻辑流程能够清晰明了地表述各种逻辑过程，因而在营销领域越来越受到重视。

2. 网络规划图（network-planning diagram）

又称要径图（critical-path diagram），主要用于图示完成某一项目所必须发生的各个事件。如图12-2所示。

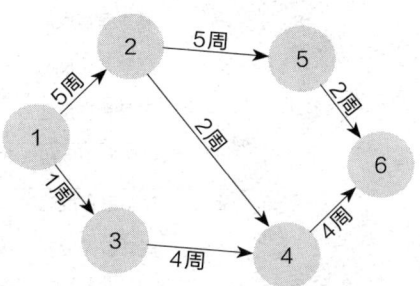

图12-2　网络规划图

图12-2中，事件以圆圈表示，以箭头符号相连，箭头方向表示事件之间的相互关系。图12-2表明，事件6必须待事件4和5完成之后方能开始，事件5必须待事件2完成之后方能开始，事件4必须待事件2和3完成之后方能开始。在对完成各个事件所需时间进行估算之后，营销分析人员就可发现完成某项目所需要的最短时间。在网络图中，有一表明完成某项目所需最短时间的要径。除非能缩短此要径，否则无法提早完成这一项目。在营销活动中，可以网络规划图为基础，制定规划、安排进度、进行管理控制等。

3. 因果分析图（causal-analysis diagram）

因果分析图主要用于表述各个变数相互影响的方向。如图12-3所示。

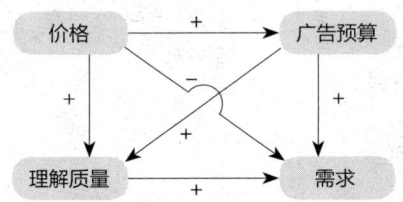

图12-3　因果分析图

图12-3表明，价格对需求有一种直接而反向的影响，即价格上升，需求下降；价格下降，需求上升；较高的价格可被人理解为质量较高，价格低可能被人理解为质量低，即价格对质量有一种正向的影响；价格高，就需要多做广告，花费较多的广告预算，而商品的高价格、广宣传，也可能被人理解为是质量高的表现；广告预算与理解质量都对需求具有正向影响，也就是说，要扩大产品需求，就必须提高质量，大做广告。

因果分析图的实用价值，就在于它揭示了营销分析人员所必须加以考虑的各种复杂关系。

4. 决策树图（decision-tree diagram）

决策树图主要用于图示不同决策下的各种不同结果。如图12-4所示。

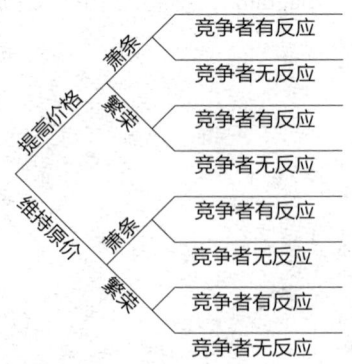

图12-4　决策树图

图 12-4 表明，制造商要在提高价格与维持原价之间做出抉择。其决策结果将受经济形势（萧条抑或繁荣）以及竞争者是否有所反应等因素影响。该决策树还可进一步延伸，以表明与买主反应、存货情况等因素有关的其他偶然事件发生的可能性。将盈利概率估算出来，分别加于决策树的各个不同分枝，便可应用统计决策理论求出最佳决策。

5. 函数关系图（functional-relationship diagram）

函数关系图主要用于描述两个以上变量间的函数关系。如图 12-5 所示。

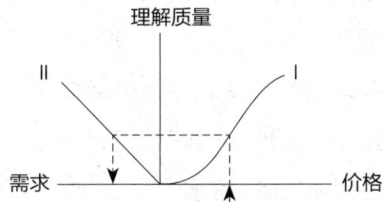

图 12-5　函数关系图

图 12-5 中，第 I 象限表明了价格与理解质量的正向关系，第 II 象限表明了理解质量与需求的正向关系。从上述两个象限所表述的关系，营销分析人员可以了解到，在某一特定水平上的价格（通过理解质量的作用）对某一特定水平上的需求所产生的影响及其效果。通过了解上述两种函数关系，分析人员还可建立一个需求函数，用来表明销售反应函数（Sales response functions）、概率分布及其他各种关系。

6. 反馈系统图（feedback-system diagram）

反馈系统图主要用于描述这样一种系统，在该系统中任何产出都可回到原先的投入，从而对系统本身产生影响。这种反馈过程与逻辑流程图中的回环大不相同，因为后者只能将流程转回到先前之点，但对该点并无任何影响。如图 12-6 所示。

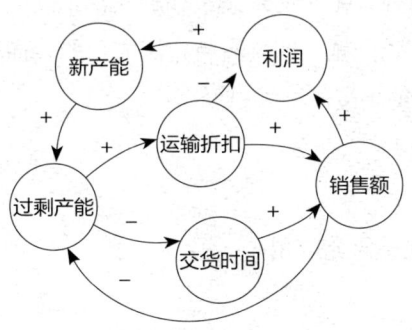

图 12-6　反馈系统图

图 12-6 显示了销售额、利润、产能以及营销变数之间相互影响的关系。过剩的产能导致企业给顾客较高的运输折扣，缩短交货时间，促进销售增加，而销售增加又减少过剩产能，提高企业利润，但较高的运输折扣又会减少利润收入。如果净收益是利润的增加，则将导致产能投资的增加，促使产能过剩。如此循环往复。

（三）数学模型（mathematical model）

数学模型包括线性与非线性模型（linear vs. nonlinear model）、静态与动态模型（static vs. dynamic model）、确定性与随机模型（deterministic vs. stochastic model）三种基本形式。

在线性模型中，某变数每变动一个单位，就会对与之相关的其他变数产生一种恒定的边际影响。

静态模型是描述经济系统处于相对平衡状态时各种因素相互作用规律的一种经济数学模型，主要显示某一系统的最终状态，而与时间无关。动态模型是指描述系统各变量之间随时间变化而变化的规律的数学表达式，一般用微分方程或差分方程来表示。该类模型将时间因素引入，考察随着时间推移系统状态的变化。

确定性模型是指不包含任何随机成分的模型，只要设定了输入和各输入之间的关系，其输出也是确定的。随机模型则是按随机变量建立的模型，是非确定的概率的模型，其特点是模型参数、模拟对象发挥功能的条件和状态特征是随机变量。

第三节 营销决策模型的应用

量化对营销的贡献在于说明了营销理论的对象及方法，利用抽象的语言和变量实现了思维过程的形象化。它用一定的变量和模型来表示营销中的一些本质概念及相关关系，再对这些变量和模型进行数学分析，从而反映营销现实。营销决策模型是为了一个特定的研究目的，应用现实的程式化表述来探索和解决营销问题的一种模型。营销决策模型往往是基于企业的现实营销问题，即具有特定研究目的，通过一定表现形式对问题的核心方面进行抽象建模来辅助决策。

一、营销决策模型的大规模研究应用

总体上看，营销决策模型的大规模研究应用始于20世纪的60年代。有三个主要因素从中发挥着重要作用：

第一是电子计算机的导入。在此期间电子计算机开始进入企业机构，尽管主要用于生产、运作、发放工资、往来账目等基础数据的处理和行政管理，但是很快营销人员意识到了信息技术对营销决策的潜在价值，尤其是信息技术使得企业决策所需要的营销数据更易于获得。数据好比决策分析的催化剂一般，有了数据才好开展分析，而分析又需要有适当的工具。这样，随着数据越来越容易获得，企业对营销决策模型的需求日益迫切起来。数学模型就是一种用定量化、数学的方法来分析营销现象和解决营销问题的模型。通过数学模型的模拟运算，可为使用者提供不同自变量下的模拟结果，从而为企业筛选和优化营销方案提供极大便利。通过数学模型来构建营销决策模型，也为决策模型的计算机实现提供了可能。

第二是管理科学化的推进。在此期间，企业管理者正肩负着向管理科学化转变的历史使命，即由以往凭经验判断进行日常管理转变为以行为科学、社会科学、统计学甚至科学实验等科学的理论和方法为基础，实行科学管理。各大商学院的营销学者也致力于运用分析方法研究营销问题，而分析方法的应用无疑给决策模型带来了更多的机会。

第三是运筹学的兴盛。20世纪60年代是运筹学、管理科学的兴盛时期。如上所述，"二战"期间，运筹学者热衷于借助数学手段解决军队后勤保障和运输问题。战后，运筹学者借助模型构建和优化方法用于处理形形色色的社会问题。运筹学、管理科学在企业经营中的重要性日益凸显。因此，营销决策模型在企业得以广泛运用就成为顺理成章的事了。

二、营销决策模型的发展历程

回顾营销决策模型的发展历程，大致可以分为五个阶段：

（一）起步阶段（1960—1969年）

用来解决营销问题的数学模型，最早始见于微观经济学文献，最为著名的是营销组合最佳模型（即多夫曼-斯坦纳模型）。20世纪60年代后期，借助运筹学技术分析解决营销问题渐成时潮。线性规划、马尔科夫模型、仿真技术、博弈论等是人们常用的工具。还有学者将运筹学方法和贝叶斯法则结合起来，研究解决不确定环境下的营销决策问题。贝叶斯法则是概率统计中的应用所观察到的现象对有关概率分布的主观判断（即先验概率）进行修正的标准方法。

（二）黄金时代阶段（1970—1979年）

在此期间，营销模型的研究逐渐形成风气，提出的模型数量呈几何指数增长。更为重要的是，营销决策模型形成了自己的完整体系。且不管运筹学技术能否解决实际问题，但用模型构建来描述营销现象和营销问题，简直就成了一种时尚。学者们借助随机模型、营销组合模型、市场反应模型、归类营销决策模型等，研究单个顾客行为等营销问题。关于营销组合的模型大量问世，人们尤其感兴趣的是如何通过建模来表述特定营销组合因素与市场反应模型的关系，如何借助经验数据来估计相关的反应函数。为了解决这些问题，学者们纷纷采用了计量经济学方法。值得一提的是，在此期间出现了"营销决策支持系统"，在抽象的营销模型和现实的营销决策之间搭建了一座桥梁。对于促进营销模型在营销决策实践的应用，发挥了十分重要的积极作用。

（三）通用化阶段（1980—1989年）

市场反应模型的问世，引起企业界和学术界的极大关注。人们纷纷要求对该模型进行足够的实证研究，以确保模型的通用性。20世纪80年代后期，营销知识逐渐成为一个热门话题。企业借助人工智能和计算机科学技术，用计算机储存营销知识，改善营销决策。由此也促进了学术界对营销工具（尤其是价格和广告）元分析以及联合分析的关注。联合分析（joint analysis）是用于评估不同属性对消费者的相对重要性，以及不同属性水平给消费者带来的效用的统计分析方法。联合分析始于消费者对产品或服务（刺激物）的总体偏好判断（渴望程度评分、购买意向、偏好排序等），从消费者对不同属性及其水平组成的产品的总体评价（权衡），可以得到联合分析所需要的信息。学者们借助知识管理、营销决策支持系统、营销组合效应元分析、营销知识模型和专家系统等研究解决营销问题。

（四）营销信息革命阶段（1990—1999年）

在这一阶段，学者们借助元分析模型、人工智能、计算机科学、数据挖掘、基于扫描数据的消费者选择模型、格式化理论模型、神经网络系统和数据挖掘等方法，研究消费者选择模型、销售促进模型等，解决消费者品牌转换、推销员报酬、存货控制、定价决策、渠道决策等营销问题。

（五）客户中心阶段（2000年至今）

进入21世纪以来，单个顾客成为分析的基本单元。信息技术的发展和在线营销的应用，产生了更多的客户关系管理（CRM）数据、点击流量数据和电子商务数据，企业借此也建立了足够规模的顾客数据库。而这些数据库又成为客户关系管理系统的一个重要组成部分。学者们致力于研究客户获取和维持模型、客户关系管理（CRM）模型、顾客背弃预测模型、客户生命周期价值模型、电子商务模型等，致力于为特定营销活动选择适当的客户，进行更加高效的客户关系管理。

三、营销决策模型的作用和局限

荷兰学者维伦戛（Berend Wierenga）在其2008年主编的《营销决策模型》一书中，对营销决策模型的地位进行了意味深长的比喻。他说：营销决策模型领域就好比是一条江河，万涓溪流源自20世纪60年代，逐渐汇成江河，经济学、心理学、计量经济学、运筹学、信息技术和人工智能属于江河的上游。到70年代，营销决策模型就好比河床形成一样基本建立了自己的体系，营销决策模型的外围环境就是营销学本身。自此以后，河流逐渐开阔、拓宽。随着时间的推移，汇入更多的支流，迄今已形成令人叹为观止的奔腾不息的江河。江河的下游就是陆续问世的营销科学文献和日趋成熟的营销管理实践。

毫无疑问，无论是应对全球经济危机，还是培育企业核心能力，营销决策模型势必发挥无可替代的重要作用。但是，对于这些模型也不能过分迷信。理论一定要联系实际，才能充分发挥其应有的作用。爱因斯坦曾经说过："数学，人类纯思维的结晶，完全脱离于现实经验，怎么可能如此完美地适合物理世界的物体呢？"确实，数学不能独立于现实而存在。应看到，以数学模型为主来构建营销决策模型时，也会存在一定局限性。例如，对具体营销问题进行抽象建模时，势必提出明确的假设，在假设基础上来建立模型研究营销问题。因此，营销决策模型并非是现实问题的完全写照，而是对某些因素限制基础上的理想化模型。所以，使用过程中应认识到营销决策模型的局限性。

第四节 营销工程的发展

一、营销工程的缘起

虽然营销已经发展成为一门独立的理论学科，其中包括许多重要的理论、理念、方法论，但在营销实践中，许多高层经理认为营销只不过是一门艺术，在营销理论和营销实践之间天然地存在着一道鸿沟，要跨越这道鸿沟仅仅依靠先前的方法论是远远不够的。

进入21世纪以来，营销领域已开发出许多成功的决策模型和决策支持工具，借助整合数据、知识管理、逻辑判断和计算机软件来简化决策过程，从而使得复杂的营销决策问题简单化，更有效地从事营销战略计划的制定、实施和评估。于是，营销领域的一个崭新利器正浮出水面，这就是所谓的"营销工程"，实际上，它是连接营销理论和实践的桥梁。

营销工程的概念最先由美国宾夕法尼亚州立大学教授加里·L.利连于1998年在《营销工程：计算机辅助的营销分析和计划》一文中提出。他本人也因此成为"营销工程学"的创始人。利连将营销工程定义为"通过计划、设计和创建决策帮助和营销管理支持系统（MMSS）将营销数据和知识进行实际应用的系统过程"[①]。营销工程的兴起与当今时代特征和商业环境的变迁不无关系。

（一）功能强大的计算机网络

营销经理们越来越依赖计算机来完成其工作。他们说："十年前我们部门拥有很多的人力，很少的软件。如今，情况正好相反，我们有很多的软件，很少的人力。"这些计算机通过当地的网络可以同全世界的计算机和数据库相连。"人工智能、大数据、量子信息、生物技术等新一轮科技革命和产业变革正在积聚力量，催生大量新产业、新业态、新模式，给全球发展和人类生活带来翻天覆

---

① Gary L. Lilien, Arvind Rangaswamy. 营销工程：计算机辅助的营销分析和计划, Reading, MA: Addison-Wesley, 1998.

地的变化。"① 在这种环境下，软件变成了"数字网络信息资产"。由于营销工程已经与软件程序有机结合在一起，而且营销自动化软件等被广泛销售，所以，收集、加工和分享信息的管理能力大大提高。这就使得决策过程中应用营销知识的能力得到加强，客观上，也为营销工程这个连接营销理论与实践的桥梁拓展了空间。

（二）海量数据的迅速产生

借助电子计算机，企业可以自动获取与顾客交易有关的数据；借助互联网络，市场交换活动得到了迅速的增长。所有这些，都产生了大量有价值的关于顾客偏好和行为的大数据及相关信息。在某种意义上说，信息的充裕往往比其缺乏会带来更多的麻烦。美国学者研究表明，一家商店每天能够完成大约50 000笔交易，这些交易对于一家超市来说包含25 000～30 000SKUs（库存单位），对于一家百货公司来说就是150万个SKUs。将如此庞大的营销数据转化为可以指导实践的营销知识，需要有高超的管理技巧、强大的分析能力、先进的信息处理技术以及很强的组织能力。"大数据、3D打印、人工智能，这些曾经的科学幻想，如今已经融入人们的衣食住行用，未来已经来到我们身边。"② 可利用的数据正以幂级数增长，而人类的大脑却不能相应地提高处理和解释数据的能力。在这种情况下，经理们急需掌握诸如营销工程之类的新方法和新技术。只有这样，才能在信息爆炸、人力不及的新环境下制定切实可行的正确决策。

① 习近平.在金砖国家工商论坛上的讲话（2018年7月25日）.新华网，2018-07-26.

② 习近平.同舟共济创造美好未来——在亚太经合组织工商领导人峰会上的主旨演讲（2018年11月17日，莫尔兹比港，人民日报，2018-11-18.

（三）营销再造的兴起

在扁平化组织、专家化团队、资源外包的竞争环境下，企业家们都在致力于再造其营销功能、营销过程和营销活动。集中决策将让位于分散决策（分权式决策）。营销经理们将更多地直接处理市场信息，并且运用计算机来完成曾经由辅助人员常做的工作。因而，企业需要用营销工程等类似的辅助工具，来取代先前由人工完成的工作。

（四）统计理论和计算机建模技术的完善

统计科学发展到今天，已经能够成熟地处理多变量动态环境下的统计问题，使得理论研究的假设与实际的操作环境日益接近。计算机建模技术的发展也日趋成熟，这使得操作直观简便的营销决策模型的应用软件得以大量问世，经理们对应用这些决策模型产生了越来越浓厚的兴趣。于是，研究如何系统地应用这些营销决策模型来解决实际营销问题的理论（即营销工程）也应运而生。

二、营销工程的成功实施

（一）决定MMSS成功的主要因素

大量数据证实，MMSS能够增加企业利润，改善企业绩效。决定MMSS成功的主要因素有五个：① 对决策支持的需求；② 对决策支持的供给；③ 需求和供给之间的匹配；④ MMSS 的设计特点；⑤ MMSS 实施过程的特点。决定 MMSS 成功的主要因素如图 12-7 所示。

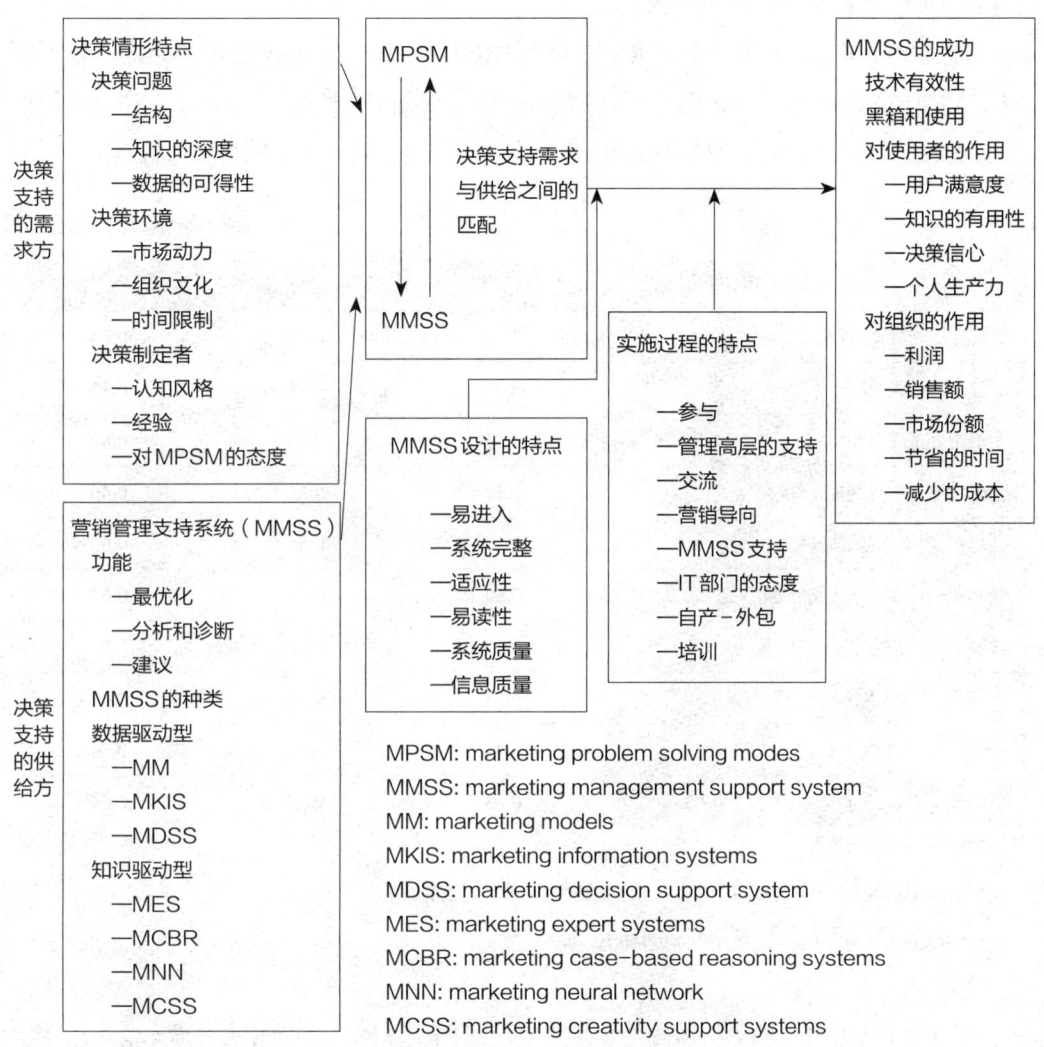

图 12-7　决定 MMSS 成功的主要因素

由图 12-7 可知，需求方（决策过程）和供给方（MMSS 功能）之间的匹配是 MMSS 潜在成功的主要驱动力。但是，实际上能否意识到这种潜在成功要依赖于以下两组因素：设计特点和实施特点。良好的系统设计和有效的实施过程，将推动营销工程走向成功。例如，典型的营销电子数据表都包括规划好的营销支出和相关总收入及净收入。但是，在大多数情况下，模型的开发者都不会在数据表中建立营销投入（比如广告）和销售收入之间的关系，因此，营销投入作为一项成本仅仅影响了净收入。这种电子数据表可称为"哑"模型。作为营销模型，"哑"模型没有多大意义，因为它们没有反映出营销投入和产出之间的关系本质。若使电子数据表模型有意义，模型的开发者必须明确地解释客观目标和各个变量,并且详细地说明各变量之间的关系。在一个"聪明"的模型中,方程式或反应模型必须内含在电子数据表中,这样经理们就能够看出广告对销售额和收入的影响,以决定广告费用的增减。因此,设计环境(知识、软件以及数据)简化了营销工程。

促进 MMSS 实施的另一个因素是在组织内部对营销工程方法改善的决策制定进行证明:在实验或真实决策环境下,营销工程方法的表现如何?表 12-1 概括了以往对应用模型在改善预测准确度方面效果评估的研究,在一定程度上对上述提问给出了答案。

表 12-1 三种决策模型的效果比较

常用的三种决策模型	大脑决策模式*	主观决策模型**	客观决策模型***
研究生的学术表现	0.19	0.25	0.54
癌症患者的寿命	−0.01	0.13	0.35
股票价格的变化	0.23	0.29	0.80
性格测试诊断出的心理疾病	0.28	0.31	0.46
心理学课程的成绩和态度	0.48	0.56	0.62
根据财务比率判断出的业务失败	0.50	0.53	0.67
学生给老师教学效果的打分	0.35	0.56	0.91
人寿保险销售人员的业绩	0.13	0.14	0.43
Rorchach 测试得出的 IQ 分数	0.47	0.51	0.54
平均值	0.33	0.39	0.64

注:*专家直接预测的结果。

**主观决策模型:根据专家过去的预测,用主观线性回归模型得到的结果。

***客观决策模型:由数据直接开发的线性模型。

表 12-1 给出了三种模型预测结果与真正结果的相关度,说明虽然主观决策模型优于大脑决策模式,但却远不如客观决策模型。

由表 12-1 第一行看出,将专家的直觉判断置于一个简单的线性模型中得到的结果要优于专家本身的直觉判断。该行中,19% 是各个专家直接对学生表现做出的判断之间的相关度,25% 是用一个线性描述模型将过去的判断和所用的数据结合起来而得到的相关度,这个例子中判断的准确度从 19% 提高到了 25%。对准确度的提高可以这样解释:决策模型比大脑决策模式更能连续地将专家意见应用到新的案例中。

表 12-1 的第三栏列举了"客观"线性回归模型的准确度。在探讨学生学术表现的案例中,所用的回归模型的自变量与专家们预测时使用的因素一样,但是因变量指的是研究生学术表现的一个已知的衡量标准。该例子中的预测是基于一组数据样本,也就是客观模型中使用的数据。对于这个模型,预测和真实结果之间的关联度是 54%。该表同时还说明

在若干次研究中预测和真实结果之间的平均关联度。主观决策模型同真实结果之间有39%的平均关联度，与此相比的是直觉大脑预测模式与真实结果之间是33%的平均关联度。

上述研究表明：

（1）当营销管理者可以实际数据为基础建立一个客观模型时，通常会做出最好的预测。然而，在许多决策情形下，并没有数据可以显示过去在同样的情况下所做决策的准确性。在这种情况下，次优的选择是将这些仅依靠大脑来决策的个体应用于决策模型中去。使用决策微积分法的"反应模型"的校准是将仅依赖大脑决策者应用于正式模型的一种方法。

（2）在这三种模型中，仅用大脑决策的模型是最不精确的。但是，就平均意义上而言，这三种模型都与事实有正相关关系，而一个随机预测的模型本应该和事实完全不相关。

（3）营销管理者不应该将注意力集中在寻找对预测有用的变量上，而是应该集中在如何连续地将变量与决策模型联系起来上面。

（二）营销工程的应用领域

表12-1所列举的例子仅仅着重于预测任务，其他的研究已经发展到诸如资源配置和员工招聘等此类的管理领域。尽管这些研究大部分都显示了使用决策支持工具通常有利于决策行为，但是并非总是如此。事实上，有些研究表明决策质量因使用决策支持工具而下降了。因此，决策支持工具和大脑应该结合使用，这样当其中一方处于弱势时，另一方就可以发挥效用。大脑决策模式可以包括一种决策情形中出现的特殊情况，但是他们太容易以旧模式来处理新问题。

因此，营销工程既可以是数据驱动型的也可以是经验驱动型的。一个数据驱动的支持工具可以在足够多的市场"反应模型"的支持下回答"what if"条件判断问题。一个经验驱动的支持工具可以获取某个特殊领域的实质经验，例如为广告设计而开发的ADCAD专家系统。营销者使用这种方法可以发掘更多的决策选择，准确评估各个营销决策变量间的相互影响，简化集体决策制定，以及改善决策者关于市场行为的主观大脑决策模型。

（三）营销工程的实践推广

有这样一些因素能够帮助营销工程从一个仅为少数人所使用的前途无量的营销方法转变为一个被管理层普遍采纳的营销工具，包括：终端用户建模、用户培训、因特网上的营销工程等。

1. 终端用户建模

营销工程的范围涵盖了从由专家组开发的尖端的系统到单个人（终端用户）也能快速组装的简单系统。专家组已经组装了很多大规模的营销系统，这样的应用也会在未来继续发展。与此同时，个人计算机的普及也促进了终端用户系统的开发和传播。由于许多现实的营销问题都存在着严格的时间限制，为了取得成功，终端用户系统需要与个体决策者的能力和偏好、直接接触性、适应性、快速得到答案的可能性等达到良好的匹配。

因此，终端用户系统包括以下一些主要特点：

（1）解决问题的过程由一个处理业务问题的个人发起并完成。该用户很少会是技术分析家或建模专家。营销工程的目标是对某个具体的决策问题进行更好的了解，并确定可供该用户采取的各种行动。

（2）虽然基本模型本身可能涉及数学，但建模本质上并不是数学问题。该用户依靠图形、电子数据表和应用软件，组合成一个营销工程解决方案，来反映其对该业务问题的理解。

（3）该用户在给定的预算和时间限制内开发这个系统，它具备了一个良好的工程方案的特点，即尽可能好地、便宜地并充分利用易得的原料来完成这项工程。该用户可以利用可获得的任何信息，发挥能付诸实践的创造力。基本模型本身比起由学者或专业管理科学家开发的模型来说，可能不够完整和科学，但判断在输入数据和解释结果时却发挥了重要的作用。

（4）使用终端用户系统的目的是获得方向性的见解，而不是具体的用数字表示的指导方针。同一些已发展成熟的决策支持系统相比，终端用户模型通常得出更加有实用价值的普遍适用的结果。

2. 用户培训

营销工程带来的巨大好处正通过终端用户建模为我们所意识。实际上利连已经开发了一种能够简化营销工程技术从学术向实践转变的终端用户工具包。对于必须进行的培训来说，很重要的一点是在实干中学习。培训的材料已经被改编成适合高级研究生项目、MBA 和 EMBA 项目所用的培训材料。Medical Imaging 等公司已将这种培训作为所有与营销相关的职员的必修课程。沃顿商学院的"新产品开发主管人员培训项目"就采用了这套培训材料中的一部分，作为在这种培训中惯用的概念性更强的培训材料的一种分析补充。这种营销工程工具包的一个显著特点就是它能够马上投入使用，因此，经理们能够在培训的过程中实时将诸如市场细分、市场选择、市场定位、资源分配等概念应用到自己的业务中去。

3. 互联网营销工程

终端用户系统的发展，迎合了互联网普及的大趋势。由于越来越多的经理开始利用互联网作为他们日常决策的信息来源，他们也将更青睐于使用能在网络上得到的决策模型。随着对散布在互联网上的 Java 和 ActiveX 软件日渐增多的应用，更加复杂高深的交互式决策模型也能够直接通过计算机网络来传播。

三、营销工程的未来展望

进入 21 世纪以来，营销工程无论在实验室还是在实践中都展示了巨大的价值。事实上，2018年一项在实验室中检测营销工程模型的研究表明：营销工程资源分配模型不仅提高了用户取得的客观的市场结果（如利润），也改善了其主观感受，比如其对决策的满意度等。

企业进入市场的途径更多，能获得比决策者所能用的更多的客户信息。然而，更多的信息不是给人启发，而是使问题更加复杂、模糊。营销工程可以帮助企业把市场信息转换成竞争优势。只有把信息应用于决策和行动时，信息才是有价值的。竞争优势的获得越来越取决于信息如何被使用，而不是谁拥有信息。

很多企业采取了营销信息系统（MKIS）来整合企业活动，支持并提高企业整体绩效。MKIS可以整合最终用户的决策模型和传统信息系统，从而提高企业利用营销工程的能力。目前，至少有6个趋势是有利于这种信息整合的：① 企业正投资于所需的基础设施来发展和维持企业范围的数据库，实施ERP。② 企业正利用在线分析过程（OLAP）从而把建模能力和数据库整合起来。③ 配置智能系统来自动化一些建模任务。④ 开发计算机仿真能力，用于决策培训，探索多种选择的可能性。⑤ 建立组群系统，如Lotus Notes，来支持集体决策。⑥ 改善用户界面，使复杂模型的应用更加容易和普及。

由于越来越多的信息和越来越低的信息处理成本，未来将出现如下趋势：① 产品生命周期变短，不可测性变小；② 买方取代卖方获得更大力量；③ 企业更关注产品的营利性，而不是市场份额；④ 更多非正式企业联盟；⑤ 更关注合作而非竞争；⑥ 更依赖团队决策，团队成员同时分享和处理信息。

进入新时代，购买方力量的增强（比如通过电子购买代理）意味着企业必须要在市场上获胜，必须更好地了解客户价值。对获利能力的强调意味着营销工作者必须关注目标的设立。联盟和合作意味着我们需要更新的模型来支持这些多种决策者。团队决策的地位提升意味着组队软件的重要性将加强。所有这些趋势将会促使营销工程势在必行。德鲁克曾经这样说道：营销是如此重要，它不能仅仅由营销工作者来负责。这一论点在如今变得更是如此。总之，营销工程把营销理论和实践有机地结合起来，在提升营销绩效方面发挥着日益重要的作用。

本章回顾

20世纪60年代，营销管理开始运用运筹学，数学决策模型被广泛地应用于营销研究、教学和实践活动中，营销定量研究兴起并逐渐发展。

管理科学的某些模型在营销活动中有着重要的应用价值，包含依应用目的不同而分类的管理科学模型和依应用技术不同而分类的管理科学模型两类。

营销决策模型的大规模研究应用始于20世纪60年代。电子计算机的导入、管理科学化的推进和运筹学的兴盛三个主要因素发挥了重要的作用。营销决策模型的发展历程大致经历了起步阶段、黄金年代阶段、通用化阶段、营销信息革命阶段和客户中心阶段五个阶段。

功能强大的个人计算机和计算机网络、海量数据的迅速产生、营销再造的兴起、统计理论和计算机建模技术的完善等推动了营销工程这一创新性营销方式的产生。营销工程的应用领域广泛，它将营销理论和实践结合起来，无论在实验室还是在实践中都展示了巨大的价值。

关键术语

定量研究　描述性模型　决策模型　文字模型　图像模型　数学模型　确定性模型　马尔科夫过程模型　决策模型　排队模型　营销工程　静态模型　动态模型　确定性模型　随机模型

即测即评

请扫描二维码，在线测试本章学习效果。

讨论与思考

1. 如何认识营销的科学性与艺术性。
2. 简述分析营销定量研究兴起的原因。
3. 简述管理科学模型的类型。
4. 简述营销决策模型的发展历程。
5. 简述营销决策模型的作用和局限。
6. 简述营销工程发展的背景。

第十三章
国际营销的发展

公司的成功不取决于生产,而取决于客户。

——彼得·德鲁克

本章学习目标

1. 了解国际营销的先驱人物及其主要观点
2. 了解国际营销的发展和传播过程
3. 了解比较营销研究方法的概念
4. 了解国际营销中市场选择的策略类型
5. 了解国际营销创新的内容和形式

本章知识结构图

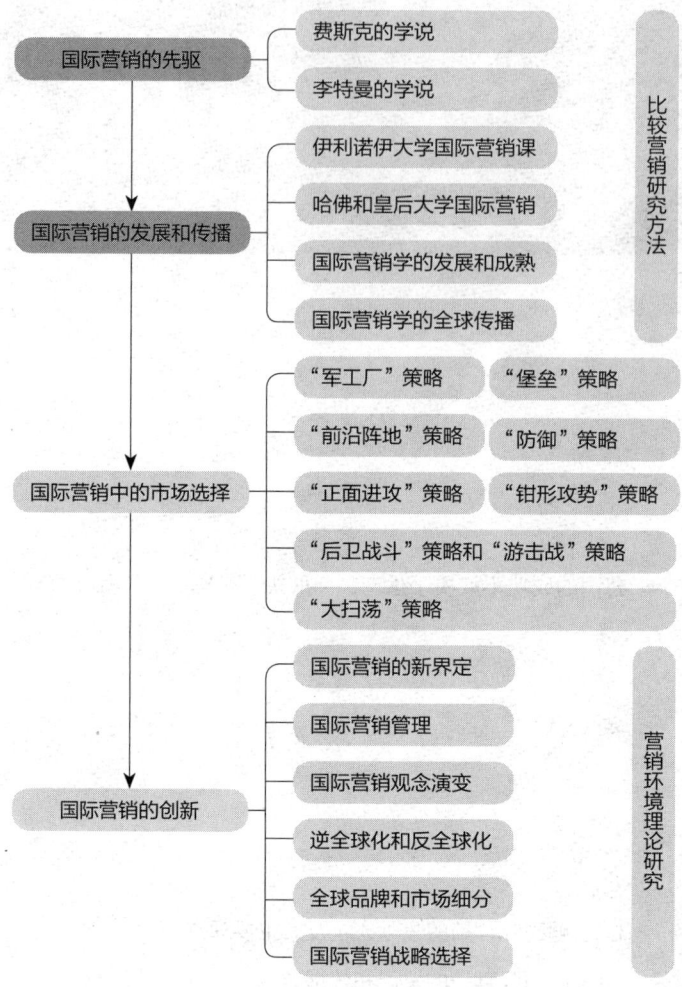

随着世界各国之间贸易往来的频繁和深入，特别是全球化的推动，国际市场的营销问题日益突出，一些学者关注于国际营销问题，促进了国际营销这一营销学分支学科的产生和发展。

第一节 国际营销的先驱

学术界对国际营销学的研究始于20世纪初。当时，用来描述营销的术语不是marketing，而是commerce，trade，merchandising，distribution等。美国学者乔治·M. 费斯克（George M. Fisk）和西蒙·李特曼（Simon Litman）既是营销学的先驱，也是较早开展国际营销学研究与教学的学者。

一、费斯克的国际营销学说

费斯克是北美最早教授营销学课程的学者之一,早在1902年他就在伊利诺伊大学讲授营销学课程。他早年求学的足迹遍布世界各地。一开始是在约翰·霍普金斯大学、宾夕法尼亚大学读书,后来又到黑尔、柏林、慕尼黑、伦敦、巴黎、日内瓦、布鲁塞尔求学。1896年,他在慕尼黑大学获得政治经济博士学位。

从1897年到1900年,费斯克在柏林的美国大使馆担任秘书,他的上司是安德烈·D.怀特(Andrew D. White)大使。1907年费斯克出版的《国际商务政策》(International Commerce Policies)一书可以看作最早的国际营销论著。该书扉页上写着:谨以此书献给安德烈·D.怀特大使。由此可见,在大使馆工作的这段经历以及怀特大使对其今后的学术事业影响之重要和深远。

《国际商务政策》这本书重点阐述了自由贸易和经济保护主义的"政策"问题。但值得注意的是,从内容看,该书实质上是一部国际营销学论著,尽管没有用国际营销(international marketing)这个词,而用的是国际商务(international commerce)。开宗明义,该书就对国际商务做了界定,指出商务(commerce)就是创造时间效用、地点效用和数量效用,商务活动的代理人是商人,商务活动针对货物、商品或产品(goods, commodities, merchandise, wares, products)等物质而展开。由此可以看出,费斯克所写的正是一部国际营销学论著。

一些学者虽承认费斯克所阐述的是早期的国际贸易理论,但不承认费斯克所描述的国际商务就是实际上的国际营销。然而,事实是,虽然费斯克的论著用的是国际商务的名义,但实质论述的是国际营销问题。该书以营销为导向,解释了商务实践活动,论证了营销实践的基本规范。下面这段引文就可以作为佐证。

"制造出的货物必须根据消费者所需要的品种和数量分销到消费者能够发现的地方。这种在最初生产者和最终消费者之间起桥梁作用的,创造必要的时间效用、空间效用和数量效用的经济学分支,就是商务。"

毫无疑问,费斯克早在20世纪初撰写的商务著作,也就是今天我们所理解的营销理论。换言之,他所说的国际商务(international commerce)也就是今天的国际营销(international marketing)。

特伦斯·尼维特(Terence Nevett)曾指出:"对早期营销学教育的研究发现,commerce一词专指国际营销,它将国家间的商品交易和国内贸易(trade)区别开来"。费斯克也在其著作中指出:"commerce和trade通常是一个意思,但前者常指国家间的贸易往来,而后者多指国内的商品交易。谈到国外贸易、对外贸易或跨国的贸易关系,多用commerce一词。谈到单个商人的批发贸易或零售贸易,多用trade一词。trade是指批发或者零售,零售是将商品销售给最终消费者,批发则指除了最终消费者其他各环节之间的商品交易。"

然而，费斯克所研究的主要是营销的国际政治环境，而不是国际营销技术（technique）问题。他的论著为国际营销学的教育和发展起到了奠基的重要作用，以此为起点，开启了国际营销学教学和研究的历史。

二、李特曼的国际营销学说

西蒙·李特曼是与费斯克同时代的营销先驱，他也是北美率先讲授营销学课程的学者之一，1902—1903年曾在加利福尼亚大学任教。李特曼的教育背景与费斯克很相似，只是国际化倾向更明显一些。他在俄罗斯长大，曾进入商校学习。当他的家族所经营的纺织业进入美国之后，他也移居美国。后来，他又到巴黎、慕尼黑、苏黎世攻读政治学和经济学。1901年，他在苏黎世大学获得政治经济博士学位，并于此年受聘任教于加利福尼亚大学。

李特曼1907年开始发表有关国际贸易和国际营销的论著。在1906年美国发生大地震之后，他写了一些旨在推动旧金山城市重建过程中的港务发展的论文，如《众国贸易之地》（1906）、《作为国际航运港的旧金山》（1908）等。其国际营销代表作是《商务机制与技术》（Mechanism and Technique of International Commerce）的手稿，该书的写作起始于1907年，论述了大量的国际营销问题。尽管没有正式出版，但却为《国际贸易概论》（Essentials of International Trade）的出版奠定了基础。后者出版于1923年，从该书的章节目录看，涉及批发贸易、仓储业、零售贸易、百货商店、合作分校、商业竞争等标题，基本上是李特曼在伊利诺伊大学讲授的"商务机制与技巧"这门课程的内容。其中与营销联系密切的章节条目包括：批发与零售业、邮购商业的影响、商人竞争的不同领域、有利地址的选取、必要资本与贷款的获得、合格雇员的招聘、优势供应来源的确定、与竞争对手争夺客户、降价促销、产品的质量效应、富有吸引力的广告、商店的便利、免费送货、广告、生产性产品与消费性产品、制成品的广告批量、广告媒体与方法、各种媒体的比较价值、现代企业的广告目的及其重要性等营销问题。

尽管在1907年很少有涉及"营销"这个标题的教科书，但是很明显，营销是当时李特曼学术思想的焦点或核心。而且，为了阐明其学术思想，他在《商务机制与技术》中大量收录了国际营销的案例，诸如莱比锡和诺夫哥罗德的商品交易会、伦敦和安特卫普的拍卖会、维也纳贸易博物馆等。此外，还列举了巴黎的市场，英格兰商会，美国商会，伦敦、布鲁塞尔和维也纳的商业博物馆等。

这部没有正式出版的《商务机制与技术》向我们展示了这样一个事实：远在国际营销学的教材出版之前，国际营销的思想、理念就早已存在。这些早期的国际营销思想构成了1910年前后伊利诺伊大学国际营销课程的基础。由此，也提醒我们，大学课程的发展也是国际营销思想演变的一个重要方面。

小百科

西蒙·李特曼

　　西蒙·李特曼（Simon Litman）于1873年10月13日出生于俄罗斯的敖德萨（现在属于乌克兰）。西蒙的父亲雅各布是一名成功的纺织企业主，拥有一家位于俄罗斯切松附近的羊毛处理工厂。雅各布从牧民那里收购羊毛，然后在工厂里清洗和打包，然后运送到国际市场。这要求雅各布频繁地出差。雅各布在这种国际贸易中获益颇丰。这对于后来一生致力于国际营销研究的西蒙而言是重要的早期影响。

　　家族生意的成功为李特曼家提供了一种相对优越的生活。还是孩子的时候，西蒙学习弹钢琴，他的父母常带他去歌剧院。家庭的图书馆藏有几千卷书籍，成为西蒙教育的一部分。除了他的母语俄罗斯语之外，西蒙精通英语、法语、德语。可以与家庭经商有关，西蒙进入敖德萨商业学院读书并于1892年毕业。

　　在西蒙大学毕业后不久，李特曼家族就移民到了美国。据西蒙自己介绍，这次移民的原因是为了躲避迫害。作为一名犹太人和成功的商人，在19世纪晚期的俄罗斯，雅克布·李特曼遭受的歧视要比他所应对的交易要多。和其他东欧犹他人一起，他们移民到美国，在纽约定居下来，并很快开了一家属于他们自己的零售服装店。之后，由于生意失败，西蒙的父母不得不返回俄罗斯，但是西蒙和哥哥却留在了纽约。之后，西蒙又到巴黎、慕尼黑、苏黎世攻读政治学和经济学。1901年，他在苏黎世大学获得政治经济博士学位，并于此年受聘任教于加利福尼亚大学，从此开始了他献身国际营销的执教生涯。

　　资料来源：D. G. Brian Jones. Simon Litman(1873—1965): Pioneer Marketing Scholar. Marketing Theory, Vol. 4, No. 4, 2004, pp. 343-360.编者译。

第二节　国际营销的发展和传播

　　1922年，摩法特（J. E. Moffat）经过对50多家美国大学的调查发现，1917年以来，许多大学都开设了了对外贸易课程，更有甚者，还有一家大学早在世纪之交就开设了这门课程。这些课程都在某种程度上涉及了一些国际营销问题。

一、伊利诺伊大学的国际营销课程

　　伊利诺伊大学早期的国际营销学课程是很值得称道的，原因就在于费斯克和李特曼这两位营销学巨擘都曾在这里工作过。他们有着相似的成长历程和教育背景,二人对于营销学的贡献可谓有口皆碑。

费斯克因早在1902年就为伊利诺伊大学讲授营销学课程而享誉学术界,当时的课程名称为"国内商务与商业政策"。内容涉及各种商务组织形式的对比描述,例如:一般批发贸易、零售贸易、百货商店、合作社、合伙商店、叫卖商贩、小摊贩、拍卖行、商务代理、商务旅行、奖券制度等。此外,还涉及对市场、展销会、股市交易、产品交易、贸易公司、商业职业技术学校的描述。

为了配合"国内商务与商业政策"这门课的教学,1902年,该校还开设了一门副修课程"对外商务与商业政策",也由费斯克讲授。该课程实际上是国内营销学课程的国际化,阐述了各种不同的商务体系,如个体商人、自由贸易的商人、贸易保护的商人等;介绍了各种不同的关税、贸易条约、互惠贸易,以及出口贸易相关机构(如贸易博物馆、新闻局、样品室等)。由此可见,在率先开设营销学课程的同时,伊利诺伊大学也开设了国际营销学课程。费斯克1907年离开该校后,早在1903年就在加利福尼亚大学讲授营销学的李特曼前来继任。

二、哈佛商学院和皇后大学的国际营销课程

哈佛商学院于1915年开设了"对外商务"及相关课程,主讲教师有保罗·切林顿、赛丁·马丁(Seldin Martin)和麦尔文·科普兰。他们在教学中提出了如下观点:生产出的产品不仅要考虑推销出去,而且更要考虑消费者的需求以及如何进行分销;美国和其他国家的销售方式存在差异,充分认识这种差异,是十分重要的。由此可见,当时的学者就已经注意到不同国家的营销技术和方法。

从加拿大情况看,1919年皇后大学首次开设商务学学士学位课程,在参照哈佛大学和芝加哥大学的相关课程设置后,率先开设了营销学课程。该课程分为国内营销学和国际营销学。其中国际营销学由克拉克(W. C. Clark)讲授。他毕业于哈佛大学,而且是皇后大学商学课程的主要创立者。1926—1946年,对外商务学一度在皇后大学居于非常重要的地位,该校495名毕业生中,有7%的人的毕业论文涉及国际营销问题。

三、国际营销学的发展和成熟

第二次世界大战之后,国际分工逐渐深化,国际经济交往日益频繁,合作范围不断扩大。国际经济的这些变化,对营销理论提出了新的要求。20世纪50年代初,一些营销学家开始把现代营销理论应用于出口贸易。这方面的代表人物是爱德华·普拉特

（Edward E. Pratt）。他在1956年出版的著作中把出口活动的研究正式冠名为"出口营销学"。从经济学角度研究国外商业的哈罗德·荷克（Harold J. Heck）也有同样的主张。虽然早在20世纪20年代就有人从营销学的角度研究出口贸易，但只是到了50年代出口营销才受到西方学术界的普遍重视。

20世纪50年代末和60年代初，学术界开始运用已经较为成熟的营销理论来解释国际经济活动中的一些问题。经过总结、加工、整理，这些知识便形成了国际营销理论。最初把国际营销理论系统化的学者是克莱姆（R. L. Kramer）。克莱姆指出："现在是我们采用国际企业、国际经营、国际营销等术语的时候了，那些陈旧的术语（指出口营销等）已经不合时宜了。"豪·马丁（Howe Martyn）把国际企业有关经营、管理、组织以及对社会的影响等方面的理论，进行了系统整理，为国际营销理论的发展做出了突出的贡献。

进入20世纪70年代以后，国际营销理论体系趋于成熟。一般认为，美国科罗拉多大学菲利普·凯特奥拉（Philip R. Cateora）所著的《国际营销学》是这门学科的代表作。探讨企业国际营销的学术论文也大量问世。

四、国际营销学的全球传播

1982年6月，来自欧洲和北美的国际营销学家汇聚在荷兰商学院，对国际营销学所面临的理论与实践问题进行了广泛的研讨。这次会议奠定了国际营销学的全球性地位。1984年7—9月，美国密执安大学沃恩·特普斯特拉（Vern Terpstra）在中国工业科技管理大连培训中心讲授国际营销学。这是国际营销理论在中国的首次正式传播，尽管在此之前已有相关书刊传入中国，但一直没有引起人们的普遍重视。1991年，特普斯特拉的著作由本书的编者郭国庆翻译出版。20世纪80年代中后期，有关国际营销环境、国际营销组合策略、国际营销与国际贸易的关系、国际营销学发展趋势等问题的论文著作在中国国内陆续问世，极大地促进了国际营销学在中国的传播。

第三节　比较营销研究方法

一、比较营销的概念及其研究方法

（一）比较营销的概念

比较营销是研究国际营销的一种有效方法。国外不少著名学者曾就比较营销的含义各自下过许多不同的定义。综合起来就是：所谓比较营销，就是将两个或多个国家的社会经济环境和营销系统及活动，运用比较对照的方式，进行系统、有机的比较分析研究，考察它们之间的异同，以及造就这些异同的原因的一种研究方法。其目的是通过研究，考察因环境不同而产生的不同的营销系统和活动过程，推导出社会经济环境、营销系统及活动间的因果关系，以指导人们更有效地进行国际营销活动。其核心是一整套比较分析方法，即一系列从不同角度、不同方面进行比较的方法论的集合。

（二）比较营销研究方法

关于比较营销的研究方法问题，国外营销学者已为我们提供了许多可资借鉴的模型。

1. 巴特尔斯比较分析模型

罗伯特·巴特尔斯（Robert Bartles）自20世纪60年代以来发表了不少比较营销方面的论文。其中，一类是主要运用比较分析的方法，对若干国家的营销进行实际的比较对照，并提出因果结论。例如，他所著的《比较营销——15个国家的批发业》一书，就对15个国家的批发系统进行了全面、深入的比较、分析，并阐明了它们的异同及原因；另一类主要研究比较营销的方法论，从方法论的角度研究比较营销所运用的各种比较方法、模型、角度及意义，如他所著的《比较营销方法论基础》一书，就是这个领域的代表作。他曾将比较营销的研究方法分为三种（见图13-1）：描述分析、环境分析和比较分析。描述分析只将两国的营销过程进行比较，即 $A:B$。环境分析只研究某一国家的营销环境与营销过程的关系，即 $A:C$ 或 $B:D$。比较分析将一国营销过程与其环境的关系（$A:C$）与另一国营销过程与其环境的关系（$B:D$）进行比较和对照，即 $A:C$ 比 $B:D$。巴特尔斯认为，描述分析是最简单的，能够比较出两国营销过程的异同。但这样比较的价值不大，因为不能了解造成这种异同的真实原因。环境分析对国际营销很有价值，它能够比较全面地分析出某一国家内环境因素与营销的关系，对于定制在某一国内的营销决策很有帮助。但由于缺乏两国之间的比较，企业有时难以确定自己的优势和劣势。比较分析则相对来说最有意义，但也最困难。巴特尔斯说，比较分析不仅是对两种营销或两种环境的差异的描述，而且是对两国的营销过程与其环境之间关系的比较。巴特尔斯用公式 $A:C=B:D$ 来表示两国营销的比较分析。

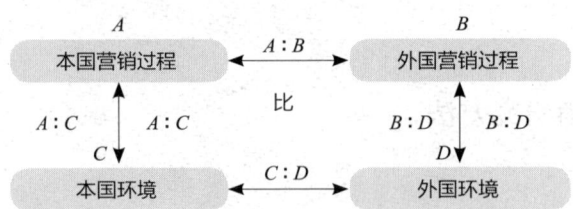

图13-1　巴特尔斯比较分析模型

2. 巴特尔斯-贾菲模型

尤金·贾菲（Eugene D. Jaffe）曾于1980年发表了《评〈国内营销有别于国际营销吗〉》一文，提出巴特尔斯模型是一种静止的比较，因为它把比较营销局限在两个国家内。而实际上，这种比较是可以用于许多国家的。因此，他认为巴特尔斯的公式应改为：

$$A:B=A_1:B_1=A_2:B_2=\cdots=A_n:B_n$$

其中，A_n和B_n分别表示不同国家营销系统及相应的环境。

这一模型就叫作巴特尔斯-贾菲模型。

3. 埃特曼模型

另一位美国市场学者汉米德·埃特曼（Hamid Etemad）在其《发展中国家的营销》一书中指出：巴特尔斯-贾菲模型的缺陷是没有对环境因素做出明确的定义。他认为，整个营销环境可分为两部分，一部分与营销有关，称之为相关环境，另一部分与营销无关，称之为无关环境。如果相关环境用C_i表示，它是整个环境C的一部分，则$C_i \subset C$，如图13-2所示。

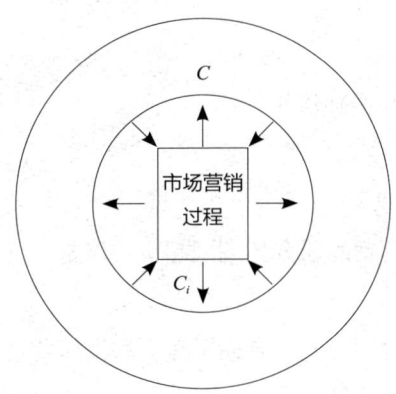

图13-2　市场营销的相关环境

埃特曼认为，正确区分相关环境与无关环境是十分重要的，因为$A:C_i$（或$B:C_i$）比$A:C$（或$B:D$）更容易把握营销系统与环境之间的关系，因而比较的结果也更加准确。埃特曼在巴特尔斯模型的基础上，对比较营销的方法做了进一步的细分（见图13-3），仍分为描述分析、环境分析、比较分析三类。描述分析又分为三种：一是比较两国的营销过程，而不考虑相应的环境因素。即$A:B$；二是比较两国的相关环境，即$C_i:D_i$，例如，对两国影响和限制广告活动的法律规定的比较；三是比较和对照两国的整体环境，即$C:D$，例如，比较两国的人口构成、地理环境、法律体系、社会政治制度、经济结构、文化背景等。前两种方法都可为营销提供有用的信息。最后一种方法提供的信息量很大，但大部分信息与营销的相关性不强，或不够具体。环境分析是指对某国的相关环境与营销系统进行研究和考察，即$A:C_i$或$B:D_i$，搞清两者之间的关系。这种研究对于在特定环境中（如某一国家）更好地控制营销活动是很有价值的。此外，这种环境分析也是比较分析的基础。比较分析是将在两国进行的两个环境分析进行比较和对照，可用符号表示为：

$$A:C_i \text{ vs } B:D_i$$

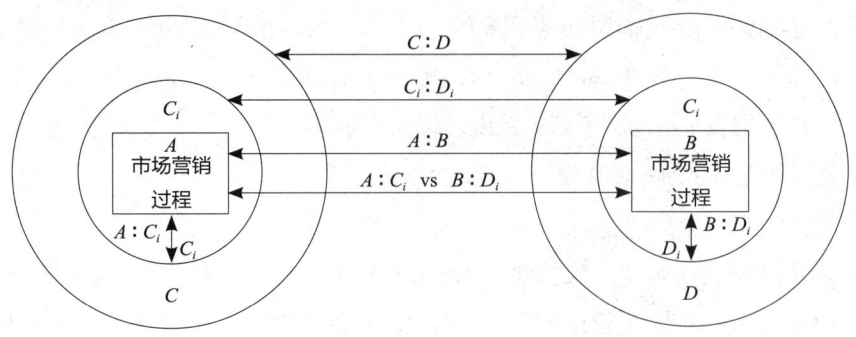

图13-3 埃特曼模型

埃特曼认为,只有这种比较分析才能将比较营销的全部作用发挥出来。

二、比较营销的研究意义与实际应用

(一)比较营销的研究意义

在我国,虽然对比较营销的研究还刚刚起步,但是,这项研究的理论意义和实践意义却是显而易见的:

(1)通过比较各国营销的异同,有助于建立和发展营销的一般理论。每一个国家都有其特定的营销环境和独特的营销系统,从而具有适应本国具体情况的营销理论。然而,在考察各国环境差异的同时,还应注意到其在许多方面的一致性和普遍性。譬如,无论在发达国家还是发展中国家、社会主义国家还是资本主义国家,企业要想取得营销的成功,都必须使自己的产品给购买者带来利益。这一原理可以说是营销理论的"普遍原则"。要想使我国的营销理论进一步科学化、系统化,就必须考察各国营销及其环境的一致性,而比较营销研究正是达到这一目标的有效途径。

(2)通过比较营销研究,有助于引进先进的市场营销技术。这一点对我国及其他发展中国家尤其重要和明显。在发达国家行之有效的营销系统如果全盘照搬到发展中国家,则未必行得通。这是因为,当营销技术从一国转移到另一国时,由环境因素导致,存在着可转移性问题。有些可以转移,有些则不可以转移。究竟哪些可以转移,哪些不可以转移,也需要借助于比较营销来衡量和判断。

(3)通过比较营销研究,有助于大力开拓国际市场。如果从事国际营销的企业能够了解外国的营销环境与营销实践,并了解环境与实践之间的决定与被决定的关系,然后将本国的营销实践及环境与国外的情况相比较,就会清楚地看出,本国的营销实践中哪些在国外能够适用,哪些需要做适应性调整,哪些根本不适用,从而使企业制定出更切合实际的国际营销战略、战术,更有效地开拓国际市场。

(二) 比较市场营销的实际应用

在具体运用比较市场营销这种研究方法时，须注意解决好与谁比和如何比这两个重要问题。

（1）应与各类国家比。首先，要与其他社会主义国家的市场营销实践比，因为社会主义国家的营销环境相近，我们容易吸收其他社会主义国家的先进营销技术，同时可使我们更加了解这些社会主义国家的营销环境，扩大对其出口，加强经济合作。其次，要与发达资本主义国家比，这些国家的营销系统的效率高，很多营销技术值得我们引进和学习。通过比较，我们可以搞清楚哪些可以引进，哪些不可以引进。再次，要与其他发展中国家比。发展中国家的经济水平接近，在营销实践中所面临的问题也相似，从某种意义上讲，跟它们比较往往会更有收获。而且，有些发展中国家和地区在营销（特别是国际营销）方面很有特色。最后，要将我国以外的两个国家或更多国家的营销进行比较，从中获得有益的启示。

（2）在如何比这个问题上，我们可以参考、借鉴国外学者提出的几种模型来进行比较研究。一般来说，描述分析、环境分析和比较分析这三种方法是按照由易到难的顺序排列的。我们应该多搞一些比较分析，这样收效可能更大一些，但在摸索时期，描述分析和环境分析也应有所尝试。

第四节　国际营销中的市场选择

在国际营销实践中，企业在确定目标和资源，产品/市场因素分析的基础上，一般会运用系统化方法进行规划，进而优化出灵活的市场选择策略。如果借用军事学术语，从扩张策略、竞争取向和竞争地区分布等三个维度进行分析，可以得出九种基本策略。

一、"军工厂"策略

以防御为目标，集中兵力占领企业国内市场的策略称为"军工厂"策略。借助这种策略，企业可在受到保护的环境中迅速扩张，并随着经验曲线不断发展壮大，直到能同国际对手开展有效竞争时，它才向海外扩张。实施该策略需要如下条件：① 对产品/市场因素的分析表明，市场集中化比多元化更为可取；② 国内市场足够大，企业能随着经验曲线获得相对迅速的增长，否则，"军工厂"难以为企业进行国际扩张提供强大的后备力量；③ 国内竞争较之外部竞争相对缓和，当市场迅速扩大，或者当竞争对手弱小、国家对市场份额没有实行法律与行政限制时，这个条件通常会得到满足。

这种策略常常被军火制造商采用，因而，"军工厂"一词显得十分贴切。

二、"堡垒"策略

"堡垒"策略与"军工厂"策略相对应，企业在国内市场采用的防御性集中化策略称为"堡垒"策略。该策略最不具有进攻性，而且还会限制企业实力的扩充。因此，采用该策略需具备以下条件：① 与国际竞争对手相比，企业的资源占有量较少；② 企业并不具备营销投入优势；③ 国内市场周围存在贸易壁垒（关税、政府调节、高运输成本等），或者企业能够设立这些壁垒，或者企业的国内市场不太大，对竞争对手不具有吸引力。

发展中国家在许多工业部门采用"堡垒"策略。以前，"堡垒"策略主要为发展中国家所采用，一些发达国家也日渐采用，比如美国和欧盟为了抵制日本、韩国生产的高科技产品、计算机、电视、钢铁和船舶等产品，也采用这种策略。

三、"前沿阵地"策略

"前沿阵地"策略在某种程度上比"军工厂"策略更富进攻性和冒险性。企业采用这种策略就是要集中兵力逐步夺取中间市场，并把不断扩张视为其整个进攻计划的一部分。有效地运用这一策略要注意以下条件：① 产品/市场因素倾向于市场集中化而不是多元化；② 企业实力雄厚，即使在缺乏拳头产品或成本优势的情况下，它仍能确立进攻性目标；③ 企业在国内市场迅速扩张的机会较小，因而无法采用风险较低的"军工厂"策略。当国内市场不够大，政府对市场份额有法律限制，或者当企业早已在低增长的市场上获得了较高的份额时，情况往往如此。

企业在"前沿阵地"设立进攻性目标，意味着它要努力进入那些有利可图的市场，并为今后的有效扩张做准备。例如，一家试图在2025年之前进入美国市场的欧洲企业可以把加拿大市场作为跳板，率先进入，之后，再摸着石头过河，迂回进入贸易保护日益严格、到处充斥着"美国优先"的最终市场。法国的马赛尔－达索特公司成功地运用了"前沿阵地"策略。多年来，该公司一直向以色列空军提供战斗机。随着向以色列市场的扩张，该公司不仅获得了直接利润和政治利益，而且取得了重大成就。实际上，人们还认为，该公司后来之所以能成功地打入阿拉伯市场并且在其他国际市场敢于同美国大公司展开竞争，伴随效应和设计的适应性（包括政治变化）可能是主要的因素。

四、"防御"策略

"防御"策略是指确定防御性目标,集中兵力向"中间"市场扩张。不过,它很少仅仅被当作防御性策略来运用,而常常是把防御动机同有限的进攻目标结合起来。实施"防御"策略所要求的条件与"前沿阵地"策略大致相同,只是企业实力一般来讲比竞争对手弱。另外和"前沿阵地"不太一样的是,企业所要占领的市场可能与其国内市场紧密相连。"紧密相连"是指很少或根本不要求产品与信息沟通的适应性,伴随效应大,所选择的市场具有吸引投资的机会。

美国CMC公司打入欧洲市场建立计算机生产与销售分公司的案例表明,实施"防御"策略要把防御性目标同进攻性行动配合起来。计算机市场的竞争日益激烈,而美国制造商是CMC公司的主要竞争对手,他们向海外扩张只是时间问题。很明显,如果某个竞争对手抢先一步向外扩张,那么它就能获得竞争优势,并且阻碍CMC向海外扩张。针对这种局面,CMC立即决定大规模地向外进攻,基于语言和法律方面的一致性,它首先把英国选为进攻目标。由于CMC担心,提前进入国际市场如果遭到失败可能会削弱其在国内市场的地位,甚至会难以立足,所以,它选择了"防御"策略。

五、"正面进攻"策略

"正面进攻"策略是一种极力侵吞竞争对手国内市场的策略,往往为大企业所采用。实施该策略的企业应具备的条件包括:① 它是一家试图摧毁任何潜在威胁的实力雄厚的企业,在这种条件下,尽管对手可能无法抵挡它的攻击,但却具有反击的潜力;② 它是一个强大的挑战者,进入由衰败的大竞争对手所把持的市场。

采用该策略时,竞争对手的国内市场必须是开放的,存在较少的贸易壁垒。由于许多国家努力阻止外来者的"正面进攻",这种策略通常要求企业对外进行直接投资,而不是出口产品。法国的比克公司在美国安全刀片市场上同吉列公司的竞争,就是由挑战者向领先者发动"正面进攻"的例子。这场竞争的重要步骤是比克公司控制了美国安全刀片公司,于是比克公司获得13%的市场份额,尽管同吉列公司60%的市场份额相比,13%算不了什么,但是它为比克公司发动"正面进攻"奠定了坚实的基础。

六、"钳形攻势"策略

"钳形攻势"策略与"前沿阵地"策略大体相当。企业采用这种策略就是要迅速地占领许多中间市场,而不是一个一个地依次占领。有效地实施该策略要注意如下条件:

①产品/市场因素倾向于市场多元化，特别是对营销努力的初始反应要低，产品适应性要求也要低（至少在被选择的细分市场上是这样）；②由于资源的需求是多方面的，所以企业要有雄厚的实力。当企业的国内市场太小，或者因竞争加剧而无法通过"军工厂"策略进行扩张时，企业在"前沿阵地"的支持下，采用"钳形攻势"的欲望会十分强烈。

日本在彩电市场的竞争策略是"钳形攻势"的典范。当日本厂商进入彩电市场时，美国公司已经积累了丰富的经验，因而它们在生产成本和产品质量方面均处于领先地位。可是，美国公司仅注重美国市场——或者实行"军工厂"策略，或者忽略那些表面看来不具有吸引力的国外市场。而日本厂商则展开"钳形攻势"，通过迅速扩张很快就超过了美国公司。日本公司在中间市场不断积累生产经验，取得成本优势，于是又进入美国市场，最终在美国本土打败了美国竞争对手。

七、"后卫战斗"策略和"游击战"策略

"后卫战斗"策略和"游击战"策略二者都是以防御为目标进行快速扩张的策略。它们的区别在于前者的扩张仅仅是进入中间地带，阻击对手的"钳形攻势"，后者的扩张则包括向竞争对手的国内市场发动进攻。不过其目的都是一样的：阻止竞争对手仅以少量投资就获得市场领先地位。

采用"后卫战斗"策略要注意以下条件：①产品/市场因素倾向于市场多元化。由于"后卫战斗"是一种防御性策略，企业不必指望直接从市场多元化中获得利润。②企业要有中等水平的实力（资源需求广泛），但是它又面对一个强大的对手（否则防御目标是不必要的）。

实施"游击战"策略的条件也大致如上，不过，当强大的竞争对手采取阻挠措施时，"游击战"策略也同样适用，其结果是竞争在中间地带展开，最终双方达到"妥协"的目的。当企业拥有充足的资源时，它就能把防御性策略如"后卫战斗"或"游击战"与进攻性策略如"军工厂"结合起来，这样，企业就能够在许多市场获得主动权，并迅速地在国内市场积累经验，以便打入国际市场。

八、"大扫荡"策略

"大扫荡"策略是所有策略中最富有进攻性的一种，其目的是通过迅速扩张占领大批市场，包括竞争对手的国内市场。采用这种策略时，企业将无视竞争对手的情况，而彻底地将它击败。实施该策略需要满足如下条件：①对产品/市场因素的分析表明，市场多元化比集中化更为可行；②企业实力雄厚，但却面对弱小的、分散的竞争对手。实施

"大扫荡"策略的一个具体例子是吉列公司引进"蓝色吉列"牌产品,这种加拍剃须刀片在随后的九年中一直把持整个刀片市场。造成这种局面的原因包括:吉列公司早已在国际剃须刀片市场上占有主导地位;传统刀片与新型刀片所带来的伴随效应较大;而且这种新型刀片在许多方面都优于竞争对手的产品,因而对营销努力的初始反应较低;市场对产品适应性不做任何要求,对沟通适应性的要求也微乎其微;同时由于吉列公司在各个市场上的强大地位,其他公司要想打败新产品必须花费巨大的预算开支;最后,就满足"大扫荡"策略的条件而言,无论当地的或国际上的竞争对手,都无法同吉列公司相比。

当然,也有许多对付"大扫荡"的策略。前面讨论的"堡垒"策略就是其中的一种。另外一种对付"大扫荡"的策略是市场专门化。采用这种策略既适宜于进攻性目标,也适宜于防御性目标。

以上所述,是竞争性市场选择策略的大致结构。这个结构既可用于区域性市场的竞争选择,也可用于其他细分市场,特别是适宜于国际市场。它对国际营销管理的意义表现为:第一,它系统地分析了竞争性市场选择这一策略问题。过去,企业只是"制定策略",并决定市场进入,往往忽略从整体上考虑策略的含义。第二,它不仅帮助企业正确制定市场扩张计划,而且有利于企业分析竞争对手的行动措施。第三,企业或者其竞争对手所采用的同样行动可能是基于不同的策略。在短期内,"军工厂"和"堡垒"策略或者"后卫战斗"和"钳形攻势"策略在市场选择方面的作用也许没有什么差别。而这种差别及至后来才会发现,它存在于企业目标的层次与类型。因此,解释竞争行为不仅要从市场选择着手,而且也要注重可能的扩张目标。第四,有关的案例分析表明,企业采取那些看起来风险较小的策略事实上也同样存在风险。"堡垒"策略之类的保守举动有时也是不安全的。正如军事策略所揭示的规律一样:进攻通常是最好的防御。

第五节　国际营销的创新

一、国际营销的新界定

国际营销是指在全球化环境的约束条件下,协调营销活动,并注重营销与其他职能领域的有效协作以消除彼此之间的沟通壁垒,从而比国内外竞争者更好地寻找并满足全球消费者的需求。在国际营销的过程中,需要发展并决定一套国际营销战略,它涉及两个根本问题:选择目标市场和制定一套营销组合。国际营销的基本要素如表13−1所示。

表13-1　国际营销的基本要素

目标	行动
确定全球顾客的需求	实施国际营销调研并分析细分市场；了解不同国家消费群体的相似性与区别
满足全球顾客的需求	调整产品、服务和营销组合，以及生产、技术、成本、价格、全球顾客数据库开发、营销渠道和物流等，以满足不同国家和地区消费者的需求
超越竞争者	通过提供更多的价值来应对全球化竞争；树立鲜明的品牌形象，明确产品定位；提供更多的产品种类，尽力保证低廉的价格；通过卓越的分销、广告和服务来超越竞争对手
协调营销活动	调整并整合目标市场战略，在跨国市场、跨地区市场和全球范围内实施全球化营销战略，如统一管理、授权、本土化等
确认全球环境限制因素	环境因素包括：由于政府行为、保护主义和产业政策造成的环境复杂性；由于文化差异和经济差异造成的环境差异；由于市场结构、产业结构造成的环境差异；由于汇率变动和通货膨胀造成的金融管制等

这个定义强调了国际营销的五个方面：

（1）洞悉全球顾客的需求。借助国际营销调研可以确定全球顾客的需求、不同市场中顾客的需求以及这些市场中的顾客与企业目前服务的顾客是否有差别。正是全球范围内顾客需求有所差别，厂商才不得不根据不同国家的消费群体提供差异化的需求。

（2）满足全球顾客的需求。当各国、各地区间的需求差异很大时，企业就应该考虑调整产品和营销组合以最大限度地满足世界各地顾客的需求。如果必须下调产品定价，企业就得考虑设计一种低成本的产品，而且考虑是否选择在生产成本较低的国家进行生产。当然，企业需要运转良好的分销渠道和物流系统来确保及时、足量地向消费者提供商品和服务。企业还需要建立全球顾客数据库和信息系统，以了解和回应顾客需求和购买决策。

（3）超越竞争对手。企业面对的竞争对手包括国内竞争者和国外竞争者。全球的竞争者包括大型跨国公司和小型的区域性公司，其中，有些竞争者并不以盈利为主要目标。评估、监测和回应国际竞争者的行动，尤其是分析竞争者的竞争优势，是企业在长期竞争中获胜的原因之一。

（4）协调营销活动。企业在从事国际营销活动时，应该协调其在各市场间的营销活动，这就使得国际营销变得更复杂。协调营销活动需要确定的事项包括：在不同国家中营销业务单元的人员及责任分配；哪些决策可以由分支机构制定，哪些决策必须由总部制定；是否需要建立标准化的行动和计划；在多大程度上向当地分支机构放权。

（5）确认全球环境限制因素。企业要在国际市场中生存，就应该认真应对营销环境中的文化差异和经济差异，例如分销渠道系统的结构和复杂性，汇率和通货膨胀率变动造成的金融压力，政府政策的影响，尤其是那些使竞争者获益以及在市场准入方面制造障碍的贸易保护主义政策和其他政策的影响。

二、国际营销管理

国际营销的复杂性主要源于两个因素：全球化竞争和全球环境。企业面对的实力大小不一样的竞争对手来自世界各地，同样，企业所处的全球环境也因各国政府、文化和收入水平的不同而错综复杂。国际营销与国内营销的根本差别在于，各国间可控因素与不可控因素的差别很大。国际营销管理的任务之一是将企业在各个国家中的不同营销计划协调、整合为跨国的营销计划。实际上，与各国独立的公司不同，跨国企业运营的一个合理原则就是，通过国际的劳动分工和专利的转让使企业获得的整体利益大于部分利益之和。

这些不同对实际工作的影响就是，国际营销经理所需的权限要大于国内营销经理或某一驻外营销经理。换言之，国际营销经理负有两重责任：国外营销（foreign marketing）（在本国以外的国家进行营销）和全球营销（global marketing）（在跨国市场中协调营销活动以面对全球竞争）。跨国营销、国外营销和全球营销的区别如表13-2所示。

表13-2 跨国营销、国外营销和全球营销的区别

	定义	活动与职责
跨国营销	跨越国界的营销活动	从事跨国经营所必需的便利、协调活动，要面对不同的环境（语言、时区、货币），并对国外营销活动提供支持和评价
国外营销	企业在母国以外的某一国家开展的营销活动	建立在国外市场开展营销活动所必需的营销形象，开展与之相关的管理活动 制定、实施和控制有助于实现企业目标而且有利于满足目标市场需要和欲望的营销战略
全球营销	协调、整合和控制营销活动；确保在各个国外市场实现企业目标	使国际营销和国外营销活动整合增效 确保在各个国外市场企业战略目标的实现 发展并保持企业在各个国外市场的竞争优势

三、国际营销观念的演变

随着企业经营环境的变化，企业所遵循的国际营销观念经历了一个漫长的发展演变过程。在这一过程中先后出现了六种观念：国内市场延伸观念、国际有限差异化观念、国际本土化观念、全球标准化观念、全球本土化观念、全球混合化观念。

（一）国内市场延伸观念

国内市场延伸观念是在20世纪60年代初期国际营销实践刚刚产生之际形成的一种指导企业进行国际贸易的观念。其主要特点是：

（1）企业的经营重点主要放在国内。

（2）企业主要以出口方式进入国际市场。

（3）企业把国际市场仅仅看作是国内市场的延伸和补充。企业没有专门为国际市场设计营销组合策略，更没有根据国际市场中不同的市场设计差异化的营销策略，而是把为国内目标市场设计的营销组合直接推向国外。

（二）国际有限差异化观念

这一观念主要流行于国际营销的20世纪60年代后期。采用这一观念的企业开始更多地参与国际市场竞争，为国际市场设计更为完善的营销策略。其主要特点是：

（1）更加重视国际市场。企业不再只是简单地把国际市场看作国内市场的延伸，而是明确地把国际市场作为自己的目标市场。

（2）实行差异化的营销组合策略。企业专门根据国际目标市场的需要，单独开发产品、制定价格、建立营销渠道和采取促销措施，而不再把为国内目标市场设计的营销组合直接推向国外。

（3）进入国际市场的方式更加复杂。

（4）企业实施的是有限的差异化策略。企业虽然开始重视国际市场，意识到了国际市场与国内市场的差异，并且能够根据国际市场上消费者的需求对营销组合做一定修改，但仍然是把国内市场看作其最主要的市场。

（三）国际本土化观念

随着在国际市场上的成功，企业开始越来越重视国际市场，经营观念也开始从国际有限差异化观念发展为国际本土化观念，并且盛行于整个20世纪70年代。其主要特点是：

（1）企业把国际市场放在和国内市场同样重要的位置。国际市场在企业经营中不再是可有可无的，而已经成为企业的重要组成部分。

（2）企业高度重视国际市场中各个目标市场的差异性。由于国际市场在企业经营中所占的份额越来越高，企业开始注重分析各个国家中不同的社会、经济、政治、文化、科技环境，以及由此造成的消费者的不同需求。

所谓本土化就是指在不同的目标市场国家提供不同的产品或产品线，使用不同的定价策略和分销渠道，并使用不同的促销计划。

（四）全球标准化观念

全球标准化观念的形成以Theodore Levitt在1983年发表于《哈佛商业评论》上的论文《市场的全球化》（The Globalization of Market）为标志。他在文中指出：新的通信、运输和传播技术的发展创造出了一个更加同质化的世界市场，人们都渴望那些使生活变得更加轻松愉快、增加人们自由支配时间和购买力的商品。趋向统一的需求为标准化产品创造了全球性的市场，也为全球标准化观念的形成奠定了基础。在这一观念指导下，企业将世界市场视为一个统一的市场，强调需求的相似性，忽视需求的差异性，把具有相似需求的潜在消费者群体归入一个全球性的细分市场，在全球范围里实行标准化的营销管理。

采用这一观念的优点在于：

（1）企业可以利用规模效应来节约成本。

（2）企业通过标准化全球营销可以形成全球统一的品牌形象，实现组织结构的单纯化和管理控制的程序化。

（3）企业通过标准化全球营销有利于规避市场风险。

全球标准化观念存在一定的适用范围，具体包括：

（1）需求存在着全球类似性的产品，如汽车、软饮料、农产品、化妆品等。

（2）需要技术标准化的产品，比如电器等，如果不将电器产品进行标准化运作，产品的成本就会极其昂贵。

（3）研究开发成本高的技术密集型产品，对这类产品必须进行全球标准化以补偿初期的巨额投入。

（五）全球本土化观念

全球本土化观念是和全球标准化观念截然不同的营销观念，虽然有些产品市场呈现出了一定的趋同性，但是更多产品市场由于各国政治、法律、经济、文化环境的不同，消费者的需求必然存在明显的差异性，因此采用全球本土化更符合实际。全球本土化观念是指按照消费者所处的地理位置、所在国籍、其文化背景和生活方式等标准来进行市场细分，针对各细分市场的不同需求推出不同的产品，制定不同的价格，采用不同的销售服务方式，选择不同的广告促销手段。

采用这一观念的优点在于：

（1）可以更好地满足消费者。以全球本土化观念为指导能够通过实施更有针对性的营销组合策略更好地满足各国目标消费者的特殊需求，从而吸引更多的顾客，扩大商品销售。支持全球本土化的学者认为世界市场是异质化的，有针对性的营销组合策略往往比标准化营销更为有效，在各国市场的竞争中会显示出更强的竞争力。

（2）可以获得垄断优势。企业基于不同市场之间的差异，采用针对当地细分市场的更为准确的定位战略，获得在此细分市场准垄断地位和建立价格歧视的条件，以此为基础可以设定较高的价格，从而抵消标准化全球营销所具有的成本优势。

（3）可以减少全球企业内部的摩擦成本。从一方面来说，标准化所带来的规模经济可以驱动成本降低，但从另一方面来说，标准化也会在一定程度上增加在总部和分支机构之间或在总部和分销渠道之间的摩擦，从而会产生隐蔽的协调和配置成本。解决这一问题的关键在于比较全球本土化营销所带来的成本和收益。

（六）全球混合化观念

全球混合化观念认为标准化和本土化都存在着优缺点，因而企业在进行全球营销时，应该将全球标准化与全球本土化的优点结合起来，通过两者的优势互补来增强企业的适应性。既要致力于需求的共性，追求营销组合各要素的标准化，同时也要注意到需求的差异性，在一定程度上做修改。即根据具体的市场决定标准化和本土化各自所占的比例，研究营销组合可以被延伸到全球各地的程度以及必须修改使之适应各地情况的程度。

通常，当企业一半以上的销售收入来自国外时，国际营销向全球营销的转化进程就会加快。一家公司采用何种全球营销的具体方式，取决于行业现状及其竞争优势的来源。

四、逆全球化和反全球化

所谓逆全球化，即与全球化进程背道而驰，重新赋权于地方和国家层面的思潮。反全球化并不是要反对全球化这种趋势，而是反对全球化过程中存在的种种不公平现象。全球化本身是全球历史发展的必然选择，是任何反对力量都无法逆转的趋势。正如习近平总书记所指出的那样："世界经济发展的历史证明，开放带来进步，封闭导致落后。""在经济全球化时代，各国发展环环相扣，一荣俱荣，一损俱损。没有哪一个国家可以独善其身，协调合作是必然选择。"①

面对国际上不同国家间的发展不平衡，国内不同阶层、群体间的贫富差距日益加大，越来越多的人开始反思曾经受到热烈追捧的全球化浪潮，质疑全球化的声音和力量愈来愈强。尤其是2016年以来英国的脱欧公投、美国新任总统特朗普的一系列保护主义政策等，被视为逆全球化或反全球化力量的集中展示。具体而言，当前逆全球化和反全球化的重要表现特征大致包括四个方面。

（1）世界范围的财富流动造成世界范围内的财富更不均衡，各个国家之间贫富更加悬殊。全世界范围的资本集合和全世界范围的被剥夺方集合，形成新的两极。

（2）全球治理遇到深刻的制度障碍，最关键的是对全球财富分配无法做出制度安排，目前不可能用超国家力量来处理超国家的财富分配。

（3）全球化推动文化、信息、人员的跨国流动，对民族国家带来前所未有的挑战。世界范围的遥远文化冲突变成一个国家内甚至社区内的文化冲突，进而转化为社会冲突，甚至恐怖主义。

（4）全球网络造成草根阶层大规模卷入高层政治，出现全球范围的民粹主义浪潮。这是一种新的逆全球化力量，民粹主义通过网络打乱秩序。

① 习近平.在二十国集团工商峰会开幕式上的主旨演讲（2016年9月3日）.人民网，2016-09-04.

五、国际营销战略选择

一般认为国际营销是从出口营销起步的。而早期的出口营销是指将本企业在国内生产的产品间接或直接出口到外国销售。由于国外营销环境与本国不同，原本适应本国市场的营销策略组合不能直接运用于国际市场，必须进行修改甚至重新制定。这种营销目标虽然面向国外，但在生产要素的配置上仍限于国内，在国外设立的分支机构一般属于单纯性分销机构，并不具备投资、生产及营销决策功能。在价值观念上带有明显的本国中心色彩和民族主义倾向。

由于出口营销只是简单地向其他国家输出原本用于本国消费的产品，它一方面要受到国外消费者需求差异的影响，另一方面要受到外国政府贸易保护主义的抵制，因而其作用是有限的。为此，国际营销改变了出口营销的单一模式，由产品输出转变为资本输出，即通过海外直接投资，绕过贸易保护壁垒，根据当地市场的需求组织产品生产与销售。这就是国际营销中的直接投资方式。但是，随着海外投资国家数量的增加和营销策略的发展、变化，这种营销方式逐渐又从国际营销中分离出来，成为一种独立的营销战略模式——多国营销。

所谓多国营销，是指企业跨越本国国境在多个国家乃至全球开展营销活动。它奉行"多国设计、多国生产、多国销售"的新营销思路，其特点是：① 采取目标市场多国化、差异性策略；② 营销决策分散化；③ 产品生产差异化；④ 资源配置当地化；⑤ 营销策略组合差异化；⑥ 营销绩效考核当地化。多国营销固然有其适应当地市场需求的优点，但市场过于细分的结果，导致生产批量的缩小、生产成本的上升、组织机构的重叠，以及管理费用和促销费用的增加。分权的结果，往往又使公司总部的调控能力与速度下降。对外直接投资虽然突破了贸易保护的防线，但又遇到了越来越多的国家对外资品牌侵占本地市场的抵制。由此可见，其缺点也是显而易见的。于是在多国营销之后又兴起一种多区域营销。这种营销方式将国际市场划分为几大区域，按区域组织市场营销，即同一区域内的各国市场按无差异策略实行统一经营，不同区域市场则按差异性策略实行差别化经营。原先的问题虽有所缓解，但未彻底解决。因为多区域营销与多国营销只存在市场细分程度的差异而无本质不同。于是20世纪90年代又兴起一种全球营销战略模式。

所谓全球营销，是指将全球作为一个整体的营销策略，其特征可简要归纳为：① 市场需求观无差异；② 目标市场与资源配置全球化；③ 营销决策集中化；④ 产品生产标准化；⑤ 营销策略组合统一化；⑥ 营销绩效考核全球化。

尽管国内营销、国际营销、多国营销和全球营销存在战略层次上的差异，但这四种营销模式各有其适用之处，而对不同模式的选择主要可从两方面来考虑：一是根据产品与行业特点；二是根据企业在价值链上的优势位置。

1. 产品及行业特点与营销模式选择

根据产品生产经营技术的难易程度和产品的市场需求差异的大小这两个指标，我们可以根据四种典型的产品勾画一个产品坐标图（见图13-4），并据此选择与其相适应的营销战略模式。

图13-4A区为产销区域局限型产品。这类产品的特征是：① 产品的市场需求差异大，不仅国与国之间不同，而且一国内部不同地区的差异也很明显，同一产品根本无法畅销世界各地。② 产品生产技术比较简单，投资规模不是太大，规模经济优势难以发挥。竞争主要在地方性中小企业之间展开。③ 产品因其物理性质及价值原因远距离运输比

D区	资金技术密集型产品 全球营销	C区	营销技术密集型产品 多国营销
B区	初级劳动密集型产品 国际营销	A区	产销区域局限型产品 国内营销

图13-4　产品坐标图

困难或不经济，如砂石等一般建筑材料和新鲜蔬菜。④ 供应地与消费地无法分离，如理发美容、医疗服务、咨询服务等无法储存，只能根据顾客需要临时提供。针对这类产品与行业的特点，最适宜的营销方式是用多种不同的产品与服务分别满足各地消费者的特定需求，以灵活性、适应性取胜。

B区为初级劳动密集型产品，其特征是：① 产品的市场需求差异小，产品质量等级标准容易区分而且国际通行，市场同质性明显。② 产品生产技术难度不大，加工深度不高，比如矿产品、谷物等农产品以及纺织品等。③ 产品需求广泛而供应相对集中，产品能够远距离运输，故贸易可行性高。④ 市场竞争比较完全，市场壁垒较低，既不需要太多的固定资产投资和复杂的尖端技术，也不需要在所在国及输出国市场上设立复杂的营销机构，竞争优势主要来自丰富的自然资源和低廉的初级劳动成本。因此，最合适的营销战略选择是国际营销，即通过出口扩大销售。发展中国家进入国际市场通常就是从这类产品的出口贸易起步的。

C区为营销技术密集型产品，其基本特征主要是：① 产品的市场需求差异明显，不同文化背景、不同自然与社会环境的国家之间差别更大。② 产品不便长距离运输，贸易可行性较差，产销难以分离，如餐饮服务、旅馆服务。③ 产品的生产难度并不大，但市场营销、管理技术要求高，决定竞争成败的主要因素在于产品形象、品牌形象、广告投入、促销手段和分销渠道，竞争优势主要来自卓越的营销战略与战术技巧，或者在长期经营实践中建立起来的一整套别人无法仿效的管理体制与经验。如麦当劳、肯德基的烹调技术虽然重要，但并不是不可超越的，真正难以做到的是他们的全面质量管理与独特经营方式。④ 规模效应比较明显，但由于需求国家之间的差别太大，标准化集中生产难以适应不同国家市场的需求；竞争规模是地方性的而不是全球性的；企业竞争是在一个个相互独立的国内市场上展开的，国际市场表现为众多国内市场的累加；一国市场的竞争态势与全球竞争态势之间没有直接联系，企业在某一特定国家市场上的成功或失败对其他国家乃至全球市场的影响相当有限。例如，20世纪80年代可口可乐公司被排斥在印度市场之外，而百事可乐公司则趁机在印度市场大获全胜，但可口可乐公司在印度的失败并未影响其在中国的成功及其在全球饮料市场上的地位。百事可乐公司在印度市场的成功也没有导致其全球性成功。为此，在各目标市场国家直接投资，在目标市场当地组织生产，满足当地市场需求是这种产品营销战略的最佳选择，所以应该选择多国营销模式。

D区是资金技术密集型产品，其主要特征是：① 客户对产品的需求差异不大，或不同国家的客户虽然在需求上存在差异,但由于在需求与供应的对比关系中所起的作用较小,需求差异往往因做出让步而趋于同化。② 产品生产需要复杂的尖端技术,以及巨额的开发研究费用和大规模的固定资产投资,因而进入市场的壁垒较森严,像民用客机、电子计算机、汽车等,就是这类产品的典型代表。③ 规模经济效益极为明显,标准化、低成本、大规模生产是企业之间竞争的焦点。④ 单位产品价值非常高,单个国家的需求规模有限,购买者数量也很有限。很显然,这类产品的目标市场选择不能以国为界,而必须把全球当作一个市场整体,在全球范围内开展标准化、整体性生产与销售。采取全球营销战略是这类产品的生产厂商生存与发展的唯一选择,否则,失败是不可避免的。例如,日本政府曾经在20世纪60年代做过这样的尝试,由通产省扶植三菱、富士和川崎三大财团生产YX11客机,但总共只卖出182架,经济损失达1 000万美元。这使日本政府意识到在全球性行业中采取保护主义的做法是行不通的。

2. 价值链与营销模式选择

价值链理论认为,企业能否生存与发展,关键在于能否为公众利益集团(股东、顾客、员工、分销商、供应商、政府及社区公众)创造价值。企业创造价值的一系列活动构成企业价值链。价值链分为基本增值活动和辅助增值活动两部分。基本增值活动即生产经营活动,包括来料储运、生产加工、成品储运、经营销售和售后服务五个环节。辅助增值活动即组织管理活动,包括企业组织结构、人力资源管理、技术研究开发和采购供应管理四个方面。这里的技术和采购是广义的,技术包括生产性技术和非生产性技术,如决策技术、信息技术、策划技术等;采购指的是购买企业价值链活动所需要的各种资源,它与基本增值活动和辅助增值活动都有关系,既包括原材料、零配件和其他消耗品的采购,又包括固定资产、办公设备、办公用品的采购。根据基本价值活动的先后顺序,价值链可以分为上游环节和下游环节,来料储运、生产加工属于上游环节,成品储运、经营销售和售后服务属于下游环节。上游环节价值活动的中心是产品,与产品的技术特性密切相关,下游环节的中心是顾客,价值创造与实现的成功与否主要取决于顾客特点。价值链构成如图13-5所示。

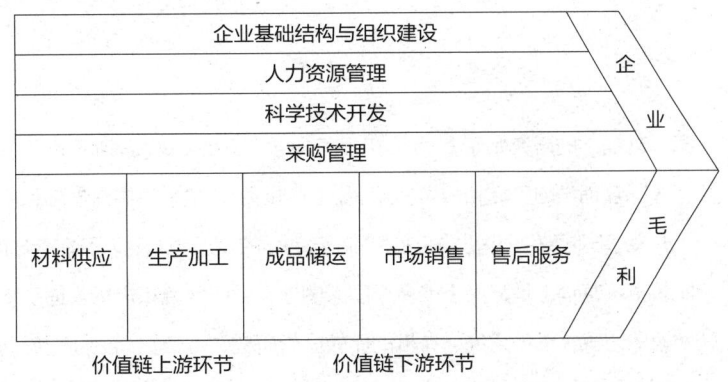

图13-5 价值链构成

价值链的各个环节之间是相互关联、相互影响的，但企业竞争并不一定要保持价值链所有环节上的优势，而在于垄断某些关键环节的特殊优势。抓住了这些关键环节也就抓住了整个价值链。这些决定企业经营成败和效益高低的战略环节可以是产品开发、工艺设计，也可以是市场营销、信息技术或人事管理等，具体因行业而异。比如高档时装业的战略环节一般是设计能力；在烟草行业主要是广告宣传和公共关系；在餐饮业主要是地点环境的选择。一般来说，战略环节要紧紧控制在企业内部，形成自己的竞争优势，非战略性活动、非关键性环节则不必由企业自己承担，追求大而全反而会降低效率，因此，完全可以通过市场交易来实现。

根据价值链理论，我们认为是采取全球营销还是采取多国营销，应根据企业优势环节来决定。如果企业优势处在价值链的上游环节，则应采取全球营销战略。例如，某项新产品、新工艺一旦开发出来，可以在许多市场、许多地区应用，其优势具有普遍意义，那么其优势地位处在价值链的上游环节，企业成功的关键在于产品生产技术的垄断和生产规模的扩大。因此，企业应该采取产品生产标准化、集中化，分销全球化的全球营销战略。

相反的，如果企业的战略优势在价值链的下游环节，则应采取多国营销战略。因为下游环节的中心是顾客，各种营销活动（产品定位、广告宣传、分销渠道、促销措施等）都与消费者特点紧密相关。企业营销决策应充分考虑当地市场的需求特点、供应情况、风俗文化和消费习惯，凭借下游环节的优势占领各地市场。因而其营销策略往往带有鲜明的局部性、地区性色彩，在甲地成功的策略未必也能给乙地带来成功。例如，针对当地消费需求的产品设计、针对当地消费偏好的产品定位、根据当地现实建立的销售渠道、运用当地文化典故语言文字精心提炼的脍炙人口不胫而走的广告语言，往往具有强烈的地方性，很难简单地照搬或移植，难以共享。因此，占领世界各国市场就不能采取以一种无差异性的产品、一套无差异性的营销策略同时占领全球市场的全球营销战略，而必须采取以不同的产品、不同的营销策略分别占领不同国家市场的、各个击破式的多国营销战略。

本章回顾

国际营销学的研究始于20世纪初，美国学者乔治·M. 费斯克和西蒙·李特曼较早开展了国际营销学的研究和教学。随后，伊利诺伊大学、哈佛商学院和皇后大学等大学都先后开设了国际营销课程，加速了国际营销学的发展和成熟以及在全球的传播。

比较市场营销，是将两个或多个国家的社会经济环境和市场营销系统及活动，运用比较对照的方式，进行系统、有机的比较分析研究，考察它们之间的异同，以及造就这些异同的原因的一种研究方法。

营销环境是指影响企业与目标顾客建立并保持互利关系等营销管理能力的各种角色

和力量，可分为宏观营销环境和微观营销环境。

在国际营销实践中，企业在确定目标和资源，产品/市场因素分析的基础上，从扩张策略、竞争取向和竞争地区分布等三个维度进行分析，可以选择"军工厂"策略、"堡垒"策略、"前沿阵地"策略、"防御"策略、"正面进攻"策略、"钳形攻势"策略、"后卫战斗"策略、"游击战"策略、"大扫荡"策略九种策略。

随着国际营销的不断创新，新的界定认为国际营销，就是在全球化环境的约束条件下，协调营销活动，并注重营销与其他职能领域的有效协作以消除彼此之间的沟通壁垒，从而比国内外竞争者更好地寻找并满足全球消费者的需求。企业所遵循的国际营销观念经历了一个漫长的发展演变过程，包括国内市场延伸观念、国际有限差异化观念、国际本土化观念、全球标准化观念、全球本土化观念、全球混合化观念。

逆全球化指与全球化进程背道而驰，重新赋权于地方和国家层面的思潮。

多国营销，是指企业跨越本国国境在多个国家乃至全球开展营销活动；全球营销则是指将全球作为一个整体的营销策略。

关键术语

国际营销　全球营销　多国营销　逆全球化　跨国营销　国外营销　比较营销　"军工厂"策略　"堡垒"策略　"前沿阵地"策略　"防御"策略　"正面进攻"策略　"钳形攻势"策略　"后卫战斗"策略　"游击战"策略　"大扫荡"策略　国际营销管理

即测即评

请扫描二维码，在线测试本章学习效果。

讨论与思考

1. 简述和评价费斯克的国际营销学说。
2. 简述和评价李特曼的国际营销学说。
3. 简述国际营销学的发展和成熟过程。
4. 简述国际营销学的全球传播过程。
5. 简述比较营销研究方法的含义。
6. 简述国际营销中的基本市场选择策略类型。
7. 简述国际营销观念的演变过程。

第十四章 服务营销

营销中最重要的字就是"问"。

——博恩·西

本章学习目标

1. 了解服务营销的发展阶段
2. 了解服务质量理论、服务补救理论和服务便利理论
3. 了解服务营销研究的进展

本章知识结构图

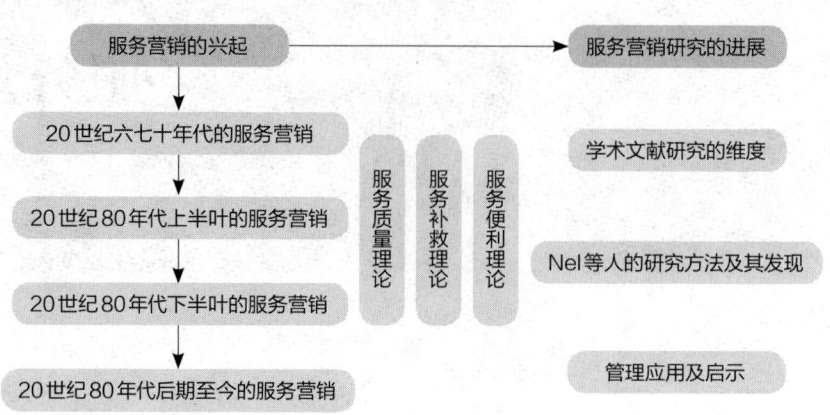

自20世纪中期以来,世界经济结构发生了深刻的变革,自工业革命以来长期占据主导地位的制造业在西方国家国民经济中的比例日渐减少,作用日渐削弱,而各类新兴、门类繁多的服务部门蓬勃发展,服务营销问题变得日益突出,服务营销理论便应运而生。

第一节 服务营销的兴起

一、服务营销的兴起

(一)服务经济时代的到来

1965年,美国经济学家维克托·福克斯(Victor R. Fuchs)在其论著中指出,美国已率先进入了经济发展的一个新阶段——服务经济(service economy)。所谓服务经济,是指以人力资本基本生产要素形成的经济结构、增长方式和社会形态。在服务经济时代,人力资本成为基本要素,土地和机器的重要性都大大下降了,人力资本成为经济增长的主要来源。因此,服务经济增长主要取决于人口数量和教育水平,美国是人口数量较大、教育水平较高的国家,自然成为服务经济时代的大国,其发展水平远远高于世界其他国家。

随着服务业的飞速发展,服务业增加值和服务业就业人数不断增加,全球经济开始进入服务经济时代。在这种历史背景下,传统的关注于农产品和工业产品的营销问题的营销思想和理论已经很难适应服务业营销实践的要求,越来越多的学者开始关注于服务营销这个日益凸显的主题。

（二）服务营销的肇端

1966年，美国的约翰·拉斯摩（John Rathmall）教授首次对无形服务与有形产品进行区分，提出要以非传统的方法研究服务的营销问题。1974年，由约翰·拉斯摩撰写的第一本论述服务营销的专著在美国出版，标志着服务营销学的产生。

对服务问题进行专门研究的学者大致可分为两个学派：一类是以帕拉苏拉曼、泽斯梅尔、贝利（Parasuraman, Zeithaml, Berry，习惯上称之为PZB）为代表的北美学派，注重营销理论的体系；另一类则是以营销的视角来研究服务问题，以北欧学派为代表。他们根据营销活动中的服务、服务产出和服务传递过程的特性，进行了大量卓有成效的研究，提出了一系列有别于传统营销研究模式的新的模型、概念和工具，并把这些研究成果归类为"服务营销"。北欧学派的代表人物有克里斯蒂安·格罗鲁斯（Christian Gronroos）和詹姆斯·L.赫斯科特（James L. Heskett）。

小百科

克里斯蒂安·格罗鲁斯

克里斯蒂安·格罗鲁斯是服务营销研究领域里最早也是最为出色的开拓者之一。他的理论在两个方面做出了突出的贡献：第一，他以更为深刻和全面的目光考察了服务营销，他的目标是从整体上建立服务营销的理论框架。第二，他的理论概念明确，逻辑清晰，对服务营销和管理体系的各个因素给出了严密的定义，阐述了各个因素之间的因果关系。

克里斯蒂安·格罗鲁斯是服务管理与营销研究领域"北欧学派"的代表人物，他和詹姆斯·L.赫斯科特一起形成了服务营销的"北欧学派"，一个非常重要的观点是营销决策是整个有机的管理体系中不可分割的组成部分，不管是高层的管理决策还是一般性的决策，都必须充分考虑这种决策可能产生的后果，即必须考虑顾客和市场的反应。从研究的特点来说，北欧学派倡导定量和理论框架的研究方法，而不是沉迷于无休止的理论争论。他们还坚持这样一个观点：只有研究的理论框架是正确的，对理论的检验才可能是科学的。如果理论框架不正确，那么，定量研究是不可靠的。因为这些框架为理论的发展提供了新的视角和前提条件。

二、20世纪六七十年代的服务营销

（一）服务营销脱胎而出

这一阶段，正是服务营销刚从营销学中脱胎而出的时期。学者们主要聚焦于服务与产业用品或消费品的异同、大多数服务所共有的特征，以及服务营销与营销学研究视角的差异等问题。

1977年，G.利恩·肖斯塔克（G. Lynn Shostack）在《营销学报》上撰文，阐述了其对服务营销的独特见解。肖斯塔克认为，服务营销应从产品营销思路的束缚中解脱出来。肯尼斯·P.尤尔（Kenneth P. Uhl）和格里高利·D.乌帕（Gregory D. Upah）对产品和服务进行了较为严格的区分，指出两者之间有四个显著差异：①产品有形，服务无形；②产品可以储藏，而服务具有易逝性；③产品能运输，服务则不能；④产品能大量销售，服务相对于不同对象会有所不同。

（二）服务营销与产品营销的差异

为了进一步明确服务营销的研究范围，克里斯托弗·洛夫洛克（Christopher Lovelock）提出了五个用以区别于产品营销的标准：①服务行为的本质是什么；②服务组织与顾客之间的关系怎样；③从服务的供给讲，服务的规范性有多大以及判别标准有多少；④服务的供求特点是什么；⑤服务是如何传递的。通过这五个问题的解决，服务营销的特点就会自然形成。

三、20世纪80年代上半叶的服务营销

（一）服务营销的理论探索

这一阶段主要探讨服务的特征如何影响顾客的购买行为，尤其集中于顾客对服务的特质、优缺点以及潜在的购买风险的评估，其中以1981年瓦拉里·A.泽斯梅尔在美国营销学会学术会议上发表的《顾客评估服务如何有别于评估有形产品》一文为这方面的压卷之作。

为了将服务与有形商品区分开来，市场营销学界的许多学者从产品特征的角度来探讨服务的本质。格罗鲁斯认为，服务的基本特征包括这样的几个方面：服务是非实体的；服务是一种行为或过程（一系列行为）；服务的生产、分销与消费（在某种程度上）同时发生；服务的顾客（在一定程度上）参与服务的生产过程；提供给不同顾客的同一种服务具有差异性，并且服务是不可储存和没有所有权转移的。科特勒提出服务具有四个特性：无形性、不可分性、易变性和时间性（或易消失性）。阿德里安·佩恩（Adrian Payne）的看法与科特勒相近，即认为服务具有无形性、不可分性、不一致性和不可储存性四个特性。皮埃尔·艾利尔（Pierre Eiglier）和埃里克·郎基尔德（Eric Langeard）认为服务有三个基本特性：服务是非实体的；服务机构与顾客之间存在着直接关系；服务生产过程有顾客的参与。

通过比较我们可以发现，学者们对服务特性的看法基本相同，只是在表述上有所差别，有些特性是从其他特点中衍生出来的。无形性、不可分离性、差异性和不可储存性等四种特征，被公认为是服务的共同特征（见表14-1）。下面我们具体地研究这些特征。

表14-1 服务的特征

商品	服务	相应的含义
有形	无形	服务不可储存 服务不容易进行展示或沟通 难以定价
标准化	差异性	服务的提供与顾客的满意取决于员工的行动 服务质量取决于许多不可控因素 无法确知提供的服务是否与计划或宣传相符
生产与消费相分离	生产与消费不可分离	顾客参与并影响交易 顾客之间相互影响 员工影响服务的结果 分权有时是必要的 难以进行大规模生产
可储存	不可储存	服务的供应与需求难以同步进行 服务不能退货或转售

1. 无形性（intangibility）

服务包含了能够满足人们某种需要的各种行为或表现。人们不能像感受有形产品那样看、感觉或触摸服务。很多时候，服务产品的消费是在消费者既未看到，也未感觉到的情况下完成的。不能像若干物品那样被感觉、触摸的特性，即服务产品的无形性特征。当然，说服务产品是无形的，并不是说服务提供过程中不存在任何有形的物体或要素。事实上，就很多服务的提供来说，有形物体是不可缺少的要素或条件。在绝大多数情况下，企业向市场提供的是有形物品和无形服务的结合。肖斯塔克（Shostack）认为，一个组织向市场提供的既可能是纯粹的有形物品，也可能是纯粹的无形服务，还可能是有形物品与无形服务的结合体。

2. 不可分离性（inseparability）

有形的产业用品或消费品在从生产、流通到最终消费的过程中，往往要经过一系列的中间环节，生产与消费过程具有一定的时间间隔。而服务却不同，它具有不可分离的特征，即服务的生产过程与消费过程是同时进行的。也就是说，在服务人员向顾客提供服务的同时，顾客也完成了对服务的消费，二者在时间上不可分离。由于服务本身不是一个具体的物品，而是一系列的活动或过程，所以在服务过程中，顾客和服务生产者必须直接发生联系，从而生产的过程也就是消费的过程。服务的这种特性表明，顾客只有而且必须加入到服务的生产过程中才能最终消费到服务。一个最简单的例子是，病人必须向医生讲明病情，接受医生的检查，医生才能做出诊断，对症下药。顾客对生产过程的直接参与及其在这一过程中与服务人员的沟通和互动行为无疑向传统的产品质量管理及营销理论提出了挑战。

3. 差异性（heterogeneity）

差异性是指服务的构成成分及其质量水平经常变化，很难统一界定。服务是一种行为或表现,其提供者是服务人员,享用者则是各种各样的顾客。不同服务人员的服务经验不同,同一服务人员在为不同对象服务及在不同时间为同一对象服务时的心理状态等也可能有很大差异,而不同顾客享用某种服务的经验及对服务的期望不同,从而服务的提供过程、顾客对服务的评价等都可能会因为时间、空间等因素的变化而发生很大差异,要保持服务的标准化十分困难。因此,服务的差异性主要是由于人们之间的相互作用(在员工和顾客之间)以及伴随这一过程的所有变化因素所导致的。

4. 不可储存性(perishability)

不可储存性是指服务产品无法保留、转售及退还的特性。服务的无形性以及生产与消费同时进行的特性,使得服务不可能像有形的消费品和行业用品一样被储存起来,以备未来出售。企业在形成提供服务产品的能力后,如果没有顾客购买服务产品,则服务能力就是一种浪费。由于不可储存,也就无法用预先储存起来的服务满足高峰时期顾客的需要。顾客为消费某种服务而来,服务产品供不应求时,则也可能使顾客失望而归。有鉴于此,如何妥善处理供求矛盾,是服务营销过程中所面临的一个重要问题。

从对服务特征的分析中我们不难看出,无形性可被认为是服务的最基本特征,其他特征都是从这一特征派生出来的。事实上,正是因为服务的无形性,才使得生产与消费不可分离,而差异性、不可储存性在很大程度上是由无形性和不可分离性两大特征所决定的。

虽然有形产品与无形服务在表面上体现出不同的特性,而实际上并无本质区别,它们都是产品,都能为顾客提供利益和满足感,只不过服务是一种特殊的产品罢了。从某种意义上看,虽然我们界定了服务的基本特征,但它仅仅表明服务在这些方面具有较强的倾向,而任何一种服务也只是这些特征的不同组合,有形产品同样具有某些服务的特征。所以,广义地理解产品与服务的关系,其意义在于传统的营销理论和原则在服务市场领域具有一定的适用性,但这并不意味着我们可以完全照搬过来。事实上,即使对于同是有形产品的行业用品和消费品,两者在营销战略的制定方面也有很大不同。

(二)服务分类

不少营销学者还专门探讨如何根据服务的特征将其划分为不同的种类。他们认为,不同种类的服务需要营销人员运用不同的营销战略来进行推广。比如,肖斯塔克根据产品从有形向无形的变化过程来区分服务,提出了"有形-无形谱系图"(tangible-intangible continuum);蔡斯以"高接触度与低接触度服务生产过程"的高低程度划分服务;贝利利用"不可感知性"的程度与"服务是否为顾客量身定做"对服务进行分类;而洛夫洛克则根据服务的生产过程、会员制度以人提供服务或者是以机器提供服务等不同的变量,提出多种区分服务的方法。

1. 高接触度服务、中接触度服务与低接触度服务

理查德·蔡斯(Richard B. Chase)按照顾客与服务企业接触与互动的方式将服务分为三大类,即高接触度服务、中接触度服务和低接触度服务。所谓高接触度服务是指服

务生产主要依靠人来完成的服务,服务传递过程中存在着服务提供者与顾客面对面互动的服务,如电影院、娱乐场所、公共交通、学校等部门所提供的服务;中接触度服务则指银行、律师、房地产经纪人等所提供的服务,在这里,顾客只是部分地或在局部时间内参与其中的活动;而低接触度服务是指利用自动系统、信息技术或其他有形要素来完成服务生产的服务,顾客主要与企业的系统或设施进行互动,典型的有远程教育、网上银行服务等。蔡斯的分类方案表明,企业应针对顾客参与程度的不同而制定相应的战略:高接触度的服务会因顾客需求的多样化而对企业营销活动提出更高的要求;而由于在低人际接触度服务中缺少面对面的互动,因此企业很难察觉出服务过程中出现的失误,即使察觉到了,服务补救的难度比高接触度服务也要困难得多。例如,学校很难监控远程教育的质量,可能需要较长时间才能发现学生对教学的需求,即便发现了,再进行纠正,也可能已经错过了改善教学服务质量的最佳时机。

2. 定制化服务与标准化服务

对于服务营销管理者来说,更重要的分类是对服务另外一种特性的认识,即其定制化与标准化的程度。所谓定制化是指产品的设计特性,即产品的属性和特点及提供服务的方式满足顾客需要程度。而标准化则是顾客能够感受到的设计可靠性,即产品特性、质量和服务提供过程的稳定程度。有些服务具有较高的标准化特性,如餐饮连锁经营企业麦当劳;而另一些服务则具有较强的定制化特性,典型的如律师服务,每个律师所面对的案例都是截然不同的。但是,绝大多数的服务都同时兼有定制化和标准化的特性,例如医疗服务行业,每个病人即使得的是同一种病,由于体质不同等因素的影响,因此,每个病人的诊治方案都具有很高的定制化特性,但对于同一种类型的疾病,其诊治流程和方案也具有相对的标准化特性,例如,对于不同类型的高血压患者,用药和诊治流程基本是相同的。

了解定制化服务与标准化服务之间的关系对于合理配置服务资源、制定服务战略具有重要的指导意义。在服务提供过程中,成本会随着标准化服务质量的提高而下降,但是随着投入的不断增加,会使收入递减,成本最终呈上升趋势。它符合规模经济原则,曲线是U形的。而改善定制化质量的成本在任何情况下都是以递增的速率增加的,因为定制化程度的不断提升需要产品具有更多和更好的特性,而且需要多种特性的不同组合,或者需要员工为顾客提供更周到的服务。

3. 连续性服务与间断性服务

根据顾客与服务企业的关系,服务可以分为连续性的服务和间断性的服务。有些服务,如工业清洁、银行等,顾客和服务提供者之间存在着长期的互动关系。这无疑为服务企业与顾客建立良好的关系提供了大量的机会。而那些提供间断性服务的企业,如旅馆、酒店和医疗服务,要想达到这个目的就困难得多。但这并不意味着这些企业无法与顾客建立长期关系。那些提供连续性服务的企业一般无法承受顾客流失的损失,因为争取新顾客的费用过于昂贵;而另一方面,间断性服务企业却可以利用交易导向的营销模式而成为盈利性企业，尽管关系导向营销模式似乎是更好的营销模式。

了解这种分类对于提高服务管理水平具有重要的意义。大量的研究表明，关系营销是企业处理与顾客关系的最佳方式，也是基本的发展趋势，但这并不意味着所有的顾客都愿意与企业建立长期的关系，这取决于企业所提供服务的特性。企业应当根据所提供服务的特性，选择恰当的营销模式，从而最大限度地提升组织盈利能力。

4. 肖斯塔克分类

G. 利恩·肖斯塔克对服务分类的视角与其他学者不同，是从实体产品与服务相结合的角度来进行服务分类的。肖斯塔克把企业提供给市场的东西分为四大类，而且可以排成一种连续谱系。这四大类分别是：① 纯粹的实体产品（如盐、牙膏等）而且不附带明显的服务。销售的标的物是实体物品。② 附带服务的实体物品。所提供的是附带服务的一些产品（如汽车、电视机等），但销售的标的物是实体物品。③ 伴有产品的服务。所提供的服务附带有产品或是服务和产品服务都有（如航空旅行、在医院做手术等），但销售的标的物是一种非实体性的东西。④ 纯粹的服务。所提供的是服务（如信息），销售的标的物是非实体性项目。

肖斯塔克的这种分类为我们提供了一种新的观察整个市场并加以管理的途径。这种分类方法曾被许多学者加以采用。

5. 显性服务与隐性服务

在服务管理研究过程中，有一种分类还没有引起学者们足够的关注，那就是格罗鲁斯的显性服务与隐性服务的划分。按照传统的观点，只有那些能够在账面上体现出来的服务（billable services）才被称为服务。事实上，它们只是服务的一个组成部分。例如，任何顾客，个人或组织，都会注意到这样一个事实：企业为他们所提供的服务远不止那些可在账面上反映的服务，还有许许多多的隐性服务（hidden service），如票据处理、质量问题处理、服务补救、抱怨处理、顾客培训、顾客咨询、电子邮件收发、对顾客特殊问题的关照、信守承诺、及时送货，等等。票据处理的清晰和准确性、对服务失误和顾客抱怨处理的及时和有效性及雇员对顾客的"移情性"，对于提高顾客忠诚度，无疑具有十分重要的意义。所以，这些隐性服务无疑是企业建立竞争优势最重要的途径。

这些分类对于我们深入服务管理研究，把握顾客感知服务质量特性具有不同的指导意义，我们无法对这些服务分类做出绝对的是非判断，因为不同的服务分类都有其各自的科学性、合理性和适用性，在研究服务管理的不同问题时，我们可以采取不同的分类方法。例如，在研究服务需求管理问题时，我们可以充分借鉴洛夫洛克的观点；而在研究顾客感知服务质量评价问题时，蔡斯的分类可能更具有意义。

在此期间，美国的服务营销学者在亚利桑那州立大学成立了"第一跨州服务营销学研究中心"（First Interstate Center of Services Marketing），成为继北欧学派之后的又一个服务营销学研究中心。它标注着美国营销学者开始更加重视对服务营销学的研究。

四、20世纪80年代下半叶的服务营销

(一) 服务营销的理论突破

在这一阶段,有关服务营销理论的研究获得了突破性的进展,而这些研究成果为日后服务营销理论的发展奠定了坚实的基础。在这一阶段,学者们的研究集中于解答传统的营销组合是否足够有效地用以推广服务。如果不够的话,在传统的4P之外,究竟要增加哪些新的组合变量?

服务营销组合是服务企业依据其营销战略对营销过程中的构成要素进行配置和系统化管理的过程,其内容包括除传统营销组合4P要素外的人员(people)、过程(process)及有形展示(physical evidence)共7方面要素,简称7P。

1. 产品

产品必须考虑提供服务的范围、服务质量和服务水准,同时还应注意的事项有品牌、保证以及售后服务等。产品中,这些要素的组合变化相当大,这种变化可以从对一家供应多种菜品的小餐馆和一家供应各色大餐的五星级大饭店相比较之后看出来。

2. 定价

价格方面要考虑的因素包括:价格水平、折扣、折让和佣金、付款方式和信用。在区别一项服务和另一项服务时,价格是一种识别方式,因此顾客可以从一项服务获得价值。而价格与质量之间的相互关系,在许多服务价格的细部组合中是重要的考虑对象。

3. 渠道

提供服务者的所在地及其地缘的可达性在服务营销上都是重要因素。地缘的可达性不仅是指有形产品上的,还包括传导和接触的其他方式。所以销售渠道的形式及其涵盖的地区范围都与服务的可达性有密切关联。

4. 促销

促销是包括广告、人员推销、销售促进或其他宣传形式的营销沟通方式,以及一些间接的沟通方式,如公关。

5. 人员

在服务产品提供的过程中,人(服务企业的员工)是一个不可或缺的因素。尽管有些服务产品是由机器设备来提供的,如自动售货服务、自动提款服务等,但零售企业和银行的员工在这些服务的提供过程中仍起着十分重要的作用。而对于那些要依靠员工直接提供的服务,如餐饮服务、医疗服务等来说,员工因素就显得更为重要。一方面,高素质、符合有关要求的员工的参与是服务提供的一个必不可少的条件;另一方面,员工服务的态度和水平也是决定顾客对企业所提供服务的满意程度的关键因素之一。一个高素质的员工能够弥补物质条件不足可能使消费者产生的缺憾感,而素质较差的员工则不仅不能充分发挥企业拥有的物质设施上的优势,还可能成为顾客拒绝再消费企业服务的主要缘由。

服务企业中服务提供者的服务提供能力，就像一般销售活动中销售人员的销售能力一样重要。正如工布伦戴奇（J. Brundage）和克里斯蒂·马歇尔（Christy Marshall）所指出的："在服务企业，服务的销售和递送之间是不易区分的……换言之，服务本身就是一件产品，在服务被递送的同时，顾客所能见到的所有功能，都成为服务的一部分。由于顾客一直接触到服务提供过程，所以无论操作、产品、销售还是营销人员，都与服务的售出关系密切。"据此，服务营销管理必须和作业处理协调合作，影响并控制顾客和企业工作人员之间的某些关系层面。公司工作人员的任务极为重要，尤其在蔡斯所说的高接触度的服务业务方面。因此营销管理者必须注重对雇用人员的甄选、训练、激励和控制。

对某些服务业务而言，顾客与顾客之间的关系也应受到重视。因为一位顾客对一项服务质量的认知状况，很可能会受到其他顾客的影响。比如一家餐厅某个顾客的行为很可能会对其他顾客所得到的产品造成直接影响。在这种情况下，管理者面对的问题就是：在顾客与顾客间相互影响方面的质量控制。

6. 有形展示

服务是无形的，在服务消费决策中，消费者往往根据其能够感知的有形因素的状况来判断无形服务的质量，从而做出是否消费的决策。通过有形因素向顾客展示无形服务的特点、层次等借以为顾客决策提供决策依据，为服务交易提供暗示或隐形承诺，即服务营销中的有形展示。有形展示包括的要素有：实体环境（装潢、颜色、陈设、声音）以及服务提供时所需用的装备有形产品（比如汽车租赁公司所需要的汽车），还有其他的实体性线索，如航空公司所使用的标志或干洗店给洗好的衣物加上的"包装"。

作为服务营销组合中的一项重要内容，有形展示起着十分重要的作用。第一，有形展示可以通过感官刺激，向消费者提供服务信息，让消费者感受到无形服务能够为其带来的利益，激发消费需求。第二，有形展示有助于引导消费者对服务质量的合理期望。消费者对企业服务不满的重要原因之一在于企业实际提供的服务不能满足顾客的期望。而消费期望不能得到很好的满足将会对企业利益产生不利影响。恰当的有形展示有助于使顾客建立对企业服务的恰当期望，降低实际服务利益低于其期望利益的可能性。第三，影响消费者对企业服务的印象。消费者对企业服务的印象建立在多种因素基础之上。服务消费的实际体验是决定其对服务印象的最重要的因素。但在决定消费者印象的若干因素中，由于有形展示是消费过程中首先接触的要素，它往往决定了消费者对企业及其所提供的无形服务的第一印象。

在服务营销中，有形展示具有十分重要的作用。企业必须通过对有形展示的管理，使消费者根据有形线索得出有利于服务推广的结论。对有形展示进行科学管理，关键在于合理地设计、组合各种有形要素。一切可向外界传达企业服务特色的有形要素，都构成服务营销中的有形展示。在营销过程中，能够为企业所控制、并会为消费者重视的有形线索主要包括三个方面。一是服务的物质环境，如服务场所的设计及其整洁程度、企业形象标志、服务设备的档次、服务人员的形象等。二是信息沟通，即沟通本企业与外界的所有宣传，如企业对外的广告宣传、外界对本企业服务质量和形象的评论等。三是价格。消费心理学表明，当消费者缺乏必要的专业知识来评价产品质量的优劣时，价格往往成为其判断质量优劣的重要指标，这也就是所谓的"按质论价心理"。在服务消费中，消费者也经常会面临着同样的问题。一方面，服务的无形性使其在实际消费服务前很难对服务的质量做出评价；另一方面，对于部分服务，甚至在消费之后仍难对质量做出准确的评价。在这些情况下，价格高低也就成为无形服务质量的可见性展示。科学进行服务的有形展示，要求企业能够根据目标市场需求的特点和本企业服务的特点，对上述各有形性因素进行合理的设计，并保证各种有形因素传达的信息的统一。

7. 过程

人的行为在服务企业非常重要，而服务的递送过程也同样重要。在营销过程中，服务的提供者不仅要明确拟向哪些目标顾客提供服务、提供哪些服务，而且要明确怎样提供目标顾客所需要的服务，也即合理设计服务提供的过程。

（二）关系营销的提出

服务营销学者逐渐确定了"人"（包括顾客和企业员工）在推广服务以及生产服务的过程中所扮演的角色，并由此衍生出两大领域的研究，即关系营销（relationship marketing）和服务系统设计（service system design）。贝利率先提出如何维系和改善同现有顾客之间的关系，随后，芭芭拉·邦德·杰克逊（Barbara Bund Jackson）提出要与不同的顾客建立不同类型的关系，格罗鲁斯、伦纳德·施莱辛格和赫斯科特则论证了企业与顾客的关系对服务企业营销的巨大影响，而约翰·A.塞皮尔（John A. Czepiel）更强调关系营销是服务营销人员必须掌握的技巧。

（三）服务系统设计学派的观点

服务系统设计学派强调服务营销管理从属于服务管理的学科体系，服务管理应侧重以顾客的视角和营销手段来管理服务的设计、包装、输出、反馈和改进。典型的例子有美国学者詹姆斯·A.菲茨西蒙斯（James A. Fitzsimmons）等人为代表的以"服务蓝图"、运筹学排队论等管理科学方法来研究服务系统的最优化设计的管理思路，其代表著作为《服务管理：运营、战略和信息技术》。与此同时，肖斯塔克也分别于1984年、1987年和1992年发表多篇论文，研究顾客在何种情况下愿意参与生产服务。此外，还有一些学者致力于研究科技与服务技术对服务生产过程的影响。

（四）服务质量和服务接触

这一阶段的研究，取得了突破性进展。主要表现在服务质量（service quality）和服务接触（service encounter）两个方面。格罗鲁斯首先根据对服务的最新定义和对服务特征的理解，就服务质量提出新的解释。他提出，顾客感知服务质量由技术质量（technical quality）和功能质量（functional quality）组成。前者指服务的硬件要素，后者指服务态度及员工行为等软件要素。1985年，美国的三位学者——帕拉苏拉曼、贝利和泽斯梅尔在《营销学报》上撰文提出差距理论（gap theory），认为服务的质量要受五种"差距"的影响和制约。此外，1988年，他们根据对四种不同服务行业进行研究的结果，提出了 SERVQUAL 模式。根据这种模式，对服务质量的测量可以从五种角度或标准进行，即可靠性、可感知性、应对性、保证性和移情性。SERVQUAL 模式的提出，解决了如何测量服务质量的问题，同时，它也勾画出了质量与顾客满意度之间的线性关系，促使服务营销人员进一步明白为什么"服务的质量"是服务营销战略的核心内容，目前，SERVQUAL 模式已经成为全球应用最为广泛的服务质量度量方法。

在研究服务接触方面，贝特森、雷蒙德·P.菲斯克（Raymond P. Fisk）、蔡斯、唐纳利（J. R. Donnelly）、迈克尔·R.所罗门（Michael R. Soloman）、卡罗尔·萨普里南特（Carol Surprenant）、伊芙琳·古特曼（Evelyn Gutman）、比特纳等人做出了很大贡献，提高了人们对服务员工与顾客相互沟通时的行为及心理变化的认识，使人们了解到服务接触对整项服务感受的影响，懂得如何利用服务员工及顾客双方的"控制欲"、"角色"和对投入服务生产过程的"期望"等因素来提高服务的质量。

最后需要指出的是，区别前两个阶段的研究，本阶段的学者们开始利用实证方法验证和创新理论。事实上，前两个阶段的研究基本停留在概念的层面上，学者们很少搜集实际数据支持所提出的理论，从而在客观上削弱了理论的说服力，而在本阶段这一情况有了根本的转变。

五、20世纪80年代后期至今的服务营销

（一）服务营销研究的纵深发展

从20世纪80年代后期开始，越来越多的学者逐渐认识到有效的服务营销组合应包括七种变量，即在传统的产品、价格、分销渠道和促销组合之外，又增加了有形展示、人和服务过程，从而达到7P组合。这也标志着服务营销学的发展开始步入第四个阶段，其研究范围亦扩大至：① 围绕7P所进行的理论研究；② 一些特殊的营销论题，例如服务价格理论与测定、服务的出口战略、信息技术对服务的生产、管理以及营销过程的影响等。

（二）服务营销的跨学科研究

随着7P组合的引进，学者们又进一步认识到，要有效地制定和执行7P组合战略，单从营销学的角度进行分析及提供意见是远远不够的。他们纷纷提出，要使服务营销学的研究取得理论上的重大突破，加强跨学科的研究是至关重要的。也就是说，研究人员应从不同的学科，如人事管理学、生产管理学、社会学以及心理学等角度，观察、分析和理解服务行业内所存在的各种市场关系。因此，在该阶段，除了继续对前一阶段提出的理论和模式进行补充和发展之外，学者们开始进行多样化的，与7P有直接或间接关系的研究，包括内部营销、服务企业文化、全面质量管理以及服务的设计与市场定位战略等。显然，这些研究体现了服务营销学自90年代以来新的发展变化趋势。

第二节 服务质量与服务补救

一、服务质量理论

目前被学术界普遍认可的服务质量概念由格罗鲁斯于1982年提出,他将服务质量定义为顾客感知服务质量,是顾客所期望的服务质量与实际接受的服务质量之间的差异。其中,顾客期望的服务质量由企业市场沟通、口碑、企业形象、顾客需要决定,并且顾客以往的消费经验对期望的服务质量产生影响;顾客实际接受的服务质量与服务结果和服务过程有关,格罗鲁斯将其分别定义为技术质量(服务的结果)和功能质量(服务的过程)。

1985年,帕拉苏拉曼等人提出用"服务质量差距模型"来测量服务质量,他们把感知服务质量定义为顾客对服务的期望与服务感知之间的差距(差距5),该差距又由服务过程中的五个差距决定:消费者预期—管理层认识之间的差距(差距1);管理层认识—服务质量规范的差距(差距2);服务质量规范—服务交付之间的差距(差距3);服务交付—外部沟通之间的差距(差距4),差距5=f(差距1,差距2,差距3,差距4)。并以此模型为基础又提出了服务质量测评的SERVQUAL量表(见表14-2),从包含22个指标的5个维度——有形性、可靠性、响应性、保证性和移情性对服务质量进行测评。随后,绝大多数的学者在进行服务质量管理和评价中都以这5个维度为基础,再根据不同服务行业特点进行调整。

表14-2 SERVQUAL量表

要素	组成项目
有形性	1. 有现代化的服务设施 2. 服务设施具有吸引力 3. 员工有整洁的服装和外表 4. 公司的设施与他们所提供的服务相匹配
可靠性	5. 公司对顾客所承诺的事情都能及时地完成 6. 顾客遇到困难时,能表现出关心并提供帮助 7. 公司是可靠的 8. 能准时地提供所承诺的服务 9. 正确记录相关的服务
响应性	10. 不能指望他们告诉顾客提供服务的准确时间※ 11. 期望他们提供及时的服务是不现实的※ 12. 员工并不总是愿意帮助顾客※ 13. 员工因为太忙以至于无法立即提供服务,满足顾客的需求※
保证性	14. 员工是值得信赖的 15. 在从事交易时顾客会感到放心 16. 员工是有礼貌的 17. 员工可从公司得到适当的支持,以提供更好的服务

续表

要素	组成项目
移情性	18. 公司不会针对不同的顾客提供个别的服务 ※ 19. 员工不会给予顾客个别的关怀 ※ 20. 不能期望员工会了解顾客的需求 ※ 21. 公司没有优先考虑顾客的利益 ※ 22. 公司提供的服务时间不能符合所有顾客的需求 ※

注：① 量表采用7分制，7表示完全同意，1表示完全不同意。中间分数表示不同意的程度。量表中的问题随机排列。

② ※表示对这些问题的评分是反向的，在数据分析前应转为正向得分。

资料来源：A. Parasuraman, V. A. Zeithamal, L. L. Berry. SERVQUAL: A Multiple-Item Scale for Measuring Consumer Perceptions of Service Quality. Journal of Retailing, Vol. 64, No. 1, Spring, 1988, pp.12-40.

随着20世纪末服务质量要素体系的完善，很多学者开始针对服务质量开展了更细致、深入的研究，主要体现在服务质量维度的划分、服务质量评价方法和服务质量要素与相关因素研究。

二、服务补救理论

所谓服务补救，就是企业以受理顾客投诉、发现服务缺陷为起点，通过圆满解决顾客问题，以提高顾客满意度和忠诚度为最终目的，并在此过程中不断学习，改进服务质量，最终增加企业利润。

服务补救最早起源于顾客抱怨问题的研究。顾客抱怨行为的研究大致始于20世纪70年代，该研究的兴起主要受西方消费者至上主义的影响，但其发展主要在20世纪90年代。早期的研究主要集中在对不同行业顾客抱怨总体状况的描述、归纳抱怨的性质和方式等方面。随后，其研究重点逐渐转移到以下几点：顾客在不满意的情况下可能会采取的行动及其影响因素，不同顾客在不同情况下所倾向采取的行动，顾客抱怨的原因，顾客希望得到的抱怨结果，影响顾客抱怨的因素以及顾客抱怨在管理上的意义，等等。

顾客在遭遇失败的服务经历后很可能基于种种动机产生抱怨行为，他们可能会单方面终止与企业的服务，直接向企业抱怨，甚至向第三方抱怨，传播企业的不良口碑。因此服务失败后有效、及时的服务补救显得尤为重要。目前关于服务补救的研究主要集中于以下几个方面：

1. 服务失败归因

2000年以后，学者们通过大量的实证研究得出：服务失败可源于服务本身的问题、服务提供者的问题、服务提供者控制范围之外的问题及与顾客有关的问题，其中员工的无礼行为和漠不关心的态度是导致服务失败的最主要原因；偏向自助服务的高参与度顾客比低参与度顾客更倾向于责怪自己;"外因"导致的服务失误对于顾客的负面影响最大,"内因"导致的服务失误对于顾客的负面影响最小,第三方导致的服务失误对于顾客的负面影响介于前两者之间等有益结论。

2. 服务补救结果

顾客在服务失败原因主观认知的基础上,会根据对服务补救的预期对补救效果进行评价,根据公正性理论,他们不仅依据补救结果,还根据补救程序和补救互动来评价服务补救行为,进而决定其满意(或不满意)程度,且强化顾客在"补救结果"、"补救程度"、"补救互动"的公平性感知能有效地提升顾客满意度。

3. 服务补救与相关因素的关系

很多学者通过顾客满意度、关系营销、消费者行为相关理论的交叉角度探讨顾客关系对服务失败的影响,认为顾客关系可以减小服务失败的负面影响,具有真正服务关系的顾客在服务失败后具有更高的顾客满意度、更少的负面口碑以及更高的重购倾向,而虚假关系的顾客比偶遇关系的顾客表现出较高的满意度、较少的负面口碑以及较高的重购倾向,所以关系相对于其他补救策略更显得未雨绸缪。另外,服务补救又是影响顾客忠诚度的重要因素,成功的服务补救要在第一时间开始实施,并且程式化的服务补救对于情感联系紧密的消费者而言是远远不够的,企业还需要为这类消费者提供额外的补救,并且把自己也置身于补救过程之中。

第三节 服务便利理论

服务便利(service convenience)是指消费者在购买和消费产品或服务的过程中对时间和努力的感受程度。时间和努力(effort)是一个普通人成为消费者所必须承担的非货币成本,是阻止人们从事其他活动的机会成本,但每个消费者所拥有的时间和努力资源又都是有限的。因此,消费者在购买产品或服务时总是倾向于花费更少的时间和努力。如果消费者在购买和消费一项产品或服务的过程中所付出的时间和努力超出了预期,那么消费者就会感到不便利;反之,如果付出的时间和努力较少,则会感到便利。总之,服务便利的研究基于这样两个假设前提:时间是一种有限和稀缺的资源;努力是人们选择活动时的一个约束条件。

研究表明,服务便利存在着不同的层次和类型,按照服务的购买和使用过程,服务便利的类型可以归结为:

(1)决策便利:指消费者做出购买决定和使用决定时对便利程度的感知。消费者一旦产生了对某种服务的需求,就会花费时间和努力来决定怎样满足这种需求。首先,消费者要决定自己动手还是购买这种服务；如果消费者选择购买这种服务，那么他/她还要决定使用哪个服务供应商以及购买什么样的特定服务。

（2）渠道便利：指消费者与服务供应商建立接触和到达服务提供商所在地时对于便利程度的感知。消费者在与服务提供商建立联系以前是无法享受到服务的，因此，将零售商店设置在大部分客户方便的地方至关重要。

（3）交易便利：指消费者在完成交易过程中对便利程度的感知。在交易过程中，消费者感觉到的时间往往比实际时间要长。交易环节的不便利很容易引起消费者情绪上的烦躁不安，甚至最终放弃购买。

（4）受益便利：指消费者在享受服务的过程中对便利程度的感知。受益阶段的不便利会对消费者产生很强的负面效果，从而削弱消费者对服务核心体验的感觉，并最终导致消费者对服务质量和满意度评价的降低。

（5）售后便利：指消费者在服务的受益阶段之后再次与服务提供商接触时对便利程度的感知。售后便利常与产品维修、维护、退换货以及消费者的抱怨处理等活动有关。研究表明，妥善处理消费者的抱怨会增加他们对服务过程的满意度，反之，则会大大降低消费者的满意度。

围绕服务便利问题，凯利（Kelley）和布利斯（Bliss）以及汤普森（Thompson）等学者以消费品的分类为基础，对"便利在消费者购买中的作用"、"供应与购物便利的关系"、"便利与零售区域的结构"等问题进行了探讨。一致的研究结果显示：非货币成本是便利概念的核心论点；消费者对于便利的考虑会影响他们的购买行为；便利甚至引发了零售结构的变迁。此后，营销学者围绕着"便利导向（convenience orientation）"和"便利维度（convenience dimension）"的概念展开了更为深入和更为广泛的研究。安德森（Anderson）针对便利导向的概念进行了实证研究，认为消费者可以粗略划分为便利导向的消费者和非便利导向的消费者，这为企业有针对性地制定营销策略提供了依据。布朗（Brown）则通过对便利维度的讨论提出了便利理论对于消费品营销的战术意义和战略意义。进入21世纪以来，贝利（Berry）对有关便利的研究成果进行了全面的梳理，构建了服务便利模型，并提出了著名的服务便利的五种类型。

大部分国外学者对服务便利的研究都是站在消费者的角度，讨论消费者的特征如何影响他们对于便利的需求程度；而对于服务企业如何管理消费者的便利需求，以便更好地为消费者创造价值的问题则鲜有触及。从理论上讲，消费者的便利需求与服务企业的获利动机是一对矛盾，但从另一个角度看，两者却是相辅相成、相互促进的。一方面，消费者产生的对便利的需求会推动服务企业致力于改善服务质量；另一方面，服务企业对消费者便利需求的满足则有利于吸引和保留更多的消费者，从而实现服务企业的获利目标。

布朗（Brown）曾就便利对于企业的意义问题进行过考察。他认为，对于大多数的服务而言，都存在一个从"自己动手"到"全面便利"的便利序列（见图14-1）。便利序列能够帮助企业考虑不同点上产品的性质和相应的顾客分布，随着一项服务从便利序列的一端移动到另一端，服务的性质在发生着改变，相应的顾客群体也会表现出不同的特征。这样企业就可以从便利的角度对目标市场进行细分，以便针对各个不同的细分市场制定不同的营销策略。实际上，已经有许多企业因响应消费者的便利需求而创新了业务内容。比如将制作水饺的过程集装起来就形成了"速冻水饺"这一新的产品类别，把制作咖啡的过程集装起来就形成了"速溶咖啡"等。

图14-1　洗衣服的便利序列

综合目前国外学者有关服务便利的研究成果，可以看出，服务提供商对消费者便利需求的管理贯穿于消费者购买和使用一项服务的全过程；服务提供商既可以按照服务的流程对消费者加以细分，以便制定有效的营销策略；也可以依据便利序列对服务流程进行优化，从而创新服务内容。

第四节　服务营销研究的进展

服务营销学自20世纪60年代诞生以来，历经初创阶段、探索阶段和稳步发展阶段的沿革，已形成相对清晰的研究脉络。进入21世纪以来，服务营销领域的研究经历了深刻变化。这些变化集中体现在研究范围的扩大、研究深度的拓展、研究论题的丰富以及研究领域的跨学科融合。特别是1998—2008年这11年间，服务营销领域发表学术论文的数量和质量持续提升，学者们致力于为服务营销实践的动态发展寻求理论支持（Deon Nel，2010）。

Pasadeos（1998）曾指出，对特定学科进行文献梳理不仅有助于夯实该学科的理论基础，而且有助于把握该领域的最新趋势，对于研究者和实践者的战略导向都具有重要意义。在文献梳理的过程中，通过对主流专业期刊进行内容分析可以更好地了解该领域的研究概况，包括研究现状、学科分野、未来趋势等（Leong，1989；Malhotra，1996）。近两年来，Seggie和Griffith（2009）采用对营销顶尖专业杂志《营销学报》（Journal of Marketing，JM）、《营销研究学报》（Journal of Marketing Research，JMR）、《消费者研究学报》（Journal of Consumer Research，JCR）、《营销科学》（Marketing Science，MS）进行内容分析的方法，厘清了营销研究的发展脉络。这种分析方法被称为"营销思想史的梳理"，成为文献梳理中一种新颖而有效的研究方法。

《服务营销学报》杂志自1987年创刊以来，已经发展成为服务营销领域历史最为久远的学术期刊。Deon Nel，Wade Halvorson，Peter Steyn等学者对1998—2008这11年间在该杂志上发表的417篇文章进行了内容分析，清晰展现了新时代服务营销学研究的发展趋势。本文对上述作者的研究结论进行概括和分类汇总，以期勾勒出服务营销学新近的研究轨迹。

一、学术文献研究的维度问题

传播学、营销学和其他学科领域的研究实践证明，对专业文献进行纵向梳理可以为研究者提供清晰理性的史学线索。这在国外学术界已经取得大量具有重要科学价值的研究成果。Malhotra（1996）曾通过对营销思想的史学梳理，厘清营销研究的框架和派系。进入21世纪以来，服务营销学的研究呈现蓬勃发展的态势，然而却极少有学者基于宏观视角对该学科的最新进展和演变趋势进行分析。在我国，关于营销学科研究方法、学术流派、学科体系等宏观研究的则更少。Usdiken和Pasadeos（1995）将学术文献研究的维度划分为以下六个方面，如表14-3所示：

表14-3　学术文献研究的维度划分

学术文献研究的维度	维度内涵
1. 发表效率（publishing productivity）	评价特定作者和机构对该领域的贡献（Barry，1990）
2. 文献回顾（literature review）	基于对某一特定学科的研究结论，进行启发式总结和范式构建（Arndt，1986）
3. 元分析（meta-analyses）	对众多现有实证文献的再次统计（Crouch，1996）
4. 方法论调查（methodological investigation）	考察同一学科领域内，同一主题的研究文献所使用的不同研究方法（Kolbe and Burnett，1991）
5. 专业期刊调查（specific journal investigation）	对特定专业期刊中的文献进行内容分析，以获得对某一学科的深刻理解（Leong，1989；Malhotra，1996）
6. 引用分析（citation analyses）	考察文章中参考文献和脚注的引用情况（Pasadeos，1998）

在文献研究工作中，以上6种方法得到广泛应用。例如，Yale和Gilly（1988）曾对1976—1985年十年间广告研究的趋势进行了内容分析。Fisk等（1993）对过去15年间在广告期刊上发表的文章进行了系统化和概念性的评论。Deon Nel等学者遵从West（2007）对《国际广告》杂志进行内容分析时所采用的研究方法，从发表效率、文献综述和研究

方法等多个维度入手，对1998—2008年11年间发表在《服务营销学报》上的文章进行综合性内容分析。国外研究实践表明，以往学者在进行文章内容分析时，大多是采用单一维度的方法。例如，Pasadeos曾借助引用分析方法从事类似研究。而如果综合多个维度，再借助内容分析的方法开展研究，则更有助于研究者更加全面地把握学术研究的脉络和路径。

二、Nel等人的研究方法及其研究发现

West（2007）指出，当大多数变量不需要进行判断编码时，内容分析的客观性便得以保证。Deon Nel等人在他们的研究中采用了West（2007）的客观性研究方法，这种方法的前提是，在面临同一笔数据的情境下，遵循相同研究程序的研究者将取得一致性结论（Kassarjian，1977）。在他们的研究中，编码参数包括顶级作者、单位文章作者数、文章类型、文章主题、样本及统计方法。

Deon Nel等学者抽取的研究样本是1998—2008年11年间发表在《服务营销学报》上的417篇文章，通过对文章标题的内容分析将文章进行分类编码。具体的编码方法是：6位编码人员随机等分为两组，每组独立完成分类编码工作，以每次20篇文章为单位，依文章标题进行编码归类，直至将全部417篇文章归类完成，之后两组编码人员进行交互编码信度检验以考察编码结果的一致性。分类依据是Brown（1994）所提出的服务营销学术文献研究题目分类框架，该框架包括以下10个类别：服务质量和顾客满意；服务接触和顾客体验；服务设计和传递；顾客保留和关系营销；内部营销；服务补救；服务质量模型和测量（SERVQUAL）；技术注入（技术对整个服务业和组织结构的影响）；顾客获取、广告和沟通；战略、绩效与管理。

根据内容分析的结果，Deon Nel等学者将研究结论以"输入"和"输出"的形式呈现。"输入"包括：顶级作者和单位文章作者数目。"输出"包括：文章类型、主题、样本、统计分析方法和搜索关键字。为了更加清晰地呈现服务营销近十年研究进展情况，笔者将Deon Nel等学者的研究结论概括为以下四个方面：

1. 高产作者及单位文章作者数

West（2007）指出，如果不对学术文章作者进行分析而单纯分析学术期刊上的文章，那么分析工作是不完整的。表14-4显示了过去的11年间，在《服务营销学报》上发表文章数目较多的作者排名。这张表清晰展示了发表文章数目在3篇及以上的高产作者。需要说明的是，每位作者发表文章数量的统计既包括其是第一作者的文章也包括其作为合作者的文章。由此可以看出，学术研究是需要长期关注某一研究领域或论题的，"板凳须坐十年冷"，只有深入下去，多年钻研某一学术领域，点点滴滴，长期积累，才有希望取得丰硕的研究成果，成为某一学科领域的知名专家。

表14-4　1998—2008年《服务营销学报》发表文章数目最多的作者排名

作者排名		发表文章数量
1	Mattila, Anna	8
2	Javalgi, Rajshekhar (Raj), Martin, Charles, Palmer, Adrian, Paswan, Audhesh	6
3	Gounaris, Spiros, Grace, Debra, Patterson, Paul, Wirtz, Jochen	5
4	Chung-Herrera, Beth, Ganesh, Gopala, Grove, Stephen, Hoffman, Douglas, Laroche, Michel, Lassar, Walfried, O'Neill, Martin, Tyler, Katherine, Bowers, Michael	4
5	Avlonitis, George, Braunsberger, Karin, Chan, Ricky, Dagger, Tracey, Harris, Lloyd, Janda, Swinder, Jones, Michael, Kelley, Scott, Lee, Yong-Ki. McColl-Kennedy, Janet, McDougall, Gordon, Mortimer, Kathleen, O'Cass, Aron, Powers, Thomas, Rundle-Thiele, Sharyn, Russell-Bennett, Rebekah, Sudharshan, Svensson, Goran, Sweeney, Jillian, Tse, Alan, Wong	3

表14-5总结了发表文章的单位文章作者数变化趋势，过去11年里，在《服务营销学报》上发表学术论文的单位文章作者数呈现上升的趋势。West（2007）指出，近十年来，独立作者的文章数目正在逐渐减少，而两至三位作者合作完成的文章数量正逐年上升。Pitt（2008）指出，学者们合作完成学术文章可以建立起联系紧密的学术合作网络。这不仅可以提高发表文章的质量，加快学术文章的产出，也可以帮助减轻每个学者的科研压力和工作负担。这种知识分享的共赢策略能够加快学术研究的进展，目前，团队合作已经成为学术研究的一种发展趋势。遗憾的是，在我国许多部门的学术评价标准往往是鼓励独立著述，只承认第一作者的贡献；而对于打造高素质的学术团队，开展跨学科、跨部门（单位）的合作研究，集体发表研究成果的做法，缺乏强有力的制度保障和激励机制，以致造成各自为战，学术力量分散、重复、重叠，形不成合力，拿不出高水平研究成果的严峻现实。

表14-5　1998—2008年《服务营销学报》单位文章作者数目列表

	1998—2000 Vol. 12-14 (90 papers)(%)	2001—2004 Vol. 15-17 (149 papers)(%)	2005—2008 Vol. 18-20 (178 papers)(%)
独立作者	26	22	22
两位作者	43	44	34
三位作者	26	28	32
四位作者	4	5	11
五位作者	1	1	0

2. 文章类型概览

回顾过去11年发表的学术文章类型，可以帮助我们了解服务营销领域学术研究重心的转变。表14-6展示了过去11年间,《服务营销学报》上发表文章的类型。

表14-6 1998—2008年《服务营销学报》发表文章类型概览

年份	文章总数	观点型文章	案例型文章	概念型文章	总体回顾型文章	文献综述型文章	研究型文章
2008	47	1		1			45
2007	44	1	1	1	1	1	39
2006	43		1	3			39
2005	44	1		5		1	37
2004	41		1	2	2		35
2003	38		2	1	2		32
2002	35		3	3	4	1	24
2001	35			2		1	32
2000	32			2	3	4	23
1999	31	1	2	2	3	2	21
1998	27						27
Total	417	4	10	22	15	12	354

　　Malhotra(1996)在对《营销科学院学报》(Journal of the Academy of Marketing Science)进行内容分析时,将该杂志评价为"稳健且成熟"的学术期刊。他借以评价的指标之一是期刊每年发表文章的数目,这本杂志当时每年发表文章的数目是35篇。如果用这个标准来评价《服务营销学报》的话,早在2001年,《服务营销学报》就已经达到了这个标准。到了2008年,《服务营销学报》每年发表文章的数目已增至47篇。从表14-6可以清晰看出,《服务营销学报》非常重视研究型文章,其次是概念型文章,再次是总体回顾性文章和文献综述类文章。这体现出最近十年,研究型文章日益得到学者们的研究重视。这在我国营销学界也有许多类似之处,过去学者发表的论文多为观点型、概念型和综述型,近十年来,研究型论文颇受提倡;而且,如果论文没有量化研究或数量模型,就往往会受到质疑和责问,甚至这样的硕士(博士)学位论文就通不过去。我们认为,这种舆论导向和评价标准应该重新审视。

　　分析国外服务营销学领域顶级期刊的论文内容,我们看到,即使在发达国家,学术论文的形式和方法也是"百花齐放"的,有观点型论文、案例型论文、概念型论文、总体回顾型论文、文献综述型论文和研究型论文多种形式。

　　3. 研究主题及分析方法

　　《服务营销学报》杂志上文章的研究主题较为多样化,这反映出近十年服务营销领域研究主题趋向丰富和细化的态势。1998—2000年,"服务质量"是研究最多的主题。

2001—2004年，研究重心转向"顾客保留和关系营销"。2005—2008年，研究热点转向"战略、绩效和管理"。过去的11年里，有关"顾客获取、广告和沟通"这一主题的学术论文数量百分比由21%下降至5%。"服务接触和体验"这一主题依然维持着10%的权重，而"技术注入"这一研究主题的学术论文数量百分比已上升至7%左右。表14-7概括了近11年间，《服务营销学报》杂志研究主题、样本和研究方法的变化趋势。从研究主题的演变发展，我们可以深刻地体会到，既要有一些长期关注、跟踪的理论问题需要十年、几十年如一日地潜心研究，"咬定青山不放松"；也要站在时代潮流的最前沿，根据环境的发展变化和社会的不断进步，与时俱进，开拓创新，及时捕捉、发现新课题，深入研究新理论，为现实的营销实践服务，指导并推动营销实践日趋完善。

表14-7　1998—2008年《服务营销学报》文章研究主题、样本及分析方法的比重变化

	1998—2000 （文章数=90）（%）	2001—2004 （文章数=149）（%）	2005—2008 （文章数=178）（%）
主题			
顾客获取、广告和沟通	21	11	5
顾客保留和关系营销	9	21	13
内部营销	3	2	0
模型和测量	6	3	3
反向营销	0	1	0
服务设计和传递	7	3	3
服务接触和体验	9	7	11
服务质量和顾客服务	26	18	17
服务补救	1	6	10
战略、绩效和管理	4	9	22
技术注入	6	7	8
其他	9	12	6
总计	101	100	98
样本			
成年（消费者）	37	43	46
经理和工作者	21	23	22
学生	10	15	14
其他/非实证样本	32	18	18
总计	100	99	100
方法			
案例研究	3	4	6
内容分析	7	3	2
实验室实验	8	3	8
质性研究	1	7	10
二手数据	1	1	2
调查	58	68	61
其他	22	13	12
总计	100	99	101
统计分析			
单因素/多因素方差分析	13	13	15
验证性因子分析/结构方程模型	10	15	23

续表

	1998—2000 (文章数=90)(%)	2001—2004 (文章数=149)(%)	2005—2008 (文章数=178)(%)
相关/回归分析	27	23	20
描述性统计分析	7	6	2
因子分析、判别分析、聚类分析	7	15	8
平均数分析	6	1	1
定性分析	4	11	13
其他	27	16	17
总计	100	100	99

注意：由于统计误差，比重加总在100%左右浮动。

在数据和样本选取方面，大部分的学术论文使用实证数据。11年间，研究所采用的非学生样本的比率已由37%上升至46%，企业管理者和实际工作者样本比例稳定在21%至23%的区间之内。事实上，近年来，学术期刊审稿人对使用学生作为研究样本颇有微词，主要原因在于学生样本的代表性较差，尤其是在校本科生，他们缺乏独立、稳定的收入来源，而且购买决策行为尚未成熟，颇具随意性。因此，学者们如果想要在国外顶级学术期刊发表论文，不得已使用学生样本时，要进行合理性说明。

在研究方法的使用方面，调查法是最为广泛使用的研究方法之一，比重达62.3%。质性研究方法近年来逐渐流行，使用比重从1%升至10%。案例研究方法的使用比例也从3%升至6%。绝大多数学者倾向于采用定量研究和定性分析相结合的方式开展研究。在统计方法的运用上，在过去11年的开端时期（即1998年左右），相关和回归分析是最为广泛使用的分析技术。随着验证性因子分析（CFA）和结构方程模型（SEM）等更为高级的统计分析方法的问世，相关回归分析的运用逐渐减少。使用CFA和SEM这两种统计方法的文章比例从10%上升至23%。使用单因素方差分析（ANOVA）和多因素方差分析（MANOVA）的文章比例从13%上升至15%。质性研究近年来也逐渐得到学者们的认可，使用这种方法的文章比例从4%上升至13%。

我们认为，理论研究关键是要出思想。研究方法和论文形式固然重要，但经过研究能否得出科学的思想和理论则更重要。恩格斯指出："一个民族要想站在科学的最高峰，就一刻也不能没有理论思维。"他指出："经验自然科学积累了如此庞大数量的实证的知识材料，以至在每一个研究领域中有系统地和依据材料的内在联系把这些材料加以整理的必要，就简直成为无法避免的。建立各个知识领域互相间的正确联系，也同样成为无法避免的。因此，自然科学便走进了理论的领域，而在这里经验的方法就不中用了，在这里只有理论思维才能有所帮助。"恩格斯还指出："没有理论指导的思维，就会连两件自然的事实也联系不起来，或者就会连二者之间所存在的联系都无法了解。……轻视理论，……错误的思维一旦贯彻到底，就必然要走到和它的发生恰恰相反的方向去。"事实上，任何一种研究方法都不是万能的。爱因斯坦把研究方法称为"脚手架"。事实上，方法就是工具，是探索和发现真理的工具，不能把一种方法抬高到至高无上的地位，而应当在研究方法上采取多元化理念，让每一种科学的研究方法都有其用武之地。

4. 关键词搜索频率和变化趋势

为了进一步说明过去11年间服务营销研究主题的变化趋势，Deon Nel等学者对1998—2008年11年间发表在《服务营销学报》中的417篇文章题目和正文中出现的关键词进行了统计，结果在表14-8和表14-9中呈现。

表14-8　1998—2008年《服务营销学报》热门关键词一览表

关键词	出现频次
服务营销	106
顾客满意	95
顾客行为	80
服务质量	57
顾客服务质量	39
顾客忠诚	38
服务	34
关系营销	29
广告	24
顾客服务管理	24
营销战略	24
服务业	24
银行业务	22
感知	21
服务失败	20
金融服务	19
网络	17
国际营销	15
B2B营销	14
信任	14
总计	716

从表14-8中可以看出，服务营销研究中的热门主题是"顾客满意"、"顾客行为"和"服务质量"。使用最为频繁的关键字是"顾客满意"（95次）、"顾客行为"（80次）、"服务质量"（57次）和"顾客服务质量"（39次）。这与表14-7中展示的"服务质量和客服务"是《服务营销学报》杂志中较为普遍的研究主题相一致。

在表14-9中，1998—2000年，文章标题中使用最频繁的关键词是"质量"、"顾客"和"满意"。2001—2004年，2005—2008年，"顾客"、"质量"和"关系"依然是使用最为频繁的关键词。文章标题中使用关键词的次数从120次（1998—2000年）上升至329次（2001—2004年），再上升至403次（2005—2008年）。这似乎表明，作者逐渐倾向于在文章标题中即表明文章主要的研究问题来吸引读者和审稿人的注意。

表14-9 1998—2008年《服务营销学报》文章题目中热门搜索关键词一览表

1998—2000年的文章	出现频次	2001—2004年的文章	出现频次	2005—2008年的文章	出现频次
质量	19	顾客	33	顾客	45
消费者	11	质量	26	质量	26
满意	11	关系	23	关系	25
业务	8	满意	17	满意	25
顾客	8	效应	15	消费者	21
广告	7	绩效	11	影响	15
影响	7	方法	10	业务	13
感知	7	行为	9	忠诚	11
国际	6	零售	9	效果	10
方法	4	探索	8	意图	10
效率	4	产业	8	品牌	9
实证	4	网络	8	雇员	9
期望	4	忠诚	7	定位	9
探索	4	广告	6	绩效	9
定位	4	银行业务	6	恢复	9
绩效	4	案例	6	财务	8
专业化	4	消费者	6	公司	8
运动	4	公司	6	服务	8
		感知	6	实证	7
		认知	6	失败	7
		品牌	5	管理	7
		业务	5	感知	7
		关注	5	行业	6
		影响	5	模型	6
		意愿	5	价值	6
		新颖	5	行为的	5
		专业化	5	检验	5
		前置因素	4	西班牙裔	5
		行为的	4	影响	5
		内容	4	认知	5
		重要的	4	视角	5
		决定因素	4	专业的	5
		效率	4	餐厅	5
		雇员	4	战略	5
		接触	4	技术	5
		财务	4	信任	5
		影响	4	决策	4
		水平	4	发展	4
		定位	4	期望	4
		过程	4	探索	4
		提供者	4	国际化	4
		恢复	4	网络	4
		信任	4	过程	4
		网络	4	提供者	4
总计	120		329		403

三、管理应用及启示

通过对专业文献进行史学梳理,我们逐渐明晰了过去十年服务营销领域的研究重心变化和学科发展趋势。文献的回顾和整理工作除了提供学术营养之外,也可以为营销实践工作提供有益的启示。具体而言,专业文献研究的管理应用体现在以下几个方面:

(一)有助于全面把握服务营销的发展趋势

理论研究派系众多,史料庞杂,回顾服务营销领域数以十年的发展历程,更是一项汗牛充栋的工作。尽管营销管理者能够观察到一些比较重要的现象,但若想揭示现象背后的原因和规律,从而帮助组织确立正确的战略发展方向,则必须有非常深厚的理论研究功底。所谓"以史为鉴可以知兴替",回顾服务营销一个时代的研究历程,不仅可以帮助决策者厘清该领域的发展过程、变化趋势,也可以折射出企业自身在当下经营中可能存在的漏洞和弊端。

(二)有助于借助外脑进行营销诊断

回顾服务营销发展演变的历史,可以帮助在真实商业世界中经营的企业有针对性地找到解决自身发展瓶颈的专家。这些专家学者的研究是基于商业竞争中的真实企业案例,提炼出的结论和规律具有普遍适用性。这种基于真实案例和经验所获得的建议和结论是单纯的统计推断无法比拟的。专家学者由于独立于企业之外,能够保持客观和清醒的分析,因此,回顾服务营销专家学者的研究有助于企业借助外脑开展营销诊断。

(三)有助于企业转变经营决策,提升竞争能力

Deon Nel 等学者通过总结不同时期学术论文中服务营销研究主题的变化,使服务营销工作者认清哪些是该领域具有持久影响的概念,这些概念不同于短期流行语,其对服务营销实践的影响是重要且深远的。例如,"顾客"、"质量"、"关系"这些关键词在不同时期都是研究的热点,这就提醒服务营销管理者哪些工作才是服务产出及传递过程中最为重要的工作,企业以此为基础可以转变经营决策,提升竞争能力。

本章回顾

20世纪中期以来,随着服务业的飞速发展,服务业增加值和服务业就业人数不断增加,全球经济开始进入服务经济时代,服务营销理论应运而生。早期对服务问题的研究可以分为两个学派:一类是以帕拉苏拉曼、泽斯梅尔、贝利为代表的北美学派,注重营销理论的体系;另一类则是以营销的视角来研究服务问题,以北欧学派为代表。

20世纪六七十年代的服务营销主要聚焦于服务与产业用品或消费品的异同、大多数服务所共有的特征,以及服务营销与营销学研究视角的差异等问题。

20世纪80年代上半叶的服务营销主要探讨服务的特征如何影响顾客的购买行为,尤其集中于顾客对服务的特质、优缺点以及潜在的购买风险的评估。

20世纪80年代下半叶的服务营销，有关服务营销理论的研究获得了突破性的进展，"7P"服务营销组合被提出。

20世纪80年代后期至今的服务营销研究范围亦扩大至围绕7P所进行的理论研究以及一些特殊的营销论题。

服务质量指顾客感知服务质量，是顾客所期望的服务质量与实际接受的服务质量之间的差异。

服务补救，是企业以受理顾客投诉、发现服务缺陷为起点，通过圆满解决顾客问题，以提高顾客满意度和忠诚度为最终目的，并在此过程中不断学习，改进服务质量，最终增加企业利润。

服务便利是指消费者在购买和消费产品或服务的过程中对时间和努力的感受程度，包括决策便利、渠道便利、交易便利、受益便利和售后便利。

进入21世纪以来，服务营销领域的研究经历了深刻变化，体现在研究范围的扩大、研究深度的拓展、研究论题的丰富以及研究领域的跨学科融合。

关键术语

服务经济　服务营销　无形性　不可分离性　差异性　不可储存性　定制化　人员　有形展示　过程　关系营销　服务质量　服务补救　服务便利　决策便利　渠道便利　交易便利　获益便利　购后便利

即测即评

请扫描二维码，在线测试本章学习效果。

讨论与思考

1. 简述和比较服务营销研究的两大学派。
2. 简述服务营销研究的历史发展过程。
3. 简述服务质量理论的主要内容。
4. 简述服务补救理论的主要内容。
5. 简述服务便利理论的主要内容。
6. 简述服务营销最新进展的主要内容。

第十五章
城市营销的发展

己欲立而立人,己欲达而达人。

——《论语·雍也》

本章学习目标

1. 了解城市营销的发展过程
2. 了解城市营销概念与城市营销组合
3. 了解城市品牌化的含义、价值和战略要素
4. 了解城市品牌指数概念及品牌化模型

本章知识结构图

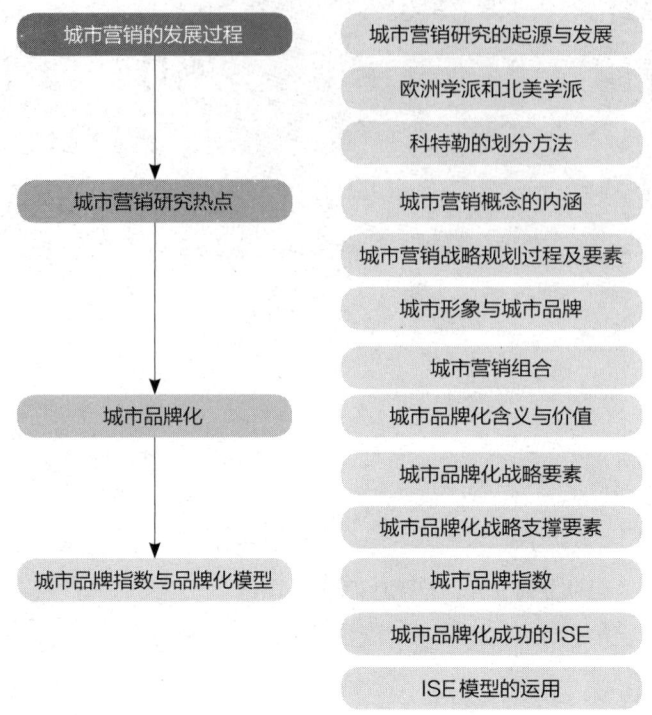

城市营销研究是营销学、地理学、政治学、社会学、城市科学、产业经济学等多学科相互交叉渗透的产物。菲利普·科特勒一般营销概念的提出,使得越来越多的营销学者开始关注于城市营销这一充满活力的领域,极大地推动了城市营销的发展。

第一节 城市营销的发展过程

城市营销的实践最初起源于19世纪50年代的美国西部大开发时期。20世纪初,欧洲的一些滨海城市也开始尝试以促进旅游为目的的城市营销。然而在很长的发展阶段里,城市营销的实践基本上属于城市推销或城市促销的范畴。

一、城市营销研究的起源与发展

最早的城市营销研究起源于美国,期间较有代表性的研究成果是美国人麦克唐纳(McDonald)在1938年出版的著作《如何促进社区及工业发展》。早期的城市营销理论,重点研究营销推广在促进美国或欧洲国家殖民地发展方面的作用。

从20世纪30年代发端,特别是从20世纪50年代以来渐多的城市营销理论,多着眼于旅游目的地或工业社区等领域,研究的内容也多为广告、事件促销等简单的营销应用层面。

进入20世纪80年代以来,在新技术革命和全球化的大背景下,世界各地的城市都在竞争有限资源以谋求自身的发展,城市营销作为增强城市竞争力、繁荣区域经济的有效工具开始备受关注。加之这一时期市场营销理论及城市相关学科的研究取得了长足进展,诸如社会营销、非营利组织营销、文化营销、服务营销、组织营销、关系营销、体育营销、品牌营销、旅游营销、政治营销等营销新思想异常活跃,地区经济发展、地区竞争力、城市规划以及城市管理等方面的新理论蓬勃发展,都为城市营销理论的研究和发展提供了丰富的理论资源。此期间开始涌现出一批城市营销方面的学术论文和出版物。相对严谨的地区营销或城市营销理论,由此肇始并开始勃兴。

根据菲利普·科特勒等人的研究,地区营销经历了三期发展(three generations),可概括为地区推广(place promotion)、地区推销(place selling)和地区营销(place marketing)。相关的营销理论研究,也大致经历了类似的历程。关于"地区推广"阶段的研究以Gold & Ward(1994)主编的论文集为最集中的成果和典型的代表。有效吸引移民、促进旅游和工业发展以及推广本地旅游房地产项目是这一阶段研究的主要目的,如何运用宣传和营销沟通手段就地区或景点的形象与目标受众进行沟通是本阶段研究的重点内容。在"地区推销"研究阶段,Ashworth和Voogd(1990)合著的《推销城市:公共部门城市规划的营销方略》(Selling the City: Marketing Approaches in Public Sector Urban Planning)、Kearns和Philo(1993)主编的《推销地方》(Selling Places)应是代表之作。前者尽管将城市营销作为城市规划的工具来进行研究,但已表现出相当的营销理论水平。书中深入探讨了城市营销的环境研究、城市市场细分、城市竞争研究、地区形象、地区促销等内容,是城市营销理论发展中一个非常重要的研究文献。《推销地方》则更多地收集了将地区、城市作为历史或文化产品来营销的研究论文,内容涉及城市文化资产在吸引移民、旅游、工业和投资等方面的意义和实现途径,对此后从文化视角进行城市营销研究的学者,影响甚巨。此外,Bailey(1989)等学者的研究也进一步就城市营销作为促进经济发展、增强城市竞争力的重要手段进行了探讨。相对于城市营销理论第一期发展的"烟囱角逐"(smokestack chasing)特征(即以制造业的发达为追求目标)以及第二期发展的重视基础设施以及特定领域目标营销(target marketing)的特征,第三期的城市营销理论突出了竞争因素、选择性市场、利基营销(niche marketing)以及品牌研究的特征。此期间的研究将地区营销的思维深入到如何合理开发地区产品(place product development)的层面。菲利普·科特勒及其合作者的一系列论著,建构了城市营销理论的概念体系和理论基础框架,无疑成为这一阶段研究的杰出代表。此外还有学者分别从城市规划与管理、城市经济发展与竞争力、地区与城市品牌、城市营销成功要素以及地区与城市文化政策等角度出发，对拓宽和深化城市营销的发展贡献良多。①值得一提的是，前两期的城市营销文献大多还是出自地理学者和规划学者的研究，市场营销学者介入相对较少。而第三期的研究，特别是经过科特勒等市场营销专家的有力推动，热衷于此的地理学者、规划学者以及公共管理学者们开始能够运用更加专业的理论及方法来对城市营销展开进一步研究，大大丰富了城市营销理论的跨学科交融与发展。

二、欧洲学派和北美学派

一般来说，存在着两种城市营销的实践方法：北美的实践者将经济发展视为城市营销的终极目标，城市营销的几乎所有努力，无不是为了地区或城市经济的发展或增长；而欧洲的实践者们则视城市营销为一个整体协同的过程，他们努力协调地区或城市的社会发展与经济增长，整合自然和社会的规划过程，意在造就令所有利益相关者满意的"和谐城市"。

对应于城市营销实践的差异，在城市营销理论研究中，也存在着类似的二分法，即持政治经济理念的理论类型和持实用营销战略理念的理论类型。欧洲的城市营销学者多关心城市营销中的公私合作、社区利益及治理转型等政治经济内容，我们可称之为欧洲学派；而北美的学者，如菲利普·科特勒、迈克尔·波特等，则多从城市经济发展的角度出发，重在研究可执行的城市营销战略建构和推广过程，我们可称之为北美学派。

① Mu-Yong Lee先生是韩国第一个研究城市营销理论的博士，现就职于首尔发展研究院首尔营销研究中心。其论著对韩国的城市营销研究以及对首尔的营销实践都产生了非常积极的影响。

三、科特勒的划分方法

根据菲利普·科特勒等人的研究，地区营销经历了三个阶段，可概括为地区推广（place promotion）、地区推销（place selling）和地区营销（place marketing）。相关的城市营销理论研究，也大致经历了类似的历程。

关于"地区推广"阶段的研究以戈尔德（Gold）和沃德（Ward）于1994年主编的论文集为最集中的成果和典型的代表。有效吸引移民、促进旅游和工业发展以及推广本地旅游房地产项目是这一阶段研究的主要目的，如何运用宣传和营销沟通手段就地区或景点的形象与目标受众进行沟通是本阶段研究的重点内容。

在"地区推销"研究阶段，阿西沃斯和吴格于1990年合著的《推销城市：公共部门城市规划的营销方略》、卡恩斯（Kearns）和菲尔（Philo）于1993年主编的《推销地方》是代表之作。前者尽管将城市营销作为城市规划的工具来进行研究，但已表现出相当的营销理论水平。书中深入探讨了城市营销的环境研究、城市市场细分、城市竞争研究、地区形象、地区促销等内容，是城市营销理论发展中一个非常重要的研究文献。《推销地方》则更多地收集了将地区、城市作为历史或文化产品来营销的研究论文，内容涉及城市文化资产在吸引移民、旅游、工业和投资等方面的意义和实现途径，对此后从文化视角进行城市营销研究的学者，影响甚巨。此外，还有许多学者的研究对城市营销作为促进经济发展、增强城市竞争力的重要手段进行了探讨。

相对于城市营销研究第一个阶段的"烟囱角逐"特征（即以制造业的发达为追求目标）以及第二个阶段的重视基础设施以及特定领域目标营销的特征，第三个阶段的城市营销研究突出了竞争因素、选择性市场、利基营销以及品牌研究的特征。这个阶段的研究将地区营销的思维深入到如何合理开发地区产品的层面。菲利普·科特勒及其合作者的一系列论著，建构了城市营销理论的概念体系和理论基础框架，无疑成为这一阶段研究的杰出代表。此外还有达菲（Duffy）等学者分别从城市规划与管理、城市经济发展与竞争力、地区与城市品牌、城市营销成功要素以及地区与城市文化政策等角度出发，对拓宽和深化城市营销的发展贡献良多。

值得一提的是，前两个阶段的城市营销文献大多还是出自地理学者和规划学者的研究，市场营销学者介入相对较少。而第三个阶段的研究，特别是经过科特勒等市场营销专家的有力推动，热衷于此的地理学者、规划学者以及公共管理学者们开始能够运用更加专业的理论及方法来对城市营销展开进一步研究，大大丰富了城市营销理论的跨学科交融与发展。

第二节　城市营销研究的热点

在英文文献中，城市营销或地方营销的概念尚无统一的术语表达，常见的有city marketing，place marketing，regional marketing，selling of cities，selling places，marketing places，promotion of urban places，urban marketing等。其中，地方（place）一词意指各种形式的地方，可以是城市、城市地区、地区，也可以是社区、省或国家。20世纪90年代以来，一个明显的趋势是越来越多的研究集中采用city marketing或place marketing这两个术语。

一、城市营销概念的内涵

米尔（Meer）、伯格（Berg）等学者曾分别从城市竞争、城市发展和城市规划等多个角度，就城市营销的概念给出了自己的定义。但目前城市营销理论界沿用最多、最被认可的，还是菲利浦·科特勒及其合作者在地区营销的系列论著中逐渐发展和完善的地区营销定义：

地区营销是指为满足地区目标市场的需求而进行的规划和设计，成功的地区营销应使市民、企业对其所在的社区感到满意，游客和投资者对地区的期望得到满足。

这一定义指出了地区/城市营销的目标，概括了城市营销的顾客，并紧紧扣住了市场营销的核心概念——需求。在这里，地区的潜在目标市场就是指地区顾客，即商品和服务生产者、企业总部或地区分支、外来投资及出口市场、旅游及餐饮娱乐，以及新的居民等。地区营销管理的目的，就是有效运用和协调地区营销资源以赢得特定的目标市场，进而促进地区或城市的发展。

二、城市营销的战略规划过程及要素

肖特（Short）和金姆（Kim）在1998年提出，了解城市营销的程序是从理论和实践的角度把握城市营销规律的基础。不同于企业的产品和服务，城市的产品和服务非常多样化，它们相互联系，共同构成了城市的鲜明特征，因此可以把城市产品和服务统称为城市形象。城市的资源是有限的，要想运用有限的资源开发城市产品和服务并设法提供更多的顾客附加价值、进而赢得顾客满意，就必须诉诸战略的研究和规划。可见，相对于城市促销、城市推销而言，城市营销的实质在于它首先是一种系统化的、战略性的决策。

城市营销植根于通用的市场营销理论，市场营销的概念和工具为城市营销战略规划研究奠定了基础。学者们就城市营销的战略规划过程的观点大体相近，同时大多也认同城市营销是基于地方发展战略和城市管理视野中的可评估的程序。

科特勒等论述了四种地区发展战略，包括社区服务发展、城市再设计和规划、经济发展以及战略的营销规划；同时提出城市营销战略规划的五个步骤，即地区稽核、愿景和目标、战略制定、行动方案计划及实施和控制等，并对每一步骤进行了令人信服的、非常专业的研究。此外，科特勒等还总结了常用的四种地区营销战略方法，分别是形象营销、吸引力营销、基础设施营销和人员营销等。

此外，多元营销主体及多元营销目标是城市营销区别于企业营销的另一个基本特征，如何制定出地区或城市的统一的营销决策同时又使各方营销主体都认同这个决策而不致冲突，足够的组织和协调能力以及合理的机制就显得至关重要。因此，组织因素几乎是所有主流的研究者所共同强调的一个极其重要的战略要素。瑞尼斯特（Rainisto）于2003年总结出城市营销的九大成功要素，即规划机构、愿景和战略分析、地区识别和地区形象、公私合作、政治一致、全球市场、本地发展、过程协同和领导力。在这九大要素中，规划组织、公私合作、过程协同和领导力四项，无不与组织相关。瑞尼斯特的此项研究，是迄今有关文献中对城市营销战略要素所做的最深刻、最精彩的提炼和创造。

为了地区或城市的利益，必须动员和协调最广泛的利益相关者参与到城市营销中来。因此，对城市营销者的研究和分析也是学者们非常关注的焦点之一，因为这同时也关系到上述战略规划过程及要素的方方面面。科特勒等详细分析了最活跃的地区营销者类型，包括本地层面的公共部门营销者和私人部门营销者、区域层面的营销者、国家层面的营销者和国际层面的营销者，等等。值得一提的是，科特勒等还区分了战略和执行两种能力要素，并指出平衡者两种能力的重要性，这对整合营销战略规划和执行这两个环节，特别是对如何建立战略绩效导向的城市营销来说，无疑是一个极好的警示。

三、城市形象与城市品牌

城市形象和品牌从某种角度来说就是城市或地区的产品，同时也是城市营销重要的方法论思想。城市形象建设与品牌化管理，是城市营销专业化转型的重要标志之一，也是城市营销研究深化的重要标志之一。

在营销概念中，形象多指品牌在顾客头脑中的印象、图案及联想。城市形象（city image）和城市品牌（city brand）这两个密切联系的概念，在研究文献中也多有交叉和重叠。比如科特勒等在其1993出版的划时代的研究成果——《地区营销》（Marketing Places）一书中，就用了近1/6的篇幅来阐述地区形象的设计和推广，其中有许多内容其实就是地区品牌化的方法。鉴于城市形象在城市营销中所起的关键的、甚至决定性的作用，学者们越来越强调地区或城市应对其形象进行长期的、战略性的管理。

科特勒等曾这样论述战略形象管理（strategic image management，SIM）：

"SIM是一个持续的过程。首先，在各类群体中进行地区形象的调查，细分并选择目标群体，然后设计地区吸引力以达到既定的形象目标，并向目标群体宣传、沟通本地的吸引力。SIM暗含着这样一个前提，即地区形象是可识别的和多变的，因此地区营销者必须能够追踪感知各异的目标群体的印象及其变化，并对之施加影响。"

上述就SIM的论述，充分赋予了地区形象在地区营销中的战略地位和作用。

对地区形象的研究，发展出一系列关于"原产国"（Country of Origin）的概念和思想。皮克顿（Pickton）和布拉德里克（Broderick）定义原产国形象是人们对特定国家的产品所持有的信念、观点和印象的总和。早期的原产国研究关注产品与其产地的关系，是一种产地标签式的研究。近年来的原产国研究，则越来越关注对消费者的评估过程，包括其他如子市场的各种测量变量等。杰夫（Jaffe）和乃本泽何（Nebenzahl）于2001年区分了消费者祖国形象、产品设计国形象、产品制造国形象和产品装配国形象等，将地区形象的研究引向深入。在现实的经济生活中，原产国的影响无处不在。现阶段原产国的研究，则与地区品牌研究有逐渐交融的倾向。

在当代市场营销学科体系中，品牌理论是一个最重要的分支，业已发展成为比较成熟的品牌学理论体系。但迄今为止，对地区或城市品牌的研究则相对较少。除了少数文献涉及对国家品牌的研究，大多数城市营销学者多是选择某一领域如城市规划特色、购物目的地、旅游目的地或特定的社区（如高新技术研发区等）等进行地区或城市的品牌化研究。在地区与城市的层面进行地区/城市品牌研究的也为数寥寥。

瑞尼斯特可能是第一个给地区品牌化下定义的学者："地区品牌化是指增加地区吸引力的方法，其核心问题在于构建地区识别。而地区产品则是提供给地区顾客的提供物总体组合。"在这个定义里，品牌识别，包括品牌的差异化和个性化要求被凸显。瑞尼斯特充分运用已有的品牌理论，特别是吸收大卫·艾格、凯勒等人的品牌思想和方法，对地区品牌资产、地区品牌重新定位等问题进行了许多创造性的研究。

目前就城市营销品牌化的研究还处在一个发展初期阶段，学者们大多结合具体的案例来研究城市或地区品牌，如原产地品牌策略、联合品牌策略等。这种战术性的、促销沟通层面的品牌研究，尚未完全体现品牌理论作为现代战略营销强大管理思想和决策工具的内容和价值。

四、城市营销组合

对地区或城市营销组合的研究在相关文献中虽少却弥足珍贵，因为这同样是城市营销理论走向成熟化的重要标志之一。鉴于城市及城市营销的特点和复杂性，传统的4P营销组合很难满足城市营销实践的需求。所以，不少学者为探索城市营销组合的新要素和新思想而付出了努力，有学者建议将服务营销组合应用到城市营销，还有人在传统4P组合外又加了人员，提出城市营销的5P组合概念。

在论述地区发展战略时，科特勒等提出了建立地区竞争优势的四个基本策略要素，即设计（地区个性特征）、基础设施（地区环境的调适性）、基本服务（地区作为服务提供者的自觉）和地区吸引力（地区的娱乐和消遣安排）。

上述对城市营销组合的研究，均是从较严谨的营销理论及研究方法论出发而进行的有益探索。还有一些学者，则试图从案例研究中提炼和总结有价值的营销组合要素，如城市广告与公关、重大事件、广场及艺术雕像、大规模的空间形象再造，等等。

事实上，相对于营销科学的其他分支而言（如房地产营销、金融营销、非营利组织营销等），城市营销至今尚未发展成为一套成熟的理论体系。然而，迄今为止的地区或城市营销理论研究，已然取得了丰硕的成果。

首先，随着新经济和全球化的发展，城市发展面临诸多挑战和困境。城市营销理论的研究，在很大程度上对地区或城市摆脱困境、树立良好形象及增强竞争力提供了及时有效的理论资源，丰富了城市管理和地区发展的战略思想。其次，研究者们突破了学科界限，跟踪变幻莫测的城市建设和城市竞争实践，已经初步建立起城市营销理论的概念体系和理论框架，为最终形成地区或城市营销学科，奠定了坚实的基础。最后，这种跨学科的研究，也对相关学科的发展，产生了积极的影响。如城市学科（如城市规划等）、地理学科（如文化地理学等）、公共管理学科、社会学等，都将从中获益。

当然，国外城市营销理论研究存在的不足也显而易见。首先，尽管主流的研究者都强调组织和协调因素在城市营销的关键性战略意义，然而组织和协调的理论研究却未见深入。近年来，城市治理（urban governance）理念对全球范围内的城市管理实践形成巨大冲击，但城市营销理论研究对这一城市管理的深刻转型潮流显然反应不足。其次，对城市营销战略的背景，以及城市营销战略如何与地区及城市发展战略相协同、相耦合，研究不够深入。这其实也是一个如何进一步促成学科间深层次交叉与融合的问题，更是对城市营销目标进行再认识的问题。马克·莫尔（2003）对公共价值（public value）的研究，应当在营销哲学（marketing philosophy）层面引起城市营销学者的高度重视。再次，就城市营销效果评估及绩效评估问题，缺乏专门的、系统性的研究。最后，就是诸如对城市品牌及品牌化等困惑营销实践的问题研究尚不够深入。①

---

① 令人欣慰的是，继品牌管理杂志（Journal of Brand Management）于2002年起出版过几期地区品牌特刊并获得极好反响之后，Henry Stewart Publications决定创办地区品牌化季刊（Journal of Place Branding）。2004年6月该刊正式创立，Rainisto博士被聘为编委会的成员。

所谓"地区战"（place-war）、"城市战"（city-war）时代的来临，其实也是一个地区或城市营销时代的来临：全球范围内的地区和城市，为争夺外来投资、争夺优秀人才、争取一切有利于当地发展的资源而进行战略营销。近20多年来是我国城市化风起云涌的时期，城市营销的相关理论研究和城市营销实践，也一直是颇受关注的话题。比如大连、昆明、上海、珠海、成都、广州等城市，纷纷明确地提出了城市营销的口号和策略，并进行了大量卓有成效的探索和尝试。然而与海外成功城市营销实践相比，我国的城市营销实践在战略高度和专业化方面还有许多欠缺，亟待加强和提升。

引入和借鉴国外相关研究，建设符合中国国情的城市营销理论，对我国的城市化建设以及我国城市参与全球化的竞争，具有重要的现实意义：一是符合党的十九大提出的关于加快我国城市化进程的战略构想，为我国城市实现市场导向的治理转型、加快经济增长方式转变提供理论资源；二是为我国城市在全球产业分工及产业布局的演化过程中争取比较主动和有利的地位、增强我国城市的综合竞争力和国际竞争力提供战略营销理论的支持；三是有助于引导我国广大城市管理者走出"经营城市"的种种陷阱，从营销的角度为我国城市的健康和有序发展提供科学的战略发展路径。诚如习近平总书记所指出的那样："要深入调研治理体制问题，深化拓展网格化管理，尽可能把资源、服务、管理放到基层，使基层有职有权有物，更好为群众提供精准有效的服务和管理。"

城市营销和城市经营概念的严重混淆，是目前我国在相关理论研究和实践探索中存在的最突出的问题之一。树立城市营销观念，警惕城市经营陷阱，成为当前我国城市建设中的一个紧迫课题。我们认为，城市营销和城市经营这两个概念，至少存在如下四个方面的显著区别：

一是内涵与目标的不同。城市营销（city marketing）的内涵是满足顾客需求。相应地，城市营销的目标就在于满足市民、投资者、旅游者、企业等城市顾客的需求，树立城市正面和良好的形象，增益城市提供公共价值的能力。而城市经营（city management）的内涵，则是对城市这种特殊的国有存量资产，通过市场化的手段进行盘活和增值的改革。其直接的目标，是为城市的建设和发展筹措资金。值得一提的是，内涵与目标的不同，同时也直接导致二者在绩效评估准则上的差异。

二是方法和手段的不同。城市营销视城市为商品，主要是指城市的形象和相关的服务，通过市场的细分、选择和定位及营销沟通等专业化营销手段，来提升城市满足其顾客需求之绩效。而城市经营视城市为商品，则主要锁定城市的土地资源和相关的有形或无形的垄断资源。其通常采用的手段，也多为财务的或资本的项目运作方式。比如就城市土地资源及其他有形和无形资产进行拍卖、租赁、抵押、冠名、有偿使用等形式进行经营，或将城市的开发与建设项目也当作商品，进行BTO（建设、交还、经营）、BOT（建设、经营、交还）、BOO（建设、经营、享有）、股份化等方式的经营，等等。政府及公共产品进入市场，引起不少有识之士的强烈不安。许多学者纷纷就城市经营热背后的土地违规经营及侵害农民或市民权利的问题提出质疑，甚至有学者将此视为前一阶段经济过热问题的重要根源之一。

三是执行主体不同。城市营销主体（城市营销者）分城市、地区、国家和国际等多个层面，涉及城市政府、企业、市民、社会团体等多种利益相关者。而在城市经营的主体则只能是城市政府，尽管城市经营的理论表述并非如此。

四是战略制定与执行过程不同。多元主体与多元目标的特点，决定了城市营销要求城市各利益相关者进行有效的沟通和协调。这种沟通和协调的组织机制，几乎是城市营销成败的关键。因此，城市营销的战略制定和执行过程，也是城市营销者（包括城市政府）之间的一个协同过程。而城市经营的战略制定与执行，则基本上是政府组织与制度流程框架内的事情。

城市化和城市文明是现代社会的制度性和文化根基，对城市未来发展的研究，其实也是一种现实的关怀。我们有理由相信，城市营销必将受到更多地区和城市的重视，城市营销理论及专业化的城市营销实践也将逐渐呈加速扩散。在这一进程中，我们期待着越来越多的中国城市的繁荣和崛起。

第三节 城市品牌化

一、城市品牌化的含义

在研究城市品牌的过程中,学者们很自然地关注到了城市品牌如何实现的问题,这就涉及对创建城市品牌过程的分析和讨论。国外学者用"城市品牌化"(city branding)一词来表达这一过程,并且从各自的研究视角对其加以界定,如表15-1所示。

表15-1 学术界对城市品牌化的界定

研究者	概念表述
Nickerson 和 Moisey(1999)	城市品牌化是建立人们与其所拥有的城市形象之间的某种关系
Hall(1999)	城市品牌化的核心目标是"提供一个一致的、集中的沟通战略"
Cai(2002)	城市品牌化是指通过积极的形象构建来选择一个协调一致的品牌要素组合,从而获得城市作为目的地的识别和区分。品牌要素包括:名称、术语、标志、标记、设计、象征、口号、包装或者是这些要素的组合,其中又以名称为第一或最先被考虑到
Rainisto(2003)	城市品牌化是指增加城市吸引力的方法,其核心问题在于构建城市品牌识别
Julier(2005)	城市品牌化被认为是创造和丰富赋予城市更多内涵的一种努力

国内学者使用"城市品牌化"这个概念的研究成果尚不多见。刘彦平(2005)认为"对城市品牌识别和城市(品牌)形象进行设计和管理,以塑造有价值的、美好的城市品牌为目的所进行的一系列相关的计划安排和实施过程,叫城市的品牌化",同时指出城市品牌化的核心任务就是品牌定位、品牌决策以及品牌传播。倪鹏飞等(2007)在其研究报告中也使用了"城市品牌化"这一术语,并暗示城市品牌化的基本战略框架包括品牌定位、品牌规划、战略推广与战略保障这四个领域,但也还是没有准确定义"城市品牌化"的概念。

基于上述分析,本书对"城市品牌化"的定义如下:城市品牌化就是通过一系列积极的城市品牌要素组合策略和管理方法的应用,赋予城市更多内涵,增加城市产品的吸引力,使得城市产品能够为城市顾客所识别和区分,进而达到塑造有价值的、美好的城市品牌的目标的过程。

二、城市品牌化的重要价值

Kotler等(1997)认为,在城市管理当中使用品牌化的工具可以达到三个主要的目标：一是保护企业和其品牌免受政府、政治或其他国内外非必要或消极活动的影响；二是支持企业及其品牌参与全球竞争；三是创建繁荣以及提高城市内在生活标准。因此，概括地说，城市品牌化对于城市发展实践的意义主要体现在以下三个方面：

（一）城市品牌化有助于城市经济活动的繁荣

城市给商业活动提供劳动力、土地、基本生活条件和工业基础设施，给居民提供住房、商场、休闲及其他愉悦身心的事物，还有社会生活环境。那么从这个角度，城市可以被看作是"产品"。而且，大多数学者认为城市可以像一般的产品与服务一样应用品牌化的策略。

城市品牌化可以教育城市顾客，并在他们心目中建立起有关城市更加积极的想法和观点。如果一个城市想要在目标顾客中处于主导地位，就需要通过使城市品牌特征的唯一化来实现其特殊性。城市品牌化使得人们能够认识该城市并且会主动联系合作事宜。在城市管理当中，借助品牌化，可以更好地实现城市的经济发展目标。比如，城市品牌化可以更好地达到城市旅游业所期望的增加游客数量的目标，因为它不仅帮助旅游者提高他们游玩的兴趣，也给了他们一个前往某个城市旅游的理由。

（二）城市品牌化有助于城市在竞争中获得优势

在今天这个全球化、网络化的世界里，每一个城市都与任何一个其他城市相竞争，因为它们需要分享全球的消费者、旅游者、贸易、投资、资本以及尊敬和关注。城市的可替代性使得城市品牌化变得必不可少，这是由于商业投资不断趋向于全球化，并且在不同城市间展开吸引投资企业、主办重大运动会或文化活动，或成为旅游产业中心的竞争。

就像著名的公司一样，著名的城市也更容易销售城市产品和服务，更容易吸引到最好的人力资源、游客和投资等，也更容易走进良性的发展循环当中，并在国内和国际事务中扮演更加重要更加有用的角色。因此，品牌化一个城市可以帮助它吸引投资者和旅游者，将它与其他的城市区别开来并且因此极大地促销城市产品。城市品牌化最特别的地方就是增加城市的吸引力。特别是对于一些发展中的城市和新兴市场经济体，可以通过城市品牌化在全球经济中获得竞争优势，避免仅仅成为发达城市和地区的资源"供应商"。另外，一个强大的城市品牌向目标顾客提供了一个独特的形象，这为对相同水平的城市产品质量索取更高的价格提供了可能，换句话说，依靠城市品牌的力量，抓住城市品牌化战略的管理要素，可以使得城市在日益激烈的国内外竞争中获得更多的资源和发展机会。

（三）城市品牌化有助于城市的可持续和谐发展

城市的可持续和谐发展，要求协调城市的各个利益相关者，包括政府部门、非营利组织、企业、本地居民、游客、投资者、流动劳务人口等的需求，整合城市发展所涉及的各个软件和硬件方面的影响要素，使之凝聚到城市的发展目标上来，使城市能够达到这样一个"物理实体和思维状态的结合点，在这个点上，社会有了动力和方法可以追求更好的生活"。而这也正是对一个良好的城市品牌的生动描述。事实上，城市品牌的概念将是对本地可持续发展问题最明智的回答。只有建立起城市的形象和象征，一个城市才会有意义、有稳定性、独特性以及和谐性。而城市品牌在这方面最能够发挥积极的作用。

城市品牌化能够帮助城市的领导层在政策、计划、组织机构、基础设施投资、教育、住房、文化遗产保护、重大活动、服务以及其他与市场联系最紧密的活动等方面进行正确的抉择，进而推动地方的发展。特别是通过加强传统仪式和象征意义以及通过使城市差异化，城市品牌将为保护本地识别做出贡献并承认和维持世界多样化。所以，城市品牌化不仅仅是可行的，而且对于帮助构建一个更加美好的社会也是一件积极的事情。从这个意义上说，城市品牌化将使得城市在可持续和谐发展的道路上阔步迈进。

三、城市品牌化战略要素

城市品牌化战略要素是指那些涉及城市品牌化战略实施各个步骤与环节的关键管理要素，包括城市品牌识别、城市品牌结构、城市品牌定位、城市品牌沟通、城市品牌审计和城市品牌更新等环节。

（一）城市品牌识别要素

城市品牌识别（city brand identification）是指城市品牌管理者希望创造和保持的能够引起人们对城市美好印象的独特联想。Anholt提出，清晰、可信、有吸引力、有特色的城市品牌识别系统对于成功的城市品牌化过程至关重要。Hankinson也认为，一个独一的、一致的、清晰的城市品牌识别陈述以及一系列的城市品牌目标是成功的城市品牌战略发展和绩效改进的基础。

Seisdedos和Vaggione总结了成功的城市品牌识别系统需要具备的前提条件，认为参与城市品牌建设的人员需要深入了解城市经济、社会和生态等多方面情况。城市品牌识别构建是一个系统工程，需要考虑多方面要素。Kalandide提出成功的城市品牌识别首先要体现城市各方的意见。Kotler等（1993）详细论述了城市营销的目标群体和城市营销方法，认为城市营销的目标群体包括本地居民、投资者和旅游者。对于大多数城市，尤其是多民族的城市来说，虽然不同的商业及社会群体可能拥有一些共同的目标，但他们对城市的需求和期望是不同的。成功的品牌即是通过对可识别的产品、服务、人员、地点等的策略性安排，使购买者或使用者感知到与其需求和期望最为匹配的独特附加价值，并且能够在长期竞争中保持这种附加价值。城市顾客对城市的感知将影响他们的投资决策和居住选择。因此，城市品牌制定过程应该将不同的城市顾客包含在内，其中，本地居民是一个城市最重要的资产，成功的城市品牌识别构建离不开本地居民的支持和参与。

城市产品具有的不同于企业产品的独特属性，例如城市空间范围、城市空间层级、城市固有的多样性和城市发展目标的模糊性、城市产品的生产和消费合二为一以及城市消费者的独特效用等。上述的独特属性使得城市成为一种特殊产品，如果城市品牌建设者能够意识到城市产品的特殊性并将其纳入城市品牌的构建过程中，那么由此产生的城市品牌识别将会是成功而有效的，否则城市品牌识别将会游离于城市本质之外。

目前，多数城市品牌管理方面的研究建议，成功的城市品牌识别应该是城市基础设施、居民、产业及生活品质的综合反映，表明城市未来的发展愿景并且能够得到城市利益相关者的支持。其中，研究者普遍认为最重要的原则是真实性，即城市品牌识别必须能够真实地反映城市资源，城市品牌应该是现有资源的放大而不是伪造。一个国家或城市的品牌识别不能虚构，也不能从城市以外获得。城市品牌应植根于地区的现实情况，与当地居民相联系。本地居民对城市和城市价值所具有的明确感觉，一般表现为精神或情感方面，如果城市品牌能够真正触动本地居民的神经，那么这个城市品牌与居民之间的联系就会非常强大。

随着城市市场的全球化，不仅包括城市的产品、资金实力，同时包括城市的理念、文化、声誉、信任和关注点等方面，已经被越来越多的国际性城市顾客所关注。唯有那些具有清晰可信、有吸引力的城市品牌愿景和有特色的城市品牌识别的城市才能够在激烈的竞争中生存下去并获得成功。

（二）城市品牌结构要素

城市品牌结构（city brand architecture）是指城市管理者所确定的不同层次的城市品牌（包括城市主品牌、城市副品牌等）组合及各类城市品牌之间的关系。Morgan和Pritchard认为城市品牌结构在本质上是一个能够指导品牌创建、发展和营销的蓝图，是一个可以被所有的城市品牌管理者所使用的工具。

城市主品牌都是城市品牌结构中最重要的构成部分，如果没有主品牌作为核心利益点，各副品牌将失去方向和目标。主品牌与副品牌在城市品牌结构中应具有不同的职能，扮演不同的角色。城市总体品牌作为主品牌应侧重于体现城市的"声誉资产"。换句话说，（城市品牌管理者）应尽最大努力保证城市声誉是城市现有资产、竞争力和供给物的良好、均衡及有效反映，并基于此来界定城市主品牌的功能，而不是把城市主品牌变为不符合城市实情的过时或夸张表述。同时，城市的各项副品牌（即城市产品品牌，包括城市旅游品牌、城市营商品牌、城市宜居品牌等）应该能够让城市顾客清晰地感知到城市产品特性。城市产品品牌与城市总体品牌是不同的，城市产品具有特定目标市场，需要能够在国际市场上销售和推广，因此城市产品品牌不仅是可能的而且是必要的，而城市总体品牌系统包括视觉识别、口号和广告等则是在城市产品的销售过程中扮演重要角色。

将产品品牌理论应用于城市，必须将城市品牌组合视作一个有机系统，城市主副品牌之间、各副品牌之间传递具有一致性的信息。保证城市品牌发挥系统性合力，需要清晰、明确的城市品牌愿景表述。城市品牌愿景赋予城市品牌内涵，推动其发展并起到指导作用，只要城市的主副品牌价值通过品牌愿景统一起来，城市品牌结构就可以作为整体被顾客感知。另外,还有学者认为应依据目标市场类型确定城市品牌组合及各品牌的地位。

(三)城市品牌定位要素

城市品牌定位(city brand position)是指根据城市目标市场的特点和需求,有针对性地选取对应的城市品牌识别要素,建立一个与城市目标市场有关的城市品牌形象的过程与结果。城市品牌定位是要在选定的城市目标市场上找到城市产品的位置,并在城市顾客的心目中占据一个特定的位置。城市品牌定位作为城市品牌化的核心要素之一而受到学者们的广泛关注。总结学者们对于城市品牌定位的理论和案例研究,本研究归纳出成功的城市品牌定位应具有以下主要特征:

(1)城市品牌定位应具有差异性,与竞争对手区别开来。差异化的品牌定位可以为城市在吸引投资、贸易、旅游以及城市产品输出等方面赢得优势,并推动城市对外交往的发展。在那些提供相同活动的城市之中,旅游者将会选择那些定位更加"有吸引力和有灵感,能够抓住人们的心灵和头脑的城市"。

(2)城市品牌定位应真实可信。城市的品牌定位与其现实相距愈远,其成功的可能性愈小。另外,真实的城市品牌定位还必须能够做到让城市顾客相信,否则城市品牌定位同样可能是失败的。

(3)城市品牌定位应具有吸引力。城市品牌定位拟在城市顾客心目中确立的品牌形象必须能够支持人们选择这个城市来居住、投资、工作或旅游的理由。比如,澳大利亚和新加坡在进行城市品牌定位时就展示了它们凭借其所富有吸引力的特征(如经济稳定、生活质量高、机会多、基础设施好等)而在区域和世界范围内所获得的地位。

另外,Gilmore认为城市品牌定位不必一定只能反映城市目前所真正提供的城市产品,也可以用城市品牌定位来指导城市的发展和提升。不过,城市品牌定位需要把城市的价值和精神作为源头,定位必须"有雄心、有灵感、富有挑战并且差异化"。这可以给各个城市利益相关者(如旅游者、外部顾客、外部投资者等)发出一个城市的卓越宣言,即这个城市如何才能变得更好。与此同时,城市品牌定位还要易于被不同的顾客所理解,即城市品牌定位应具有一定的认同性。此外,Gilmore认为好的城市品牌定位除了要帮助城市赢得竞争优势之外,还应该有足够丰富的内涵而可以被用于在各个细分市场上,针对多样化的目标群体进行细分定位。

(四)城市品牌沟通要素

城市品牌沟通(city brand communication)就是城市品牌管理者在城市品牌识别的框架下,通过运用多种沟通手段和工具持续地与城市目标顾客交流城市品牌相关信息,以创建城市品牌形象,推动城市产品的销售。城市品牌沟通既涉及广告、公共关系、直销、销售促进、人员推销等多种沟通手段,也包括主题口号、歌曲、体育赛事、大型活动、品牌形象大使多种沟通工具,还关系到合理选择媒体、把握沟通时机、开发媒体组合策略、评估沟通效果以及处理相互冲突的媒体渠道关系等方面。Grabow(1998)认为"一个城市的沟通能力对于城市营销各阶段的成功都是关键因素和必备要求",这同样暗示了城市品牌沟通对于城市品牌化的重要作用。从本研究掌握的国内外研究文献来看,城市品牌沟通这一关键要素是比较受理论界关注的。学者们纷纷从各自的研究角度提出了为实现有效的城市品牌沟通所应注意的各个方面:

首先,在开展城市品牌沟通之前,城市管理者应当设计多样化的城市产品。城市产品是城市品牌沟通的客体,没有城市产品作为基础,那么城市品牌沟通就成了无源之水、无本之木,城市品牌沟通的效果和效率根本无从谈起。

其次,城市品牌管理者应当依据城市品牌识别发展和建设城市基础设施、城市服务、节事活动等沟通体验要素,设计吸引人的城市品牌视觉识别系统,使得城市品牌体验拥有其得以承载的物质和精神实体。

城市基础设施建设与品牌标识系统的开发是实现城市品牌实体化的重要手段。有效的城市品牌沟通应能将城市品牌的内涵在沟通过程中实体化,从而使得城市顾客能够直接体验到。另外,在城市品牌沟通中,城市品牌事件营销是一种很重要的手段,城市品牌大型节事活动也是备受学术界关注的研究课题。城市节事活动的设计必须充分考虑地理环境因素。利用事件营销进行城市品牌沟通,要保证事件活动能够体现出真实感。在这里,城市品牌沟通所依据的传播媒介的选择也十分重要,特别是随着互联网的普及,如何利用网络来开展城市品牌传播与沟通应该越来越多地受到城市品牌管理者的重视。

最后,城市品牌管理者要能够持续地、明确地传递城市品牌承诺。这包括传递城市品牌承诺两个方面的内容:一是确保城市能够真正实现城市品牌所宣称的内容;二是表明创建了城市品牌之后城市将迅速发展的活动、产业或项目。另外,在城市品牌沟通中,能够通过各种城市品牌的宣传、促销、推广活动所沟通的品牌信息应保持一致性,并且要将城市品牌的内部沟通(面向城市内的各类组织与市民的沟通)视作与外部沟通同等重要。

(五)城市品牌审计要素

城市品牌审计(city brand audit)是对一个城市的品牌化环境、城市品牌的内涵、城市品牌化目标、城市品牌结构与定位、城市品牌化战略方法、城市品牌化组织和制度等进行综合的、系统的、独立的和定期性的核查,以便确定城市品牌化过程中的机会和困难,提出行动计划建议,改进城市品牌化效果。城市品牌审计既要关注城市品牌化的结果,也需涉及城市品牌化的过程。相对而言,国内学者在讨论城市品牌审计的问题时,更多地强调对城市品牌化效果的定期核查,比如定期收集城市外部受众对城市品牌的态度和意见,了解本地市民对城市品牌的满意度和看法。

而国外学者则更多地关注城市品牌化过程的审计问题。Dooley 和 Bowie 认为城市品牌管理者应将对城市内部的审计与对城市外部环境和顾客的审计视为同样重要。Gertner 和 Kotler 则强调"城市品牌审计的重点是城市品牌内涵存在的问题,而不是短期内出现的城市品牌管理问题"。也就是说,城市品牌管理者除了关注城市品牌化策略中出现的问题之外，还要加强对城市品牌识别、城市品牌核心价值、城市品牌个性表述以及城市品牌定位等内容的定期检视，以判断之前确定的这些方面的内容与计划是否能够在今后继续加以沿用。这意味着，城市品牌管理者需要定期对城市品牌化的发展环境加以监测，并在必要的时候重新制定影响城市经济发展的政策。

（六）城市品牌更新要素

城市品牌更新（city brand renewing）是指城市品牌管理者对在城市品牌审计中发现的城市品牌化问题进行调整和改善，以使城市品牌建设向着更加有利的方向发展。在已有的研究中，一些学者认为城市品牌更新同样是影响城市品牌化成功的重要因素，特别是对于那些有着负面形象的城市来说，有效的城市品牌更新将能够帮助城市获得复兴的机会。

为推动城市品牌更新，一个基本的思想就是通过强调城市的积极因素来抑制城市顾客对城市品牌的消极感知。具体的策略包括结合城市内外部市场环境发展变化状况，通过向城市顾客沟通城市的积极特征（如自然风光、当地的好客等）来调整城市品牌定位；通过设计诸如城市品牌口号、城市品牌标志和城市品牌事件营销等沟通工具与手段来改善与城市顾客的品牌沟通效果；对城市品牌内涵中存在的问题加以改进，在必要的时候对城市品牌识别做出适当的调整。另外，Dooley和Bowie通过对南非城市品牌结构案例的研究，发现城市社会政治变化对城市品牌组合结构的确定具有重要影响。这也意味着在城市品牌更新的过程中，可能需要根据城市社会政治环境的变化进行城市品牌结构的适度调整。

此外，对造成城市品牌负面形象的事件要加以重点关注。城市品牌管理者应投入更多的资源来减少消极事件的发生，如果正在努力对消费事件加以改善，那么还应及时报告处理的进展。这里，Gertner和Kotler认为城市品牌管理者应处理好与媒体的关系，及时通过媒体来展示为解决相关问题所付出的努力，并对媒体的负面报道做出积极回应。

四、城市品牌化战略支撑要素

城市品牌化战略支撑要素是指那些对城市品牌化战略实施与执行的各个环节起到管理平台作用的可控要素。在城市品牌化战略执行的管理平台中，理论界认为对城市品牌化成功产生影响的关键管理因素主要来源于城市品牌化协同组织、城市品牌化管理制度、城市品牌化文化氛围等方面。

（一）城市品牌化协同组织

城市品牌化协同组织（city branding organization）是指整合城市中的多方力量参与城市品牌管理，制定城市品牌化目标、规划、政策、策略等并加以执行，以获得城市品牌管理绩效的各类机构。研究表明，如果要使城市品牌化成为推动地方发展有效工具，那么优化城市品牌管理组织就是十分必要的。一致而清晰的城市品牌识别是城市品牌化成功的基础，而这只有通过建立一个适当的城市品牌组织结构才能得以实现。

在搭建城市品牌化协同组织的时候，首先需要设计适当的组织结构，考虑组织结构的复杂性和可控性。缺乏适当的组织结构经常会导致不同城市品牌沟通活动之间的目标冲突。这就破坏了成功城市品牌化的核心要求。

其次，参与城市品牌化协同组织的人员应该多样化，需要有来自城市的政府部门、私人部门、社会团体和慈善机构、媒体等多个单位的人员构成。城市品牌化协同组织应成为城市公共部门和私人部门共同参与城市品牌管理，依据城市的规模和定位建设城市基础设施和提供相关服务，承担向城市内外部开展品牌沟通活动的平台。因此，这些城市管理的合作伙伴组织之间、城市利益相关者之间应具有共同的目标，对城市品牌拥有共同的愿景。

此外，就参与城市品牌化协同组织人员的专业特长而言，应该是综合多个专业背景的人员来共同参与城市品牌管理。学者们认为至少需要来自市场营销、品牌沟通和旅游管理等方面的专业人员，并结合城市科学、城市规划和地理学方面的专家来共同参与。不仅如此，基于城市品牌管理工作的高度复杂性和系统性，城市品牌化协同组织涉及面甚广，因此参与城市品牌化协同组织的人员在个人素质方面还应具有诚实守信的品格、自我激励和自我发展的动力。

（二）城市品牌化管理制度

城市品牌化管理制度（city branding system）是指城市品牌化过程中各个城市品牌管理机构所共同遵循的有关城市品牌化各项工作的规章或准则。城市品牌化管理制度是城市品牌化得以成功的重要保障。缺少必要的管理制度，很多城市品牌化工作将无法有效开展，或者一些工作中出现的部门冲突、城市品牌沟通活动的不一致就无法得到及时而有效的调解。就本研究所掌握的文献来看，不少学者都在强调管理制度在城市品牌化中的重要作用。不仅如此，学者们还重点讨论了城市品牌化过程中所可能涉及的一些重要管理制度。

城市品牌化是一个城市各方共同参与的过程，因此需要有对城市中各项伙伴关系进行管理的制度，或者说是协同各个城市利益相关者的制度。如果缺乏各个组织（特别是私人部门的参与）对城市品牌化任务的共同承担，那么城市品牌是很难被发展起来的。如果各部门之间可以建立起正确的伙伴关系，那么各个城市利益相关者就能够对城市品牌化起到积极的和互惠的作用。而这就需要一个有效的管理城市品牌化过程中各参与组织之间关系的制度，使得每一个参与城市品牌化建设的机构都能够承担相应的责任，从而保障城市品牌化目标的实现。

既然有责任承担的管理制度，那么相应的，就需要有对城市品牌化成功与否的衡量制度，也就是说要有对各个参与城市品牌化的机构和部门的考核制度。为此，就需要建立起衡量城市品牌化成功的标准。另外，也只有有了相关的考核制度或衡量制度，那么城市品牌化工作才能够有理由解释为什么需要为其持续投入经费。基于此，相应的对于城市品牌建设的长期投资制度和预算制度就变得非常重要了。

（三）城市品牌化文化氛围

城市品牌化文化氛围（city branding culture）是指城市品牌管理机构在执行城市品牌化各项职能的过程中所形成的行为观念、管理风格、工作气氛等。学者们在讨论城市品牌化中的协同组织和管理制度这两个要素的时候，同样也关注到了城市品牌化文化氛围这一要素，并且对于文化氛围在城市品牌建设中的作用同样给予了重视。

城市政府应在城市品牌化的过程中起主导作用。城市品牌化活动通常是由城市政府主导，协调城市各个利益相关群体共同参与。但是，学者们认为，城市品牌管理组织在开展城市品牌化相关工作的时候应以市场为导向，而不是以政府为导向。城市品牌管理机构应关注城市产品的市场需求变化，以此作为城市品牌化决策的重要依据。城市政府应充分协调与企业、市民等私人部门的关系，发挥其参与城市品牌建设的积极性，而不是以自身为中心。事实上，早在20世纪六七十年代以来，西方各国公共部门中兴起的"新公共管理"运动中，就提出了"政府再造"的口号，强调政府行政风格向着更加"企业化"的方向转变，其核心就是要求政府以顾客为导向，运用市场的力量来改善政府绩效。

此外，学者们认为参与城市品牌化建设的各类机构在向城市顾客提供城市产品时，还应树立服务意识，坚持服务导向，提升城市产品的质量。为此，营造这样一种文化氛围就显得很有必要，即城市的私人部门都愿意积极参与城市品牌化建设，能够将承担城市品牌化过程中必要的工作视作自身的一项职责。不仅如此，学者们认为绩效导向的工作文化对于城市品牌管理机构在城市品牌化过程中取得出色的成绩也是非常重要的。也就是说，城市品牌管理机构不仅要关注城市品牌化的行动过程，更要关心城市品牌化的行为结果，重视城市品牌化各项活动所最终取得的实际效果。

第四节　城市品牌指数与品牌化模型

一、城市品牌指数

"城市品牌指数"（city brands index，CBI）一词最先由美国品牌专家Simon Anholt联合Global Market Insite Inc.（GMI）在2005年12月发布的《世界如何看待城市：Anholt城市品牌指数》报告中提出。他们提出这一概念旨在对世界范围主要城市的城市品牌进行测量和评比。国内学者倪鹏飞等（2007）也沿用"城市品牌指数"这一概念，并对其进行了界定：城市品牌指数是社会公众对城市品牌的综合认知和评价。虽然使用了同样的述语表达，不过倪鹏飞等（2007）的"城市品牌指数"与Anholt-GMI"城市品牌指数"的内涵完全不同。前者是从城市品牌的功能感知指数和情感体验指数两大层级构建测量的指标体系，而后者则从声望地位、地理位置、城市潜力、城市节奏、市民素质以及先决条件等六个方面展开测评。

相比较而言，倪鹏飞等学者的研究在一定程度上更加贴近中国城市品牌化建设的现实状况，开发的城市品牌指数在国内城市更具实用性，测量结果能够较好地反映国内城市品牌发展的实际情况。因此，本研究中将使用倪鹏飞等提出的"城市品牌指数"的概念，即城市品牌指数是城市产品所要服务的城市顾客对城市品牌的综合认知和评价。

二、城市品牌化成功要素的ISE概念模型

由图15-1可见，城市品牌化模型从总体结构上分为三个层面。核心层是城市品牌指数（city brand index，CBI），该指标直接反映城市品牌化成功与否，城市品牌化成功要素发挥的作用和效果将直接体现在该指数之中。因此，在一定程度上该指标揭示了城市品牌化的发展目标。

图15-1　城市品牌化飞轮模型
（ISE模型）

中间层是城市品牌化支撑层（city brand support），由城市品牌化协同组织、城市品牌化管理制度、城市品牌化文化氛围、城市品牌化人才素质四个方面组成。该层面要素一

方面会对城市品牌化成功与否产生直接的影响,另一方面会对城市品牌化执行层要素起到支撑作用,成为执行层要素发挥作用的重要管理平台和基础。图15-1中中间层的四根支柱形象地表示了城市品牌化支撑层四大要素对城市品牌化执行层的支持作用。

最外层是城市品牌化执行层(city brand execution),由城市品牌识别、城市品牌结构、城市品牌定位、城市品牌沟通、城市品牌审计五个方面构成,该层面要素涉及城市品牌化战略实施的主要环节,其作用发挥得好坏直接影响城市品牌指数的高低。在图15-1中,该层由五个带方向的曲六边形首尾相接构成,既表达了城市品牌识别等五大要素构成城市品牌化执行层的有机整体,同时曲六边形的箭头指示方向表明了城市品牌识别等五大要素在城市品牌化过程中的作用流程。

整个城市品牌化模型总体造型呈现飞轮形状,因此该模型被称作城市品牌化飞轮模型。另外,也正是因为城市品牌化飞轮模型由城市品牌指数(city brand index)、城市品牌化支撑层(city brand support)、城市品牌化执行层(city brand execution)这三个层面构成,分别取每个层面英文名称最后一个单词的首字母,则该模型又称作ISE模型。

三、运用ISE概念模型推进城市品牌化的管理对策

城市品牌化的ISE概念模型阐释了城市品牌化成功的要素,这些要素之间是一个有机的整体。为了更加有效地发挥城市品牌化执行层要素在城市品牌化中的作用,城市品牌管理者除了要重视城市品牌化执行层要素相关的各项工作,如城市品牌识别、城市品牌结构、城市品牌定位、城市品牌沟通、城市品牌审计之外,也还要搞好与这些工作相匹配的诸如管理制度、协同组织、人才素质、文化氛围等方面的建设,以提高城市品牌化的效率。

(一)挖掘反映本地资源特色的城市品牌识别

城市品牌识别指城市营销者希望创造和保持的能引起人们对城市美好印象的独特联想。这些联想代表着城市的价值特征,暗示着城市对其顾客的承诺。城市品牌识别是一种主动的策略安排,表明城市管理者希望城市如何被认知,或者说,是城市管理者所希望标榜的城市特质(刘彦平,2005)。确立清晰的城市品牌识别是塑造城市品牌的前提和基础。在开展城市品牌识别设计的过程中,城市品牌管理者应当对城市发展环境的机会与威胁有充分了解,在征求和综合城市各个利益相关者(包括本地政府、居民、企业、从业者和协会组织等)的意见和建议的基础上,充分挖掘城市景观与自然资源、城市基础设施和产业发展、城市本地社会文化特点(如本地社会文化价值观、本地人的生活方式、性格特征、风俗习惯等)等城市品牌资源的差异化优势所在,使得所构建的城市品牌识别能够较好地反映城市的特色,并以此来引导城市品牌的未来发展方向。为此,就必须对本地的地理、资源、人文、社会、经济都有充分的了解,同时也要对国际市场的

机会和威胁有清醒的认识。此外，如果能够由具有国际视野的外部城市品牌专家与城市本地相关人员组建团队，通力合作共同发掘，那么相信所提炼的城市品牌识别必将更加富有成效和创意。

（二）设计合理的城市品牌结构体系

与产品品牌不同，城市品牌是一个复杂的系统，由于城市的功能具有多样性，因此，城市的品牌结构肯定是由一个城市总体品牌统领多个子品牌的品牌体系，母子品牌之间、子品牌之间存在着紧密的联系，相互借力，共同构成一个强力的品牌体系。城市品牌结构策略的核心就是要设计合理的城市品牌结构体系，处理好各类城市品牌之间的关系，使之为共同的城市发展目标发挥协同作用。为此，城市主品牌应重在表达城市的积极声誉，使人们能够对城市总体形象产生美好的联想，同时对城市其他品牌起到背书及驱动作用；而城市副品牌与子品牌则应结合所服务的目标市场的类型与特点，分别反映城市在人居、旅游、投资等各个方面的特色。此外，还应正确处理各个城市品牌之间的相互关系，分别选择适当的城市品牌来扮演城市战略性品牌、城市利益品牌、城市金牛品牌和城市银弹品牌的角色，使各个城市品牌更有效率地发挥积极作用。

（三）制定差异化的城市品牌定位

城市品牌定位最重要的一点是差异化，从某种程度上讲，差异化是城市品牌定位的生命所在。在这方面，习近平总书记有过很多的重要论述。他早就精辟地指出，城市"同构性、同质化发展不行，能差别化就要差别化"。所谓差异化，并不是刻意求异，而是符合城市品牌内涵的、具有城市内在和外在支撑的差异化。城市是一个复杂的系统，不可能存在两个完全一致的城市。只要对城市加以深入的分析和检视，并结合竞争城市状况综合考虑，必定能够帮助城市品牌在城市顾客心目中确定一个差异化的定位，从而使城市在激烈的竞争中脱颖而出。为此，首先，城市品牌管理者需要了解竞争城市的城市品牌定位诉求和所采取的策略，以避免定位的重复。其次，在设计城市品牌定位时，城市品牌管理者还要能够吸引本地公众的参与热情，从而使得最终确定的城市品牌定位能够获得本市公众的认同和支持，并且易于被不同细分市场的群体所理解和接受。再次，城市品牌管理者在制定城市品牌定位时，既要结合城市当前的特色和优势，同时也不能局限于城市的现状，而应使城市品牌定位具有适度的前瞻性，能够表达城市发展的雄心。

（四）策划有效的城市品牌沟通

城市品牌沟通就是将要传递的城市品牌信息，通过某种渠道、方式传递给城市顾客。所谓有效的城市品牌沟通就是指城市品牌沟通要能够引起城市目标受众的共鸣。这就要求城市品牌沟通的内容与城市品牌识别、城市品牌定位相一致，并且能够使城市目标受众获得较强的真实感和体验性。有效的城市品牌沟通首先需要有出色的城市产品为基础，为此需要了解各类城市顾客的需求，有针对性地开发和设计多样化的城市产品。其次，设计形式多样的城市品牌沟通工具，包括开发城市品牌的形象标识系统，如征集城市品牌标志、口号、象征物、仪式等,建设城市标志性建筑和基础设施,举办节庆、赛事、会展等文化活动,根据城市历史、文化、居民生活、自然景观等来演绎城市品牌故事,选拔城市品牌形象大使等。再次,综合运用多种城市品牌沟通手段,包括城市形象的广告传播、城市品牌的公关宣传、城市产品的促销推广等。最后,维护良好的媒体关系,拓展媒体渠道,特别是尝试新媒体在城市品牌沟通中的应用,提升城市品牌沟通效果。

（五）开展及时的城市品牌审计

城市品牌管理过程是一个动态的过程,宏观环境、市场需求、竞争状况随时在发生变化,这都要求城市品牌管理部门定期或不定期地及时进行城市品牌审计,定期监测城市品牌的发展环境,了解城市顾客和各类城市利益相关者对城市品牌的态度、评价、意见和建议,掌握城市品牌管理部门的工作效率,以此来为推进城市品牌化实现既定的目标提供决策依据。一个有效的城市品牌审计策略是制定具有可测量评价指标,使得城市品牌审计有据可依,从而真正落到实处。这些指标包括城市品牌资产监测指标（包括城市品牌知名度、美誉度、忠诚度和联想度的测量）、城市品牌法律权益及安全性监测指标、城市品牌外部市场环境监测指标（包括城市品牌定位监测指数、目标顾客需求变动监测指标、城市竞争态势监测指标、宏观环境监测指标等）、城市品牌内部管理环境监测指标（包括城市品牌管理组织运行秩序监测指标、城市品牌管理组织文化监测指标等）。此外,城市品牌审计还需要设计科学的工作流程,以确保城市品牌管理者能够及时把握城市品牌化过程中出现的各类状况并采取合理的应对措施。需要特别注意的是,城市品牌审计不仅要采集不同时期的横截面数据来分析和评价城市顾客对城市品牌的认知和态度,考察城市品牌在某一时点上的整体表现,同时还要定期对城市品牌建设的历史状况进行监测和对比,了解在一个时间段内城市品牌管理的效果,从而为后续城市品牌管理工作提供及时有效的决策支持。

（六）搭建专业的城市品牌化管理组织

城市品牌化是一项涉及面广、整合城市多种要素的复杂而系统的工作,需要有专门的组织机构来负责这项工作的开展,使得城市品牌化的各个环节可协同发挥作用,为共同的城市品牌建设目标服务。从国际经验来看,很多城市品牌化比较成功的城市都有各自专门的城市品牌管理机构,如香港品牌管理组、阿姆斯特丹合作伙伴（Amsterdam Partners）、亚特兰大品牌有限公司（Brand Atlanta Inc.）等,尽管组织形式多种多样,但都能够确保城市营销的各项工作得到落实和管理。设计并搭建专业的城市品牌管理组织是城市品牌管理的重要支撑,没有专业的组织进行城市品牌管理,城市品牌化工作会有很多方面的制掣与限制。可见,城市品牌化协同组织是城市品牌化各项策略得以有效实施的保障。创建有效率的城市品牌化协同组织涉及两个方面,一是建立一个公私协作的城市品牌管理机构,作为城市品牌化的主导组织发挥管理协调与实施控制的职能,参与该机构的成员除城市政府部门外,还包括社会团体、公司企业、大众媒体、本市居民等。

该机构将成为一个良好的组织平台,使得城市各类利益相关群体(包括政府部门、社会团体、公司企业、本市居民等)对城市品牌内涵与特征的共同期望都有机会获得表达。由于城市政府在城市品牌化过程中发挥着主导作用(郭国庆、钱明辉和吕江辉,2007),因此城市品牌化协同组织策略的另一个方面是要改革城市政府现有的组织设置,确立某个部门成为城市政府行政系统内的品牌管理和协调中枢,承担在政府层面与市民、企业、投资者和游客进行沟通的职能。

(七)出台系统的城市品牌化管理制度

城市品牌管理制度缺失是导致许多城市品牌化建设流于形式的重要原因之一。城市品牌化中的很多工作都需要制度性的文件将其固化下来,从城市品牌化的年度经费预算到对城市品牌化的长期研究投入,从城市品牌化中的人员培训到城市品牌沟通中的危机处理,从对城市品牌化策略执行效果的测量与评价到协调各个城市利益相关者对城市品牌化的参与等,各个方面都需要管理制度来加以规范。因此,为了提高城市品牌化效率,提升城市品牌化效果,需要制定系统的城市品牌管理制度,尤其是要制定以下几方面的管理制度:城市品牌建设的目标管理制度(涉及城市品牌化目标的设定与分解、目标完成的进度控制、目标实现情况的考核等)、城市品牌化的投资预算制度(涉及城市品牌化各项工作的经费预算、对各项工作的投资控制等)、城市品牌管理部门机构之间的协调机制、城市品牌化参与人员的培训制度、城市品牌管理的长期研究制度、城市品牌管理的责任考核机制(包括制定考核标准、设计考核办法、确立考核主体等)、城市品牌管理的激励制度(包括制定奖惩标准、确立奖惩实施办法等)。

(八)营造积极的城市品牌化文化氛围

良好的城市品牌化文化氛围将有助于调动各方城市利益相关者积极投入到城市品牌化建设中来。政府部门的服务意识、顾客理念、市场导向,企业、协会、市民的参与意愿,公共部门与私人部门的协作意向,各个城市利益相关者的城市主人意识等,都是积极的城市品牌化文化氛围所涵盖的重要方面。在开展城市品牌化建设过程中,城市品牌化管理组织要善于营造积极的城市品牌化文化氛围,使之成为凝聚城市各方力量参与城市品牌化建设的黏合剂,成为推动城市品牌化效果尽快实现的催化剂。因此,城市品牌管理组织要从城市顾客的需求出发,创新管理理念;要调动行业协会、公司企业、本地居民等参与城市品牌管理与建设的使命感与主动性,实现城市品牌管理主体的多元化;要善于借鉴私人部门的运作机制,培养追求效率与效益的动力,改善思维导向、管理风格与决策特征。

(九)不断提升城市品牌化建设的人才素质

城市品牌化建设是一项高度复杂、涉及甚广的管理工作,需要有高素质的人才团队来承担。比较理想的城市品牌管理团队应有城市规划、城市管理、城市营销、旅游管理等方面的专业人士参与,具有良好的城市品牌营销规划、沟通传播等方面的专业知识和技能。此外这些管理人员还应具有自我激励、自我发展、诚实守信等优良品质。因此,有效的城市品牌化人才素质策略涉及人才引进机制、人才培训机制和人才使用机制三个方面。首先，城市品牌管理者需要制定各种优惠政策和措施来有针对性地吸引相关人才参与城市品牌管理，努力从城市外部获取优质的人才资源；其次，针对现有的城市品牌化参与人员制定完善的培训机制，使得现有人员的素质不断得到提升，实现人才资源的内生性增长；再次，尝试灵活多样的用人机制，不仅实现人才资源在城市品牌管理组织内部有效流动，同时创新协作方式，使得城市外部的人才资源也能够参与本地的城市品牌化建设。

本章回顾

城市营销的实践最初起源于19世纪50年代的美国西部大开发时期。欧洲学派视城市营销为一个整体协同的过程，而北美学派将经济发展视为城市营销的终极目标。菲利普·科特勒等人将地区营销概括为地区推广、地区推销和地区营销三个阶段。

地区营销是指为满足地区目标市场的需求而进行的规划和设计，成功的地区营销应使市民、企业对其所在的社区感到满意，游客和投资者对地区的期望得到满足。

城市营销过程要素包括资源、产品、营销战略及其测量、顾客、细分市场及相应的策略等。科特勒等提出了社区服务发展、城市在设计和规划、经济发展以及战略的营销规划四种地区发展战略和地区稽核、愿景和目标、战略制定、行动方案计划及实施和控制等五个城市营销战略规划的步骤。

城市形象和城市品牌在地区营销中具有重要的战略地位和作用。

城市及城市营销的特点和复杂性决定了传统的4P营销组合难以满足城市营销实践的需求，很多学者提出了城市营销组合的新要素和新思想。

城市品牌化就是通过一系列积极的城市品牌要素组合策略和管理方法的应用，赋予城市更多内涵，增加城市产品的吸引力，使得城市产品能够为城市顾客所识别和区分，进而达到塑造有价值的、美好的城市品牌的目标的过程。城市品牌化对于城市发展实践具有重要的价值。城市品牌化战略要素包括城市品牌识别、城市品牌结构、城市品牌定位、城市品牌沟通、城市品牌审计和城市品牌更新等环节。城市品牌化战略支撑要素主要来源于城市品牌化协同组织、城市品牌化管理制度、城市品牌化文化氛围等方面。

城市品牌指数是城市产品所要服务的城市顾客对城市品牌的综合认知和评价。城市品牌化飞轮模型由城市品牌指数、城市品牌化支撑层、城市品牌化执行层三个层面构成，又称作ISE模型。

关键术语

城市营销　地区营销　城市形象　城市品牌　原产国形象　城市营销组合　城市

品牌化　城市品牌识别　城市品牌结构　城市品牌定位　城市品牌沟通　城市品牌审计　城市品牌指数

即测即评

请扫描二维码，在线测试本章学习效果。

讨论与思考

1. 简述城市营销研究的起源与发展。
2. 比较城市营销研究中的欧洲学派和北美学派。
3. 简述科特勒对城市营销阶段的划分方法。
4. 简述城市营销概念的内涵。
5. 简述城市形象与城市品牌概念的主要内容。
6. 简述城市营销组合的内容。
7. 简述城市品牌化的内涵和价值。
8. 简述城市品牌指数的内涵。

第十六章
消费者增权与体验营销的发展

> 营销是关于企业如何发现、创造和交付价值以满足一定目标市场的需求，同时获取利润的科学和艺术。
>
> ——菲利普·科特勒

本章学习目标

1. 了解消费者增权的含义和内在原因
2. 了解消费者权力的类型
3. 了解消费者增权的应用
4. 了解互动导向与体验营销的概念及实践应用

本章知识结构图

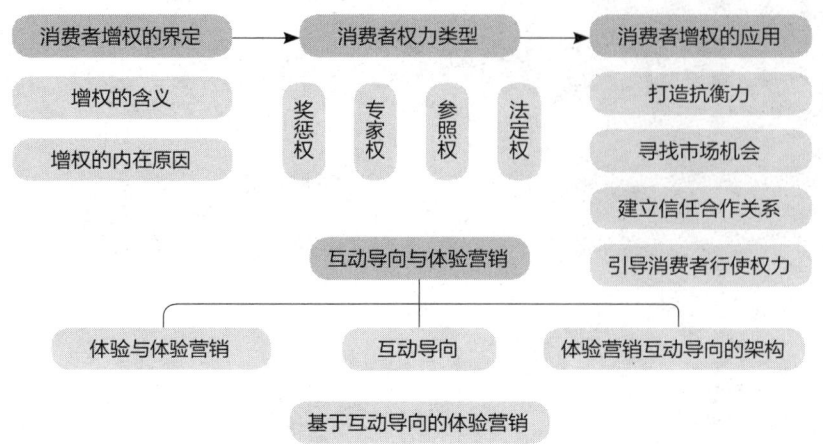

传统经济中,竞争不够充分以及信息优势使得企业在营销过程中处于优势地位,营销者经常采用带有强烈的侵入性的"推"的营销策略,让消费者承担自我选择(self-select)的任务。互联网的兴起和市场全球化等环境的重大变革改变了这一切,消费者的权力不断提高,已经影响到了企业的营销活动。但是,在营销实践中,居主导地位的营销模式仍然是基于过去的权力结构,这就产生了严重的营销问题:权力结构的变化给企业的营销活动带来了巨大的挑战,企业的营销生产效率开始下降。要改变营销现状,就必须深入研究消费者增权(consumer empowerment,又译作消费者赋权)理论的最新进展,使之有效地指导营销管理实践,推进营销创新。

第一节 消费者增权的界定

一、增权的含义

增权的概念被广泛应用于行为和社会科学、政治学、社会学、社会工作等领域,目前学术界还没有对增权的概念形成统一的认识,不同学者有着不同的理解。皮雷斯(Pires)等人认为增权既可以指一个过程,也可以指一个结果,或者两者兼具。作为过程的增权需要具备可以让个体获取对其相关事情控制力的机制,包括开发和锻炼可以在其决策中施加控制力的技能的机会。作为结果,增权是主观的。顾客可能会感觉到一种控制力……在运用控制力方面变得更加有效。林肯(Lincoln)等人则认为增权可能涉及一方相对于另一方的权力的丧失,或者一方从另一方获得权力。王宁提出,所谓增权,就其最一般的意义来说,指的是充实或提升个人或群体的权力或权能的过程。通过增权,个人或群体提高了独立应对和处理自身事务的能力。

近年来，营销学者开始从其他社会科学领域引入增权的概念。例如，尚卡尔（Shankar）等人认为，消费者增权就是权力从生产者向消费者的转移，消费者增权等同于消费者行使其选择的权力。很明显，这一定义有着很大的局限性，首先，消费者的权力并不只是在于选择权上，现在的消费者可以通过口碑、抗议等形式对企业的营销过程施加影响；其次，增权不仅是权力的增加，还包括权能的提升。

由上述消费者增权概念的最新进展的分析，我们可以得出如下结论：消费者增权是消费者相对于企业的权能/权力提升的一个动态过程，权能是指消费者行使其权力的能力。因此，增权也意味着消费者根据自己的意图改变相关因素之间因果关系的能力和权力的提升。

二、消费者增权的内在原因

在互联网经济时代，消费者的权力和权能在不断提升，主要有以下几个方面的原因：

（一）消费者拥有了更多的选择和更多的信息，因此行使权力的机会增加了

西方经济学理论提出了"消费者统治"的观点，认为消费者拥有货币"选票"，他们会购买（投票给）那些能够使他们效用最大化的企业。但是，这有赖于完全竞争的市场条件，也就是说完全竞争市场可以充分给消费者增权。消费者的这种"投票"行为其实就是一种奖惩权力的运用，得到较多"选票"的企业在竞争中胜出。但是，由于垄断的存在以及信息不对称，消费者没有选择的余地，也就无法运用"投票"（奖惩）权力。此外，对于不满意的企业，消费者的口头抱怨影响范围有限，由于成本高，他们也不可能组织起来，因此无法运用他们的权力来影响企业。梅恩斯（Maynes）称之为"消费者在宏观上的权力（macro-power）和微观上的无能为力（micro-impotence）"，也就是说，单个或者数量较少的消费者是无法与企业抗衡的。

随着市场全球化以及民营企业的发展，卖方数量迅猛增长，加之电子商务的发展，市场地域界限的打破使得竞争日益激烈，消费者的选择也极大丰富了。另外，信息技术的发展，尤其是互联网的兴起，使得消费者不仅可以获取大量信息，还可以制造信息、发送信息。消费者的一个重要的资源就是他们庞大的数量，他们可以利用互联网"以较低的成本进行自组织"和进行口碑传播。如果消费者在企业的消费过程是满意的，他们可能会重复购买或者传播正面的口碑，这些都是对企业的奖励；如果相反，拥有了较多选择的消费者就不再购买该企业的产品，还可能会在网上传播负面口碑，如果极不满意，他们还可能会抗议或者联合抵制，这些都是对不满意企业的惩戒。可见，丰富的信息和选择使得消费者行使他们的权力的机会大大增加：消费者可以光顾他们偏爱的产品并进行正面口碑传播，不购买、甚至是联合抵制抗议那些不符合他们要求的产品，等等。

（二）企业以消费者为中心的营销战略会主动赋予消费者一定的权力

随着市场竞争的加剧，为了更好地满足消费者的需求，提升竞争力，许多企业都实施了以消费者为中心的营销战略，也可以理解为消费者增权战略。例如，定制化战略就是一个以消费者为中心的战略，它将控制权交给了消费者，由消费者来决定他们自己想要的产品的颜色、形状、规格等，甚至由消费者自己来生产产品。本书将这种企业赋予消费者的权力归为法定权力，虽然在此并不存在上级和下属的明显等级关系，但是以消费者为中心意味着企业赋予消费者某些权力使得企业在进行营销活动时必须受到消费者的影响，消费者的地位和权力得到提升。以消费者为中心的企业，为了给消费者提供个性化的产品或者服务，满足其个性化需求，就必须将消费过程的较大控制力给予消费者。这种消费者增权是企业有意识的一种营销活动，给消费者增权的目的主要是为了使消费者满意。

（三）消费者不断学习以及互联网提供的便利的行权工具使得消费者行使权力的能力大大提高

企业在进行营销活动时，传播的都是经过加工的正面的信息，消费者即使向企业抱怨也不会为其他消费者所知，也就是说，企业给消费者传播的信息是有偏误的。在没有互联网之前，消费者的消费经历、消费知识以及其他消费信息都仅仅局限在与亲戚、朋友、同事等比较狭小的范围内交流。信息掌握有限以及消费经验的缺乏，使消费者无法识破有偏的信息，企业也就具有了明显的优势，因此而具备了很强的专家权力。互联网时代，消费者搜集信息的能力大大提高，他们不仅可以通过电视、杂志、报纸等传统媒介获取信息，还可以根据自己的需求通过互联网搜索引擎进行主动搜集。互联网是一个盛产的媒介，也是一个较其他大众媒介有着更大的触及范围的媒介。互联网给消费者提供了获取信息、交换信息和经历以及进行社会互动的平台。消费者通过互联网看到的不仅是企业发布的信息，还可以通过聊天、写博客、发表评论等方式随时与其他任何地理位置的消费者互动，分享他们的消费经历和发表他们的观点。没有经验的消费者可以向有经验的消费者学习。同时，许多第三方机构，例如消费者组织、行业门户网站等也在互联网上提供有关企业和产品的信息，甚至提供产品性能、价格等方面的对比以及购买帮助和购买建议。掌握了更多的信息和营销知识，消费者的专家权力明显提高，他们不仅可以做出更加理性的选择，还能够根据自己掌握的知识和信息影响企业的营销活动。

第二节 消费者权力的类型

弗伦奇（French）和雷文（Raven）提出了五种社会权力基础（bases of social power）（见表16-1）。在此基础上，瑞扎巴克（Rezabakhsh）等人将奖赏权力和强制权力整合为奖惩权力，并认为消费者不可能成为企业营销过程中的参照体，因此，忽略了参照权力。他们将消费者权力分为三种：一是专家权力（expert power），是指在消费者和公司之间缺乏透明度和信息不对称的市场中，消费者对于质量和价格信息的掌握；二是奖惩权力（sanction power），它是对于公司行为的一种奖惩，以此避免对于消费者利益的漠视；三是法定权力（legitimate power），是指消费者直接影响营销活动尤其是产品和价格政策的能力。

表16-1 五种社会权力基础

社会权力类型	概念界定
奖赏权力（reward power）	基于给予积极有利结果，或去除负面不利结果所带来的力量
强制权力（coercive power）	指惩戒违背意愿的行为的能力
法定权力（legitimate power）	指通过选举或任命而担当一定职位所得到的行为力量，权力大的一方具有影响下属的法定权力，并且下属有接受这一影响的义务
参照权力（referent power）	由于成为其他人的参照体所拥有的力量，通常是获得尊敬或者尊重
专家权力（expert power）	由于个人较对方具有更多的信息、专业知识和特殊技能

虽然个体消费者不能成为企业营销的参照体，但是，意见领袖会成为其他消费者甚至是企业的参照体。而且在互联网背景下，消费者掌握的信息应该不仅限于产品的质量和价格信息，应该还包括生产商、渠道商、产品的受欢迎程度等方面的信息以及更多的营销知识，因而专家权力具有的影响力会更大。所以，消费者可以存在四种权力：奖惩权力、法定权力、参照权力和专家权力（见表16-2）。

表16-2 消费者权力的类型及其表现形式

消费者权力	概念界定	表现形式
奖惩权力（sanction power）	消费者对偏好的企业进行奖励，对违背消费者利益的企业进行惩戒	买/不买、消费者忠诚、传播正面/负面口碑、抗议、联合抵制
法定权力（legitimate power）	企业赋予消费者某些权力使得企业在进行营销活动时必须受到消费者的影响	对企业营销活动的直接影响
参照权力（referent power）	消费者中的意见领袖由于成为其他人/企业的参照体所拥有的权力	口碑传播、抗议、发起联合抵制或者对企业营销活动的直接影响
专家权力（expert power）	消费者对于产品质量、价格、生产商、渠道商、产品的受欢迎程度以及营销知识等方面的信息的掌握所带来的权力	对企业营销活动的直接或者间接影响

信息充分、选择丰富和知识的累积使得消费者权力/权能大大提高，在给消费者带来收益的同时，也带来了权力行使的成本。是否行使其权力，消费者会根据成本和收益的权衡结果而定。

一、奖惩权力

消费者的奖惩权力有买/不买、消费者忠诚、传播正面/负面口碑、抗议、联合抵制等形式。

首先，在买或不买的决策中，在消费者满意的情况下，重复购买对于消费者来说不会增加成本，反而会降低搜索、谈判等交易成本，如果企业有多种产品可满足消费者追求多样性的需求，那么消费者对于一个企业的忠诚其实对消费者自身也是有利的。但是，由于消费者的选择增多，即便做选择更加困难，但并不意味着排除替代选项也很困难。在购买决策过程中，消费者可以将那些不符合一些基本标准的选项都删除掉，即采用非补偿性规则进行购买决策，这种做法比较简单，显然是无需成本的，反而由于找到更满意的产品而具有较高的收益。因此，在选择极为丰富的情况下，消费者采取不再购买来惩罚不满意企业是极为普遍的现象。

其次，在口碑传播方面，消费者对于满意的企业传播正面口碑成本很低。在现实生活中，消费者在与朋友、亲戚等交流的过程中经常会谈论消费经历和推荐其满意的产品。这是一种面对面的交流，消费者通常会通过谈论成功的消费经历来显示自己知识的丰富、决策的聪明和使亲戚朋友也从中受益，具有较高的心理收益。但是，在网络虚拟关系下进行口碑传播时，消费者的身份的隐匿性使得这种心理收益无法得以体现。因此，正面口碑传播的线上和线下行为有着明显区别。消费者会对不满意的企业进行负面口碑传播，尤其是通过网络传播负面口碑也是低成本的。网络中的关系是一种虚拟关系，消费者在交流过程中具有较低的心理成本，如果消费者存在不满，进行负面口碑传播可以实现消费者发泄不满情绪的工具，因此在网络上传播负面口碑的意愿会很高。

最后，在极不满意的情况下，消费者会采取抗议或者联合抵制的方式来惩罚企业。互联网的兴起虽然降低了联合抵制和抗议的组织成本，但是并不是说完全没有了成本，其所需花费的时间成本、精力成本和心理成本都相对较高，所以消费者较少使用这种权力。回顾了近年来发生的消费者联合抵制事件，发现一般在企业存在着比较严重的危害到社会或者消费者利益的行为时，才会发生联合抵制。需要注意的是，消费者采用的这几种惩戒企业的方式并不是截然分开的，单个消费者只是简单地转换供应商也许对企业影响不大，但是如果同时又传播负面口碑就会影响更多的人，如果上升到联合抵制，那么对于企业的负面影响可能是致命的。企业要防微杜渐，不能忽视单个消费者，个人的强制权力的使用可能会通过互联网放大为消费者群的强制权力。

二、法定权力

大部分情况下消费者的法定权力是企业的主动增权行为带来的，这其实是企业将消费者的权力限定在可控范围内的一种战略方式。从消费者角度来看，虽然拥有了更多的权力，但是在消费过程中花费的时间、精力等成本也明显提高，运用这种权力的消费者通常都是为了获得在其他情况下无法获得比较个性化的价值，如体验、声誉等。因此，企业的增权战略必须能够给消费者带来个性化的利益，才能达到企业主动赋权的目的，最终实现企业和消费者的双赢。

三、参照权力

意见领袖在社会上很活跃，他们可能掌管社区团体或者俱乐部，由于他们的社会地位，因此，往往具有较强的参照权力。意见领袖虽然不能控制其他消费者的消费行为，但是他可能会在其影响范围内发起关于某一产品的话题和实施某些行为来影响其他消费者的选择。其影响方式可能是口碑传播，也可能是公开表态，或者是发动抗议和抵制，因此，其权力运用的成本和收益与上述奖惩权力的分析类似。但是，需要特别注意的是，意见领袖比一般的消费者行使权力的影响要大得多，企业会高度重视。因此，意见领袖甚至还会直接影响到企业的营销活动，当然，企业也可以使用相应的公共关系活动或者营销活动来影响意见领袖权力行使的成本和收益。

四、专家权力

消费者获取更多的信息和知识意味着其专家权力不断提升，消费者可以更加理性地进行选择，还能够对企业的营销活动施加影响。与此同时，消费者行使专家权力的成本也在不断上升：更多的选择和更多的信息对消费者而言意味着处理信息和做出选择变得更加困难。

首先，选择是存在机会成本的。经济学假设消费者是完全理性的，在信息充分的情况下能够做出使自己效用最大化的选择。但是实际上消费者并不是完全理性的，他们还经常受到情感的驱动，而且往往有多种目标，在众多产品中做选择是一件非常困难的事情。特韦尔斯基（Tversky）等人的研究表明，选择增加，如果其中存在冲突，即便是所有的选择都是可以接受的，消费者也可能会延缓做出选择。在大部分情况下，选择一种就意味着要放弃其他替代品。如果所放弃的替代品对于消费者的吸引力越大，消费者的惋惜、不安等失调感就越大。一项由延加（Iyengar）等人所做的研究发现，将消费者的选择限制在少量的替代品中，可以使得消费者更加容易地做一个决策，并且能够让消费者对自己做的选择更加满意。

其次，信息越丰富，信息搜集和处理的成本就越高。消费者要在众多的替代品中做出准确选择,也就意味着他们要花费更多的时间和精力来搜集和处理更多的信息,替代品越多,所耗费时间和精力等成本就越高。互联网虽然提供了大量的信息,但是信息真伪的辨别同样需要消费者花费时间和精力。消费者会将处理信息和进行选择所带来的收益和成本进行比较,如果处理信息和做出选择的成本超过了收益,消费就可能出现选择麻痹。在现代快节奏生活中,消费者的时间也比以前更加宝贵,他们不再愿意花费大量的时间和精力处理大量的信息来辨别少量的、与其消费相关的、有价值的信息。但是,互联网搜索引擎以及一些提供比较购物的网站大大降低了消费者在处理信息和做出选择中的高成本。加之,专家权力涉及消费者能否以自己的既定支出来选择合适的产品使自己效用最大化,因此,从总体上来看,消费者还是愿意进行信息搜集、处理和产品选择。

第三节 消费者增权的应用

技术进步势不可当,竞争日益激烈已成定局,因此,消费者增权的趋势是不可改变的。这就给企业营销管理的未来发展带来了如下启示:

一、打造抗衡力

企业可建立一种"抗衡力"(countervailing power)来对抗消费者增权。最为传统的建立抗衡力的方式是差异化战略。企业的产品差异化会导致市场信息不透明,从而建立了一种抗衡力。另一种方式是与消费者互动。互动的过程中,消费者和企业之间是一种双向沟通的关系,企业会在互动过程中了解顾客的更多个性化信息。企业对消费者的信息了解越详尽、越充分,其专家权力就越大,也就意味着企业在营销活动中的控制力的提升。

二、建立信任合作关系

企业可以采取消费者增权战略与消费者尤其是意见领袖建立信任和合作关系。企业也可以赋予消费者一定的权力,使得意见领袖/消费者可以直接与企业沟通,表达他们对于企业营销活动的意见和看法,也可以参与企业的营销活动,这会增强他们对公司的拥有感。企业给员工增权是将员工作为企业的一项资源,激发资源的潜能发挥,给消费者增权的原理也是类似的。在互动营销中,企业将消费者看作是一项宝贵资源。当今的消费者受过较高的教育,而且善于学习和获取信息,如果企业能够与其建立长期互惠的关系,通过增权激发其潜能,那么他们可以帮助企业实现成长和发展,如果这一资源没有开发利用好,则有可能毁掉一个企业。

三、寻找市场机会

在消费者增权中寻找市场机会。消费者权力/权能提升,企业并不是无所作为,而应该深入分析消费者对权力的运用,同时也要分析消费者的消费行为和心理的发展趋势,积极寻找消费者增权带来的机遇。随着消费者拥有的信息和选择的增加以及市场知识的丰富,他们的权力提升的同时,期望也在不断提升。消费者在消费活动过程中逐渐超越了对于选择结果的关注,认为产品的可靠性、可操作性、耐用性、功能以及服务等都是理所当然必须具备的,他们越来越关注过程、体验、情感和关系。消费者期望企业能够给他们提供准确的信息、帮助他们做出符合他们自身利益的选择、给他们创造美好的消费体验,他们喜欢被视为独一无二的消费者。因此,消费者拥护策略(customer advocacy)、体验式营销策略都是企业未来营销创新的方向。

四、引导消费者行使权力

鼓励消费者行使对于企业有利的权力,避免消费者行使对企业不利的权力。消费者是在对权力运用的成本和收益进行权衡后来决定是否行使其权力的,因此,企业可以通过提高消费者购买的便利性等策略来降低消费者行使对于企业有利权力的成本,通过对正面口碑传播者给予奖励等策略来提高消费者行使对企业有利权力的收益,通过提高转换成本等策略来增加消费者行使对企业不利权力的成本。

第四节 互动导向与体验营销

随着经济发展和收入水平的提高,人们的消费已经超越了传统的对实体产品的功能和价格的关注,越来越追求精神和情感消费,体验逐渐成为人们生活消费追捧的热潮。

正如国外学者所指出的那样,"我们正在进入一个经济的新纪元:体验经济已经逐渐成为继服务经济之后的又一个经济发展阶段"(Pine & Gilmore,1999)。正是由于人们对体验的需求呈现出快速增长的态势,许多专门提供诸如野外生存、蹦极等体验服务的公司也应运而生,体验营销也成为学术界研究的热点。体验是顾客在参与事件中产生的一种内在感受,体验价值是顾客在与企业的互动的过程中来实现的,学术界早已认同体验营销中企业与顾客互动的重要性。但是,关于互动体验营销的研究在目前尚不多见。面对全球范围的经济危机,强化互动导向的体验营销,对企业培育核心竞争力,走出经营困境,赢得更多市场,将具有重要的现实意义。

一、体验

目前经济管理学科的学者们对于体验有着不同的解释,有的学者认为体验是一种心理感受,有的则认为体验是一种经济提供物。Pine & Gilmore(1999)将体验定义为"当一个人达到情绪、体力、智力甚至精神的某一特定水平时,他意识中所产生的美好感觉";Schmitt(1999)认为体验"是对某些刺激产生的内在反应";汪涛和崔国华(2003)则将体验定义为"在企业提供的场景中,顾客将自己作为事件中的一员主动参与表演所产生的美妙而深刻的感觉"。综合学者们的观点,可以这样讲,体验是顾客作为体验活动的主角在与企业互动的过程中所产生的美好心理感受。这一定义说明,首先,体验是产生于顾客与企业之间的互动,企业并不能直接提供体验,而是提供了环境刺激,使得顾客形成美好体验。其次,体验是一种内在心理感受,具有很强的主观性特征,不同的人由于感情、经历、偏好、教育背景、价值观念等方面的不同对相同的营销活动会有截然不同的感受,顾客参与体验营销活动就是为了获得独特的个性化的体验价值,满足自身精神方面的需求,体验的内在性特征使之与服务相区别。

二、体验营销

Schmitt是第一个提出体验营销概念的学者,在他的《体验式营销》一书中对"体验营销"进行了界定,他认为体验营销是"一种为体验所驱动的营销和管理模式"。我国学者范秀成和陈英毅(2002)从营销活动的客体的角度对体验营销进行定义,他们认为"体验营销,简单地说就是以体验作为营销客体的市场营销","体验营销的核心观念是,不仅为顾客提供满意的产品和服务,还要为他们创造和提供有价值的体验"。此外,还有一些学者是从体验营销的管理过程角度来进行定义的,"体验营销是指企业营造一种氛围,设计一系列事件,以促使顾客变成其中的一个角色尽情'表演',顾客在'表演'的过程中将会因为主动参与而产生深刻而难忘的体验，从而为获得的体验向企业让渡价值"（汪涛，崔国华，2003）。郭国庆指出，"体验营销是指企业从感官、情感、思考、行动和关联诸方面设计营销理念，以产品或服务为道具，激发并满足顾客体验需求，从而达到企业目标的营销模式"。

虽然学者们定义体验营销的角度各有不同，但是，我们可以将其划分为两种：一是企业在产品和服务的营销活动中注重顾客的体验，将体验作为一种营销手段来提升产品和服务的价值及竞争力；二是企业借助于产品和服务帮助顾客实现体验价值，在满足顾客对纯体验性消费（如极限挑战）的需求的同时，实现自身的目标，将纯体验当成是经济提供物的企业也可能会向顾客提供实体产品，如录像带等。由于纯体验的营销过程中，顾客与企业之间的接触点更多，他们之间的互动显得尤为重要，因此，我们要先讨论关于纯体验的营销中的互动。

三、互动导向

互动从静态的角度来讲，是各要素之间的一种相互影响、相互依存的关系；从动态的角度来理解，互动是各要素之间的相互影响、相互作用和相互促进的过程。体验营销中的互动可以理解为顾客与企业、顾客与顾客在体验营销活动中相互的作用、相互促进的过程（见图16-1）。这一解释暗含了：① 体验营销中既有顾客与企业之间的互动，也有顾客与顾客之间的互动。② 企业和顾客之间双向、动态的作用的结果是积极的，企业与顾客在互动的过程中满足顾客的体验需求，同时实现自身目标，"贸易和交换的结果是每个人都获益，而并不总是存在一个赢者和一个败者的零和游戏"（James，2004），即体验营销中双方互动的结果是双赢的。③ 互动双方是在一定的利益动机的驱动下参与互动过程的。

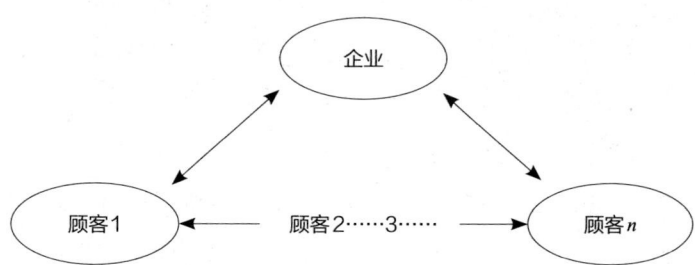

图16-1 顾客与企业、顾客与顾客之间的互动关系
资料来源：本研究整理。

Steuer（1992）认为影响互动性的因素主要是媒介的属性，如速度和范围。而Rafaeli（1998）则认为信息的性质是影响互动性的主要因素，例如反馈的信息是否是个性化的，即反应者做出的反应是不是基于信息发送者发送的信息。Chuan-Fong Shih（1998）提

出，互动可以根据系统的反馈速度和顾客的控制能力两个维度来进行等级评估，其他影响的因素还包括顾客个体特征及所处的状态，等等。综合各位学者观点，可以得出结论，影响顾客对互动的感知主要因素可以概括为三个方面：顾客感知到的沟通是否是双向的、顾客感知到对系统的控制能力和顾客感知到的反馈速度的快慢和内容的针对性。

在体验营销中，企业为顾客提供产品和服务，为顾客设计体验方案、布置体验情景，甚至是参与其中表演。企业不再是单方面思考和行动，它需要与顾客互动共同来创造体验价值，满足顾客的体验需求，而顾客感知到的体验价值的大小就取决于他和企业之间的互动效果。以演唱会为例，顾客看明星演唱会获得美好的体验，现实中我们会发现，有些明星不一定有很强的演唱实力，但是会调动顾客的积极性与之互动，从而带动现场气氛，因此，演唱会门票价格昂贵，甚至还会出现一票难求的局面。顾客在这样的演唱会中完全投入，获得高体验价值，对价格也自然不敏感。相反，有些明星演唱会的互动效果不佳，也就出现了票难卖的窘境。

四、体验营销互动导向的架构

体验并不像实体产品那样简单地从企业向顾客转移，而是通过企业提供的环境、事件等方面的刺激与顾客的行为和心理之间相互作用而实现的。顾客对企业提供的刺激因素产生反应，企业记录分析反应，并不断调整刺激因素，顾客又产生新的反应，这样的动态过程中，顾客产生美妙的体验。企业提供的刺激到底使顾客产生什么样的体验，这是无法预知的，因为每位顾客对刺激的理解都受到本身的经历、知识等个体特征的影响，他们选择性注意符合自己意识的刺激因素，企业只能根据顾客先前的行为反应来评估体验效果，并及时对刺激因素做出调整。因此，一个致力于满足顾客体验需求的企业肯定是一个采用互动导向的企业。所谓互动导向是：一个企业将促进单个的顾客与企业的所有的互动活动作为中心，在此基础上建立与顾客之间的长期互惠关系。因此，互动导向十分关注单个的顾客价值，注重长期关系的建立。

（一）互动导向的构成

V.Kumar和Girish Ramani于2006年在Bentley学院举行的"Does Marketing Need Reform？"的会议上首次提出互动导向及其构成，2008年他们在Journal of Marketing上发表"Interaction Orientation and Firm Performance"一文对这一理论进行了完善，并进行了实证研究。他们认为互动导向由以下几个方面构成：对顾客理念的信任、基于动态回应系统给顾客提供互动体验的能力、赋权给顾客的意愿以及顾客价值管理用于营销决策的程度，如图16-2所示。

（二）体验营销互动导向的架构

基于以上的分析，我们提出了体验营销的互动导向架构（见图16-3），在Kumar和

Ramani 提出的互动导向构成上增加了顾客体验媒介管理。如前文所分析的，影响顾客对互动的感知的主要因素包括三个方面：顾客感知到的沟通的方向、控制力和反馈能力，这些因素都与体验媒介密切相关。此外，体验是企业与顾客互动的过程中产生的，媒介就是体验刺激因素，它们需要系统性设计组合管理才能使顾客形成美好感受，如果没有统一进行管理，这些媒介的作用可能不会传递一致性的信息，甚至会相互抵消，降低互动效果，因此，体验媒介的管理显得十分重要。

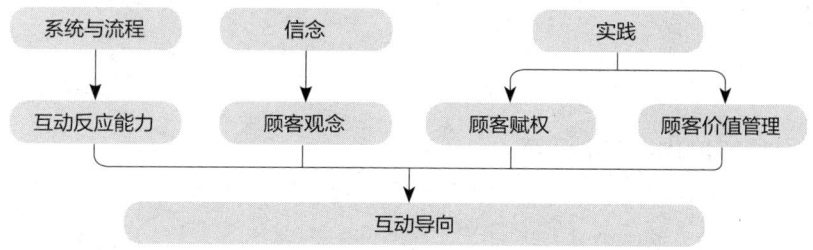

图 16-2　互动导向的构成

资料来源：V. Kumar, Girish Ramani. Interaction Orientation: The New Marketing Competency, Does Marketing Need Reform, Armonk, N.Y.: M.E. Sharpe, 2006: p.114.

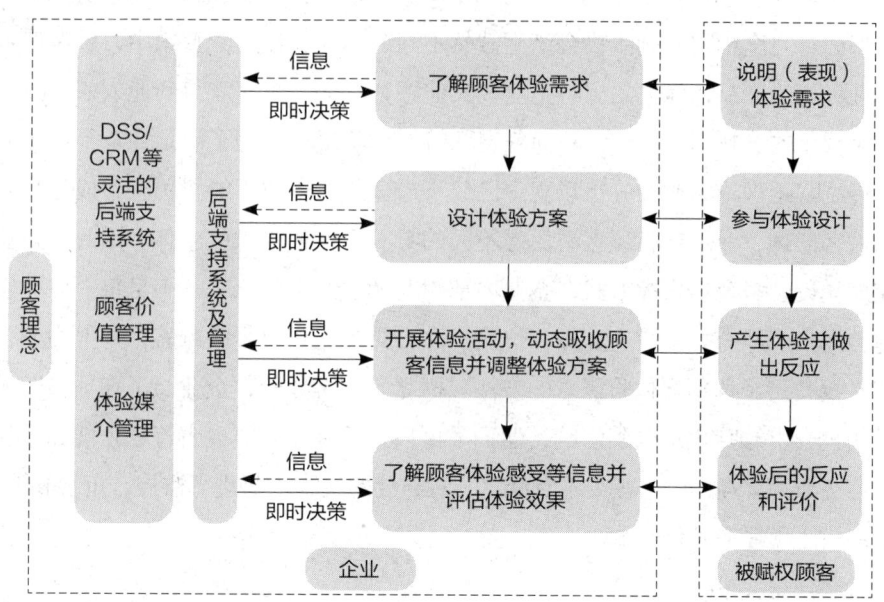

图 16-3　体验营销互动导向架构

左边的虚线框内是企业的活动，包括体验营销的流程和灵活的后端支持系统和管理。顾客理念是将单个顾客看作营销活动的起点，它是企业采用互动导向的前提，企业所有的行为都是在顾客理念的指导下进行的。右边虚线框内是顾客在体验营销中的行为，企业赋权给顾客，即给了顾客更多的言行自由以及更多的选择，顾客有了更大的主动性，可以参与到体验价值创造的整个过程，实现真正的个性化体验，从而获得独特的、只属于他自己的价值。因此，顾客赋权是体验营销互动的基础。被赋权的顾客参与到企业整个体验营销活动的各个环节与企业互动，即互动贯穿于体验营销的整个流程。企业在此过程中对顾客的需求做出快速、个性化的反应，这需要借助于有效的体验媒介管理和灵活的后端系统的支持来实现。这部分决定了企业的互动反应能力，即企业通过动态采集从单个顾客或者全体顾客的先前行为反应的信息，据此给每个顾客提供连续互动体验的程度。互动虽然可以提升体验价值，但是也会造成成本增加，企业必须进行顾客价值管理，以辨别有价值的顾客，在合理配置营销资源帮助这些顾客实现个性化的体验的同时，实现企业自身目标。

五、基于互动导向的体验营销策略

（一）观念创新，关注顾客

确立顾客至上理念是互动式体验营销有效实施的前提条件。企业要实现与顾客的良性互动就必须了解顾客的体验需求，而体验需求不同于产品需求，它具有高度的个性化特征，不同的人由于年龄、性别、经历、知识水平、文化等方面的差异，在同样的时间、同样的情形面对完全相同的刺激物会产生截然不同的感受。在体验营销中，顾客追求的不再是高性价比的产品，他们渴望与企业和其他顾客互动，也喜欢得到他人的关注并乐意被视为个性化的、特别的顾客，从而获得独特的体验价值。为了满足完全个性化的体验需求，传统营销理论中的细分市场观念已经不再适用，企业不能将顾客看成是具有相同需求的顾客群体，而应当将顾客看成是不同的具有个性化需求的个体。因此，企业应当通过制度建设、教育培训等方式在企业内部树立顾客至上理念——满足每一位顾客的个性化体验需求。只有如此，企业每一位员工才会更加注重单个的顾客，并努力整合营销资源，寻找满足个体顾客体验需求的方法。树立了顾客体验，企业员工在体验营销过程中的行为也会潜移默化地受到影响，他们不再只是凭专业技能或者管理才能为顾客服务，他们会在与顾客互动的过程中不断反思，对自己的行为不断进行监控、审视和调整，从而帮助每一位顾客实现完美体验。

（二）顾客赋权，强化互动

顾客赋权使得顾客有了更多的选择和在言行方面有了更大自由，顾客感知到的对系统控制力会大大提高。控制能力是顾客改变个人意图和相关事件之间的因果关系的能力，使用者对系统控制能力越高，说明系统互动能力越高。传统的营销采用推和拉的模式，它假设顾客不知道什么对他们是有益的，而企业必须说服或者引诱他们购买产品。在这种模式中，企业扮演着市场营销者的角色，他们积极主动地调查顾客的需求、单方设计产品、单向传递产品和企业信息给顾客；而顾客总是被动地接受，他们认为自己和企业就是简单的买卖关系，对企业内部一无所知，更不用说存在控制力。在产销分离的情况下，顾客购买产品通常不需要与该产品的生产者直接接触，双方的互动就显得更加匮乏。

随着互联网技术的发展以及顾客需求水平的提高,顾客比以前拥有更多的信息、更大的控制力以及主动性,他们会根据自己的需求在互联网上搜索信息,也会通过互联网进行口碑传播。因此,顾客将拥有越来越多的选择和更大的控制力。企业需要认清这一发展趋势,顺势而行,赋权给顾客,一方面,赋权给顾客可以提高顾客对于体验营销系统的控制能力,以及实现顾客与企业平等双向沟通,所以,顾客赋权提高了企业体验营销系统的互动能力。另一方面,先行顾客赋权战略的企业将会在竞争激烈的市场上获得先发优势。给顾客赋权的方式主要包括给顾客提供充分的产品、企业和行业信息;让顾客更多地参与企业的营销活动;给顾客创造真正的与企业平等对话的机会和平台,等等。由于拥有企业更多的信息、选择以及更强的控制力,被赋权的顾客才会真正感觉自己是企业的一员,是体验营销的主角,互动的积极性和效果会大大提高。

(三)完善支持系统,增进企业互动

互动导向反映了一个企业与每一位的顾客互动的能力,即企业通过与顾客的持续互动获取顾客信息并利用信息及时地在不同的点上对顾客做出回应,从而实现盈利性顾客关系的能力"。顾客是一个价值协作创造者(co-creator of value),因此,企业的体验营销系统不仅仅是简单地对顾客的体验需求进行调研分析,然后设计和实施体验方案,更重要的是顾客要参与整个体验营销的流程之中,企业要对顾客的需求做出快速反应。沟通系统对顾客做出反应的速度就像人与人直接对话那样是即时的。顾客与企业的互动是在体验营销的整个流程中进行的,为了让顾客感觉到互动,反馈的速度必须是即时的。尤其是在体验方案实施过程中,企业提供的方案是否能够让顾客产生美好的感受,这是不可预知的。企业要借助于现代科学技术动态地采集顾客体验过程中的言语、行为、表情等信息,这些信息是顾客感知到体验价值的效果的反应,同时企业还要对体验方案进行即时调整。因此,企业必须具有动态地收集顾客的信息并即时决策的能力、快速整合企业内部和外部资源的能力、快速处理危机的能力等,这些快速反应能力需要建立在企业的信息化、智能化的基础上,即企业必须有灵活的后端支持系统来保证快速反应,主要包括客户关系管理系统CRM、决策支持系统DSS等。体验活动结束后,顾客和企业的行为都没有终结,顾客会根据感知的体验价值对体验活动进行评价,而且顾客在体验活动中的感受也并不会马上消失,他们可能会回忆,形成新的感受,甚至是重新评价整个体验活动并进行口碑传播。这些评价有可能是正面的,也有可能是负面的。企业还需要继续跟踪顾客的购买后行为和表现,搜集有价值的信息,为下一次的顾客体验累积知识。值得注意的是,体验营销的整个流程只有建立在能够协调企业的各项行动的知识和技能的基础上,并获得较高的企业整合资源的能力的支持,才能够取得有效的互动效果。

(四)协调体验媒介,改善互动感知

顾客与企业的互动贯穿于整个体验流程中,借助于体验媒介来进行。Schimitt(1999)提出了体验的媒介包括:产品、联合品牌塑造、空间环境、电子媒体与网站、人员,等等。顾客对体验情境做出积极的还是消极的反应取决于两个因素——愉悦程度和唤醒水平，高兴是高度愉快感和中等唤醒水平的结合，顾客的心境状态，无论是消极还是积极的都会影响到他的反应以及对于互动体验的感知和判断。因此，体验媒介管理在互动体验营销中十分重要。如前文所分析的，影响顾客对互动的感知主要因素包括双向沟通、反馈的速度和反馈信息的针对性、控制力，根据这三个要素，在众多的体验媒介中，有两个要素对于提高顾客的互动感知至关重要——企业的员工和网站。

一项由IBM组织的对美国主要的十家零售商的调查发现，"人与人之间的互动经历"是其他驱动顾客满意的因素的重要程度的两倍。顾客与企业员工的互动是顾客与企业的互动的主要形式，它是一种直接的面对面的互动。要获得良好的互动效果，企业员工除了有良好的精神面貌之外，必须具有较高的个人素质，包括沟通能力、交际能力、应变能力、组织协调能力，与顾客直接接触的员工必须掌握顾客的个体信息，并拥有企业的授权，具备调动一般性企业营销资源的权利，这样才能及时对顾客的需求做出反应。员工的个人素质是需要企业人力资源部门在招聘、培训等环节去把握的，而给员工授权，企业可以进行制度创新。体验营销过程中有顾客的全程参与，而且体验的效果是无法预知的，变数非常大，所以员工在处理问题时必须有一定的灵活性。企业可以根据战略和目标给员工一个指导原则，员工可以根据这些原则来见机行事。这种方式具有较大的弹性，非常适合在环境中不停地发生变化情况，而不像传统的规章条例那样刻板地规定什么可以做，什么不可以做。

另一个重要的体验媒介是企业的网站，Barwise和Farley（2005）发现网站是应用最普遍的互动营销工具。企业可以通过自己的网站设立一个互动平台，促进企业与顾客以及顾客与顾客之间的交流。顾客们通过信息互动平台能够自由地相互交流体验过程中的感受，并进行讨论，讨论又会反过来带来更多的对于体验的理解，吸引更多的人参与其中，从而提高现实顾客以及潜在顾客的卷入度。如果顾客的先前体验是满意的、网上口碑传播是积极的，那么顾客卷入度高，会导致顾客更多的体验需求，先前的顾客可能还会劝说其他人来参与体验活动。网络中的关系是一种虚拟关系，顾客在交流过程中具有较低的心理成本，如果顾客对先前体验存在不满，进行负面口碑传播的意愿会很高，此时企业应该在此找到自身的不足，及时做出补救，从而减少其负面影响。需要注意的是，企业在对负面口碑做出反应的过程中，不仅要做到速度快，而且反馈的信息必须是个性化的而不是标准化的，即企业反馈的信息应该是针对顾客前面提出的问题的。此外，顾客可以通过互动平台与企业共享他们对于企业的体验营销的任何需求、意见和建议等方面的信息。提供的信息越多，就可以帮助企业开发更好的体验方式。为了提高互动平台的互动感知，企业的网站除了有常见的产品和企业简介之外，也应该在首页显著位置设置醒目的能够迅速点击进入论坛或者聊天室的条目，方便顾客反馈信息。

（五）积极回报顾客，调动互动热情

网站和企业员工等体验媒介虽然具备了更多互动特征的工具，但是如果顾客不使用这些工具，那么也不会取得良好的互动效果。例如，企业网站设置聊天室等互动工具，但是顾客不使用,就不会产生互动感知。互动是双方的,因此,企业还需要让顾客动起来。给顾客赋权只是给了顾客动起来的权利,要真正动起来,企业还应当给顾客刺激充分调动他们的积极性。企业应当认识到,顾客参与体验价值的创造过程,与企业实现完全互动,在这个过程中,他们花了精力,也花了时间,因此,他们想要得到相应的回报。此外,由于个体在知识水平、技能等方面的差异,顾客在体验过程中所耗费的企业的营销资源也是完全不同的,企业也应当给予顾客因人而异的回报。在体验营销中,要实现良性互动,回报顾客就是让他们感觉到自己得到了额外的体验价值。例如,一个提供野战体验的企业,对于那些有过野战经验只需要提供少量的安全等方面的培训等服务或者给企业提供了许多有价值的建议和信息的顾客,可以让他们根据自己的偏好对武器和装备进行自由的选择和组合,这样可以给他们充分展示他们自己的技术技能的平台,让顾客感觉到这是对于他们能力的肯定和欣赏,从而获取额外的体验价值。只有给予顾客回报,顾客的积极性才会被进一步激活,实现真正互动,同时在顾客和企业之间建立一种超越简单的契约关系的互惠性关系,形成顾客与企业之间的长期良性互动,并不断提升顾客忠诚度。

(六)管理顾客价值,配置营销资源

体验营销需要在满足顾客的独特的体验的需求同时,实现企业的目标。因此,企业必须进行顾客价值管理,包括两个方面:一是对企业为顾客创造价值进行管理。顾客价值是顾客在利得与利失之间进行权衡而形成的感受。它具有很强的主观性,在体验营销中就更是如此;此外,它还具有非常强的动态性特征,即随着时间的变化顾客价值会发生变化。因此,企业对顾客的信息必须有充分的、动态的把握,才能设计出适合特定顾客的独特的体验营销方案并随着顾客需求的变化及时做出调整,从而满足其个性化需求。这就要求企业能够充分利用现代科学技术手段动态吸纳、储存、分析顾客信息,并及时做出决策。二是对顾客为企业带来的价值进行管理。有些顾客为了获得独特的只属于自己的体验价值,他愿意付出高价;有些顾客则只愿意为获得一般的体验付出中等的价格,即每个顾客的需求不一样,愿意支付的价格不一样,为企业带来的销售收入、利润以及潜在的利润等也是完全不一样的。另外,为了满足顾客的个性化需求,维护与顾客的长期互惠关系是需要较高的成本的。因此,企业必须要动态衡量顾客为企业创造的价值,包括顾客已经实现的销售额、终身潜在销售额预期、信用状况、利润贡献等情况,并依据这些信息测算顾客的终身价值,以判断哪些顾客是需要长期维护互惠的顾客关系的,在这些有价值的顾客中,哪些是需要重点维护的。这样企业才可以吸引和保留有价值的顾客,给顾客划分优先次序,以顾客终身价值为基础设计出能够使企业达到最大利润的体验营销方案,即有效地配置企业的营销资源,实现企业目标。

体验是顾客的一种内在感受,顾客是在参与体验活动的过程中获取体验价值的,因此,顾客感知到的体验价值的大小主要取决于顾客与企业之间的互动效果。企业要实现自身目标,与顾客建立长期互惠关系,就必须致力于提高体验的互动效果,为顾客带来独特的体验价值。

本章回顾

消费者增权是消费者相对于企业的权能/权力提升的一个动态过程，权能是指消费者行使其权力的能力。消费者拥有了更多的选择和更多的信息、企业以消费者为中心的营销战略、消费者不断学习以及互联网提供的便利的行权工具等因素提升了消费者行权的能力。

消费者可以存在奖惩权力、法定权力、参照权力和专家权力等四种权力。消费者增权的趋势不可改变，企业可以从打造抗衡力、建立信任合作关系、寻找市场机会和引导消费者行使权力等方面进行营销管理。

体验是顾客作为体验活动的主角在与企业互动的过程中所产生的美好心理感受。对体验营销的定义可以分为两种，一是企业在产品和服务的营销活动中注重顾客的体验，将体验作为一种营销手段来提升产品和服务的价值及竞争力；二是企业借助于产品和服务帮助顾客实现体验价值，在满足顾客对纯体验性消费的需求的同时，实现自身的目标，将纯体验当成是经济提供物的企业也可能会向顾客提供实体产品。

影响顾客对互动的感知主要因素包括三个方面：顾客感知到的沟通的方向、控制力和反馈能力。体验营销的互动导向架构既包括企业的活动，也包括顾客在体验营销中的行为。顾客赋权是体验营销互动的基础。

企业通过基于互动导向的体验营销策略，才能与顾客建立长期互惠关系，为顾客带来独特的体验价值。

关键术语

消费者增权　奖惩权力　法定权力　参照权力　专家权力　体验营销　互动导向

即测即评

请扫描二维码，在线测试本章学习效果。

讨论与思考

1. 简述消费者增权的原因。
2. 简述消费者权力的主要类型。
3. 简述消费者增权的应用。

4. 简述体验营销概念的内涵。
5. 简述体验营销互动导向架构的主要内容。
6. 简述基于互动导向的体验营销策略内容。

参考文献

［1］习近平.决胜全面建成小康社会 夺取新时代中国特色社会主义伟大胜利——在中国共产党第十九次全国代表大会上的报告.人民日报，2017-10-18.

［2］习近平.开放共创繁荣 创新引领未来——在博鳌亚洲论坛2018年年会开幕式上的主旨演讲（2018年4月10日，海南博鳌）.人民日报，2018-04-11.

［3］习近平.在纪念马克思诞辰200周年大会上的讲话（2018年5月4日）.人民日报，2018-05-05.

［4］习近平.谈治国理政（第一卷、第二卷）.北京：外文出版社，2018.

［5］邝鸿.市场学概论.北京：中央广播电视大学出版社，1986.

［6］邝鸿，郭国庆.市场学原理.北京：中国展望出版社，1987.

［7］邝鸿.现代市场学.北京：中国人民大学出版社，1989.

［8］邝鸿.现代市场营销大全.北京：经济管理出版社，1990.

［9］罗真尚，等.销售学原理与应用.北京：中国财政经济出版社，1982.

［10］郭国庆.市场营销管理——理论与模型.北京：中国人民大学出版社，1995.

［11］郭国庆.体验营销新论.北京：中国工商出版社，2008.

［12］郭国庆.营销理论发展史.北京：中国人民大学出版社，2009.

［13］郭国庆,贾淼磊.营销思想史.北京：中国人民大学出版社，2012.

［14］郭国庆,陈凤超.国际营销.北京：高等教育出版社，2017.

［15］郭国庆.服务营销.4版.北京：中国人民大学出版社，2017.

［16］郭国庆.市场营销学通论.8版.北京：中国人民大学出版社,2019.

［17］郭国庆，等.市场营销学概论.3版.北京：高等教育出版社,2018.

［18］Ben Wooliscroft, Rob Lawson. Teaching the History of Marketing Theory. Journal of Historical Research in Marketing，2010, Vol. 2(4), pp.467-478.

［19］Gary Amstrong, Philip Kotler. Marketing: An Introduction.13th Edition. New Jersey: Pearson Education, Inc., 2018.

［20］Jagdish N. Sheth, David M. Gardner, Dennis E. Garrett. Marketing Theory: Evolution and Evaluation. New York: John Wiley & Sons, Inc. 1988.

［21］Philip Kotler, Kevin Lane Keller. Marketing Management. 15th ed. New Jersey: Pearson Education, Inc., 2016.

［22］Philip Kotler, Gary Armstrong.Principles of Marketing.16th ed. New Jersey: Pearson Education, Inc., 2016.

［23］Philip Kotler, Hermawan Kartajaya, Iwan Setiawan. Marketing 4.0: Move from Traditional to Digital. New York: Wiley, 2016.

［24］Philip Kotler, Hermawan Kartajaya, Hooi Den Huan. Marketing for Competitiveness: Asia to the World in the Age of Digital Consumers. Singapore: World Scientific Publishing Co. Pte. Ltd., 2017.

［25］R. Charles Moyer. Macro Marketing: A Social Perspective. New York: John Wiley and Sons, 1972.

［26］Reavis Cox, Wroe Alderson. Theory in Marketing. Chicago: Richard D. Irwin, Inc, 1950.

［27］Robert Bartels. The History of Marketing Thought. 3rd ed. Columbus, Ohio: Publishing Horizons, 1988.

郑重声明

高等教育出版社依法对本书享有专有出版权。任何未经许可的复制、销售行为均违反《中华人民共和国著作权法》，其行为人将承担相应的民事责任和行政责任；构成犯罪的，将被依法追究刑事责任。为了维护市场秩序，保护读者的合法权益，避免读者误用盗版书造成不良后果，我社将配合行政执法部门和司法机关对违法犯罪的单位和个人进行严厉打击。社会各界人士如发现上述侵权行为，希望及时举报，本社将奖励举报有功人员。

反盗版举报电话：（010）58581999　58582371　58582488
反盗版举报传真：（010）82086060
反盗版举报邮箱：dd@hep.com.cn
通信地址：北京市西城区德外大街4号　高等教育出版社法律事务与版权管理部
邮政编码：100120

图书在版编目（CIP）数据

营销思想史论 / 郭国庆编著. -- 北京：高等教育出版社，2019.4
ISBN 978-7-04-051361-5

Ⅰ.①营… Ⅱ.①郭… Ⅲ.①市场营销学-经济思想史-高等学校-教材 Ⅳ.①F713.50

中国版本图书馆CIP数据核字(2019)第036689号

营销思想史论
YINGXIAO SIXIANG SHILUN

策划编辑	奚 玮
责任编辑	奚 玮
封面设计	李小璐
版式设计	李小璐
插图绘制	于 博
责任校对	高 歌
责任印制	赵义民

出版发行	高等教育出版社
社　　址	北京市西城区德外大街4号
邮政编码	100120
印　　刷	固安县铭成印刷有限公司
开　　本	787mm×1092mm 1/16
印　　张	24.25
字　　数	510千字
购书热线	010-58581118
咨询电话	400-810-0598
网　　址	http://www.hep.edu.cn
	http://www.hep.com.cn
网上订购	http://www.hepmall.com.cn
	http://www.hepmall.com
	http://www.hepmall.cn
版　　次	2019年4月第1版
印　　次	2019年4月第1次印刷
定　　价	59.00元

本书如有缺页、倒页、脱页等质量问题，请到所购图书销售部门联系调换

版权所有　侵权必究
物料号　51361-00